신을 만난 이후에

누미노제 정치와 공동체 변혁

After Numinose

Politics of Numinose and Transformation of Political Communities

신을 만난 이후에
— 누미노제 정치와 공동체 변혁

교 회 인 가 • 2024년 6월 11일
제1판 제1쇄 • 2024년 6월 20일

지은이 • 최영종
펴낸이 • 원종철
펴낸곳 • 가톨릭대학교출판부
등 록 • 제300-1989-1호(1989년 1월 13일)
주 소 • 03083 서울시 종로구 창경궁로 296-12
전 화 • 02-740-9718
전 송 • 02-745-9793
전자우편 • cukpress@catholic.ac.kr
홈페이지 • http://press.catholic.ac.kr
인쇄제작 • 재영아트

ISBN 978-89-7108-377-2 03340

값 25,000원

Politics of Numinose and Transformation of Political Communities

신을 만난 이후에

누미노제 정치와 공동체 변혁

최영종 지음

가톨릭대학교출판부

차 례

책머리에 11

제1장 누미노제 정치와 공동체 변혁 _21

1. 문제의식 23
2. 누미노제 정치 30
   2.1. 누미노제 개념 30
   2.2. 누미노제 정치 34
3. 공동체 변혁 42
   3.1. 공동체 개념 42
   3.2. 공동체 의식 44
   3.3. 공동체 변혁 49
4. 누미노제와 공동체 변혁 54
   4.1. 이론 모델 54
      가. 고통/위기 54
      나. 누미노제 57
      다. 공동체 의식 확장 60
      라. 보편적 실천 62
   4.2. 누미노제 정치의 성공 요인 65
5. 이 책의 구성 74

제2장 엑소더스와 이스라엘 혁명 _77

1. 엑소더스(The Exodus) 79
    1.1. 이집트로부터의 탈출 79
    1.2. 이스라엘 혁명 86
2. 신이 주도한 누미노제 89
    2.1. 신성한 계약 89
    2.2. 이행 문제 98
3. 국가로서의 이스라엘 104
    3.1. 부족 연맹에서 왕권 국가로 104
    3.2. 분열 왕국의 선지자 정치 109
4. 보편적 실천 115
    4.1. 유다 공동체 115
    4.2. 보편성 결여 120
5. 소결론 125

제3장 프로테스탄티즘과 미국 혁명 _129

1. 대표 없는 과세 131
2. 인간이 주도한 누미노제 140
    2.1. 변혁 사상으로 청교도주의 140
    2.2. 열정적 프로테스탄티즘 144
3. 식민지 미국의 독립 152
    3.1. 독립 전쟁 152
    3.2. 이성적 천년왕국운동 158
4. 미국 혁명 162
    4.1. 미국적 세속주의 162
    4.2. 공동체 형성 168
    4.3. 보편적 실천 174
5. 소결론 179

제4장 계몽주의와 프랑스 혁명 _181

1. 앙시앵 레짐 183
2. 계몽주의와 프랑스 혁명 189
   2.1. 계몽주의 확산 189
   2.2. 혁명의 전개 194
3. 인간 중심의 혁명 204
   3.1. 신 없는 누미노제 204
   3.2. 짙은 신의 그림자 210
      가. 루소 210
      나. 로베스피에르 219
   3.3. 이성 숭배의 그늘 226
4. 공동체 변혁 231
   4.1. 혁명과 변형 231
   4.2. 보편적 실천 239
5. 소결론 244

제5장 사회주의와 러시아 혁명 _249

1. 러시아 혁명 개관 251
   1.1. 사회주의 혁명과 러시아 251
   1.2. 구체제 하의 러시아 민중 255
   1.3. 혁명 과정 260
2. 누미노제 없는 혁명 265
   2.1. 권력 장악을 위한 혁명 265
   2.2. 메시아만 있는 혁명 272
   2.3. 소비에트 국가와 러시아정교회 282
3. 사회주의 공동체 형성 289
4. 보편적 실천 297
5. 소결론 302

제6장 히틀러와 독일 국가사회주의 혁명 _305

1. 바이마르공화국과 나치 혁명 307
  1.1. 굴욕과 고통 307
  1.2. 바이마르공화국 310
  1.3. 히틀러의 집권 313
2. 조작된 누미노제 318
  2.1. 인간 히틀러 318
  2.2. 민족종교의 탄생 326
  2.3. 유사 누미노제 332
3. 국가사회주의 공동체의 건설 341
  3.1. 국가사회주의 341
  3.2. 반유대주의 345
  3.3. 전쟁과 파멸 347
4. 보편적 실천 350
5. 소결론 353

제7장 누미노제 정치와 대한민국 _357

1. 누미노제 정치의 기원 359
  1.1. 개관 359
  1.2. 동학과 동학운동 362
  1.3. 3·1 운동 370
2. 대한민국과 누미노제 정치 380
  2.1. 근대화 누미노제 380
  2.2. 민주화 누미노제 383
3. 한국적 천년왕국운동 387
  3.1. 개도국형 천년왕국운동 387
  3.2. 민중혁명과 민족해방의 꿈 389
  3.3. 촛불혁명과 천년왕국 398
4. 의식공동체의 형성 401
5. 소결론 409

책을 나가며 411

1. 요약 411
2. 글로벌 공동체에의 함의 417
3. 결어 422

참고문헌 425

인명색인 443

사항색인 447

책 머 리 에

이 책의 주제는 공동체의 변혁이다. 개인주의에서 공동체주의로 정치 체제의 이행이 주요 관심거리이다. 개인이 주인인 자유·민주 국가에서 근본적인 개혁을 위한 집단행동은 어렵다. 개인의 자발적인 참여를 유도할 만큼 충분한 동기를 부여하기가 어렵기 때문이다. 게다가 기여하지 않은 사람들을 선별해서 처벌하기도 용이하지 않다. 이런 이유로 구성원 전체가 뭔가에 홀린 듯이 마음과 생각을 공유할 수 있어야 혁명적 변화가 가능하지 않을까 하는 생각을 오랫동안 하였다. 1980년 '서울의 봄'을 서울역 앞에서 직접 경험하였고, '금모으기운동'을 보면서 국채보상운동이 떠올라서 우리 민족만의 어떤 특수한 민족 DNA의 존재 가능성을 상상해 보기도 하였다. '월드컵 거리 응원'을 지근거리에서 지켜보면서 눈에 보이지 않는 어떤 강력한 에너지를 느껴 보았다. '촛불시위'에서는 흥분과 고요, 광기와 냉정함, 두려움과 환희, 그리고 흥겨움과 성스러움처럼 강력하면서도 양가적인 감정이 교차하고 있음을 감지하였다.

우연히 경희대 신은희 교수의 『신의 그림자 — 무의식의 신학』(경희대학교출판문화원, 2019)을 읽다가 '누미노제'(Numinose)란 개념을 접하게 되었다. 신을 만나는 순간에 느끼는 원초적이고 본원적인 감정으로서, 새로운 각성, 감동, 경외, 성스러움 등을 포함하는 개념이었다. 이것은 신을 만나고, 새로운 사상을 만나고, 새로운 기술을 접하고 났을 때 느끼는 감정이었다. 이것이 바로 사람을 바꾸고 세상을 바꿀 수 있는 원동력이라고 직감하게 되었다. 그러고 나서 이 책을 집필하게 되었다. 한 가지 개념으로 한 권의 책을 만드는 것은 칠흑 같은 어둠 속에서 홀로 길을 찾는 것과 같은 경험이었다.

인류 역사를 이끌어 온 원동력은 여럿이다. 얼핏 떠오르는 것만 해도 생존 본능, 명예욕, 자아실현 욕구, 풍요에의 갈구, 경쟁심, 호기심, 애국심, 민족주의, 우연 등 무수히 많다. 그리고 빼놓을 수 없는 것이 바로 '신'이다. 신의 뜻, 신의 계시, 신의 가르침, 신의 섭리, 신에게 인정받고 싶은 욕망 등은 인간 사회의 변화와 혁신의 원동력으로 작용하였다. 현대 사회에서는 신이 물러난 자리를 신과 유사한 존재들이 대신하였다. 신을 참칭하는 정치 지도자들이 등장하였고, 정치 이데올로기는 종교 교리를 모방하였다. 이래저래 인간 사회는 신으로부터 자유로울 수 없었다.

사람이 먼저냐 세상이 먼저냐? 이것은 세상의 변화를 논할 때 반드시 직면하게 되는 딜레마이다. '변화'는 새로운 것을 시도하는 것으로서, 항상 안정을 희구하는 인간적인 저항에 직면한다. 루틴이라는 것은 많은 시행착오의 결과물로서, 이것이 주는 익숙함을 버리고 새로운 변화를 선택하는 것은 용이하지 않다. "사람을 절대로 바꿀 수 없다"라는 속설이 많은 공감을 자아내고 있다. 그래서 사회가 생각하는 바람직한 행동을 인간들에게 강요하는 관행이 굳어졌다. 법과 규칙이 나라마다 산더미처럼 쌓여 간다. 정치인들은 좋은 세상을 만들겠다고 약속하면서 무서운 법을 만들기에 혈안이다. 개혁가들은 예외 없이 세상만 바꾸려 들었으며, 자신은 안 바꾸고 남만 바꾸려 시도하였다. 일상적인 개혁은 기피 사항이 되었고, 그러다가 불가피하게 맞이한 혁명은 혼란만 가중시키고 끝나고는 하였다.

사람은 드물게 바뀌기도 한다. 죽을병에 걸리거나 신을 만나서 인격이 완전히 바뀐 사례가 적지 않게 기록되어 있다. 급작스런 사고나 질병으로 잠깐 동안의 죽음을 경험하는 '임사체험'이 사람들에게 근본적인 인격 변화를 가져온다는 연구는 손쉽게 접할 수 있다. 그러나 사람들은 죽음에 이를 중병이나 임사체험과 같이 극단적인 경험을 통하지 않고서도 인격에 근본적인 변화가 생겨날 수 있다. 누미노제는 일상 속에서 신을 경험하고 인격적으로 새롭게 태어날 수 있는 가능성을 열어 둔다. 인간 내부에는 신을 그리워하고 신과 조우하기를 갈망하는 원초적인 본성이 있다고 종교학자들은 주장한다.

근본적인 인격 변화가 있어야 세상이 항구적으로 변할 수 있다. 전쟁을 혐오하는 인격이 형성되어야 전쟁이 없어진다. 하찮은 일에 명예를 걸고 '결투'(dueling)를 하던 관습 또한 부질없는 짓이란 생각이 사람들에게 두루 퍼지면서 사라졌다. 노예제도는 인간을 도구로 부리는 것을 용납할 수 없는 인격이 보편화되었기 때문에 폐지되었다. 최근에 우리나라에서 벌어지고 있는 '개고기 식용 금지' 논쟁도 마찬가지다. 개를 친구로 대하는 사람들이 많아졌기 때문에 법제화가 이루어진 것이다. 사람들이 인격적으로 준비가 되지 않은 상태에서 법으로 금지만 한다고 변화가 저절로 뿌리를 내리는 것은 아니다. 법으로 강제하기만 하면 변화가 가능하다고 생각하는 '법 만능주의'는 그저 순진할 뿐이다. 사람들은 어떤 법 규정도 우회할 수 있는 능력이 있다. 주지하듯이 미국에서 시행한 '금주법'은 암시장과 마피아만 키워 놓고 실패하고 말았다.

수행을 통한 인격 변화를 둘러싸고 불교에서는 "돈오(頓悟)냐 점오(漸悟)냐" 하는 오랜 논쟁이 있었다. 전자가 깨달음이 순간적이라고 보는 반면에, 후자는 오랜 수행의 결과라는 입장이었다. 또한 깨달음 이후의 인격 변화와 관련해서는 즉각적인 변화를 상정하는 돈수(頓修)와 점진적인 변화를 상정하는 점수(漸修)가 대립하였다. 인간에 관한 대개의 연구는 꾸준한 인격 도야와 간단없는 실천을 통해서 인격이 발전한다는 사실을 보여 준다. 점오점수적(漸悟漸修的) 사고가 대세이다. 그러나 '누미노제'는 인간이 신을 만나는 경험을 통해서 갑자기 새롭게 각성을 해서 새로운 인격으로 거듭날 수 있는 가능성을 열어 둔다. 그렇다고 누미노제가 새로운 인격의 완성으로 자동적으로 이어지는 것은 아니다. 누미노제 이후 지속적인 노력을 통해서 공동체를 우선시하고 보편적인 사랑을 실천할 수 있는 인격 변화를 이루어 내야 한다. 누미노제 자체보다는 누미노제 이후에 생겨나는 의식 변화나 인격 변화가 더 중요하다. 세상은 혁명을 일으켜서 권력을 잡는다고 저절로 변하는 것은 아니다.

인류의 역사는 신들이 떠난 이후에 시작되었다. 그 이전은 신들이 주역인 역사였다. 거기서는 신들이 서로 잘났다고 뽐내고 우기고 다투면서 인간을 제멋대로 부렸다. 이것이 바로 그리스 로마 신화의 내용이다. 신들이 주인이고 인간은 그저 도구이자 소모품이었다. 인간이 신을 거부하고, 신들도 부질없는 개입을 멈추기로 동의함으로써 인간 중심의 세상이 열렸다. 인간이 자유의지로서 신을 내쳤다고 신화는 기술하고 있지만, 신들도 자신들의 무분별한 개입으로 인해 수많은 인명피해를 입혔다는 사실에 대해서 반성깨나 했을 것이다. 여하튼 이렇게 인류의 역사가 시작되었다.

인간이 역사의 운전대를 잡았지만, 완전히 신의 그늘에서 벗어난 것은 아니었다. 언제부터인가 인간들은 다시금 신을 그리워하기 시작하였다. 자신들의 원죄에 대해 괴로워했고 자연에 대한 공포로 인해 떨어야 했다. 전지전능한 신은 종교로 포장되어 인간 세상 속으로 재림하였다. 그렇지만 이번에는 주인공이 아니라 조력자였다. 신은 직접 모습을 드러내지 않았지만, 인간들은 마음으로 느끼고 다양한 채널로 소통할 수 있었다. 사람들은 신을 알아서 아니면 그냥 믿고서 따랐다. 신은 인간들에게 길잡이였다. 가장 강력한 버전이 유일신이었다. 전지전능한 유일신과의 만남은 인류 역사에 커다란 파장을 일으켰고, 역사를 송두리째 뒤바꾼 원동력이 되었다.

인간이 역사의 운전대를 잡았다손 치더라도 올곧이 자기 판단에만 의존해서 운전한 것은 아니었다. 신은 운전자에게 밤하늘의 북극성과 같은 존재였으며, 어둠을 밝혀 주는 마음속의 등불이었다. 요즘 말로 신은 GPS(Global Positioning System, 글로벌 위치결정 시스템)와 같은 존재였다. 세세한 곳까지 길 안내를 하며, 순간순간마다 사고가 나지 않도록 세심하게 지켜 주었다. 문제는 사람들이 일단 GPS를 사용하기 시작하면, 의존적이 되고 스스로 길을 찾으려고 노력하지 않는다는 점이다. 그만큼 독자적인 운전능력도 떨어지고 만다.

운전자가 GPS에만 의존해서는 크게 일을 그르칠 수가 있다. 생각보다 허점이 많고 돌발적인 방해로 인해 시스템이 교란될 가능성도 적지 않다. 맹신하거나 무시하지 말고 잘 활용하는 것이 최선의 방책이다. 맹신하면 사고 위험성이 커지고, 무시하면 목적지에 정확하게 빨리 도달할 수가 없다. 싸고 그럴듯해 보인다고 가짜를 사용하는 것은 정보 오류 때문에 더 위험하다. 가까운 곳에 두고 편하게 사용하는 것이 바람직하다. 더 중요한 것은 운전자 자신이다. 자기가 운전대를 잡고 있다는 사실을 잘 인식하고, 정신 바싹 차리고 운전하는 것이 기본이다. 법으로 내비게이션 장착을 강제한다고 사고가 없어지는 것은 아니다. 결국 운전자가 자기만 생각하지 말고, 다른 운전자들도 배려하면서, 운전 규칙을 잘 준수하며 운전해야 모두가 원하는 목적지에 안전하게 도달할 수 있다. 운전이 즐거워지려면 모두가 좋은 매너를 가져야 한다. 결국에는 사람이 가장 중요하다.

GPS는 전지전능한 신이고, 내비게이션은 우리의 일상생활을 주관하는 신의 손길이다. 첨단 과학 기술은 과거 신들이 그랬던 것처럼 인간을 다시금 초라하게 만들고 있다. 인간의 자유의지와 지적·육체적 능력이 갖는 의미와 중요성이 최근 크게 퇴색되고 있다. 첨단 과학 기술은 풍요, 평화, 영생의 가능성을 높이고 있지만, 기회는 부자나 권력자에게 국한될 공산이 크다. 돈이나 권력이 있어야만 영생할 수 있고, 우주여행도 할 수 있으며, 범죄나 폭력으로부터 스스로를 지켜 낼 수 있을 것이다. 사상 유례없이 신분 격차가 크고 불공평한 세상이 도래하고 있다. 인간이 서로 나누고 협력하고 사랑하지 않으면 모두가 불행해지고, 세상은 종말을 향하게 될 것이다. 이것이 바로 인공지능 시대에 이기적인 인간들에게 공동체 의식이 필요한 이유이다.

이 책에서 우리는 미래에 대한 교훈을 찾기 위해서 과거로의 여행을 시작할 것이다. 새롭게 등장하고 있는 전지전능한 신과 바람직한 관계를 형성하기 위해서, 과거에 신이 인간 세상에 등장하던 시점으로 되돌아가려고 한다. 한편에서 신은 인간의 의도나 욕심을 반영해서 새롭게 만들어졌다. 다른 한편에서 신은 천지의 창조자로서 인간 세상을 줄곧 우려의 눈으로 주시하고 있었다. 신은 이렇게 실제와 가공 두 측면이 공존하는 존재였다. 그러다가 우연한 기회에 신과 인간이 직접 서로 조우하게 되었다. 이것이 바로 누미노제였다. 만남은 항상 감동과 경외 그리고 성스러움으로 충만했으며, 새로운 깨달음과 인격이 탄생하는 계기였다.

이후 인간은 신의 그림자에서 벗어나지 못하고 살았다. 누군가는 신을 떠받들고 살았고, 누군가는 신과 더불어 친구처럼 지냈다. 누군가는 신을 부정하였으며, 심지어는 인민의 아편이라고 모욕까지 하였다. 누군가는 신인 양 행세하면서 사람들을 마음대로 부리기도 하였다. 그리고 누군가는 신 대신에 인간을 신처럼 받들고 살았다. 이들은 신을 공통적으로 경험하였지만, 만남 이후의 관계 형성에서 차이가 있었다. 인간의 의도가 신을 대하는 태도에 반영된 결과였다. 따라서 사적인 욕심과 정치적 고려가 개입될 수밖에 없었다. 개인들과 마찬가지로 공동체 또한 신과의 만남 이후 나름대로 독특한 관계를 형성하였다. 이런 차이가 바로 혁명의 성패와 공동체 변혁에 있어서 다양한 경로의 존재를 설명해 줄 것이다. 이것이 이 책의 핵심적인 주장이다.

이 책은 필자의 공동체 관련 두 번째 연구이다. 첫 번째는 공동체주의에 관한 연구였다. 이번에는 '공동체의 변혁'이 주제이다. 여기서 변혁은 '변화'와 '혁신'을 지칭하는 일반적인 용법과 달리 '변형'과 '혁명'이란 두 단어의 합성어이다. 양자는 모두 급격한 변화를 지칭하지만 미세한 차이가 있다. '변형'은 상대적으로 점진적이며 인간 내면의 변화를 중시한다. 반면에 '혁명'은 상대적으로 더 급격하고 외형적인 변화를 강조한다. 이 책은 혁명에 관한 연구를 하지만, 실제로는 혁명 이후의 변형 과정을 더 중시한다. 권력을 잡고 법과 제도를 근본적으로 바꾸는 혁명이 아니라, 혁명 이후에 점진적으로 이루어지는 의식과 생각의 변화 즉 변형을 강조한다.

필자는 인생의 긴 여정 끝에 다시 '혁명'이란 주제로 돌아왔다. 누미노제에서 시작한 연구가 인류 역사의 이정표가 되었던 혁명들에 관한 연구로 이어졌다. 신의 그림자를 벗어날 수 없었던 것처럼, 혁명으로부터도 벗어날 수 없는 운명인 듯하다. 학창시절 듣기만 해도 가슴 떨리던 혁명은 더 이상 아니다. 미네르바의 부엉이가 되어서 바라보는 혁명은 거센 강물을 거슬러 오르면서 느꼈던 세상과 삶에 대한 인간적 회한과 학문적 소회이다. 오랜 세월 고민한 것에 비해 메시지는 평범하고 간단하다. 세상을 바꾸려면 자신부터 먼저 변하고, 사람을 수단이 아니라 목적으로 항상 대하며, 바꾼 후에는 소유하려 들지 말고 그 속에서 자연스레 존재만 하라고.

거창한 대의명분을 내세웠던 혁명이 소기의 목표를 달성하지 못하고 실패한 이유는 신을 이용해서 정권을 쥐고, 신의 이름으로 인간을 맘대로 부리고, 신의 권위를 빌려 자신의 잘못을 덮으려 했기 때문이었다. 신을 무시하고 모욕하고 부정해서는 어두운 세상을 밝힐 수 있는 빛을 발견할 수가 없었다. 신을 너무 떠받들어도 문제였고, 신을 너무 무시해도 문제였다. 모든 정황은 신과 대등한 위치에서 친구처럼 상호 소통하면서 서로 조화롭게 공존할 것을 우리에게 조언한다. 사람들은 신을 만나면 별나게 유난을 떤다. 자기만이 선택받았느니, 신이 나에게 특별한 능력을 주었느니, 자기를 신처럼 받들라느니 하면서 야단법석이다. 그러나 대개는 인간끼리 서로 아끼고 배려하고 사랑하며 사는 데는 어려움을 겪는다. 향후에도 신과 적절한 관계를 정립하는 것이 인간이나 공동체의 발전에 있어서 중요한 관건일 것이다.

이 책을 쓰는 과정은 약간은 평범하지 않은 자기 수양이었다. 공동체주의라는 새로운 세계에 발을 들여놓고, 약간의 자족감을 느끼려는 순간 부족함이 너무 크게 다가왔다. 한 단계 도약하라는 채찍으로 느꼈지만 막막하기만 하였다. 미지의 세계 속으로 들어가는 데는 고도의 정신 집중이 요구되었다. 그래서 2023년 신년 벽두부터 핸드폰을 없애고, 바깥세상과 단절을 꾀하였다. 핸드폰이 사라진 지 서너 달이 지나니 '무아'가 무엇인지 어렴풋이 느껴졌다. 누미노제를 화두로 들고 수행 정진을 계속하였다. 사심이 들거나 욕심이 생기면 신기하게도 한 줄도 쓸 수가 없었다. '항상심'을 유지하고 고도로 집중을 해야만 진도가 나갔다. 책을 읽지 않는 시대에 책을 쓴다는 것은 세상에 대한 반항일 수 있다. 자기가 쓴 책을 모두 거두라는 유언을 남긴 어떤 스님을 생각하면, 이 책은 인생의 커다란 업보가 될 수가 있다. 그러나 사심 없이 책 쓰는 것만큼 좋은 마음공부는 없는 듯하다. 어쨌든 최소한도로 은퇴 말년에 잡념 없이 두 해를 보낸 것은 어디 비할 데 없는 큰 소득이다.

이 책이 새롭게 발견한 지식은 별로 없다. 많은 선각자의 연구 결과를 필자 나름의 분석틀에 맞춰서 짜깁기하고 재해석한 것이 대부분이다. 그래서 내 것이라고 내세울 근거가 별로 없다. 엄밀하게 따지면 필자는 그저 메신저에 불과하다. 많은 성현이 서로 더불어 사랑하며 살라는 가르침을 인류에게 줬다. 그러나 우리는 물질에 취해서 혹은 스스로 오만에 빠져서 간단하고 자명한 진리를 잊고 살았다. 이 책은 인류의 스승들이 남긴 메시지를 그대로 담고 있다. 아마도 우리에게 정작 필요한 것은 새로운 지식이 아니라, 소중한 기억을 되살리는 것일 수 있다.

필자는 이번 책을 쓰면서 500명 정도의 스승을 만났다. 참고문헌이 바로 스승 목록이다. 인용하지 않았기 때문에 열거할 수 없는 스승들은 더욱 많다. 명상과 꿈을 통해서 직간접으로 지혜나 영감을 전해 준 스승들도 꽤나 된다. 사실 인류가 의식을 공유하는 것은 생각보다 어렵지 않다. 인공지능과 인터넷을 보면 이미 기술적으로 문제가 없는 듯하다. 이제는 좋은 생각을 공유하고, 따뜻한 마음을 나누고, 보편적인 사랑을 실천해 나가면 좋은 세상이 올 것이다. 따라서 시간은 인류의 편이다. 이 책을 세상을 여기까지 이끌어 온 인류의 스승들에게 존경의 마음을 담아서 바치고자 한다.

2024년 3월 가톨릭대학교 K214호 연구실에서

永宗 書

제1장

누미노제 정치와 공동체 변혁

누미노제 정치와 공동체 변혁

1. 문제의식

현재 인류는 '분열의 시대' '반목의 시대' '갈등의 시대'를 살고 있다. 국내적 갈등의 골이 깊다. 나라마다 주요 이슈를 둘러싸고 진영대결이 치열하게 벌어진다. 극좌 세력의 퇴조와 함께 이념 대결의 종식이 예견되었지만, 극우 세력의 등장과 더불어 재차 이념 대결이 치열해지고 있다. 다양한 정체성이 충돌하면서 정치적 간극이 더 깊고 복잡해졌다. 경제 성장이 지체되면서 나라마다 소득 불평등과 재분배 문제로 골머리를 앓고 있다. 민주사회마다 개인주의가 극단으로 치달으면서 공공성이 약화되고 공익을 위한 집단행동이 어려워지고 있다. 개인과 집단의 이기주의는 정부 지출로 지지기반을 구축하는 '이익 유도형' 정치의 만연을 가져오고, 또한 '포퓰리즘'이 세계 도처에서 기승을 부리도록 만들고 있다. 민주주의와 세계화로 대변되던 희망과 진보의 시대가 저물고 있으며, 나라마다 정치에 대한 신뢰가 바닥을 치고 있다. 이런 현실은 국제정치에도 반영되어서 다자주의 시대가 거하고 자국중심주의 시대가 도래하고 있다. 이와 아울러 새로운 세상에 대한 기대 또한 고조되고 있다.

새로운 세상에 대한 열망은 태고부터 존재하였다. 고대 국가가 형성되고 사회적 신분과 경제적 격차가 벌어지면서부터 신분 차별이 없는 평등한 세상에 대한 꿈이 태동하였다. 중세 농경사회에서 빈발한 농민혁명은 공통적으로 차별 없이 평등한 세상을 지향하였다. 근대 주권국가의 꿈은 개인의 자유를 지키고 부강하고 안전한 나라를 건설하는 것이었다. 근대화는 개인을 국가로부터 해방시켜 정치적 자유를 부여하고, 동시에 법 앞에 모든 인간이 평등한 세상을 만드는 것이 목표였다. 근대적 혁명은 새로운 생각과 가치를 깨닫고 실천하는 '계몽의 장'이기도 했지만, 기득권층과 새롭게 부상하는 세력 사이에 이익이 충돌하는 현장이기도 하였다. 근대 국가는 변화와 질서 사이에서 고민하면서 국가 간 치열한 경쟁에서 승리해야 하는 버거운 운명을 맞이해야만 하였다.

그리스도교의 품 안에서 벗어난 근대적 인간과 그리스도교에 바탕을 둔 신성로마제국으로부터 주권을 찾은 근대 국가는 전체보다는 개체성을 중시하면서, 절대적 자유와 평등을 쟁취하고 물질적인 번영을 이룩하였다. 그러나 이와 반비례해서 정신적 일체감이나 연계성의 상실로 인해 고통을 받고 혼란을 겪게 되었다. 낭만적인 농촌공동체 속에서의 일체감을 복원하려는 정치적 움직임도 생겨났다. 사회주의, 공산주의, 보수주의는 모두 복고성이 짙은 정치 이념이었다. 마찬가지로 현재도 개인과 국가 그리고 국가와 국제 체제 사이에는 유기적 연대성이 크게 약화된 상태이다. 이런 이유로 개인은 정신적인 고독과 소외를 느끼고 있으며, 국가는 자기중심성에 포획되어 서로 사생결단식의 경쟁을 벌이고 있다. 지금까지 거대한 사회변혁 운동은 모두 이런 정신적 유대감의 결여에서 발생하였다. 새로운 세상에 대한 희구는 과거 세계가 현재 사람들에 대한 지배력을 상실했을 때 생겨난다. 이렇게 보면 새로운 혁명의 시대가 점차 다가오고 있는 셈이다.

현대의 사회과학은 특정 행위자나 현상을 설명하기 위한 미시이론과 시스템 전체를 다루는 거시이론으로 구분해 볼 수 있다. 전자는 전체보다는 부분에 초점이 맞춰져 있고, 세부적인 문제에 대한 기술적인 해법을 제시하는 것이 주된 목적이다. 반면에 후자는 전체에 초점을 맞추면서 구성 요소들 상호 간의 관계나 시스템 전체의 거시적인 운동 및 변화를 설명하는 데 관심을 가진다. 시스템적인 사고는 전체 우주, 세계, 지역, 국가, 사회, 공동체, 가족 등에 다양하게 적용할 수 있다. 혁명에 관한 연구는 미시적인 문제 해결적인 측면이 있지만, 시스템 전체의 변화와 발전이란 측면에서도 접근할 수 있다. 간단한 계급 갈등이나 경제적 불만은 기술적으로 해결하면 되고, 시스템 전체에 대한 변화가 필요하지 않을 수 있다. 그러나 부분과 전체 사이의 연계성이 심하게 훼손될 경우 시스템 전체가 제대로 작동할 수 없게 된다. 이 경우 시스템을 복원하거나 새로운 시스템을 도입할 필요성이 생겨난다. 정치적으로 정권 교체는 기술적인 문제 해결로 볼 수 있다. 경우에 따라서는 무장봉기나 반란 혹은 쿠데타 등과 같이 폭력적인 수단을 통해서 문제 해결을 추진할 수 있다. 혁명은 시스템 전체를 근본적으로 바꾸는 작업으로서 새로운 운영 체계의 도입이 필요하다. 따라서 혁명은 종교나 이념과 같이 새로운 미래에 대한 비전이 없이는 성공하기 어렵다.

모든 종교는 신을 정점으로 인간들 모두가 하나로 연결된 유기적인 정신 체계를 상정한다. 근대 유럽에서 정치적 변혁은 구시대를 지배했던 그리스도교 중심의 정신 질서가 무너지면서 발생한 것이었다. 신과 교회의 권위와 정당성이 물질적인 번영과 교회와 성직자들의 부패와 타락으로 인해 무너지면서 변화의 물꼬가 터졌다. 르네상스, 종교개혁, 계몽사상의 확산 등이 급진적인 변혁의 시대를 열었다. 신과 교회의 권위를 회복시키려는 움직임도 생겨났고, 그리스도교를 대신해서 정신적인 일체감과 세속적인 질서를 제공해 줄 수 있는 이념들이 속속 등장하였다. 신을 우주 전체를 총괄하는 질서로 이해하는 '이신론'(理神論, deism)이 생겨났고, 세계를 인간의 이성이 주관하는 하나의 자연적인 질서 체계로 보기도 하였다. 심지어는 유물론적인 마르크스주의도 인간 의식세계의 연계성을 강조하면서 공산사회를 자발적인 협동을 통해서 인류 문명의 창조가 가능한 이상적인 상태로 간주하였다. 젊은 시절의 마르크스(Young Marx)는 인간의 의식적인 연계성이 차단된 '소외'를 가장 심각한 사회 문제로 간주하면서, 사유재산제와 자본주의적 물신숭배를 주된 원인으로 지목한 바 있다.

주요한 정치 이론은 시스템 전체에 대한 나름의 이해를 바탕으로 개체 상호 간의 유기적 연계성을 저해하는 요소들을 제시하고 있다. 자유주의 사상에서는 개인의 자유를 제약하는 요소들이 자연스러운 전체적 균형과 조화를 해친다고 보았다. 마르크스주의는 자본주의와 시장을 인간들 간의 유기적 연대를 해치는 주된 원인으로 지목한다. 보수주의는 개인의 자유와 이성에 대한 과신을 사회적 조화와 질서를 해치는 해악으로 간주한다. 이렇게 보면 혁명은 전체와 부분 사이의 유기적 연대성을 해치는 요소들을 근원적으로 제거해 시스템 전체를 새롭게 만들어 가는 과정이다.

현재의 위기는 '근대성의 위기'이고 '정신의 위기'이다. 서양의 물질문명을 추동해 온 근대성에 대한 신화가 무너지고 있으며, 정신적 진보가 물질적 진보를 따르지 못하면서 인류는 많은 정신적 고통을 경험하고 있다.

이제 인류는 다시금 혁명을 본격적으로 논의해야 할 시점에 있다. 이와 관련해서 많은 사회과학적 이론들이 제시되었고, 종교나 철학 또한 새로운 정신 혁명의 필요성을 다양하게 주장하였다. 이 책은 개체와 전체 사이의 연계성을 재확립하기 위한 대안으로서 공동체주의의 유용성에 주목한다. 개인과 국가의 개체화 과정이 과도하게 진행되었다는 인식하에 공동체 의식을 강화함으로써 통일성과 연계성을 회복할 필요가 있다고 본다. 이 책의 핵심 주장은 공동체에 대한 재발견을 통해서 분열의 시대를 넘어서 새로운 통합의 시대를 열자는 것이다.

개인은 근대 정치 혁명의 중심이었다. 개인은 모든 속박으로부터 자유로운 존재가 되었지만, 공동체, 집단, 사회, 국가 등과 대립적인 관계를 형성하였다. 개인주의의 폐해에 대해 많은 지적이 있었으며, 사회주의와 국가주의가 대안으로 심각하게 모색되기도 하였다. 또한 자유주의는 초기부터 사회적 안정성을 강조하는 보수주의의 도전을 받았다. 보수주의는 사회는 천 조각처럼 가로세로 실이 조밀하게 짜여 이루어진 것으로서, 개인이 사회를 떠나 존재하거나 의미를 가질 수 없다고 주장하였다. 이와 같은 개인주의에 대한 대안들은 공통적으로 과거에 대한 낭만과 향수를 부추기면서 전통적인 집단주의를 옹호하는 경향이 있었다.[1)]

1) 비교 문화심리학에 따르면 문화는 '개인주의'와 '집단주의'로 구분된다. 집단주의는 행위의 준거 기준이 자신이 속한 집단이 되는 문화를 지칭한다. 개인은 집단의

그러나 집단주의가 너무 강하면 개인의 인권이나 자유가 침해될 수 있고, 마찬가지로 개인주의가 지나치면 공공성이 심대하게 훼손될 수 있다. 개인주의와 집단주의의 사이에서 적절한 균형점을 찾는 방안의 하나로서 공동체주의가 근래에 많은 관심을 받았다.

공동체주의는 일반적으로 국가로부터 일정 정도 자율성을 갖는 소규모의 개성 있는 공동체를 중시한다. 공동체가 개인주의의 폐해를 해소시키면서 국가의 전횡을 막을 수 있는 가능성에 주목하였다. 공동체주의가 상정하는 인간은 역사적으로 전통 사회와 같은 집단에서 삶을 시작해서, 근대화의 진전으로 인해 개인화되었다가, 다시 공동체 속에서 변증법적으로 합일되는 삶을 살게 된다. 국가 간 관계 또한 유사한 경로를 통해서 발전하는 것으로 상정할 수 있다. 중세 유럽에서 국가 주권은 오랫동안 존중받지 못하다가, 1648년 베스트팔렌조약을 계기로 주권 존중 원칙이 인정받게 되었다. 국가로 구성된 국제사회는 국가 주권에 기반을 두면서도, 국제법과 국제기구의 권능이 강화되면서 주권 침해를 점차 용인하게 되었다. 지금은 글로벌 공동체나 지구촌이란 용어가 보편적으로 수용되고 있을 정도이다.

공동체주의가 공동체를 강조한다고 해서 반드시 개인의 주권이나 국가의 주권이 약화되거나 사라져야 하는 것은 아니다. 개인에 대한 집단의 전횡을 용인할 경우 구성원들의 개성이나 창

일부로서 존재한다. 전통 사회가 어느 정도 유지되는 곳에서는 집단주의적 성향이 강하며, 사회적 규범의 영향력이 크다. 세계의 70% 정도는 집단주의적으로 분류된다. 반면에 개인주의는 행위의 준거 기준이 행위자 자신이 되는 문화를 의미한다. 미국, 영국, 캐나다, 호주, 뉴질랜드 등 영미권 국가나 발전된 북부·서부 유럽 국가들이 여기에 해당한다. Harry C. Triandis, *Individualism and Collectivism,* Routledge, 1995. p.13.

의성이 발휘될 수 있는 여지가 사라진다. 집단주의나 전체주의의 폐해를 방지하기 위해서는 오히려 개인에 대한 존중이 더욱 필요하다. 개인주의는 공동체의 매개 없이 개인과 국가가 직접 대면하기 때문에 개인이 국가에 과도하게 의존할 수밖에 없으며 국가 실패에도 취약하다. 그러나 공동체주의는 개인과 국가 사이를 공동체가 매개하기 때문에 국가로 인해 발생하는 문제들이 완화될 수 있다. 공동체주의는 개성 있는 개인이 구성 요소이기 때문에 전체가 부분의 합보다 커질 수 있다.

공동체주의의 기본은 공동체 의식이다. 공동체 의식을 공유해야 공동체이며, 인간의 의식이 변해야 공동체도 변할 수 있다. 국가가 공동체 의식을 강화시켜 나가고, 세계가 공동체 의식을 체화시켜 나갈 때 글로벌 공동체가 생겨날 수 있다. 이런 변화 과정의 저류에 흐르는 것이 바로 인간 의식의 변화이다. 개인의 생각이나 관점이 자아를 넘어서 공동체로 전이하는 것을 의미한다. 공동체주의 시대는 공동체 의식의 폭발적인 확산이 필요하다. 그럴 가능성을 찾기 위해서 본 연구는 '누미노제'와 '누미노제 정치'란 개념에 주목하고자 한다. 누미노제는 신을 만났을 때의 전율, 성스러움, 두려움, 희열 등의 감정을 지칭한다. 이런 누미노제를 정치적 목적을 위해 활용하는 것이 누미노제 정치이다. 혁명은 누미노제 정치의 대표적인 사례이다. 모든 혁명은 집단적인 깨달음과 감동이 필요하다. 새로운 각성과 집단적인 공감을 통해서 혁명의 에너지가 생겨난다.

새로운 믿음이나 사상은 기본적으로 종교적인 속성이 강하다. 그래야 폭발적인 에너지를 결집할 수 있다. 종교는 새로운 세상에 대한 비전을 포함한다. 이런 점에서 이데올로기와 유사하다. 이데올로기는 종교에 비해서 추구하는 가치가 세속적이긴 하지만, 둘 다 공통적으로 현실의 고통을 진단하고, 문제가 해결된 새로운 세상이나 이상적인 사회를 비전으로 제시한다. 그리고 다양한 방식으로 집단적 에너지를 결집시켜 사회·정치적 변혁을 위한 집단적인 행동에 나설 것을 제안한다. 이런 차원에서 볼 때 정치와 종교는 서로 밀접하게 연결되어 있다.

근대화의 진전과 더불어 종교의 위상이 약화되었지만, 종교가 정치에 미치는 영향력은 여전히 강하다. 종교로 인한 사회적·정치적 갈등 때문에 몸살을 앓고 있는 나라가 많으며, 종교적 신념은 정치적 선택에 영향을 미치는 중요한 요인이다. 최근 나라마다 정치적 갈등이 고조되면서 정치는 갈수록 종교적 성격을 띠어 가고 있다. 정치는 선과 악 혹은 빛과 어둠으로 진영이 나뉘어 타협 불가능한 대결을 펼치고 있다. 이와 같은 '정치의 신성화' 경향에 대해서는 신과 정치 혹은 종교와 정치 사이의 관계에 대한 심도 있는 연구가 필요하다.

2. 누미노제 정치

2.1. 누미노제 개념

루돌프 오토(Rudolf Otto, 1869~1937)는 신학자이자 비교종교학자로서 현대 종교 연구의 창시자 격인 인물이다. '누미노제'(numinose)는 오토가 신을 직접 만나는 체험을 하는 순간에 인간이 느끼는 '비합리적'(non-rational)이고 초월적인 감정의 특징을 묘사하기 위해 만들어 낸 개념이다. 누미노제는 라틴어 'numen'(누멘) 즉 영혼을 뜻하는 단어에서 파생된 것으로서, 영성의 폭발적인 발현을 의미한다.[2] 인간이 신적 체험을 하는 찰나의 순간에 생겨나는 '신비스런 공포와 경외'는 종교적 인간이 지닌 가장 본원적인 감정이다. 이것은 외부의 자극에 단순하게 반응하는 감각이나 표피적인 감정과는 근본적으로 다르다. 이런 깊은 내면의 감성이 종교적 체험이나 종교적 삶의 기초를 이룬다.

오토의 대표적인 저술인 『성스러움의 의미』(*The Idea of Holy*)는 1917년 출간되자마자 베스트셀러가 될 정도로 반향이 컸다. 제1차 세계대전의 막바지였던 전쟁의 시기에 삶과 죽음을 오갔던 사람들이 종교는 물론이고 국가와 민족에 대해서 느꼈던 강렬한 감정이 커다란 공감대를 형성한 결과였다. 오토가 생존했던 19세기 독일에서는 그리스도교가 주된 종교였지만, 근대화와 산업화가 빠르게 진행됨에 따라서 많은 사람의 종교에 관한 관심이 떨어졌다. 종교의 유용성에 대한 근본적인 회의가 팽배해 있었으며, 사람들은 특정 종교보다 종교 일반에서 보편적으로 드러나는 누미노제에 대해서 관심을 더 가졌다.[3] 당시에는 과학적인 신학관이 퍼져 나가던 시절이었기 때문에 종교 자체는 물론이고 종교의 감성적인 측면까지 무시되는 것이 대세였다. 이런 세태를 비판하면서 오토는 누미노제 개념을 제시하였다.

---

2) Cf. Rudolf Otto, *The Idea of the Holy: An Inquiry into the Non-Rational Factor in the Idea of the Divine and its Relation to the Rational,* Oxford University Press, 1923: 루돌프 오토, 『성스러움의 의미』, 길희성 옮김, 분도출판사, 1987.

3) 김태연, 「루돌프 오토의 초기 사상에서 바라본 '성스러움' 개념의 발전과 형성에 관한 소고」, 『인문학연구』 48(2019), 299쪽.

오토에 따르면 누미노제로 인해 느끼는 두려운 신비와 전율의 감정이 승화되어 '숭고함'으로 전이될 때 인간이 느낄 수 있는 가장 거룩한 감정이 된다. 이것은 흥분과 고요, 충격과 안식, 공포와 환희처럼 강렬한 양가적인 감정들로 구성된다. 이것을 통해 인간이 신이나 신적인 대상에 공감을 느끼고 하나가 되는 '엑스터시'에 도달하게 된다. 그는 심지어 이런 누미노제를 느끼지 못했으면 성경을 읽을 필요도 없다고 주장하였다. 성경의 자구적 해석보다는 저변에 깔린 감정을 느끼고 발견하는 것이 더 중요하다는 생각이었다.

종교의 기반이 도덕이나 이성적 사고가 아니라 신적 경험이기 때문에 누미노제는 그리스도교에만 국한되는 현상이 아니다. 그리고 이것은 학습을 통해 획득하는 것이 아니라, 개인에게 선험적으로 존재하는 것을 스스로 노력으로 내면 깊은 곳으로부터 불러내야 하는 것이다. 인간에게는 신성함을 추구하는 선험적인 본능이나 충동이 내재되어 있다. 엘리아데(Eliade)는 종교성을 인간의 내재적 본성으로 본다.[4] 누미노제는 인간에게 내재된 원초적이고 선험적인 감정이 발현된 것이다.

오토는, 신에 대해 느끼는 매혹적인 감정은 인간이 지상에서 느낄 수 있는 가장 강력한 형태의 적극적인 실재로 보았다. 모세가 야훼를 만나고, 예수가 하느님을 직접 영접하는 경험이 누미노제 상태를 극적으로 보여 준 사례이다. 누미노제는 개인 차원의 경험인 동시에 공동체 차원에서 집단적으로 느낄 수도 있다.

---

4) 종교적 인간(religious man 혹은 homo religious)의 개념에 대해서는 참조: Mircea Eliade, *The Sacred and the Profane: The Nature of Religion,* Harcourt Brace Jovanovich, 1987. M. 엘리아데, 『성과 속』, 이은봉 옮김, 한길사, 1998.

옛날부터 공동체의 축제는 집단적 공감과 감동의 장이었다. 정치는 공동체 의식을 강화하려는 목적으로 축제를 활용하였다. 공동체 의식을 통해 집단적 재앙이나 전쟁에 원만하게 대처하고, 사회 기반 시설과 같은 공공재를 공급하면서, 독자적인 문화와 문명을 창조하였다. 현실 정치에서 누미노제와 가장 유사한 감정은 민족주의나 애국심이다. 가족이나 자기가 속한 공동체에 대한 사랑도 누미노제와 유사한 감정의 발로이다. 전쟁이나 혁명을 통해서도 인간은 누미노제를 경험한다. 종교가 세속화되면서 신비로움을 상실하자 사람들은 이런 성스러움과 감동을 희구하게 되었다. 신을 대신해서 국가는 새로운 성스러움의 원천이요 헌신의 대상이 되었다.

종교나 신성함이란 개념은 이에 관한 학문적 연구가 시작되기 훨씬 이전부터 존재하였다. 동굴 벽화나 고고학적 흔적들을 통해서 인류의 기원이 되는 인간들의 일상생활 속에서 종교성이 발견되는 것은 종교가 인간의 원초적 본성임을 암시하고 있다. 종교마다 교리는 다르지만 영성은 인간의 본질적인 속성으로서 모든 종교의 공통분모이다. 신은 다양하지만 신을 믿는 마음은 보편적이다. 영성은 신성(divinity)과 본질적으로 동일하고, 모든 인간은 신성의 씨앗을 내면에 갖고 있다. 성숙하면서 인간은 점차 신이 되어 간다. 이런 영성이 바로 인간들 사이의 공감 능력이나 공동체 의식의 기초가 된다. 과학을 신봉하는 현대인에게는 모든 것이 인과의 질서에 따라 움직이는 기계 부품에 불과하다. 그들이 살아가는 세계는 어떻게 보면 의미도 없고, 경이도 없고, 기적도 없고, 힘도 없다. 우연히 발생해서 우연히 사라지는 입자들의 이합집산만 존재할 뿐이다. 그러나 종교의 세계는 다르다. 새롭게 의미가 부여되고 불가능한 것도 가능해진다.

누미노제 개념의 현실적 유용성은 오토의 행적에서 발견할 수 있다. 바이마르공화국 시기(1918~1933)에 오토의 관심은 훨씬 국제적으로 되었다. 그는 국제연맹이 너무 정치적인 이해관계 추구에만 관심을 두고 있다고 비판하면서, 중립적인 위치에서 국제 평화를 위해 헌신해야 한다고 주장했다. 그는 세계적인 차원에서 적용 가능한 윤리 혹은 '세계 양심'을 구축하는 일에 관심을 가졌다. 자신이 구상한 '종교인류연맹'(Interreligious League)을 통해서 세계 주요 종교 대표자들이 한데 모여서 국제 평화와 사회정의 그리고 도덕적 진보를 증진시키기 위해 협력해 나갈 것을 제안하기도 하였다.[5] 또한 당시 세계 석학들 간의 대화를 주관했던 '에라노스'(Eranos) 회의 창립에도 적극적으로 관여하였다. 심지어는 창립자인 프뢰베(Fröbe)에게 모임 명칭까지 직접 제안하였다. 오토는 종교 간 대화를 통해서 세계 윤리를 만들어 내고, 이를 바탕으로 세계를 하나의 의식공동체로 통합하려는 구상을 했었다. 비록 그의 제안에 대해 세상의 반응이 그다지 뜨겁지 않았지만, 오토가 누미노제 개념을 통해서 세상의 근본적인 변화를 꿈꿨음을 짐작할 수가 있다.

2.2. 누미노제 정치

근대를 상징하는 계몽주의, 민주주의, 자본주의는 종교로부터 정치의 해방이었고 정치의 세속화를 의미하였다. 정치는 종교

5) 최정화, 「루돌프 오토와 종교인류연맹: 일차 세계대전 이후의 종교교류와 종교연구」, 『종교와 문화』 21(2011), 7~8쪽

와 분리되어 세속적인 권력과 이익 추구의 장으로 변모하였다. 정서나 감정보다는 물질적 이익과 합리적 계산이 더 중요해졌고, 전통 사회의 다면적인 인간관계는 금전적인 계약과 거래 관계로 대체되었다. 도시화와 자기조절적인(self-regulating) 시장은 인간의 원자화와 소외를 가져왔다.[6] 전통적인 인간관계와 촌락공동체가 무너지면서 사람들은 뿌리가 뽑힌 채 방황하게 되었다. 종교는 공적 영역에서 퇴각해서 사적 영역으로 침잠하였다. 정치도 열정을 상실한 채 점차 무관심의 영역으로 변해 갔다. 심지어는 정치적 무관심이 정치적 안정에 기여한다는 주장이 널리 받아들여지게 되었다. 정치적 열정이 퇴조하면서 괄목할 만한 정치적 변화도 점차 사라져 갔다. 혁명적인 변화 없이 기술적인 정권 교체만 벌어지고 있는 것이 현대 세속화(secularized)된 민주정치의 현실이다.

그렇지만 정치가 종교로부터 완전히 자유로웠던 적은 없었다. 정교분리가 원칙인 국가에서도 종교적 가치를 표방하는 정당들이 흔하게 존재하였다. 종교를 특정한 믿음과 그 믿음에 대한 헌신으로 본다면, 종교성이 강한 정치 이념들이 발전된 선진국에서도 커다란 영향력을 발휘하고 있다. 헌팅턴(Huntington)이 말하는 '문명의 충돌'은 실제로 서구 그리스도교 문명과 이슬람 문명 사이의 대결 구도를 지칭한 것이었다. 제3세계에서의 혁명은 종교적 성격을 띤 경우가 많았으며, 혁명 정권은 종종 그 자체가 종교가 되기도 하였다. 혁명 지도자는 종교 지도자를 넘어서 신의 경지에 도달하는 경우가 적지 않았다. 대부분의 국제적인 테러 행위는 종교에 바탕을 두거나 종교성을 강하게 띠는 집단들이

6) Karl Polanyi, *The Great Transformation: the Political and Economic Origin of Our Time,* Beacon Press, 1957, pp.163~177.

주도하였다. 주기적으로 바다의 파도처럼 밀려들고 호수에 이는 파장처럼 확산되는 민주주의 혁명은 누미노제와 같은 감동을 주었다. 민주화 운동은 종교적 신념과 같았으며, 독재를 뚫고 일어서는 민주화 지도자들에게서 순교자의 모습이 교차되어 드러났다. 이처럼 누미노제가 수반하는 새로운 깨달음과 강렬한 감동 속에서 지루한 민주주의를 변혁시킬 수 있는 잠재력을 엿볼 수 있다.

누미노제는 주관적이고 신비주의적인 현상으로서 원래는 사회과학 연구의 대상이 아니다. 그러나 최근 사회과학 연구에서는 심리학적 요인이나 신념이나 정체성과 같은 관념적인 요소에 관한 관심이 크게 고조되었다. 또한 행위자들의 이해관계나 선호가 외부로부터 주어진 고정된 것으로 상정하는 합리주의와 대조적으로, 선호 형성 과정에서 행위자 내부의 주관적인 요소와 행위자 간의 간주관성(inter-subjectivity)을 강조하는 구성주의적 접근법이 사회과학 연구에서 유용성을 인정받고 있다.[7)]

인간은 외부 자극에 합리적으로 반응만 하는 존재가 아니다. 주관적으로 느끼고 사고하고 행동하는 존재이며, 상호 작용을 통해서 규범과 도덕 그리고 정체성을 형성해 나가는 존재로서 새롭게 상정된다. 누미노제는 이런 인간의 의식과 사고 그리고 행동에 커다란 영향을 미칠 수 있는 특별한 요인이다. 과거 심리학적 접근법이 국내 정치나 외교정책 분야에서 주요 행위자들의 행태를 설명하는 데 크게 기여한 바와 같이, 누미노제 또한 역사에 남는 거대한 정치적 변혁을 설명하는 데 유용할 수 있다.

---

7) Cf. Alexander E. Wendt, *Social Theory of International Politics,* Cambridge University Press, 1999.

'누미노제 정치'는 바로 종교와 정치가 서로 중첩되는 부분을 다룬다. 누미노제 이후 벌어지는 정치는 누미노제의 영향을 크게 받을 것이다. 신과 인간 사이의 관계가 새롭게 정립될 것이며, 정치가 추구하는 이념과 이상에도 영향을 미칠 것이다. 종교적 신념은 변화의 속도나 방식에도 영향을 미칠 수 있다. 강한 종교적 신념은 배타적인 조직을 만들어 내고, 상대적으로 급진적이면서 폭력적인 혁명을 선호하게 만들 수 있다. 이렇게 누미노제가 정치적 변혁 과정에 미치는 영향을 다루는 것이 '누미노제 정치'이다.

현재 정치와 종교는 관할 영역은 다르지만 공통적으로 위기에 처해 있다. 종교는 전통적으로 가졌던 성스러움을 상실하였고, 정치는 너무 세속화되어 단순한 이익 추구의 대상으로 전락하였다. 집단 이기주의가 팽배해 있고, 돈과 권력의 추구가 주된 목표가 되었다. 종교가 교단에 대한 충성을 넘어서는 영성의 부흥이 필요하듯이, 정치 또한 새로운 감동과 각성이 용솟음치지 않을 경우 존재의 의미를 상실할 수 있다.

누미노제 정치에서 핵심은 누미노제를 통한 인격 변화이다. 누미노제를 통해 자기의 에고와 이익만을 중시하던 자기중심적이고 이기적인 인간이 사랑, 관용, 배려가 넘쳐나는 공동체적 인간으로 변하는 것을 의미한다. 누미노제를 통해서 자신의 존재를 새롭게 깨닫고, 신과 공동체의 소중함을 알고, 보편적인 사랑을 느끼게 된다. 두뇌, 지성, 이성보다는 심장과 마음을 통한 사랑의 완성을 믿는다. 이것이 바로 종교의 본질인 동시에 공동체 의식의 본질이기도 하다. 자아를 초월할 수 있는 용기와 믿음 그리고 사명감이 생겨난다. 이런 '누멘적' 에너지가 변혁적 정치 활동의 원동력이다.[8] 인간과 공동체에는 생동성, 의지, 정열, 힘, 운동, 흥분 등과 같은 누멘적 요소가 존재한다. 이 요소들은 독특한 힘으로 서로 끌어당기기 때문에 정치적 기적을 만들어 낼 수 있다.

매력적인 가치나 이념 또한 누미노제의 대상이 될 수 있다. 그중에서도 통합성이 높은 가치에 대한 누미노제는 폭발력이 크고 지속 가능성도 높다. 반면에 자극적이고 분열적인 가치는 공감의 폭이 좁고 깊이가 낮으며 지속 가능성도 떨어진다. 보편적 사랑, 자비, 관용, 배려 등은 통합성이 높은 가치이다. 반면에 개인적인 사랑, 미움, 증오, 계급 등은 통합성이 떨어지는 가치이다. 물론 이런 구분은 고정된 것이 아니다. 신분 차별 없는 평등한 세상에 대한 희구는 보편성이 컸기에 많은 사회변혁 운동을 촉발하였다. 그 결과 국가 구성원 모두가 법 앞에서 평등하고, 신분이나 직업, 종교, 성별에 따른 차별을 받지 않는 평등한 세상이 열렸다. 그러나 공산주의에 의해 평등의 개념이 '부의 평등'으로 범위가 확대되면서 평등 또한 분열적인 개념이 되었다.

제1차 세계대전을 겪고 러시아 혁명과 전체주의 발흥을 경험하면서 국가, 민족, 인종, 계급, 당, 지도자 등에 대한 신격화 경향이 나타났다. 신비주의적이고 비이성적인 의식, 대중 집회, 열병식, 상징 조작, 선전 선동 등이 횡행하면서 이성을 마비시키고 민주주의가 파괴되는 사례가 생겨났다. 볼셰비즘과 파시즘은 유럽 대륙을 넘어서 전 세계적으로 빠르게 퍼져 나갔다. 사람들은 일체감을 느끼기 위해서 광적으로 전체주의 이념을 추종하였다. 이처럼 누미노제는 정치적 목적을 위해서 인위적으로 조작되

8) 오토(1987), 63~64쪽.

기도 한다. '전체주의'란 종교는 유럽에서 그리스도교를 대체할 수 있는 세속적 종교의 반열에 오르기도 하였다. 전체주의는 기성 종교에 대한 단순한 모방에 그치지 않고, 기성 종교의 본질과 핵심 가치에 도전하였다. 그러자 그리스도교의 전체주의에 대한 비난이 점차 강화되었다. 그리고 전체주의에 의한 대외적 팽창이 본격화되었을 때 그리스도교 국가들과의 종말론적인 전쟁이 불가피해졌다.

제2차 세계대전이 끝났지만 무신론을 신봉하는 공산주의와의 성전은 계속되었다. 전후 유럽 정치를 지배했던 유럽통합은 기본적으로 그리스도교 국가들의 연합체이다. 현재 동부유럽까지 팽창했지만 이슬람 국가 튀르키예의 가입은 요원한 상태이다. 냉전 종식 후 문명의 충돌은 기본적으로 종교적 색채를 강하게 띠었다. 러시아의 우크라이나 침공 또한 전체주의와 자유주의라는 세속적 종교 사이의 종교 전쟁 양상을 보이고 있다. 전후 세계 정치가 종교적 성격을 강하게 띠고 있는 것은 대중의 누미노제에 대한 욕구 때문이다. 극단적인 정치가 이런 경향을 잘 간파하고 적극적으로 활용하고 있다. 극우 정당들의 민족적 순수성이나 단결에 대한 강조는 과거 파시즘의 재현으로 볼 수 있는 측면이 있다. 현재 유럽은 물론이고 전 세계적으로 누미노제를 갈망하는 대중의 욕구가 끊임없이 샘솟고 있다.

이런 경향을 통틀어 '정치의 신성화'(sacralization of politics) 현상이라고 부를 수 있다.[9] 아무리 이성이 지배하는 세상이라도 신앙

9) 정치와 종교 사이의 관계에 대한 최근 동향에 대해서는 참조: Emilio Gentile, "Political Religion: A Concept and Its Critics — A Critical Survey", *Totalitarian Movements and Political Religions* 6:1(2005), pp.19~32.

과 믿음은 회의적인 인간이 갖는 한계를 뛰어넘을 수 있는 강력하고 유용한 무기이다. 정당이나 정치 지도자들은 종교와 신앙이 갖고 있는 무조건적인 충성과 열광적인 지지를 부러워한다. 이런 이유로 정치가 종교 교리나 의식을 적극적으로 모방하며, 정치는 종교적 속성을 강하게 띤다. 그래서 '정치종교'(political religion), '정치화된 종교'(politicized religion) 혹은 '종교화된 정치'(religious politics)란 개념이 등장하였다. 일상적 상황에서 세속 정치는 자유와 다양성 존중이란 차원에서 종교와 거리를 두지만, 극적인 변혁이나 대규모의 정치적 동원을 위해서는 종교적 속성을 갖는 정치 이념이 형성되고 적극적으로 활용된다.

중국, 일본, 한국 등 동양에서도 누미노제가 있었지만, 그 경험은 대체로 개인적 차원에 머물렀다. 홀로 득도해서 무아의 경지에 오르는 것을 가장 높은 수준의 깨달음으로 치부하였다. 사회적 불만 때문에 일어난 무장봉기나 농민반란이 끊이지 않았지만, 사회적 차원의 새로운 각성이나 근본적인 개혁은 거의 없었다. 다양한 전통 종교들이 등장하였고, 전지전능한 신적인 존재를 상정한 경우도 있었지만, 사회적 파급력이나 확장성은 유일신 종교에 비해 극히 제한적이었다. 개인에게 복을 가져다주고, 수백 년 이후의 미래는 예견할 수 있었을지 모르지만, 현실 사회의 변혁을 가져올 수 있는 파괴력이 없었다. 대개는 현실에 대한 불만을 해소하기 위한 목적이 컸으며, 그나마도 편협한 세속적인 이익이나 권력만을 추구하다가 실패하고 말았다. 중국에서 발생한 '태평천국의 난'은 지도자 홍수전(洪秀全)이 개인적 누미노제를 통해서 절대적으로 평등한 세상을 열기 위해서 봉기한 예외적인 사례였다. 그러나 반란에 성공하자 스스로를 황제라고 칭하면서

타락과 몰락의 길로 들어서고 말았다.[10)]

정치가 종교화되면서 나타나는 긍정적인 효과는 정치의 역동성이 커지고 사회적 단결과 정치적 안정을 제고시킬 수 있는 여지가 생겨난다는 점이다. 그러나 부정적 측면도 적지 않다. 자기편의 이념이나 가치를 신앙처럼 절대적으로 신봉함에 따라서 다른 이념이나 정파와 공존하기 어려울 수 있다. 대화와 타협보다는 결사적인 진영대결이 벌어질 공산이 크다. 그 결과 사회는 더욱 배타적이고 갈등적으로 변하게 된다. 또한 집단주의 성향이 강화되어 구성원에게 선택의 자유를 허용하지 않고 맹목적 충성을 강요할 수 있다. 합리적인 분석과 판단보다는 독단적인 믿음에 근거해서 정치적 변혁을 꾀하려는 시도가 많아질 수 있다. 기존의 혁명에 관한 사회과학적 연구는 대체로 계급, 권력, 경제적 이익 등에 초점을 맞춰서 합리적으로 설명하려고 시도하였다. 그러나 혁명의 본질은 순간적인 에너지의 폭발이다. 이런 측면에서 누미노제와 혁명은 밀접한 관련이 있다.

그러나 누미노제는 무의식과 광기로 대변되는 군중심리와 근본적으로 다르다. 집단으로서 군중들의 심리에 관한 연구는 르봉(Le Bon)에게서 시작되었다.[11)] 프랑스 혁명 당시 군중의 동기에 관해서 연구하였다. 그의 이론의 핵심은 군중 속의 개인과 단독의 개인은 완전히 다른 특성을 띤다는 것이다. 단독의 개인은 개성을 유지하지만 군중이 된 개인의 개성은 소멸되고 소속된 집단

10) 태평천국의 난에 대해서는 참조: Richard A. Landes, *Heaven on Earth: The Varieties of the Millennial Experience*, Oxford University Press, 2011, pp.185~211.

11) 군중심리에 대해서는 참조: 귀스타브 르봉, 『군중심리』, 김성균 옮김, 이레미디어, 2008.

의 영향을 강하게 받는다. 그러한 군중은 쉽게 흥분하고 무책임하며 자주 난폭해질 수 있다.[12] 이런 이유로 군중은 고도의 지적인 행동을 할 수가 없다. 군중은 그저 지도자의 명령에 즉각적으로 반응하기 때문에, 정치 지도자들은 정치적 목적을 위해서 '군중심리'를 잘 활용하였다. 이와 달리 누미노제는 자기 각성과 공동체 의식의 자발적 고양을 통해서 잠재적으로 부정적인 군중심리를 긍정적인 에너지의 발산으로 전환시킬 수 있다.

3. 공동체 변혁

3.1. 공동체 개념

역사적으로 인간은 무리를 이루고 살았다. 기본 단위는 "공동체→사회→국가→국제사회"로 변천하였다. 이 과정에서 집단의 규모가 점차 커지고 기능 면에서도 복잡해졌다. 시작은 수렵 및 채취 활동에 필요한 소규모의 자연발생적인 공동체였다. 구성원 간의 유대감이 높고 다면적으로 긴밀한 관계를 유지하였다. 이로 인해 내부적으로 자율적인 질서 유지와 고도의 긴밀한 협력이 가능할 수 있었다. 구성원 간의 경제 관계는 단기적인 등가 교환이나 거래보다는 장기적 관점에서 '포괄적 호혜주의'(diffuse reciprocity)에 입각해서 호의를 주고받았다. 경제 활동의 중심이 농경과 목축으로 이행함에 따라 고대 국가가 생겨나고 규모가

12) 르봉(2008), 43쪽.

큰 '사회'가 형성되면서 공동체의 위상은 약화되기 시작하였다. 사회는 질서 유지의 중요한 축을 담당하였으며, 경제가 발전함에 따라서 점차 규모가 커지고 기능도 복잡하게 분화되었다.

근대 국가의 등장과 함께 사회는 국가 규범과 때론 충돌하고 때론 상호 보완하면서 인간 삶의 중요한 터전을 형성하였다. 그리고 국가가 점차 사회를 대신해서 질서 유지와 경제 활동의 중심으로 자리를 잡았다. 국가는 비록 '무정부적인 국제 체제'(anarchy) 속에서 독자적으로 생존을 모색해야 했지만, 그렇다고 정치적 진공상태에서 존재한 것은 아니었다. 1648년 '베스트팔렌조약'(Peace of Westfalen)으로 근대 국가 체제가 형성된 이래 국가는 '국제사회'를 이루면서 공통의 규범과 제도를 발전시켰다. 국제사회는 한편에서는 이상적으로 '세계정부'를 지향하기도 하고, 다른 한편에서는 무정부적인 혼란 상태에 빠지기도 하면서 발전을 거듭하였다. 근래에는 국제법과 국제 제도의 권능이 강화되고, 국가 이외에 다양한 집단이나 개인들이 국경을 넘어 상호 긴밀한 관계를 맺어가면서, 국제사회는 '지구촌'이라 부를 수 있는 하나의 글로벌 공동체로 변모해 가고 있다. 요컨대 인류는 소규모 원시공동체에서 시작해서 현재 글로벌 공동체에 이르기까지 다양한 형태의 집단적인 삶을 영위해 왔다.

일반적으로 공동체는 특정한 사회적 공간에서 생활하는 공통의 가치와 유사한 정체성을 가진 사람들의 집단으로 정의된다. 국제적으로는 지리적 근접성이나 가치를 공유하는 소수 국가 사이의 '지역공동체'가 있으며, 유엔(UN)과 같이 200여 개에 국가들로 구성된 대규모 공동체도 있다. 국제적 공동체는 대체로 안보 목적에서 만들어지지만, 공유하는 경제적 이익이 증대될수록 규모가 커지고 역할도 증가한다. 독자적인 문화와 정체성을 형성하고 강화해 나가면서 지속 가능성이 커지며, 마지막으로 가치와 생각을 공유하게 될 때 명실상부한 '단일 행위자'(unitary actor)로서 기능할 수 있게 된다.[13] 세계화를 통해서 경제 활동의 급속한 진전을 이룩한 글로벌 공동체는 현재 경제적 세계화 수준에 버금가는 공통의 문화나 정체성의 공유를 달성하지 못한 상태이다. '핵전쟁'이나 '지구온난화'와 같은 지구적 혹은 우주적 차원의 재앙에 직면한 인류로서는 이제 마음과 생각을 하나로 모아야만 적절한 해법을 찾을 수 있는 상황에 놓여 있다.

3.2. 공동체 의식

공동체는 공동체 의식에 바탕을 두고 있다는 점에서 모든 공동체는 일종의 의식공동체이다. 의식은 파동이나 에너지의 성격을 갖기 때문에 상호 반응하며 응집하는 경향이 있다. 서로 거부감을 느낄 수도 있고, 친화감을 느끼고 통하면 서로 합쳐질 수도 있다. 의식에는 표피적인 감정이나 원초적인 생존 본능부터 배려와 보편적 사랑 같은 고도의 정서까지 존재할 수 있다. 사람의 마음에는 다양한 의식이 존재하며, 마음속 깊은 곳에는 배려, 자비, 사랑, 헌신, 책임, 의무, 사명 등과 같은 소중한 감정들이 자리한다. 공동체의 구성원들이 의식을 공유하게 되면 집단 내 협력이 용이해지고, 하나의 단위로 행동할 수 있다. 공동체가 높은 수준의 의식을 공유할 경우 사회적 관용이 가능하고, 서로 상이한 의

13) 국가 간 공동체의 목적에 따른 분류와 단계적 발전에 대해서는 참조: 최영종, 『혼돈의 글로벌시대, 공동체주의를 말하다』, 가톨릭대학교출판부, 2022.

견을 존중할 수 있다. 환경 문제나 빈부 격차 등의 사회 문제도 공동체의 의식 수준이 높아져야 해결될 가능성이 크다. 반면에 의식 수준이 낮으면 갈등과 충돌이 많아질 것이다.[14]

의식은 미지의 영역이다. 보이지 않고, 만질 수 없으며, 지각할 수도 없다. 개관적인 측정이 불가능하며 존재를 입증하기는 더욱 어렵다. 의식 일반이나 '나'란 특수한 의식(즉, 자아의식)을 분명하게 정의하기 어렵지만, 의식이 있어야 살아 있다는 사실을 깨달을 수 있다는 점만은 분명하다. 의식이 없으면 인식, 사고, 감정, 지식, 기억 등이 존재할 수 없다. 이런 측면에서 의식은 생명의 원천이고, 생명에 형체와 의미를 부여한다. 자아는 일관된 의식 작용의 주체이다. 인간이 존재하기 때문에 사고하는지, 사고하기 때문에 존재하는 것인지 많은 논란이 있었다.[15] 그러나 분명한 것은 의식을 통해 수행하는 사고 능력이 인간의 고유한 속성이란 점이다. 주관적 인식 능력으로 인해서 인간은 모두 주체성이 강하고 개성을 갖게 된다.

주관적 의식이 현실 생활이나 정치에 미치는 영향은 매우 크다. 유동적으로 흐르는 우리의 의식은 관념(ideas)으로 구체화되거나 정체성(identity)으로 고정되기도 한다. 관념이나 정체성이 바뀌면 행동 패턴이 바뀐다. 인간이나 국가는 적이냐 친구냐 하는 정체성에 따라서 관계를 다르게 형성한다. 이런 관점에서 보면, 인간 사회의 모든 갈등, 대립, 충돌은 근본적으로 의식의 주관성이나 자기중심성에서 기인한다. 따라서 자기를 배제하고 전

14) David R. Hawkins, *Reality, Spirituality, and Modern Man,* Veritas Publishing, 2008, pp.47~48.

15) Cf. Susan Schneider / Max Velmans(eds.), *The Blackwell Companion to Consciousness,* Second Edition, Wiley Blackwell, 2017.

체의 관점에서 접근할 때 세상의 많은 문제가 해결될 수 있다. 이렇게 세상을 통틀어 전체의 관점에서 접근하는 것을 '총체적 접근법'(holistic approach)이라고 부른다.[16] 공동체의 기본은 공동체 의식이다. 이것은 일반적으로 개인이 자아의 관점을 유지한 채 공동체를 의식하고 중시하는 것을 의미한다. 자아가 주체가 되어 공동체를 품는 것이다. 그러나 진정한 공동체주의는 관점 자체를 공동체 중심적으로 바꾸는 것을 의미한다.

공동체적 관점을 채택하는 것이 유용한 이유는 개인이 자아 의식에 근거해서 주관적으로 공동체를 의식하면 배타적인 집단주의에 빠질 우려가 크기 때문이다. 개인이 집단을 형성해서 다른 공동체들과 대립하고 충돌하는 구도가 형성될 수 있다. 고대 이래 공동체는 이런 집단주의적인 성격을 가졌다. 규모가 작았고 고립적이었으며 상호 대립적이었다. 장래 의식공동체는 이런 닫힌 공동체가 아니라, 나와 남의 구분이 없어지는 열린 공동체이다. 이것이 개인주의와 자국중심주의가 팽배한 현실에서 요구되는 새로운 공동체주의이다. 그래야 세상을 흑백으로 나누지 않고 전체의 관점에서 바라볼 수 있게 된다. 환경운동 등에서 잘 알려진 "Think global, act local"이란 구호는 원래 지구를 생각하면서 지역 차원에서 풀뿌리 활동을 잘하자는 의미이다. 대체로 지리적이고 공간적인 개념이다. 그러나 의식 차원에서 바라볼 경우, 사고는 우주적 관점 혹은 경계가 없는 글로벌 공동체의 관점에서 하고, 행동은 독립된 개인이 주체적으로 하는 것으로 이해

16) Holitistic approach에 대해서는 참조: Wouter Hanegraaff, *New Age Religion and Western Culture: Esoterism in the Mirror of Secular Thought*, Brill, 1996, pp.118~158.

할 수 있다.

관점의 전환이 없이 자아가 중심에 서서 지구를 생각하고 환경을 생각하면, 자기만족적인 환경론자에 머물게 된다. 물질적 이익 추구에 더해서 환경도 생각할 줄 아는 멋진 자아가 되는 것이다. 그러나 생각은 여전히 자아 중심적이다. 자기에게 이득이 되면 환경을 이야기하다가도, 정작 자기가 희생해야 할 경우에는 행동하기를 거부하는 수가 있다. 이 경우 공동체 의식이 생겨난 것이 아니라 오히려 자아의식이 강화된 셈이다. 공동체 의식은 자아의식이 공동체 차원으로 확대된 것에 머물지 않는다. 관점 자체를 자아에서 공동체로 전환하는 것이다. 나와 남을 구분해서 배타적으로 인식하는 것이 아니라, 공동체 관점에서 나와 남을 구분하지 않고 전체적으로 접근하는 것이다. 집단주의는 여전히 자아의식을 기본으로 한다. 이렇게 형성된 집단에는 '우리'란 경계가 있고, '그들'에 대해서 배타적이고 대립적이게 된다.

공동체주의는 주관과 객관을 뛰어넘는 총체적인 관점을 중시한다. 이미 세상을 쪼개고 나누어서 세밀하게 분석하는 작업은 충분히 진행되었다는 전제하에 이제는 총체적으로 세상을 그리는 작업이 필요하다고 진단한다. 따라서 객관과 주관의 분리에 지나치게 집착하기보다는 관점을 유연하게 변화시켜 보는 것이 유용할 수 있다. 그러나 유연한 사고를 위해서 반드시 개인이 개체성을 부정하거나 변화시킬 필요는 없다. 공동체주의는 개인의 개체성을 인정한 상태에서 의식만 공동체적 관점으로 대체하는 것이다. 의식 차원에서 자아를 초월하거나 자아를 의식하지 않는 무아 상태는 학습과 훈련을 통해 도달 가능할 수 있다. 공동체는 지리적 경계가 있을 수 있지만, 공동체 의식에는 경계가 없다.

의식을 생명의 원천이라고 볼 때, 모든 생명체는 의식을 공유한다. 모든 의식을 포함하는 전체적인 의식세계가 존재할 수 있다. 철학에서는 이런 전체의식을 '절대의식' '순수의식' '우주의식'이라고 부르기도 한다. 개체의식은 이런 전체의식이 개체화된 것이다. 의식은 생명체만 보유하는 것이 아니라, 정도 차이는 있지만 비(非) 생명체에게도 존재할 수 있다. 이 경우 의식과 물질이 상호 작용하는 거대한 우주 혹은 차원이 다른 미지의 세계가 존재할 수 있다. 물질세계에는 객관적인 중력의 법칙이 적용된다. 반면에 의식세계는 우리의 생각이나 마음이 항상 요동을 치는 것과 마찬가지로 확정적이지 않다. 모든 것은 가능성의 세계 속에 있으며, 확률적으로 존재할 따름일 것이다. 이것은 양자역학이 적용되는 미시 세계와 유사하다.[17]

공동체 의식의 형성은 개인적인 과정인 동시에 집단적인 노력을 필요로 한다. 함께 경험하는 고통과 시련 속에서 변화된 세상을 함께 갈망하고 함께 노력할 때, 공동체 의식이 생겨나고 새로운 공동체가 만들어질 수 있다. 그리고 새로운 공동체가 보편적인 사랑을 실천하러 나설 때 인류가 사는 세상 전체가 바뀔 수 있는 것이다. 사람이나 공동체는 어려움 속에서 희망을 본다. 희망과 비전이 사람을 변화시킨다. 새로운 의식이 변화를 추동하는 힘이다. 사람이 바뀌어야 세상도 바뀐다. 세상만 바꾸면 다시 원위치하기 마련이다. 사람들이 자발적으로 동의하기 어려운 새로운 제도를 도입하면 금방 편법이라는 우회로가 생겨난다. 세상 사람들이 모두 자기중심적이고 이기적인데 혼자만 공동체적으로

17) Ervin Laszlo, *Science and the Akashic-Field: An Integral Theory of Everything*, Inner Traditions, 2004, pp.56~105.

바뀌기는 불가능하다. 따라서 공동체 의식이 형성되기 위해서는 집단적인 변화가 필요하다. 우리가 '누미노제'에 주목해야 하는 이유는 바로 집단적인 의식 변화의 필요성과 가능성 때문이다.

공동체 의식은 일종의 초월적 의식이다. 다양한 학문 분야에서 통일된 하나의 초월적인 의식세계가 존재하는 것으로 상정하고 있다. 동양 철학과 서양 학문을 결합시켜 새로운 인식의 지평을 여는 '뉴에이지'(New Age) 철학자·심리학자·영성학자 들은 공통적으로 통일된 의식세계를 강조한다.[18] 이들이 제시하는 '보편 의식'(universal consciousness), '초인적 의식'(transpersonal consciousness), '초월적 의식'(transcendent consciousness)은 우리 모두가 생명, 에너지, 정보로 이루어진 거대한 장(field) 속에 존재하는 것으로 상정한다.[19] 우리의 의식은 기본적으로 공동체적이고, 자아가 우리의 의식을 개별적인 것으로 만드는 것으로 간주한다. 따라서 자아의 통제력이 완화되면, 자연스럽게 공동체 의식이 발현되게 된다.

3.3. 공동체 변혁

이 책의 주요 관심사는 공동체의 변혁이고, 핵심은 공동체 의식의 함양에 있다. 현실에 존재하는 정치 체제는 주요 행위자와 의식이란 관점에서 볼 때 다양한 형태가 존재한다. 현대 민주주의에서 주요 행위자는 개인이다. 개인을 가장 중시하는 '개인주의'는 공공성의 결여라는 생래적인 문제점을 안고 있다. 주권 존

18) 뉴에이지 종교에 대해서는 참조: Wouter Hanegraaff, *New Age Religion and Western Culture: Esotericism in the Mirror of Secular Thought,* Brill, 1996.
19) Laszlo(2004), pp.161~2.

중에 바탕을 둔 무정부적인 국제 체제가 '안보 딜레마'라는 국가 간 협력에 대한 구조적인 한계를 가지고 있는 것과 마찬가지다. 문제는 개인이나 국가가 주권 침해에 대해서 극도로 거부감을 갖는다는 점이다. 근대 역사에 있어서 개인주의의 고착화에 대한 반작용으로서 다양한 혁명이 시도되었다. 보수주의, 사회주의, 전체주의 등이 개인주의에 대한 대안으로서 제시되었다.

<표 1>은 행위자와 의식을 독립변수로 해서 정치 체제의 네 가지 이념형을 제시한다. 먼저 행위자는 주권의 인정 정도를 지칭한다. 개인은 법적으로 인정된 주체로서 권리, 의무, 인격의 담지자이다. 신체적으로나 정신적으로 변화가 있지만 일생 동안 연속성이 유지된다고 간주된다. 정치적으로 주권은 개인의 권리나 자유 보장의 정도로 측정할 수 있다. 전통 사회에서 인간은 사회나 국가의 일원에 불과하였고, 주권이나 개체성은 인정되지 않았다. 계몽주의의 확산과 민주주의의 발전, 그리고 영국·프랑스·미국에서의 혁명을 통해서 주권 보장 정도가 강화되었다. 현재는

〈표 1〉 의식 관점에 따른 정치 체제의 분류

		자아의식/주권의식	
		강함	약함
개체성/국가주권	강함	개인주의 Anarchy (무정부 상태)	공동체주의 Global Community (글로벌 공동체)
	약함	집단주의 International Society (국제사회)	전체주의 Empire/World Gov't (제국/세계정부)

개인에 대한 주권 존중이 국제사회의 보편적인 가치이자 규범이 되었다. 그렇지만 나라마다 정치 체제마다 주권 보장의 정도가 다르다. 개인주의적인 민주 국가에서 개인 주권에 대한 보호 정도가 가장 강하다. 전통 사회나 집단주의 정치 체제하에서는 개체성의 보장 정도가 상대적으로 약하다. 개인의 주권을 완전히 부인하는 전체주의도 있다.

전통적인 국제 관계는 주권 국가 중심이며, 국가는 독자적으로 배타적인 국익을 추구하는 무정부 상태이다. 국제사회는 주권 국가들로 이루어진 공동체로서, 주권 존중의 원칙을 기반하고 있다. 사회의 필수적 요소인 국제 규범은 불가피하게 일정 정도 국가 주권을 훼손한다. 극단적인 형태로 국가 주권을 인정하지 않는 세계정부나 '세계제국'이 있을 수 있다. 이와 달리 글로벌 공동체는 개별 국가의 주권을 인정한 상태 위에서 국가의 의식을 자국중심주의에서 공동체주의로 대체한 것이다. 국가 주권의 인정 및 보장 정도는 시대에 따라서 변했다. 중세에는 국가 주권을 인정하지 않았다. 베스트팔렌조약이 계기가 되어 국가 주권이 확립되었으며 국가 간 외교도 활성화되었다. 그 결과 국가로 이루어진 국제사회가 형성되었으며, 그 속에서는 주권 존중이 신성한 원칙이었다. 국제사회의 규범과 국제기구 그리고 국제법이 발달함에 따라서 주권의 실질적인 보장 정도가 점차 약화되었다. 주권은 원칙으로서는 확실하게 인정되었지만, 국가들은 국제적 협력을 제고시키고 질서를 유지하기 위해서 주권을 자발적으로 양보하기 시작하였다. 세계정부나 세계제국은 개별 국가가 사라지는 것을 의미하기 때문에 전체주의 범주에 포함시킬 수 있을 것이다.

국내 정치적으로 개인주의에 대한 대안으로는 세 가지가 있을 수 있다. 역사적으로 근대화와 자본주의에 대한 반발로 집단주의와 전체주의가 시도된 적이 있었다. 집단주의는 개체성과 자아의식을 완화시켜 집단을 강화시키려고 시도한다. 집단 속에서 개인은 심리적인 안정을 찾을 수 있고, 집단행동을 통해서 공동의 목표를 달성할 수 있게 된다. 그렇지만 집단주의는 기본적으로 배타성이 강하다. 현실 정치에서 보수주의는 집단주의의 대명사였으며, 사회주의 또한 개인의 주권을 심하게 훼손했다는 측면에서 집단주의의 한 변형으로 볼 수 있다. 사회주의의 한계는 의식 변화를 통해서 새로운 사회주의적 인간을 만들어 내지 못한 채, 개인의 주권만 훼손하고 말았다는 점이다. 공적인 공간에서는 사회주의 혁명을 외쳤지만 사적인 공간에서 개인들은 이기적이었다. 소련의 공산주의는 사람은 기본적으로 그대로인 채 개인의 재산권을 박탈해서 국가의 소유로 바꾼 것에 불과하였다. 파시즘이나 나치즘은 사회주의에서 한 걸음 더 나아가 개인의 의식마저 완벽하게 통제하려고 시도하였다. 오웰(Orwell)의 디스토피아적 소설 『1984년』이 이런 상황을 잘 묘사하고 있다.

개인주의는 집단주의로 퇴행할 수 있고, 전체주의로 전락할 수 있으며, 공동체주의로 나아갈 수도 있다. 이런 급격한 변화는 모두 혁명을 전제하고 있다. 공동체주의의 핵심은 개인이나 국가의 주권을 그대로 인정한 상태에서 의식을 공동체적으로 전환시키는 것이다. 개인주의에 대안으로서 전통적인 집단주의로 퇴행하는 경향이 나타나기도 한다. 현재 많은 나라에서 개인주의에 대한 불만이 팽배함에 따라서 집단주의로의 회귀가 일어나고, 배타적 민족주의가 성행하기도 한다. 극우파 정당이 득세하는 것

또한 배타적인 집단주의의 강화 현상으로 볼 수 있다. 집단주의 성향이 강한 나라들은 개인주의의 문제점을 조롱하면서 자신들의 체제적 우월성을 자랑하기도 한다. 현재의 민주주의 대 권위주의의 대결은 중국, 러시아, 이란, 북한 등과 같은 집단주의 정권들이 개인주의에 도전하고 있는 것으로 이해할 수 있다. 전체주의 또한 점차 현실에서 실현 가능성이 커지고 있다. 인공지능과 인터넷에 기반을 둔 새로운 통제기술의 발달과 더불어 오웰의 『1984년』는 더 이상 소설이 아니라 다큐멘터리가 되고 있다. 이들은 외형상으로 사회주의 공동체란 이름을 내세우지만, 실제로는 완벽한 통제에 기초한 전체주의 사회를 꿈꾼다.

공동체주의는 개인의 법적인 자유와 권리의 보장이 전제조건이다. 권력 남용이 벌어지는 것을 예방하기 위한 차원이다. 공동체주의는 개체성이 훼손되면 집단주의와 전체주의의 희생양이 될 수 있다. 공동체는 개인의 법적·정치적 권리가 보장된 상태에서 자아의식이 공동체 의식으로 대체되는 것이다. 의식은 하나가 되어도 개체로서 독립성을 유지하면서 자유로운 삶을 영위한다. 자유로운 선택이 보장되고, 개인 간의 조화, 협력, 평화, 안정이 확보된다. 이런 의식공동체는 오케스트라의 하모니와 유사하다. 개별 연주자는 독립된 개체이지만, 오케스트라는 의식공동체이다. 자아의식이 없이 전체적으로 곡을 인식하고 해석해야 한다. 그래야 개성 있는 아름다운 소리가 나올 수 있다. 개성을 최대한 살리면서, 자연적으로 에너지가 결집되고 조화를 이루는 것이 이상적이다. 공동체 의식이 강화되어야 멋진 화음이 나올 수 있다. 마찬가지로 공동체 의식이 개성을 정화하고 조화를 증진하는 역할을 한다. 공동체 의식은 자아의식을 내려놓는 만큼 생겨난다. 새로운 의식공동체는 개인주의가 확립된 민주주의에서만 가능하다.

4. 누미노제와 공동체 변혁

4.1. 이론 모델

앞선 논의에 따르면 사람의 의식은 누미노제를 통해서 변하고, 그 결과 생각과 행동이 따라서 바뀐다. 의식공동체의 발전도 이와 유사한 과정을 겪는 것으로 상정할 수 있다. 고통이 구원을 갈망하게 만들고 그 결과 누미노제를 경험하게 된다. 누미노제가 집단적으로 확산될 경우 혁명적인 변화가 생겨날 수 있다. 혁명은 의식 변화의 결정체이며, 동시에 의식 변화의 중요한 계기이다. 혁명을 통한 의식의 변화가 공동체의 단결을 가져오고 보편적인 사랑이나 가치의 실천으로 이어질 경우, 공동체의 의식 수준이 높아지고 지속 가능성도 확보할 수 있다. 이런 단계적인 발전 과정은 "고통→누미노제→공동체 의식 확장→보편적 실천"이란 모델로 제시될 수 있다.

가. 고통/위기

기존의 혁명 연구는 다양한 원인을 제시한다. 계급이나 갈등 같은 사회적 요인, 좌절, 박탈감, 인지 부조화와 같은 심리적 요인, 착취나 경기 침체 같은 경제적 요인, 그리고 권력투쟁, 분열, 정당성 위기, 스캔들 같은 정치적 요인이 혁명의 원인으로 작용한다.[20] 그러나 가장 중요한 것은 공동체 전체가 경험하는 정신적인 고통이나 그로 인해 초래되는 정신적 공백 상태이다. 국가로서 존재감은 구성원들의 정신적인 유대감과 안정감에 크게 의존한다. 신의 가호, 왕의 권위와 능력, 전통과 문화, 사회적 일체감 등이 구성원들에게 귀속감을 주고 국가나 사회의 지속성을 보장해 준다. 반면에 나라 잃은 슬픔, 독재에 의한 억압, 기본적 권리의 박탈, 경제적 빈곤과 양극화, 국제적 존중 결여, 손상된 민족적 자존심 등은 공동체를 약화시키고, 새로운 공동체에 대한 갈망을 만들어 낸다. 고통이 특정인이나 집단에 집중되어 있을 경우 불만, 증오, 폭력으로 공동체가 혼란에 빠질 공산이 크다. 그러나 구체제가 공동체 구성원에게 귀속감과 안정감 그리고 정당성을 부여하지 못할 경우 고통이 공동체 전반에 편재되고, 이로 인해 집단적인 공동체 변혁 운동을 불러일으킬 공산이 크다.

"사람들은 좌절 속에서 희망을 본다. 그리스도교는 '희망의 종교'이다. 극심한 고통 속에서도 희망을 본다."[21] 예수의 재림과 구원의 역사가 바로 새로운 희망이다. 사도 바오로는 「로마서」 8장 24절에서 "우리는 희망으로 구원을 받았습니다"라고 말한 바 있다. 좌절 속에서 보이지 않는 숭고한 목표를 지향하면서 희망을 품고 살아갈 때 구원을 얻을 것이라는 확신을 보여 준 것이다. 이것은 "인간이 현실에 맞서 목표를 향해 나아가는 현재를 살아갈 때, 그리고 인간이 그 목표를 확신할 수 있고, 또한 그 목표가 인간 생의 힘든 여정을 정당화할 수 있을 만큼 위대한 것이라면,

20) Cf. Stan Taylor, *Social Science and Revolutions,* Macmillan, 1984.

21) Cf. Sir A. Hardy, *The Spiritual Nature of Man,* Oxford University Press, 1979.

비록 고달프더라도 받아들이고 살아갈 수 있는 희망으로서의 구원"을 말한다.[22)]

누미노제는 고통 속에서도 희망을 품을 때 경험할 수 있는 것이다. 새로운 인격이나 공동체 형성 또한 고난과 위기 속에서 희망을 품고 노력할 때 얻을 수 있다. 사회적 모순과 부조리가 극심해도 좌절하지 않고 신을 찾고 메시아를 기다리는 그리스도교는 혁명의 종교이다. 하느님의 나라가 이 땅에 오기를 믿고 갈망하면서 실천하려는 시도가 역사상 무수히 많이 있었다. 그리스도교 이외에도 변혁을 통해 사회적 모순을 적극적으로 해결하기 위해서 많은 사회변혁 사상이나 종교가 등장하였다. 조선 후기에는 사회적 고통과 모순을 해결하기 위해 동학과 같은 신흥종교들이 많이 생겨나기도 하였다. 그리스도교는 사회변혁에 적극적이었던 반면에, 불교는 개인적 깨달음을 중시하였다. 고통은 참고 인내하는 것이 불교적인 깨달음에 이르는 길이었다. 따라서 불교는 사회변혁 운동에 적극적으로 나서지 않았다.

그렇지만 누미노제가 반드시 고통의 결과는 아니다. 누미노제는 의도되고 집중된 노력을 통해서나 아니면 순전히 우연에 의해서도 경험할 수 있는 현상이다. 따라서 반드시 고통이 크다고 누미노제의 발생 가능성이 높아지는 것은 아니며, 고통의 크기와 누미노제의 강도 사이에도 정비례 관계가 성립하지 않는다. 누미노제는 고통이 있는 곳에 우연히 찾아오기도 한다. 반면에 천년왕국운동(millenarian movement)에서는 고통이 극심해질수록 세상의 종말이 가까워지고 천년왕국 속에서 삶이 개선될 가능성이 커진

22) 교황 베네딕토 16세, 회칙 『희망으로 구원된 우리』, 한국천주교주교회의, 2008. 제1항 "신앙은 희망이다."

다. 이 때문에 천년왕국운동의 성공을 위해서 위기를 인위적으로 조장하거나 악화시킬 인센티브가 존재한다.

나. 누미노제

누미노제를 향한 인간의 갈망은 피조물의 가장 원초적인 존재론적 감정이다. 성스러움으로 충만한 신적 감정은 인간 영혼 속에 숨겨진 '신적인 씨앗'으로부터 생성된다. 각각의 영적 존재는 신적 감정의 '순수한 불꽃'으로 신이나 세상 만물과 공감하게 된다. 이것이 누미노제의 감정이다.[23] 이런 감정의 흐름은 존재론적으로는 신성한 존재와 하나로 연결되어 있지만 실존적으로는 분리되어 있다. 인간들이 독립된 개체로서 삶을 영위하면서도 의식적으로 하나가 되는 순간이 바로 누미노제이다. 그 결과 민족과 국가의 소중함에 대한 깨달음이나 민주주의란 새로운 제도와의 만남 혹은 공동체를 향한 사명감과 희생정신 등이 생겨날 수 있다.

누미노제는 '카이로스'(kairos)가 도래했음을 의미한다. 카이로스는 특별한 의미를 지니는 순간이고 기회이다. 이때의 깨달음이 폭발적인 행동으로 이어진다. 결국 누미노제는 바로 때가 왔음을 의미하며, 누미노제가 있어야 혁명적 행동이 가능해진다. 민주 국가에서 공동체 변혁을 위한 실천은 '집합 행동 문제'(collective action problem)에 직면하기 마련이다. 개인의 입장에서는 참여하는 수고와 비용을 회피하면서 과실만을 향유하는 '무임승차'(free-riding)가 자연스러운 귀결이다. 이런 사태를 회피하기 위해서는 참여가 이

---

23) 신은희, 「감정과 공감의 누미노제: '한국적 공감신학'을 향하여」, 『신학사상』 173(2016), 한신대학교 신학사상연구소, 220쪽.

익이 되도록 인센티브 구조를 바꾸는 것이 필요하다. 그러나 인간이 반드시 이익 계산만으로 판단하고 행동하는 것은 아니다. 자기를 초월해서 공동체 관점을 채택할 경우 공공 목적을 위한 정치 행동에 쉽사리 나설 수 있다. 의식의 변화나 새로운 의식의 확산 그리고 대의명분에 대한 공감을 통해서도 집합 행동이 촉진되기도 한다. 이런 점에서 누미노제는 집합 행동의 어려움을 극복할 수 있는 중요한 계기이다.

소수가 경험한 누미노제가 보다 광범위한 사회 집단들에게 전파되고, 국경을 넘어서 영향을 미치면서 누미노제의 강도는 커진다. 누미노제는 파장의 형태를 띠면서 공명을 일으키고 동조화되면서 확산되어 나간다. 하나의 의지나 뜻을 중심으로 뭉쳐진 에너지 덩어리와 같은 '끌개장'(attractors)의 작용으로 인해서 비슷한 의식에 서로 끌리고 비슷한 생각에 동조하게 된다. 이런 이유로 많은 사람이 최면에 걸린 것처럼 일제히 자극을 받아 격앙되기도 하고 공감하기도 하며 집단적 행동에 나서게 된다. 우리나라에서도 자주 벌어지는 대중시위나 길거리 응원 등이 그런 사례들이다.

현실 정치에서 누멘적 요소를 내포한 혁명은 전파력이 매우 높았다. 프랑스 혁명이 일어난 1848년, 러시아 혁명이 발발한 1917년, 그리고 베를린 장벽이 무너진 1989년에는 혁명의 열기가 전 세계적으로 감지될 정도였다. 상당 기간에 걸쳐 지속적으로 확산되었던 혁명도 있었다. 제2차 세계대전 이후 확산된 '탈식민주의운동', 1960년대를 풍미한 '신좌파운동', 1970~80년대 서유럽에서 환경, 평화, 여성, 반핵, 반문화 등의 가치를 표방하면서 전개된 '신사회운동' 등이 대표적인 사례이다. 그럼에도 불구하고 감동이나 열기는 단기적인 혁명에 뒤지지 않았다. 또한 민주주의는 세 번의 큰 파도를 일으키며 세계적으로 확산되었다. 파동은 생성, 확장, 변용, 약화의 단계를 거치면서 반복되었다. 이런 변혁 사례들은 모두 일종의 누미노제를 내포하고 있었기 때문에 감동이 컸고 전파력도 강했다.[24)]

누미노제가 특수한 이유는 내재된 성스러움 때문이다. 그래서 고통 속에서 희망을 볼 수 있으며, 어려움이 좌절이나 포기로 이어지지 않는다. 이런 성스러움 때문에 누미노제가 광기나 광란이 되지 않고, 감동적이고 질서 정연한 화합의 장이나 축제가 될 수 있다. 성스러움 때문에 정치적 승리가 약탈과 분열이 아니라, 공동체의 평화나 단결을 가져올 수 있다. 그래야 공동체가 배타적인 이익만을 추구하지 않고, 인류 보편적인 가치의 실현에 공헌할 수 있게 된다. 성스러움으로 인해 인간이 수단이 되지 않고 목적으로 존중받게 된다.

누미노제는 신을 만나 인간이 새롭게 태어나는 것을 의미한다. 「요한 복음」 3장 3절에서 예수는 니고데모(Nicodemus)에게 "내가 진실로 진실로 너에게 말한다. 누구든지 위로부터 태어나지 않으면 하느님의 나라를 볼 수 없다"라고 말하였다. 이에 니고데모는 "이미 늙은 사람이 어떻게 또 태어날 수 있겠습니까? 어머니 배 속에 다시 들어갔다가 태어날 수야 없지 않습니까?" 하고 물었다. 그러자 예수는 "내가 진실로 진실로 너에게 말한다. 누구든지 물과 성령으로 태어나지 않으면, 하느님 나라에 들어갈 수 없다"

---

24) Ruud Koopmans, "Protest in Time and Space", David A. Snow / Sarah A. Soule / Hanspeter Kriesi, *The Blackwell Companion to Social Movements*, Blackwell Publishing, 2004, p.21.

라고 답하였다. 인간이 다시 태어나는 것은 물리적으로 불가능하다. 실제로 거듭나는 것은 바로 인간의 의식이다. 나를 뛰어넘어 신과 우주 전체를 볼 수 있어야 한다는 의미이다. 이처럼 의식에 근본적인 변화가 있어야만 진리를 깨달을 수 있다. 일반적으로 회개하라고 하면 잘못을 빌고 용서를 받고 죄를 뉘우치는 것으로 이해한다. 그러나 그리스 원어로 회개를 의미하는 '메타노니아'(metanoia)는 "마음을 근본적으로 바꾸는 것"(a transformative change of heart)을 뜻한다. 이런 의미에서 누미노제는 인격의 새로운 탄생을 의미한다. 누미노제를 통해 관점이 바뀌는 것이다. 자신을 넘어선 신의 관점을 알게 되고, 인류 공동체가 눈에 들어오게 된다. 관점이 바뀌면 세상이 새롭게 보인다. 그렇게 되면 기성의 통념이나 가치 그리고 규범에 대해서 과감하게 도전할 수가 있다.

다. 공동체 의식 확장

누미노제의 감정은 개인적 지복감에만 머무는 것이 아니라, 구성원 간의 초월감, 권능감, 연대감을 형성하여 현실 세상에 기여하도록 이끈다. 서로의 존재에 대한 소중함을 깨닫거나 공동체적 관점을 채택하도록 함으로써 새로운 인생과 실천으로 이어질 수 있다. 인간이 새롭게 태어나야 세상이 변할 수 있고, 또 그 변화가 지속 가능성을 띠게 된다. 대표적으로 예수의 누미노제는 그리스도인의 성스러움의 지표가 되며 영적인 매혹성과 치유성으로 나타난다. 그리스도인은 신성한 유혹과 인연의 이끌림에 사로잡혀 거룩함을 회복하고, 공동체의 아픔을 나누고 치유하며, 공감의 공동체를 창조해 나간다. 누미노제의 경험은 개인을 성스러운 성품으로 변화시킬 뿐 아니라, 고통받는 이웃과 세상을 향한 구제와 연민의 감정을 강화시키는 사회·정치적 영향력을 가진다.

예수는 우리에게 원수를 사랑하고 일곱 번씩이나 용서하라고 요구한다. 이것은 근본적인 자아 혁신에 대한 요구로서, 세상을 정화하는 데는 파괴가 아니라 회개가 필요하다는 의미이다. 수백만 수천만의 사람을 죽여서 민족, 국가, 나아가 세상을 정화하려 한 독재자들이 역사상 적지 않았다. 그러나 강제적 수단을 통해서는 세상이 변하지 않는다. 두려움에 숨죽이고 있는 모습이 그저 변한 듯 보일 뿐이다. 지속 가능한 변화를 위해서는 자발적인 인격 변화가 필수적이다. 사자가 양들과 함께 누워 있고, 칼로 쟁기를 만들고, 창으로 호미를 만드는 일은 강제로 시킨다고 이루어질 수 없다. 근본적인 인격 변화가 있어야 나라들은 더 이상 서로에게 칼을 겨누지 않게 될 것이다.[25] 이것이 바로 진정한 의미의 혁명이다.

누미노제가 공동체 의식으로 승화되어야 경계가 없는 의식 공동체가 만들어질 수 있다. 전체의식이 확산되면, 사사로운 자아는 점차 사라진다. 나만 잘 되면 되는 공동체 혹은 가족이나 친구만을 편애하는 집단주의적 공동체가 더 이상 아니다. 나를 포함한 전체로서 공동체가 전체를 위해 존재하게 된다. 배타적이지 않고, 구속이 없이 자유로우며, 생면부지의 모르는 자에게도 사랑을 베푼다. 모두가 자연스럽게 마음 가는 대로 행동하면서 공동체의 일원으로 존재한다. 남의 무거운 짐을 무리해서 들어 주려는 무모함이나 기만이 없다. 자연스런 마음으로 공동체가 직면

25) 참조: 미카 4,1~4.

한 문제를 공동으로 해결한다. 공동체가 평화, 안정, 번영을 누릴 수 있도록 함께 자발적으로 노력한다. 인류 역사는 보편적 가치와 이익을 목표로 한 사회변혁 운동이 단순한 정권 탈취보다 의미 있고 지속 가능한 변화를 성취했음을 잘 보여 준다.

라. 보편적 실천

새롭게 탄생한 공동체가 세상에 의미 있는 변화를 가져오기 위해서는 개방적이어야 한다. 자기의 껍데기를 깨고 바깥세상으로 나가야 하며, 거꾸로 폐쇄적이고 배타적이게 되면 지속 가능성이 떨어진다. 아무리 내부 결속력을 다져도 외부로 확산이 안 되는 공동체는 고인 물이 썩듯이 내부 분열이나 외부의 강적에 의해서 무너지고 만다. 누미노제를 통해서 혁명에 성공할 경우 지도자나 일반 사람들 모두 선민의식이나 우월한 감정을 느끼게 된다. 자신들이 믿는 신이나 이념을 우상화하고, 이에 편집증적으로 매달리게 될 가능성이 크다. 배타적 신의 노예가 되거나 자신의 신앙이나 신념을 남에게 강요하게 된다. 그 결과 주변에 적을 만들어 낼 수밖에 없으며, 끊임없이 새로운 강적을 상대하다가 결국에는 힘이 달려서 멸망하게 된다. 보편적 실천을 해야 자신이 우월하다는 편집증에서 벗어날 수 있고, 보편세계에 속에서 모두가 하나가 될 수 있다. 이것이 바로 특수한 개별 문화가 보편적인 문명으로 승화되는 과정이며, 그래야 지속 가능성이 생겨난다.

첨단 산업 분야에서도 기술 수준은 높지만 확산력이 떨어져서 사라져 간 제품은 무수히 많다. 비디오테이프 표준 전쟁에서 소니의 '베타맥스'는 높은 기술력에도 불구하고 보편성이 떨어져서 표준 전쟁에서 패배하고 말았다. 마찬가지로 세상에는 독특한 문화는 많지만 보편적인 문명은 손가락으로 꼽을 수 있을 정도로 적다. 폐쇄적이면서 안정적인 질서에 대한 희구는 자아의식을 보유하는 인간들에게 치명적인 유혹이다. 배타적 집단의식을 갖는 공동체는 자신들만 사랑하고, 외부에 대해서는 적대적인 태도를 보인다. 그러나 공동체 의식은 자신을 초월하고 국가를 초월하고 세계와 인류를 위해 공헌한다. 개인이 영성을 체험하고, 그 영성이 깊어지고 승화되면 커다란 깨달음이 생겨난다. 그리고 그 깨달음의 절정은 개별적 자아실현의 추구를 넘어서 공동체가 함께 참여하는 세계의 창조로 나아가는 것이다.

이런 의미에서 공동체 의식은 보편성을 중시하고, 또한 보편성은 중용을 의미한다. 극단에 치우치지 않고, 편을 가르지 않는다. 평면적 좌표상의 좌우 사이의 중간이 아닌 시간과 공간 전체를 바라본다. 과거·현재·미래와 같은 시간은 물론이고 우주와 보이지 않는 가상의 공간을 포함하는 전체를 조망한다. 현실 세계에는 지리적 제약이 있지만, 의식세계에는 어떤 경계나 제약이 없다. 의식공동체는 공동체 전체의 이익을 추구하고, 보편적 사랑을 실천한다. 보편적 사랑은 바로 불교 용어로는 '무주상보시'(無住相布施)이고 영어로는 '환대'(hospitality)이다.[26] 보편적 사랑의 실천을 통해서 점차 자기중심성을 탈각해 나가고, 이에 따라서 너와 나의 구분이 사라진다. 전체가 하나가 되고 공동체 전체의 관점에서 세상을 바라보게 된다.

칸트(Kant)는 『영구평화론』에서 환대를 '지표면을 공유하고 있는 사람'들이 '타국에 갔을 때 적대적인 처우를 받지 않을 권리'

26) 환대에 대해서는 참조: 최진우 외, 『환대: 평화의 조건, 공생의 길』, 박영사, 2020.

를 존중하는 것으로 규정한다. 데리다(Derrida)는 『환대에 대하여』에서 환대란 조건 없이 타자에게 '자리'를 내주고 '목소리'를 갖게 하는 것을 의미한다고 말한다. 데리다는 칸트의 환대 개념을 조건적 환대에 그치고 있다고 비판하며 무조건적 환대의 개념을 제시하고 있다. 이와 마찬가지로 불교의 '무주상보시'는 시혜를 베풀었다는 생각 자체도 없는 극단적 환대(radical hospitality)이다. 자기를 중심에 놓고 남에게 주고, 베풀고, 인정하는 시혜적인 태도를 뛰어넘어 너나 구분이 없는 상태가 환대를 뛰어넘는 공동체 의식이다.

칸트는 공동체 발전 단계로서 공화제, 민주주의 연합, 세계시민주의, 그리고 마지막으로 신의 조력을 통해서 최고선을 구현하는 공동체의 실현이란 순서를 상정하였다.[27] 천년왕국이 이 땅에 실현될 수 있다는 낙관적인 전망으로서, 시작은 투명성과 상호 신뢰가 공동체 내에 자리 잡는 것이다. 국내 정치적으로는 공화제 민주주의가 기본이고, 국제적으로는 평화지대 형성을 통해서 항구적인 평화가 정착되는 것이다. 이것을 통해서 '보편적 윤리'를 갖는 공동체가 형성된다. 최고의 단계는 신의 조력으로 형성되는 성스러운 공동체이다. 특정 종교나 교단을 뛰어넘어 보편적 종교 내지 초월적인 사후세계로 점진적으로 발전한다. 이처럼 칸트는 윤리와 보편성을 점차 갖춰 나가면서 공동체가 단계적으로 발전한다고 주장하였다.

---

27) Robert S. Taylor, "Kant's Political Religion: The Transparency of Perpetual Peace and the Highest Good", *The Review of Politics* 72:1(2010), pp.1~24.

4.2. 누미노제 정치의 성공 요인

위에서 언급한 의식공동체의 발전 모델은 고통에서 시작해서 누미노제를 거쳐서 공동체적인 인격 변화와 보편적 실천으로 이어지는 경로를 상정하고 있다. 핵심 주장은 누미노제가 있어야 의식공동체의 발전이 가능하다는 점이다. 여기서 관건은 누미노제가 인격 변화로 이어지는 단계이다. 문제는 누미노제를 객관적으로 입증하기 어려울 뿐만 아니라, 누미노제 정치가 인격 변화 없이 권력 교체만 가져올 수 있다는 점이다. 누미노제는 신과 인간의 만남이요 합일로서, 새로운 깨달음이 생겨나고 죄 사함과 구원이 뒤따른다. 원래 신의 섭리나 우주의 작동 원리는 오묘하고 신비스럽기 때문에 인간의 능력으로는 제대로 이해하거나 직접 경험하기 힘들다. '불가지론'(agnosticism)은 인간이 아예 알 수가 없는 것으로 취급한다. 이와 반대로 누미노제는 신을 직접 만나는 경험을 통해 신비스런 진리를 깨닫는 것을 의미한다.

누미노제 정치가 부정적인 형태로 표출된 것이 '천년왕국운동'이다. 천년왕국운동은 내면의 변화를 중시하지 않고, 온갖 수단을 동원해서 나름대로 그리는 이상적인 세계를 이 땅에 구현하려고 시도한다. 이런 운동은 대체로 새로운 세상의 도래가 임박했음을 알리는 성경(구약과 신약 모두 포함)이나 유대 문학에 근거하고 있으며, 총체적이고 근본적인 사회 개혁을 목표로 한다. 여기에는 하느님이나 재림할 예수님이 봐도 부끄럽지 않을 '위대한 평화와 사랑과 아름다움이 완성되는 세상'을 만들려는 '영성적'인 천년왕국운동과 지도자 개인의 누미노제에 근거해서 자신이 계시를 받은 대로 세상을 자의적으로 바꾸려는 '세속적'인 천년왕국운동이 있을 수 있다.[28] 대개는 그리스도교적 전통에 뿌리를 두고 있으며, 특히 「요한 묵시록」 20장을 근거로 삼는다.

천년왕국운동이 정치적 변혁 운동으로 자리 잡게 된 계기는 중세 시대 저명한 예언가이자 역사신학 연구자인 피요르의 요아킴(Joachim de Fiore)이 제공하였다.[29] 그는 그리스도교의 삼위일체론과 종말론에 대한 독특한 해석을 통해 후세에 많은 정치적 변혁 운동을 촉발하였다. 그는 인류 역사를 신이 주관하던 '성부의 시대'로부터 예수가 중심이던 '성자의 시대'를 거쳐서 마지막으로 영성이 보편화하는 '성령의 시대'가 도래하는 것으로 예측하였다. 성부의 시대는 구약의 시대이며 율법의 시대이다. 그것은 유다 민족의 예속과 공포의 시대이다. 성자의 시대는 신약의 시대이며 복음의 시대이다. 그것은 그리스도교인의 믿음과 겸양의 시대이다. 성령의 시대는 만인의 마음속에 사랑과 기쁨과 자유가 충만한 시대이다. 성부의 시대는 노동과 일이, 성자의 시대는 학문과 교육이 지배하며, 성령의 시대는 명상과 찬양이 지배하는 인류의 안식 시대이다. 성부와 성자의 시대가 각기 별빛과 여명의 시대라면, 성령의 시대는 밝은 대낮에 비유된다.[30] 요아킴에 따르면 역사는 대재앙이라는 정화작용을 통해 한 시대에서 더 나은 시대로 진행한다.

그러나 그의 예언은 아직도 미완이다. 따라서 신의 위임을 받았다고 주장하는 자칭 메시아들과 '천년왕국'을 이 땅에 실현하

28) 그리스도교 전통의 다양한 천년왕국운동에 대해서는 참조: 이종성, 「천년왕국 신앙과 그리스도교 역사관」, 『기독교사상』 386호(1991/02), 51~63쪽.

29) Cf. Mattias Riedl, *A Companion to Joachim Fiore,* Koninklijke Brill, 2018.

30) 김영한, 「서양의 종말론적 예언과 현실 정치」, 『韓國史論 36: 역사상 정치적 예언의 종합적 검토』, 국사편찬위원회, 2002, 191~224쪽.

려는 정치 운동이 봇물 터지듯이 쏟아져 나오는 계기가 되었다. 많은 메시아가 등장해서 교회 개혁과 종교개혁은 물론이고 심지어는 종교 자체에 도전하는 종교 혁명을 시도하였다. 사제의 역할을 부인하고, 교회의 존립 근거에 도전하였으며, 나아가 새로운 사회를 건설하려는 시도가 끊이지 않았다.[31] 그러나 문제는 성령을 객관적으로 입증하기 어렵다는 점과 메시아가 타락했을 경우 견제하거나 정화할 수단이 마땅치 않다는 점이었다. 신의 계시에 의존해서 새로운 세상을 열려는 정치 운동은 공히 지도자의 카리스마에 과도하게 의존하고, 지도자가 이를 상실할 경우 운동 또한 실패로 돌아갔다.

누미노제를 통해서 사람들의 공동체 의식이 강화되어야 공동체가 발전할 수 있다. 그렇지 않을 경우 누미노제는 특정 세력의 정권 장악을 위한 수단으로 전락하고 보편적 사랑의 실천과는 거리가 멀어지게 된다. 이렇게 보면 누미노제 자체와 누미노제를 활용한 '누미노제 정치' 사이에는 괴리가 있을 수밖에 없다. 누미노제가 공동체 의식 형성과 보편적 실천으로 이어지는 경로는 바람직하지만, 누미노제가 세속적 권력 장악이 주된 목표인 '천년왕국운동'으로 전락할 가능성이 상존한다.

본 연구에서는 누미노제 정치의 성공 요인으로서 다음의 세 변수를 제시한다. 첫째는 누미노제를 통해 형성된 신과 인간 사이의 관계이다. 신과 인간이 조우할 때 주고받은 교신 내용은 객관적으로 확인하기는 어렵다. 그렇지만 누미노제 과정 및 사후의 정치적인 행태나 기록을 통해서 신과 인간이 맺은 관계의 속성은

31) 중세 천년왕국운동에 대해서는 참조: 노만 콘, 『천년왕국운동사』, 김승환 옮김, 한국신학연구소, 1993.

파악할 수 있다. 예를 들어, 자신만이 선택받았다고 주장하면서 신을 떠받들고 사는 공동체가 있을 수 있다. 신과 세속 사이의 균형을 적절하게 잡으면서 신과 더불어 조화롭게 사는 공동체가 있을 수도 있다. 반대로 아예 신을 부정하거나 해악시하는 공동체가 생겨날 수 있다. 또한 신을 부정하지는 않더라도 신보다 인간을 더 중시하는 공동체가 있을 수 있다. 자기 지도자를 신처럼 떠받들고 사는 공동체도 생겨날 수 있다.

이와 같은 신과 인간 사이의 관계 양태가 누미노제 정치의 결과에 미치는 영향을 구체적으로 살펴본다면, 신과의 관계가 수직적일수록 신을 맹목적으로 추종하기 때문에 인격 변화 효과는 떨어질 것으로 예상된다. 내부적으로 신을 추종하는 세력과 그렇지 않은 세력 사이의 양립 불가능한 진영대결이 벌어질 가능성이 크고, 대외적으로도 신의 이름으로 배타적이고 공세적인 외교를 펼칠 가능성이 크다. 천국을 이 땅에 실현하려는 천년왕국운동이 생성될 수 있는 최적의 토양이다. 그리고 신과 인간 사이의 관계가 수평적일수록 신앙과 종교 사이의 조화로운 공존이 가능해지고 인간들의 인격 변화가 효과가 클 것으로 예상된다. 이 경우 누미노제 정치가 공동체 의식의 강화로 이어질 가능성이 크다.

신을 무시하거나 부정하거나 참칭할 경우 누미노제 정치가 부작용을 가져올 가능성이 크다. 신을 무시할 경우 인간의 오만함을 견제할 중요한 수단이 하나 없어지는 것을 의미한다. 신은 윤리와 도덕의 원천이기 때문이다. 금기 사항 없이 고삐 풀린 인간들은 자신의 정당성에 대해 과신을 하고, 목적으로 수단을 정당화시키며, 재차 수단이 목적으로 전도되는 상황을 초래할 수 있다. 신을 부정하거나 종교를 박해할 경우 혁명은 누미노제의 감동이 없이 권력투쟁과 폭력이 난무하게 될 가능성이 커진다. 혁명 지도자가 신의 위력에 공감하면서 신을 참칭하거나 사람들이 가짜 메시아를 열광적으로 추종할 경우 혁명적 에너지가 폭발할 수 있다. 그러나 거짓은 내구성이 떨어지며, 추종자들이 집단적인 환각에서 깨어날 때 혁명은 실패로 돌아가게 된다. 이 경우 누미노제 정치는 세속적인 천년왕국운동으로 변질되고 말 것이다.

두 번째 변수는 누미노제 정치가 추구하는 변화의 성격이다. 이와 관련해서 '혁명'(revolution)과 '변형'(transformation)이라는 두 가지를 대안으로 고려할 수 있다.[32] 양자가 모두 현실에 대해 근본적인 변화를 추구하지만, 혁명이 변형보다 더 급진적이다. 또한 혁명이 인간의 내면보다는 외부 세계의 변화를 중시하는 반면에, '변형'은 보다 점진적이면서 인간 내면의 변화를 중시한다. 변화가 혁명적일수록 급속하게 구악의 타파와 새로운 세상 건설을 지향한다. 현실에 대한 불만도 크며 급진적인 종말론적 사고를 한다. 인격 변화 없이 제도만 바꾸면 세상이 변한다고 생각하기도 한다. 따라서 성급하게 기존의 법과 규범을 파괴하고 새로운 질서를 만들려고 시도할 가능성이 크다. 이를 위해서 권력 탈취가 급선무가 되고, 폭력 행사가 만연하게 될 수 있다.[33] 그리고 목표를 단기간에 이루려고 조바심을 내게 되면, 인간을 수단화하고

32) 이 책의 제목에 등장하는 '변혁'이란 용어는 '변형'과 '혁명' 양자를 통합한 개념이다.

33) 현실에서 평화와 자발성의 원칙을 끝까지 견지하기는 어렵다. 평화적 수단만이 평화적인 목표의 달성을 가져올 수 있다는 주장은 동어반복적인 측면이 있다. Arthur Mendel, *Vision and Violence*, University of Michigan Press, 1999, p.82.

도덕과 윤리를 무시할 가능성도 있다. 이런 의미에서 혁명은 천년왕국운동과 친화성이 크다.

이와 대조적으로 '변형'은 올바른 변화가 가장 빠른 변화라는 속설과 맥을 같이한다. 실제로 법과 제도만 바꾼다고 세상이 바뀌는 것이 아니다. 설사 제도를 바꾼다 해도 사람들은 곧바로 우회 통로를 발견해서 제도를 무력화시킨다. 변형적인 접근법은 제도 변화보다는 인격 변화를 더 중시한다. 사람이 변해야 세상이 변한다는 생각이다. 새로운 관점과 의식을 도입하는 것이 새로운 탄생이다. 구성원들이 자아의식을 극복하고 공동체 의식을 체화할 때 공동체의 변화가 생기고 세상도 바뀔 수 있게 된다. 변형은 혁명에서 일반적으로 드러나는 성급한 정권 장악이나 과격한 적폐청산에 동의하지 않는다. 또한 검증되지 않은 제도의 도입이 가져올 효과에 대해서 회의적이다. 그리고 강제적 수단을 통한 변화보다는 자발적인 인격 변화를 중시한다. 따라서 강제력을 통한 하향식 변화보다는 인간의 자발적인 참여에 기초한 상향식 변화를 선호한다.

혁명이 조급하게 성과를 내려고 강압적이고 무리한 수단을 동원하다가 실패하는 경우가 대부분이지만, 그렇다고 의미가 전혀 없는 것은 아니다. 혁명의 역사는 실패를 통해서 혁명의 목표를 달성하는 경우가 많다는 사실을 보여 준다. 비록 실패했더라도 혁명의 이상은 사람들의 의식이나 마음속에 남아서 장기적으로 정치적 영향을 발휘할 수 있다. 대개의 혁명에서는 강경 혁명파와 온건 개량파로 나뉘어 노선 투쟁이 벌어진다. 급진적 혁명이 실패한 이후 온건파들이 혁명 이념을 계승해서 점진적인 변형을 추진할 경우, 비록 감동은 덜하지만 더 빛나는 성과를 거두게 될 가능성이 크다.

일례로 신의 가호를 믿고 무모한 무력 항쟁에 나섰던 과격파 유대교 지도자들보다는 인내를 갖고 유대교와 유다 문화를 가꾼 온건파들이 후대 역사에 미친 영향력이 더 컸다. 사회주의는 전후 온건한 사민주의로 명맥이 이어져 유럽 정치에서 꽃을 피웠다. 독일의 국가사회주의 혁명은 독일 국민은 물론이고 인류 전체에 커다란 해악을 끼쳤지만, 패전 이후 독일은 세계적인 경제 대국이 되었고, 유럽통합을 선도하면서 인류 평화와 번영에 기여하는 나라가 되었다.

이런 변형적인 접근법은 자발적인 인격 변화에 더해서 장기적으로 꾸준한 노력이 있어야 소기의 사회변혁이 가능하다는 점을 보여 준다. 칸트에 의하면 항구적 평화는 수 세기가 걸리는 것이고, 트로츠키(Trotsky)는 세계적 차원으로 사회주의가 확산되기 위해서는 영구적인 혁명이 있어야 한다고 주장하였다. '후천년왕국주의자'(postmillennialists)들은 이 땅에 천년왕국을 먼저 건설하는 것이 예수의 재림에 선행해야 한다고 주장하면서, 인간들의 지속적인 변혁 노력을 강조하였다. 중세를 통해서 평등주의적인 사회를 목표로 한 천년왕국운동이 수없이 벌어졌지만, 무력을 동원한 급진적인 혁명이 진정한 사회변혁에 성공한 사례는 찾기 어렵다. 오히려 종교개혁과 르네상스 그리고 계몽주의가 장기적인 인격 변형을 통해서 근대적이고 평등한 사회를 만들어 냈다.

세 번째 변수는 정권 장악 여부이다. 누미노제 정치가 정권 장악과 상관없이 숭고한 대의명분의 실현을 목표로 해서 추진될 경우 의식 변화나 공동체적인 실천을 중시할 것이다. 그렇지 않고 '본말전도'가 일어나 권력 장악이 목표가 될 경우, 정치 논리나 권력욕 때문에 혁명이 세속적인 천년왕국운동으로 변질될 가능성이 크다. 미헬스(Michaels)가 제시한 '과두제의 철칙'에 따르면, 모든 혁명은 소수의 지도층이 권력과 이익을 독점하기 마련이다. 아무리 신이 보낸 메시아라도 결국은 사람의 아들일 수밖에 없다. 자기를 내세우고, 가족을 남보다 특별히 더 사랑하고, 보편적인 이익보다는 지지 세력에게 특혜적인 이익을 제공하는 것이 인지상정이다.

이와 같은 '메시아 정치'의 비극은 메시아가 하늘의 메시지만 전달하고 현실 정치에 개입하지 않았으면 발생하지 않았을 것이다. 집단적인 노력을 통해서 좋은 세상을 만들어 놓고, 능력 있는 자를 공정하게 선정해서 국정을 맡겼더라면 혁명이 성공할 가능성이 클 것이다. 그러나 대개의 자칭 메시아들은 자기 구미에 맞게 세상을 바꾸고, 몸소 정치 권력을 손에 쥐고 직접 나라를 운영하는 선택을 하였다. 이것은 완벽한 '이해충돌'(conflict of interests) 사례였으며, 이런 이유로 혁명은 타락할 수밖에 없었다. 인류 역사에서 평등한 세상을 약속하면서 많은 메시아가 등장했지만, 세상을 의미 있게 변화시킨 사례는 많지 않다. 의식공동체의 발전을 위해서는 세속적인 권력 장악이 아니라 인격 변화와 보편적 실천이 우선시되어야 한다.

지금까지 본 연구는 누미노제가 의식공동체의 발전을 가져오는 중요한 요인이라는 가정하에서 누미노제 정치의 성격과 결과에 영향을 미치는 주요 변수로서 '신과 인간의 관계' '변화의 속도와 방향' 그리고 '정권 장악 여부' 등 세 가지를 제시하였다. 이런 분석틀이 갖는 유용성을 검증하기 위해서 앞으로 다섯 장에 걸쳐서 세계 주요 혁명에 대한 사례 연구를 진행할 것이다. 사례

연구의 대상은 엑소더스와 이스라엘, 미국 혁명, 프랑스 혁명, 러시아 혁명, 독일 국가사회주의 혁명 등이다. 다섯 사례는 누미노제를 통해서 형성된 신과 인간 사이의 관계에서 의미 있는 차이를 보인다. 따라서 누미노제의 성격이 혁명 과정 및 이후에 전개된 누미노제 정치에 미친 영향을 파악하는 데 유용할 것이다. 그리고 마지막으로 본 연구의 분석틀을 혁명의 기운이 항상 잠재해 있는 대한민국 사례에 적용해 볼 것이다.

혁명은 종교적 성격이 강하다. 종교는 공동체 내부의 결속력과 안정성 그리고 존재 의미 등에 일관된 답을 제시하는 역할을 한다. 공동체를 지탱해 온 종교의 권위나 정당성이 무너질 경우 구성원들은 새로운 대안을 찾게 되고, 이것이 혁명이란 형태의 급진적인 변혁 추구로 나타나게 된다. 종교뿐만 아니라, 종교와 유사한 속성을 갖는 지배 이데올로기 또한 정당성과 유용성을 상실할 경우 혁명적 변화를 추구하는 움직임을 불러일으키게 된다. 따라서 혁명을 추동하는 가장 강력한 원동력은 바로 새로운 종교나 사상이다.[34] 이런 의미에서 혁명은 단순히 무기를 들고 정권을 탈취하는 것이 아니라, 새로운 세상을 여는 시도이다. 이런 시도가 성공하기 위해서는 새로운 비전과 에너지 그리고 열정이 있어야 한다. 따라서 어떤 형태든지 신과의 조우가 필요하다. 종교적 열정을 불러일으키는 새로운 신념이나 이데올로기도 유사한 효과를 가질 수 있을 것이다.

34) Cf. Christopher Dawson, *The Gods of Revolution*, The Catholic University of America Press, 1972.

5. 이 책의 구성

이 책은 다음과 같이 구성되어 있다.

제2장은 '엑소더스'와 이스라엘 혁명이다. 이스라엘의 형성 과정은 누미노제의 직접적인 결과였다. 신과의 만남을 통해 이스라엘 민족은 이집트로부터 탈출을 감행하였고, 이어서 새로운 민족 공동체 형성에 나섰다. 신은 누미노제 정치의 주요 국면마다 직접적으로 개입하였으며, 신과 인간 사이의 관계는 수직적이었다. 이후 전개된 '신정정치'(theocracy)는 신이나 신의 대리인이 직접 통치하는 정치였다. 신, 신의 대리인 격인 왕, 선지자와 성직자, 그리고 신봉자와 불신자로 나뉜 백성들 사이에 벌어진 정치적 상호 작용은 누미노제 정치를 이해하는 데 유용할 것이다.

제3장은 프로테스탄티즘과 미국이 주제이다. 미국은 신과 더불어 사는 나라이다. 신을 만나서 새로운 인간으로 탄생했지만 맹목적으로 추종하지는 않았다. 실용적이고 상식적이며 세속적이었지만 속물적이지는 않았다. 신에 대한 믿음과 인간의 이성과 상식에 대한 확신이 절묘하게 조화를 이룬 사례이다. 신은 정치에 직접적인 개입을 삼갔으며, 세속 정치는 권력과 이익만을 맹목적으로 추구하지 않았다. 인간 이성에 대한 신뢰 또한 무조건적이지 않았다. 이성을 신뢰했기에 민주주의를 선택했으면서도, 인간의 한계를 알았기에 권력 분립을 통해서 상호 견제와 균형이 이루어지도록 제도화하였다. 혁명보다는 변형을 선호했으며, 독립 전쟁의 주역이 정권의 독점적 장악에 나서지 않았다는 점에서 매우 이례적이다.

제4장에서는 계몽주의와 프랑스 혁명을 다룰 것이다. 프랑스

는 계몽주의라는 세속적 누미노제를 경험하였다. 신을 부정하지는 않았지만, 세속 정치에서 신의 역할을 인정하지 않았다. 대신에 인간의 이성을 신성시하였다. 인간 중심적이고 평등한 공동체를 지향하는 세속적 혁명을 일으켰다. 그렇지만 새로운 세상의 비전은 태초부터 드리워진 신의 그림자로부터 그다지 자유롭지 못하였다. 또한 인간에게 모든 권한과 책임이 있는 혁명적인 사회변혁 시도는 인간 능력의 한계를 분명하게 보여 주기도 하였다. 인간에게 많은 도전과 학습의 기회를 제공하였으며, 후대의 세속적인 정치변혁의 대표적인 모델로서 자리를 잡았다. 그러나 인간의 오만과 비합리성을 어떻게 통제할 것인가 하는 과제를 아울러 남겨 주었다.

제5장의 러시아 혁명은 신을 부정한 대표적인 사회변혁 사례이다. 사회주의는 누미노제와 유사하게 노동자가 주인이 되는 세상에 대한 깨달음과 감동과 전율을 혁명가들에게 가져다주었다. 그러나 러시아에서 일어난 실제 혁명은 비밀스런 조직을 통해 소수의 교조주의적 신봉자들이 주도한 무력봉기의 형태를 띠었다. 지나칠 정도로 신성한 러시아에서 극단적으로 신을 부정한 혁명이 일어난 것은 역사의 아이러니였다. 누미노제 없는 혁명의 경과 및 결과를 살펴보는 것은 누미노제 정치를 이해하는 데 중요한 의미가 있을 것이다.

제6장은 히틀러와 독일의 국가사회주의 혁명을 다룬다. 이 경우 누미노제가 있었지만, 나치당과 히틀러에 의해 인위적으로 조작된 누미노제였다. 인간의 종교적 본성과 신이 갖는 위력을 잘 이해한 바탕 위에서, 새로운 민족종교가 만들어졌다. 히틀러는 초기에는 메시아임을 자칭하고 궁극적으로는 신의 반열에까

지 올랐다. 대중들은 그를 신처럼 떠받들고 일거수일투족에 열광하면서 맹목적으로 추종하였다. 나치즘은 정치 지도자에 대한 개인숭배나 신격화의 전범이 되었다. 누미노제의 잠재력과 부작용을 동시에 보여 주는 사례이다.

제7장은 한국 사례의 적용이다. 앞선 사례 연구와 달리 누미노제 정치가 한국에서 갖는 함의와 유용성을 살펴보는 것에 초점이 있다. 대한민국은 건국 이전에 이미 근대화 누미노제를 경험하였다. 동학혁명에서 시작된 근대화의 열망은 3·1 운동과 일본 식민지 시대를 거쳐서 지금까지 계속되고 있다. 근대화 일변도에 불만을 품는 평등한 세상을 지향하는 천년왕국파가 커다란 영향력을 행사하면서, 국내 정치에 극단적인 대립 구도가 형성되어 있다. 종교가 전면에 등장하지 않았지만, 정치는 종교적 속성이 강하다. 변형파와 혁명파 사이의 대결 구도가 누미노제 정치의 핵심이다. 개도국 근대화 혁명의 대표적인 성공 사례로서 의식공동체로의 발전 가능성에 대해서 살펴볼 것이다.

이 책의 마지막 결론 격인 '책을 나가며'에서 간단하게 전체 요약과 함께 본 연구의 분석틀이 글로벌 공동체 형성에 갖는 함의를 찾아볼 것이다. 글로벌 공동체는 변혁을 주도할 수 있는 중앙 정치 권력이 존재하지 않기 때문에 누미노제의 영향력이 다른 사례보다 클 수밖에 없다. 지금까지 무력으로 세계를 정복하거나 변화시키려던 시도는 모두 다 실패로 돌아갔다. 대신에 누미노제를 통한 자발적인 변혁이 필요할 것이다.

제2장

엑소더스와
이스라엘 혁명

엑소더스와 이스라엘 혁명

1. 엑소더스(The Exodus)

1.1. 이집트로부터의 탈출

엑소더스(탈출기)는 「창세기」 뒤에 연결되어 있는 이스라엘 민족의 '이집트 탈출기'이다.[1] 이스라엘 민족이 이집트에서 탈출하는 과정, 곧 이집트에 정착한 이스라엘인들이 노예가 되었다가 탈출하는 과정을 그리고 있다. 엑소더스는, 왕권은 신에서 나온다는 신정정치 사상을 반영하는 역사 서술이다. 완전한 역사도 완전한 소설도 아니다. 사실과 부합되지 않을 수도 있고, 사후에 정치적 목적에 맞게 새롭게 기술했을 수도 있다. 그렇지만 사실 여부와 상관없이 당시 정치 상황을 잘 보여 준다. 신, 판관(判官, judges), 왕, 선지자, 성직자 등이 신정정치의 주요 행위자들이다. 신을 정치의 중심에 놓으면서 새로운 정치 동학이 생겨났다. 정치가 신과 종교를 활용하고 역으로 종교가 정치를 활용하는 관계가 일찍부터 형성되었다. 이런 측면에서 누미노제 정치의 고전적 사례로서 충분한 자격이 있다.

1) 여기서는 다윗 왕국이 '북 이스라엘'과 '남 유다'로 갈라졌던 시기를 제외하고는 이스라엘과 유다를 구분 없이 호환적으로 사용한다.

이스라엘 공동체의 형성은 엑소더스가 시작이다. 이집트 유랑 생활에서 극심한 고통을 겪다가 신을 만나서 계시를 받고, 극적인 탈출을 감행해서 자신들의 정치 공동체를 세운다는 이야기이다. 「탈출기」 속에는 이집트로 내려간 요셉과 이집트에 내린 열 가지 재앙, 모세의 지휘 아래 이루어진 탈출, 발을 적시지 않고 홍해를 건넌 사건, 시나이 산과 십계명, 약속의 땅 정복, 여호수아가 태양을 멈추게 하고 예리코의 성벽을 나팔 소리로 무너뜨린 이야기 등이 잘 알려져 있다. 모세가 이끄는 유목민들은 많은 난관을 극복하고 '약속의 땅' 가나안으로 이주해 나라를 세우고, 영토 확장을 통해 다윗과 솔로몬의 위대한 왕국을 건설한다. 이후 아시리아(Assyria, 앗수르)와 바빌로니아의 침공을 받아 오랜 노예 생활을 한다. 페르시아의 부상으로 인해 풀려난 이스라엘 사람들은 고향으로 돌아와 예루살렘을 재건하지만 로마제국에 의해서 자기 땅에서 또다시 추방된다.

엑소더스의 주역인 모세(Moses)에 대해서는 실존 기록이 존재하지 않는다.[2] 모세와 출애굽에 관련된 기록은 모두 성경에 근거하고 있다. 학자들은 대부분 모세를 역사적 인물이 아니라 전설적 인물로 보고 있다. 그럼에도 불구하고 사실 여부를 공개적으로 의심하는 사람들은 많지 않다. 그 이유는 유대교와 그리스도교 모두에 대한 정면 도전을 의미하기 때문이다. 구약과 이스라엘 역사는 바로 모세와 엑소더스에서 시작된다. 모세의 위상은 그리스도교의 종교화 과정에서 재차 높아졌다. 그리스도교는 헬레니즘 전통 속에서 배태된 종교였다. 문제는 헬레니즘의 뿌리가

2) Eric Voegelin, *Order and History Volume 1: Israel and Revelation,* University of Missouri Press, 2001, pp.431~433.

그리스 고대 종교와 신들 그리고 플라톤 같은 위대한 선지자에 닿아 있다는 점이었다. 그리스 다신교 전통은 유일 신앙과는 상극 관계였고, 그리스도교 입장에서는 지워야 할 흔적이었다.

모세를 등장시켜 신격화함으로써 이집트와 유다가 그리스보다 더 유서 깊고 중요한 문명의 원천이란 점을 부각시킬 수 있었다.[3] 모세가 다른 어떤 누군가가 아니라 바로 창조주인 신으로부터 직접 가르침을 받았다는 점이 커다란 매력이었다. 모세를 통해 그리스도교의 기원을 헬레니즘이 아닌 야훼에게서 찾을 수 있게 된 셈이었다. 더구나 엑소더스 이후 유다 사람들의 타락을 부각시키면서 예수가 등장할 명분을 아울러 강화할 수 있었다. 이로써 예수는 모든 이의 죄를 대신해서 씻고자 십자가에 오른 것이 되었고, 또한 모세를 대신해서 그리스도교 신앙의 중심으로 자리 잡게 되었다.

모세의 실존 인물인지 여부에 대한 논란과 마찬가지로 엑소더스 자체에 대해서도 의문을 제기하는 견해가 있다. 모든 기록이 성서에 의존하고 있기 때문에 벌어지는 일이다. 많은 숫자의 유민들이 40년 동안 사막을 떠돌았던 충분한 이유나 실제 흔적을 찾기가 용이하지 않다. 그 무렵 가나안은 구약대로라면 이집트 파라오의 지배를 받고 있었으니, 모세의 무리는 이집트를 탈출해 이집트로 간 셈이다. 진격나팔을 불어 함락시켰다는 예리코 성은 당시 성벽이 있을 수 없는 보잘것없는 조그만 마을이었다. 따라서 「탈출기」에 나오는 많은 사건이 후대에 유다 사람들이 만들어 낸 신화라고 주장한다.[4] 출애굽을 통해 이스라엘이란 공동체가

3) Wouter J. Hanegraaff, *Esotericism and the Academy,* Cambridge University Press, 2012, pp.18~19.

만들어진 것이 아니라, 역으로 공동체를 형성한 이스라엘의 성서학자들이 신의 명령에 따르지 않는 이스라엘 사람들을 질책하고, 그들에게 경종을 울리기 위해서 역으로 「탈출기」를 만들었다는 것이다.

실제로 이스라엘인의 범위를 엄격하게 해석할 경우 역사적 사례를 찾기는 쉽지 않다. 그 무렵 엑소더스에 상당하는 대규모 이주로는 '힉소스'(Hyksos) 사례가 역사적으로 유일하다. 힉소스인들은 이집트를 100년 넘게 지배하다가 집단적으로 가나안 지방으로 축출되었는데, 이 과정이 이집트의 기록과 고고학적 발굴을 통해 사실로 확인된 바 있다.[5] 그 당시 이스라엘 민족이라고 부를 수 있는 특정한 정체성을 가진 민족이 존재했다는 주장은 설득력이 떨어진다. 국가 간 경계도 불명확한 상태에서 더구나 유랑 생활을 주로 하는 유목민들에게 안정적인 정체성이 존재했을 개연성은 떨어진다. 대부분 사람은 자연환경 및 기후 변화에 따라 터전을 옮겨 다니며 살았을 것이다. 당시 모세는 흔한 이름이었으며, 힉소스의 탈출을 주도한 지도자의 이름이 모세라는 기록도 있다. 따라서 이스라엘인들을 힉소스 이주자 중 일부로 보더라도 근거가 전혀 없는 것은 아니다. 그러나 후대 이스라엘 사람

4) Shlomo Sand, *The Invention of the Jewish People,* Verso Press, 2009, p.16.

5) 힉소스는 이집트의 북동쪽으로부터 이집트의 나일강 델타 지역의 동부를 침략하여 고대 이집트의 제2 중간기를 개창한 아시아 계통의 인종이다. 기원전 17세기에 세력을 키웠고, 하 이집트와 중 이집트를 108년간 통치했다. 이집트의 아흐모세 1세(기원전 1540~1515년)가 힉소스의 수도 아바리스를 정복하고 셈족 유목민들을 지배하던 그들을 나일강 삼각주 밖으로 추방하였다. 이것이 출애굽 스토리의 기원이 되었을 것이라는 것이 주류 학계가 대체로 동의하는 견해이다. Donald B. Redford, *Egypt, Canaan, and Israel in Ancient Times,* Princeton University Press, 1992, pp.412~413.

들은 힉소스와 자신들이 동일시되는 것을 극도로 꺼렸다. 유다 사람들의 민족의식을 고취시키기 위해서 나름대로 독특한 정체성을 가진 민족으로 기록되는 것이 유리했기 때문이었다.

엑소더스의 시작은 고통이었다. 당시 히브리인의 고통에 대해서는 「신명기」에 잘 묘사되어 있다:

> 저희 조상은 떠돌아다니는 아람인이었습니다. 그는 몇 안 되는 사람들과 이집트로 내려가 이방인으로 살다가, 거기에서 크고 강하고 수가 많은 민족이 되었습니다. 그러자 이집트인들이 저희를 학대하고 괴롭히며 저희에게 심한 노역을 시켰습니다. 그래서 저희가 주 저희 조상들의 하느님께 부르짖자, 주님께서는 소리를 들으시고, 저희의 고통과 불행, 그리고 저희가 억압당하는 것을 보셨습니다. 주님께서는 강한 손과 뻗은 팔로, 큰 공포와 표징과 기적으로 저희를 이집트에서 이끌어 내셨습니다. 그리고 저희를 이곳으로 데리고 오시어 저희에게 이 땅, 곧 젖과 꿀이 흐르는 땅을 주셨습니다.[6)]

가나안 지역은 사막 지역으로 유랑 생활이 일반적이었다. 유랑 생활은 정착 생활보다 고통스러웠으며, 기후 환경에 크게 영향을 받았다. 문제는 날씨나 기후에 대해서 예측이 불가능했다는 점이다. 따라서 어떤 절대자에 대한 믿음이 필요하였다. 유다 사람들은 유목 민족이었기 때문에 유일신에 대한 믿음이 강하였다. 이들은 경제적 목적에서 자발적으로 이주했거나, 노예로서 비자

---

6) 신명 26,5~9.

발적으로 대거 이집트에서 생활하게 되었다. 오랜 기간에 걸쳐서 열심히 경제 활동을 해서 나름대로 부를 축적하고 인구도 늘어나면서 이집트 왕조로서도 정치적인 위협으로 느꼈을 것이다. 이로 인해 견제와 박해를 받았던 것으로 추정된다. 이런 상황은 후대 유다 사람들이 경험한 이주 역사에서 누차에 걸쳐 재연되었다.

모세는 히브리인으로 이집트에서 자랐다. 신이나 정치와는 거리가 멀었지만 사막에서 40년간 양도 치고 여러 가지 잡일을 하면서 나름대로 지도자 훈련을 쌓았다. 그리고 어느 날 신을 만나게 되었다. 바야흐로 신이 종으로 부릴 만한 인물이 되었던 것이다. 평소에 보던 모세는 평소에 보던 떨기나무 한가운데에서 "모세야, 모세야!" 하고 그를 부르는 소리를 들었다.[7] 모세가 신을 만난 순간이었다. 야훼가 계속 말하기를,

> 나는 이집트에 있는 내 백성이 겪는 고난을 똑똑히 보았고, 작업 감독들 때문에 울부짖는 그들의 소리를 들었다. 정녕 나는 그들의 고통을 알고 있다. 그래서 내가 그들을 이집트인들의 손에서 구하여, 그 땅에서 저 좋고 넓은 땅, 젖과 꿀이 흐르는 땅, 곧 가나안족과 히타이트족과 아모리족과 프리즈족과 하위족과 여부스족이 사는 곳으로 데리고 올라가려고 내려왔다. 이제 이스라엘 자손들이 울부짖는 소리가 나에게 다다랐다. 나는 이집트인들이 그들을 억누르는 모습도 보았다. 내가 이제 너를 파라오에게 보낼 터이니, 내 백성 이스라엘 자손들을 이집트에서 이끌어 내어라.[8]

7) 탈출 3,4.
8) 탈출 3,7~10.

모세는 귀찮은 일에 끼고 싶지 않아서 왜 자신이 그 일을 해야 하는지 납득하지 못하였다. 따라서 지속적으로 신의 요구를 거부한다. 그러자 신은 여러 가지 기적을 보이면서 모세를 압박해 들어온다. 모세가 지팡이를 던지자 뱀으로 변하거나, 나병 걸린 사람이 깔끔하게 낫기도 한다. 이에 모세는 마지못해 신의 요구를 수용한다. 마침내 외국인 노동자의 아들로 태어나 파라오의 왕자가 되었고, 다시 살인자가 되어 사막에서 40년 동안 도망자로 살았던 모세가 야훼에 의해서 이스라엘 민족의 구원자로 새롭게 태어난 것이었다.[9)]

모세와 그를 따르는 이스라엘인들은 신이 행하는 기적을 여러 차례 경험하였다. 홍해의 기적이 대표적이다. "모세가 바다 위로 손을 뻗었다. 주님께서는 밤새도록 거센 샛바람으로 바닷물을 밀어내시어, 바다를 마른 땅으로 만드셨다. 그리하여 바닷물이 갈라지자, 이스라엘 자손들이 바다 가운데로 마른 땅을 걸어 들어갔다. 물은 그들 좌우에서 벽이 되어 주었다."[10)] 그렇지만 이스라엘 사람들은 신에 대한 의심이 많았으며, 출애굽 이후에도 모세를 신뢰하지 않았다.[11)] 그런 와중에 모세는 시나이 산으로 올라가 십계명을 받게 된다. 그때 무리는 시나이 산 자락에서 의구심을 갖고 모세를 기다렸다. 그리고 모두가 함께 신을 만나서 십

---

9) 참조: 배철현, 『신의 위대한 질문: 신이 원하는 것은 무엇인가』, 21세기북스, 2015, 207~217쪽.

10) 탈출 14,21~22.

11) 이스라엘을 성공적으로 이집트에서 탈출시킨 모세의 위업을 목도한 현장 체험자들은 그러나 끝끝내 그에게 전폭적이고 일관된 신뢰를 보내지 않았다. 적어도 모세가 살아 있던 사십 년 동안은 그랬다. 출애굽을 한 백성들은 갈증이 생기거나 배가 고플 때면 언제나 모세를 원망하고 비방하기 일쑤였다(탈출 14,11~12; 15,24; 16,2~3; 17,2).

계명을 비롯해서 세부적인 계시 내용을 확인하였다.

1.2. 이스라엘 혁명

이로써 누미노제를 통해서 출애굽을 감행한 모세와 이스라엘인들은 새로운 신을 받아들이고 새로운 윤리에 기반을 둔 독자적인 공동체 건설의 길로 들어섰다. 이것은 에덴동산으로부터 아담의 축출이나 '노아의 방주' 사건에 버금가는 과거와의 단절이었고 혁명적인 변화 사례였다. 40년간 방랑 생활을 통해서 공동체 의식을 다졌고, 힘든 투쟁을 통해서 가나안 땅에 정착하였다. 처음에는 가나안 땅의 가장 척박한 곳에 정착하였지만, 계속된 정복 전쟁에서 승리하면서 가나안 사람들을 점차 몰아냈다. 비록 근대적 의미의 국가는 아니었지만 안정된 부족공동체가 형성되었다. 생활 방식도 유목 생활에서 정착 생활로 전환되었다. 신이 아브라함과 사라를 통해서 건립 작업을 시작하였고, 신이 직접 '십계명'과 '토라'를 하사한 신성한 신앙공동체였다. 모세와 야훼를 공통적으로 믿는 종교적으로 하나의 가족과 같았지만 혈연공동체는 아니었다. 처음에는 야훼를 신봉하는 세력이 크지 않았지만, 추종자들의 숫자가 계속 늘어났다. 그들은 자신의 신인 야훼에게는 절대복종하였지만, 그렇다고 다른 신들을 부정하는 것은 아니었다.[12)]

12개의 부족 지파가 대등하게 연합한 공동체였으며, 다양한

12) 이것을 단일신교(henotheism)라고 부른다. 여러 신을 인정하면서도, 상황에 따라 그중 하나를 주된 신으로 섬기는 종교를 말한다. 참조: John Bright, *A History of Israel*, 4th edition, Westminster John Knox Press, 2000, ch. 4.

구성으로 이루어진 일종의 '상상의 공동체'(imagined community)였다. 원래부터 하나의 민족으로 존속했던 것은 아니다. 유목 민족이나 유목 국가는 경계가 모호하고 유동적일 수밖에 없다. 그렇지만 문화적으로나 언어적으로 어느 정도 통일성은 유지하고 있었다.[13] 개인이 아닌 공동체가 사람들의 사고와 행동의 기준이었던 집단주의적 사회였다. 신과의 계약도 개인이 아니라 부족 집단으로 구성된 이스라엘 민족이 계약의 주체였다. 민족이 복종을 잘하면 민족이 복을 받고, 민족이 약속을 어기면 민족이 재앙을 입는 계약이었다. 신과의 접촉은 집단의 대표만이 할 수 있었으며, 구원도 집단적이었다. 신이 권위와 윤리 그리고 도덕적 판단의 주체인 위계적인 공동체였다. 개인이 중심이었고, 신마저도 철학적 사유의 대상이었던 헬레니즘 사회와는 크게 대조가 되었다.

이스라엘 사회는 당시 어느 사회와 비교해서도 뒤지지 않을 정도로 평등한 공동체였다. 특히 법 앞의 평등이란 점에서 장점이 두드러진다. 모세오경에 나오는 율법과 십계명이 누구에게나 예외 없이 적용되는 평등한 사회였다. 어느 측면에서는 시민들의 평등한 정치 참여로 잘 알려진 고대 그리스나 로마 사회보다도 더 평등했다고 볼 수 있다. 왜냐하면 당시 그리스나 로마에서는 여자, 이방인, 노예 등은 평등한 처우에서 예외였기 때문이다. 특히 '판관'(judge) 시기에는 사회적 계급이 없었으며, 모두가 법 앞에 실질적으로 평등한 처우를 보장받았다. 부족의 대표들이 모여서 중요한 결정을 내렸으며, 각 대표도 독단적으로 자기 의사를

13) 당시 유다 사회와 문화에 대해서는 참조: Leonard J. Greenspoon, "The Biblical Period: Society, Culture, Demographics", Dean Philip Bell(ed.), *The Routledge Companion to Jewish History and Historiography,* Routledge, 2019, pp.13~29.

표명한 것이 아니라 자신들의 공동체에서 토론을 통해 합의를 도출하였다. 당시 기준으로는 이례적인 민주적 사회였다.[14]

모세오경이 지향하는 사회는 사람들 사이의 공존, 상호 존중, 이방인에 대한 동일한 처우, 빈부 격차나 신분 차별이 없는 공동체였다. 그러나 아테네와 달리 개인이 아니라 공동체가 중심이었으며, 정착된 농경 사회가 그릴 수 있는 이상적인 모습을 하고 있었다. 유대교 경전인 『토라』(*Torah*)와 유다 사람들의 율법과 전승을 담은 『탈무드』(*Talmud*)에서 잘 드러나듯이 교육을 중시하는 공동체였으며, 모두가 일정 수준의 교육을 받은 것으로 보인다. 거의 모든 사회에서 교육 차이가 신분 차이를 만들어 냈던 것을 감안하면 평등성이 더욱 돋보인다. 가난한 자와 어려운 처지에 처한 자들에 대해서 특별한 관심을 보였고, 노동을 중시해서 안식일 개념을 도입한 것도 상당히 진보적이었다. 이런 이유로 유다 공동체는 사회주의의 원형으로서 간주되기도 한다.

국가가 존재하지 않고 중앙 정부의 역할이 극소화된 유다 사회는 '자유주의적 공동체주의'(liberal communitarian)나 '무정부주의적 리버테리언'(anarchical libertarian) 이념의 사상적 기초를 이루기도 한다. 구약성경의 십계명에 근거한 유대교의 신정정치를 가장 좋은 형태의 정부라고 칭송하는 우파 신자유주의 경제학자들도 있다. 대표적으로 노스(North)는 십계명 속에서 자율성에 근거한 자치, 자기 책임, 복지 없는 작은 정부 등과 같이 자유로운 시장경제 체제의 기초를 발견할 수 있다고 주장한다.[15] 신과의 약속

---

14) 「판관기」 5장에 나오는 '드보라와 바락의 노래'를 참조할 것.

15) Cf. Gary North, *Millennium and Social Theory,* Institute for Christian Economics, 1991; Gary North, *Sanai Strategy: Economics and Ten Commandments,* Institute for Christian Economics, 1987.

이 중요하듯이 신용이 지켜지고, 도덕과 윤리가 공동체 생활의 기본이 되고, 인간이 스스로를 책임질 수 있어야 사회가 진보를 이룰 수 있게 된다. 이스라엘의 경우도 국가가 등장하고 인도주의적 정책을 쓰기 시작하면서부터 타락하게 되었다. 목가적인 농촌공동체의 이상적인 모습은 점차 사회가 발전하고 영토가 확장되고 정치 구조가 고도화되면서 변하였다. 그렇지만 이스라엘 사람들의 마음속에 좋은 기억으로서 깊이 각인되었다. 그래서 훗날 오랜 방랑의 세월을 겪으면서도 민족적 정체성을 유지할 수 있는 원동력이 되었다.

2. 신이 주도한 누미노제

2.1. 신성한 계약

이스라엘이 초월적 신과 계약을 맺어 독자적인 나라를 건설했다는 주장은 그리스인들이 이성(reason)을 발견한 것에 버금갈 정도로 인류 역사의 발전에 있어서 의미 있는 이정표가 되었다.[16] 이후의 역사는 현실 정치의 '주관자' 자리를 놓고 신의 의지와 인간의 이성이 오랫동안 경합을 벌이게 되었다. 인간의 이성을 활용해서 합리적인 결정을 내리고 협력해 나가는 것이 공화주의 전통이라면, 신에 의존해서 모든 것을 해결하는 것은 신정정치였다. 이런 방식은 이스라엘이 처음이었으며, 신이 세속 정

16) 이스라엘을 현실적인 정치 공동체로서 분석한 사례가 에릭 보에글린(Eric Voegelin, 2001)이다.

치에 깊숙하게 개입하게 됨으로써 이스라엘의 국내 정치 동학에 근본적인 변화가 생겨났다. 정치가 신을 적극적으로 활용하는 정치의 '신성화' 현상이 생겨났으며, 거꾸로 신이 정치에 깊숙이 개입함으로써 신이 '세속화'되는 경향도 나타났다. 신정정치에서 관건은 누가 신을 대변하고 신의 뜻을 해석할 것인가 하는 문제였다. 왕과 선지자 그리고 성직자들이 신의 권위를 등에 업기 위해서 서로 경합하는 구도가 자연스럽게 형성되었다.

신의 관점에서 보면 자신이 원하는 세상을 만들기 위한 발판으로서 이스라엘 민족을 선택한 것이었다. 일종의 '선택과 집중' 전략으로 볼 수 있다. 창조주가 세상과 인류를 창조한 후 일거에 자신이 원하는 세상을 만드는 것이 아니라, 특정한 민족을 먼저 선택해서 이상적인 공동체를 완성한 후, 이것을 점차 세계적으로 확산시키려고 구상한 것이었다. 신이 인간들에게 세속사에 대한 주도권을 넘겨준 이유는 스스로 배울 기회를 제공하려는 의도가 컸을 것이다. 그러나 창조주는 근거가 불분명한 채 이스라엘 민족을 선택하였고, 이런 전략은 이스라엘 민족의 불신과 타락으로 인해 성공을 거두지 못하였다. 만약 창조주가 모든 민족에게 공평한 기회를 줘서 선의의 경쟁을 시켰더라면, 결과가 오히려 더 좋았을 수도 있었다.

이스라엘 민족의 입장에서는 고통 속에서 누군가 강력한 보호자가 필요한 상황이었다. 신에 의해 선택받는 것만큼 생존에 대한 확실한 보장은 없었을 것이다. 따라서 신의 선택을 거부할 이유가 없었다. 여하튼 이스라엘 사람들은 고통에 허덕이며 자신의 처지를 한탄하고 있었는데, 신이 갑자기 모세에게 접근해서 구원을 약속하였다. 신을 만난 것은 모세였지만, 일단의 무리가 모세의 중개를 통해서 집단적으로 신과 조우하였다. 전형적인 누미노제였다. 그러나 인간이 간청해서가 아니라 신이 필요해서 주도적으로 접근한 상황이었다. 이런 의미에서 신이 주도한 누미노제였다. 사실 이스라엘 사람들이 야훼가 감동받을 정도로 신앙심이 깊다거나, 구원에 대한 간절함이 특별히 인상적인 것은 아니었다. 그렇지만 야훼는 이스라엘 민족을 구원의 대상으로 선택하였고, 준비도 되지 않은 모세에게 접근해서 자신을 대신해서 이스라엘 사람들을 구원할 것을 부탁하였다.

우여곡절 끝에 신과 이스라엘 민족 사이에는 모세를 매개로 하는 신성한 계약이 성립되었다. 야훼는 이스라엘인들에게 자기 뜻에 부합하면서 동시에 세상 사람들이 모두 모방하고 싶을 정도로 이상적인 공동체를 만들라고 요구했으며, 그 대가로 이스라엘 사람들에게는 평화와 번영을 보장하였다. 이것이 대등한 주체 사이의 자발적인 계약이었다면 내용이나 성격의 불평등성 여부를 논할 여지가 없었을 것이다. 그러나 이 계약의 일방은 전지전능한 창조주이자, 정의의 신이었으며, 동시에 구원자였다. 더구나 야훼가 주도해서 계약이 성립되었기 때문에 비대칭성이 어느 정도 내재된 계약이었다.[17] 이 신성한 계약의 이행을 담보하는 주체는 야훼였으며, 계약 불이행은 처벌하고 성실한 이행에 대해서는 보상을 내리기로 약속하였다.

계약서는 야훼와 모세가 먼서 시나이 산에서 십계명이란 형태로 두 부를 작성해서, 그중 한 부를 모세가 가져다가 이스라엘 사람들에게 전해 주었다. 야훼는 의구심이 있던 이스라엘 사람들

17) 탈출 19,3~6; 신명 11,26~29.

에게 직접 나타나서 내용을 재차 확인시켜 주었다. 이로써 이스라엘과 야훼 사이에 특수한 계약 관계가 성립되었다. 전반부 다섯 가지는 신과의 관계에 대한 것이고, 후반부 다섯 가지는 세속적인 관계에서의 의무를 규정하고 있었다. 이 계약에 따르면 야훼는 신정정치의 주체로서 제사장의 역할과 세속적 왕의 역할을 모두 담당하는 절대적인 존재였다.[18]

전반부 다섯 항목 중 1~3항은 직접적으로 야훼에 대한 의무를 규정하고 있다. 구체적으로 야훼는 자신 이외의 다른 신을 믿지 말고, 어떤 이미지나 형상을 만들어 자신인 양 숭배하지 말 것이며, 쓸데없이 자신을 찾지 말라고 요구하였다. 그렇지만 지나치게 간결했기 때문에 해석을 둘러싸고 많은 혼선이 있었다. 전지전능한 창조주 관점에서 해석할 경우 다른 신을 믿지 말라는 첫 번째 항목은 질투나 시기심의 발로는 아니었을 것이다. 전지전능한 신이 자신에 대한 믿음을 강요하거나 자신이 유일하다고 강변할 이유는 애당초 없을 것이다. 그냥 다른 데 기웃거리지 말고, 전지전능한 자신을 무조건적으로 믿고 따르는 것이 이득일 것이라는 충고였을 것이다. 인간들이 신에 대한 상상을 시작한 이래 수많은 신이 만들어지거나 등장하였다. 인간들은 끊임없이 신들을 서로 비교하면서 보다 능력이 뛰어난 신을 찾아 헤매고 다녔다. 유일신 종교의 등장은 인간들에게 그런 수고를 덜어 주는 효과가 있다. 자기 이외의 신을 믿지 말라는 요구는 실제로 신계(神界)에 존재하는 유일한 존재라서가 아니라, 더 용한 신을 찾느라고 인생을 낭비하지 말라는 애정 어린 조언으로 해석할 수 있다.

18) North(1987), p.xiv.

자신의 이미지를 형상화하지 말고 그것을 숭배하지도 말라는 두 번째 요구는 전지전능한 신의 입장에서는 너무도 당연한 지적이다. 야훼 자신은 어떤 형상이나 특정 장소에 거하는 물질적 존재가 아니라, 온 세상에 그것도 동시에 전체로서 존재하는 영성적 존재란 점을 강조한 것이었다. 따라서 원하면 직접적으로 마음으로 느끼고 소통하면 될 것이었다. 다양한 모습으로 등장할 것인데 그때마다 형상을 만들고, 또한 장소에 구애받지 않고 나타날 것인데 만난 장소마다 표식을 하고 기념물을 세운다면, 온 세상이 야훼의 형상과 기념물로 뒤덮일 것이 아닌가. 더구나 각종 형상을 진짜로 착각하거나 그것을 우상처럼 떠받드는 사태가 벌어질 것이 분명한 노릇이었다. 이것은 자유자재한 존재로서 신에 대한 모독일 것이었다.

세 번째로 헛되이 이름을 부르지 말라는 요구는 전지전능한 야훼에게 인간들이 너무 의존적이 되는 것을 경계하려는 의도인 것으로 해석된다. 기본적으로 인간들이 자기 앞가림은 하고 사는 것이 창조주에 대한 예의일 것이다. 스스로 노력하지 않고, 아무 때나 별로 중요하지 않은 일에 신을 찾는 것은 나약함과 게으름의 표징인 것이다. 스스로 해결할 수 없는 정말로 어려운 일이 생기면 전지전능한 당신이 어련히 알아서 나타나서 잘 해결해 줄 것이란 의미도 포함되었을 것이다. 야훼가 쓸 용처가 없는데도 종으로 거둬 달라고 간청하거나, 별것도 아닌 일로 자신에게 의지하는 것도 삼가라는 의미였을 것이다. 야훼에 대한 믿음이나 충성심은 야훼가 알아서 잘 파악하니 굳이 드러내거나 과시하려고 애쓰지 말라는 의미도 있었을 것이다. 실제로 야훼의 우려대로 신만을 찾으면서 인생을 낭비한 사례는 수없이 발생하였다.

또한 신의 이름으로 무수한 전쟁과 폭력 그리고 사기 및 이익 편취와 같은 범죄 행위가 벌어졌다. 신을 참칭하는 자들이나 가짜 메시아들도 역사상 무수히 등장하였다. 전부 다 신의 이름을 헛되이 부른 사례들이다.

네 번째 안식일을 지키란 요구 또한 신을 경배하기 위해서 온종일을 바치란 의미는 아닐 것이다. 전지전능한 신의 입장에서 과도한 의례나 전례 혹은 제물을 요구할 리는 없다. 진짜 의도는 역시 이스라엘 사람들에게 너무 일만 하지 말고, 스스로 생각할 시간을 가지란 의미일 것이다. 욕심만 차리려다가 몸을 상하게 하지 말며, 죄가 쌓여 큰 벌을 받기 전에 스스로 반성하고 참회하는 시간을 가지란 주문이었다. 신을 다시 알아가고, 존경하고 따르는 마음을 가다듬으라는 충고였다. 당시 농경 사회에서는 육체 노동이 가치 창출의 주된 원천이었고, 부를 창출하기 위해서 자신의 노동이나 남의 노동을 착취하는 것이 일반화된 관행이었다. 안식일 제도는 사랑의 신만이 인간 사회에 부과할 수 있는 의무 조항이었다.

부모를 공경하라는 다섯 번째 조항은 사회적 의무로서의 성격이 강하지만, 전반부 신에 대한 의무 부문에 포함되어 있기 때문에 해석을 둘러싸고 많은 논란이 있었다. 그만큼 소중한 의무로서 강조했다고 해석해도 무리는 없을 것이다. 야훼의 입장에서 사람들이 신을 공경하는 마음으로 자기들의 부모를 존경했으면 좋겠다는 바람이었을 것이다. 사회 보장 제도도 변변치 않은 상황에서 노인 문제는 예나 지금이나 심각한 문제였을 것이다. 기본적으로 가정에서 해결하는 것이 바람직하고, 한 걸음 더 나아가 남의 부모를 자기 부모처럼 공경하면 노인 문제는 저절로 해결되는 셈이 될 것이다. 이런 의도를 반영해서 이 항목은 이례적으로 부정문이 아니라 긍정문으로 쓰여 있다.

후반부 다섯 항목은 공동체의 안정과 발전을 위해서 필수적인 사항들이다. "살인하지 마라" "간음하지 마라" "도둑질하지 마라"는 각기 생명, 가정, 재산의 소중함을 보여 준다. 이것이 제대로 보장되어야 공동체가 안정성과 예측 가능성을 갖게 된다. 이것은 공동체의 평안은 물론이고 열심히 노력할 인센티브를 제공한다. 이들 세 가지는 인간들의 구체적인 행동과 관련이 있다. 남의 것을 공연히 해쳐서도 안 되고, 또한 자기 것을 자기 힘으로 지키려고 나서도 안 된다. 상호 존중하고, 상호 해치지 않겠다는 구속을 받아들여야 하는 것이다. 직접 지키려 하면 권리 상호 간의 충돌이 생겨날 수 있다. 이런 신사협정이 지켜지기 위해서는 제삼자의 중재자가 필요하다. 이런 의미에서 정당하고 권위 있는 정부가 있어야 한다. 그리고 법 집행이 제대로 이루어져야 평화가 정착되고 경제 발전도 이루어질 수 있다.

이들 세 가지가 반드시 보호받아야 하는 것은 모두가 신이 창조한 것으로서 신성하기 때문이다. 그중에서 신이 직접적으로 창조한 생명이 가장 신성하다. 나머지 두 가지도 생명에 준해서 신성하게 다루고 존중해야 한다. 가정은 신의 피조물 사이의 결합으로 형성된 것이기 때문에 신성하다. 여성도 신의 피조물이기 때문에 가정 내에서 신성한 존재로 공경해야 할 뿐만 아니라, 남의 부인과 가정도 소중히 대해야 한다. 재산 또한 신의 피조물들이 노동을 통해서 창출한 신성한 결과물이다. 따라서 마땅히 소중히 여겨야 하는 것이다. 그렇다고 생명, 가정, 재산이 인간의 배타적인 소유물은 아니다. 그것들은 신이 맡겨 놓은 위탁물에 불과하다. 그러나 인본주의자들이 신보다 인간을 중시하면서 절대적인 것으로 만들었다.

행동 이외에도 사람 사는 사회에서는 말이 중요하다. 말은 소통 수단이며, 기본적으로 정직하고 신뢰가 있어야 한다. 말은 신용이란 무형의 자산의 원천이다. 무형 자산의 가치는 역사적으로 점차 중요해졌다. 말로 하는 약속이 지켜져야 거래가 촉진될 수 있다. 말에 신용이 없으면 물물교환만이 가능하다. 그러나 신용은 원거리 거래도 가능하게 해 준다. 말로 한 약속의 이행을 돕기 위해서 글로 표현한 것이 계약서이다. 사람들은 말로써 무수히 많은 죄를 범한다. 말로 인해 분쟁과 갈등이 생겨난다. 거짓말은 공동체가 무너지는 가장 큰 원인이다. 야훼는 거짓말을 하지 말라고 요구함으로써 공동체 발전의 기초를 놓았다. 근대 자본주의 사회는 계약 위에서 발전하였다. 사인(私人) 간의 계약을 관장하는 상법과 민법이 일찍부터 발달한 이유이기도 하다. 사인 간의 계약도 신과의 계약에 준해서 지키자는 것이 '신의성실의 원칙'이다. 약속이 잘 지켜지는 사회가 훗날 경제적으로 발전하고 자본주의도 발달하였다.

야훼가 마지막으로 강조한 것이 남의 것을 시기하지 않는 좋은 마음이자 바른 마음이었다. 성경이 가장 강조하는 것이 사회적 평화(social peace)이고, 이것은 마음을 잘 다스려야 가능할 수 있다. 욕심이 지나치면 갈망, 집착, 시기심 등이 생겨난다. 탐욕에서 어리석음과 진노함이 나온다. 불교에서도 탐진치(貪瞋痴) 삼독(三毒) 중에서 탐심을 인간에게 가장 으뜸가는 해독으로 친다. 마음이 나쁘면 분쟁과 갈등이 끊이지를 않는다. 집착과 시기심이 사회적·정치적 분란의 가장 큰 원인이다. 동시에 모든 범죄와 불행의 원인이기도 하다. 야훼는 일찍부터 시기심과 상대적 박탈감이 앞으로 사회적 갈등의 중요한 원인이 될 것임을 간파한 혜안을 가지고 있었다. 인류 사회에서 발생한 수많은 무장봉기나 혁명은 전부 다 욕심과 시기심이 주요 원인이었다.

종합한다면 사람들은 행동과 말과 생각으로 죄를 짓고 산다. 야훼는 이런 죄를 범하지 말라고 이스라엘 사람들에게 요구하였다. 석가모니 또한 신구의(身口意) 삼업(三業)을 논하고 있다. 몸과 입과 마음으로 짓는 죄가 크기 때문에 과거의 죄를 반성하고, 현재 업을 짓지 않도록 바르게 살며, 앞으로도 행동·말·생각을 좋게 하면서 살 것을 주문하였다. 이런 덕목은 이스라엘 공동체만 지켜야 할 이유가 없는 보편적인 가치이다. 이런 계율을 잘 지키면 공동체는 평화와 조화와 풍요를 얻을 수 있을 것이라고 야훼가 가르침을 준 것이다.[19] 이것이 또한 근대 서양 문명의 개화를 가능하게 하고, 자본주의 발전 가져온 기본 윤리로서 작용하였다. 야훼는 십계명을 잘 지키는 모범적이고 멋진 공동체를 가꿔보도록 이스라엘 사람들에게 주문한 것이었다. 그래야 다른 민족들도 경쟁적으로 이스라엘 모델을 따라 함으로써 창조주의 구상이 전 세계적으로 확산될 것이었다. 형식적으로는 불평등했지만 내용적으로는 절대자의 인류 보편에 대한 사랑이 흠씬 묻어 있는 계약이었다. 결국 십계명은 인간이 야훼를 믿고 따르면서 서로 존중하면 모든 것이 순조롭게 이루어질 것이란 덕담이고 가르침이었다.

---

19) Voegelin(2001), p.211.

2.2. 이행 문제

십계명은 신이 주체란 점에서 특이했지만, 내용상으로는 그다지 특별하거나 이스라엘에 특수한 것은 아니었다. 어느 민족이나 공동체라도 제대로 따르기만 하면 평화와 번영을 성취할 수 있는 보증수표였다. 이스라엘이 신을 지나치게 높이지 않고, 신을 모시는 데 지나치게 비용을 낭비하지 않으면서, 세속적인 삶을 영위하는 데 신적인 윤리나 계율을 지나치게 엄격하게 적용하지 않았더라면 훨씬 더 윤택하고 활력 있는 공동체를 만들어 나갈 수 있었을 것이다. 편안하게 야훼의 전지전능함을 믿고, 특히 외부 신을 숭배하지 않으면서, 그의 사랑과 안전에 대한 보장 약속을 액면 그대로 믿고 편안한 마음으로 계율을 지켜 나갔더라면 다른 민족들이 모방하고 싶은 모범적인 공동체가 만들어질 수 있었을 것이다. 실제로도 십계명을 체계적으로 잘 구현한 서구 사회는 먼 훗날 자본주의와 민주주의를 꽃피울 수 있었다. 수 세기 후에 신의 가르침과 세속적 필요를 잘 조화시켰던 솔로몬 왕조는 경제 발전과 영토 규모 그리고 문화적 개방성이란 측면에서 근방에서 유례를 찾을 수 없는 수준에까지 도달하였다.

야훼 또한 자신을 높이기 위해서 별다른 행동을 이스라엘 사람들에게 요구한 것은 아니었다. 본질적으로 전지전능한 야훼를 더욱 전지전능하게 만들려고 야단법석을 떨 일은 애당초 없었다. 야훼는 자신이 직접 나서서 세속사에 개입하기보다는 뒤에서 관조하면서 인간이 매사를 주도하기를 원하였다. 배움과 실천을 통해서 신과 같은 인격을 만들어 나가야 하는 것은 신이 아니라 바로 인간이었기 때문이었다. 그렇지만 처음부터 야훼를 지나치게 높이고, 신탁 계약을 피조물 모두에게 적용될 보편적인 것이 아니라, 선택받은 이스라엘 사람들에게만 배타적으로 적용되는 것으로 해석하는 경향이 강하게 드러났다. 야훼의 이름이나 권위를 빌어서 자신을 높이고 싶었던 인간들이 십계명을 위계적이고 강압적인 약속으로 변질시켰다.

아울러 십계명에 더해서 수많은 금기 사항과 의례 및 전례와 관련한 절차 사항이 추가되었다. 지나치게 엄격한 계율과 윤리적 요구로 인해서 이스라엘 사람들은 타락과 구원을 계속 반복하다가 나라가 멸망하고 말았다. 여러 민족 중에서 홀로 선택받았다는 사실에 특별한 의미를 부여해서 계약 내용을 신성시하거나 왜곡하는 것을 다반사로 하였다. 야훼의 제안이나 부탁을 강요로 받아들이거나, 애정 어린 충고를 명령으로 이해하거나, 전체적인 의미보다는 자구(字句) 하나하나에 지나치게 집착하는 경향도 생겨났다. 분열 왕국 시대에는 '선지자'들이 정치를 주도하는 사태까지 벌어졌다. 그 결과 국정 운영의 합리성과 경제적 효율성이 크게 손상되어 국력이 크게 쇠하고, 나라마저 외부와 고립되는 사태가 벌어지기도 하였다.

야훼와 이스라엘 사람들 사이의 신성한 계약은 애초부터 기본적으로 지켜지기 어려운 계약이었다. 처벌과 보상에 있어서 이스라엘 백성들이 모두가 연대해서 이행 책임을 져야 했기 때문에 개인들에게 성실하게 이행할 인센티브가 약했다. 보상과 관련해서는 개별적으로 무임승차가 가능하였다. 열심히 지키지 않아도 보상을 받을 수 있었으며, 특별히 더 노력한다고 개인적 보상이 커지는 것이 아니었다. 또한 신과의 약속을 어기더라도 주변 사람들에게 걸리지만 않으면 문제가 되지 않았다. 집단적 계약이 갖는 한계로 인해 대규모 약속 불이행 사태가 벌어질 것으로 예견되어 있었던 셈이다.[20] 더구나 회개라는 조커가 있었기 때문에 최악의 사태는 회피할 기회가 있었다. 설마 야훼가 자신이 선택한 민족을 쉽사리 버릴까 하는 요행 심리도 작용할 수 있었다.

이런 구조적 문제로 인해 이스라엘 민족은 집단적으로 죄를 짓고 사함을 받기를 끊임없이 반복하였다. 이것이 바로 이스라엘의 역사였다. 이스라엘은 엑소더스 시점부터 신에게 불평불만이 많고 죄를 반복해서 저지르는 민족이 되었다. 개인적 인센티브가 약했기 때문에 조금 잘해서 칭찬받다가는 곧 타락하고야 마는 운명에서 벗어날 수 없었다. 나라가 번영하고 부강해지면 윤리와 도덕이 타락하고, 전쟁에 이겨서 영토가 커지면 외국의 신과 문화를 받아들여서 순수성이 훼손되는 사태가 반복되었다. 야훼의 신봉자들은 모든 길흉화복을 신에 대한 충성 여부로 설명하려고 하였다. 자연재해나 전쟁 그리고 경제적인 부침도 마찬가지였다.

신과의 관계가 순탄치 못했기 때문에 이스라엘은 신이 약속한 가나안 땅으로 바로 들어가지 못하고 광야에서 40년간 방황해야 하였다. 가나안 땅을 눈앞에 두고 모세가 세상을 떠나고, 우여곡절 끝에 이스라엘은 기원전 1451년에 여호수아(Joshua)를 따라 가나안 땅에 정착할 수 있었다. 그러나 다른 신을 숭배함으로써 많은 경제적 어려움을 겪었으며, 그곳에 남겨진 가나안 민족들과도 피비린내 나는 전쟁을 치러야 했다. 정착된 농경 생활을 시작하면서 엄격한 계율을 강조하는 야훼보다 풍년을 약속하는 '바알'(Baal)과 그의 배우자 '아스다롯'(Ashtaroth) 같은 이방인들의 신에

20) 신명 28,15~68; North(1990), pp.4~5.

게 눈길을 주었다.[21] 그 결과 죄는 쌓여 가고 계율을 지키라는 선지자나 성직자들의 요구도 점차 강해져만 갔다. 처벌과 구원이 반복되는 역사가 전개되었다.[22]

이후 이스라엘의 역사는 야훼와의 "약속을 지키는 자들과 어기는 자들 사이의 투쟁의 역사"가 되어 버렸다.[23] 어기는 자들은 죄를 짓더라도 걸리지 않거나 신의 처벌을 피하는 것을 선호하였다. 그러나 현실에서의 처벌은 즉각적이지 않았다. 죽어서나 신과 대면할 것이기 때문에 실질적인 위협이 되지 않았다. 선지자들이 주장하는 재난이나 불행이란 형태의 신의 처벌은 '자연'이나 '우연'도 만들어 낼 수 있기 때문에 신뢰도가 떨어졌다. 대체로 신의 심판은 엄격하지도, 대칭적이지도, 시의성도 떨어졌다. 따라서 어기는 자들이 숫자가 눈덩이처럼 불어날 수밖에 없었다. 더군다나 회개를 통해서 처벌을 면하거나 구원받을 길이 언제나 열려 있었다.

반면에 약속을 지키는 자들에게 부여되는 이득은 두드러지는 게 없었다. 천국에 대한 약속은 현실감이 떨어졌다. 힘들게 지키더라도 한번 실수로 저주가 내릴 가능성이 크기 때문에 자포자기할 가능성이 컸다. 축복과 저주의 반복을 끊어 내는 것이 천년왕국의 꿈이었다. 천년왕국의 꿈은 이 땅에 종말이 오고 영원한 구원을 받는다는 상상이었다. 신의 개입이 늦어질수록 천년왕국의 꿈은 강해졌으며, 동시에 신과의 약속을 어기는 사람들의 숫자가 기하급수적으로 늘어만 갔다.

---

21) 이런 내용은 「판관기」에 반복해서 등장한다.

22) 판관 2,26~3,6.

23) North(1991), p.43.

결과적으로 약속을 어기는 다수와 약속을 지키려는 소수 사이에 타협 불가능한 대립 구도가 형성될 수밖에 없었다. 국내 정치 구도는 소수의 광신자와 다수의 냉담자로 구성되게 되었다. 광신자 집단이 극단적 주장을 통해서 여론의 주도권을 잡으려고 했으며, 신앙심이 세속사 전반에 대한 판단 기준이 되고 말았다. 신을 무섭게 그리고 성격도 포악하게 그릴 수밖에 없었다. 그러나 일반 사람들은 대개가 도덕과 윤리에 무관심해졌다. 물질적 풍요만 찾았지 야훼의 뜻은 별로 중요시하지 않았다.

그 결과 신의 처벌을 믿는 자와 안 믿는 자 사이에 극한적인 대립이 벌어졌다. 전자는 신을 뒤끝 있는 무서운 존재로 간주한 반면에, 후자는 신은 세상사에 관여하지 않는다고 믿었다. 이것이 이스라엘 정치의 본질이었다. 그 결과 신과 인간은 이제 친구처럼 조화를 이루면서 공존할 수 없게 되었다. 신과 인간 사이의 관계는 배신과 보복이 만연하는 위계적이고 불편한 성격을 띠게 되었다.

이후 이스라엘 정치는 신을 대신해서 누가 법과 계율을 집행할 것인가 하는 것이 핵심 쟁점이 되었다. 자발적인 준수가 어려운 상황에서 기본적으로 무서운 법 집행자나 심판자에 의한 강제가 필요해진 것이었다. 초기에는 판관(judges)만으로 가능한 정도였다. 그러나 인구와 영토가 늘어나고 사회경제적인 발전이 이루어짐에 따라서 세속적으로 강력한 법 집행자가 필요해졌다. 따라서 여타 나라들과 마찬가지로 국가가 등장하게 되었다. 국가에 의해 계율 이행 문제가 어느 정도 해결되었지만, 왕이 신의 권위와 충돌하고, 애국심과 국익이 신앙과 충돌하는 사태가 벌어졌다.[24] 국가는 세속화를 앞장서서 추진하였고, 신과의 약속을 이행하는 것은 뒤편으로 밀려났다. 왕은 전쟁하고 권력을 누리는 일에만 탐닉하였다. 이에 대항해서 선지자들을 중심으로 세속 국가에 대한 신성한 비판과 도전이 벌어졌다. 결국에는 선지자가 주도하는 신정정치가 왕권 정치를 대체하는 지경에까지 이르렀다. 이렇게 보면 이스라엘의 고난에 찬 운명은 처음부터 예정되어 있던 셈이었다.

이스라엘의 멸망은 신과의 약속을 어기는 자들보다는 약속을 지나치게 믿는 자들에 의해 초래된 측면이 더 크다. 강경파들에 의해 내부의 분열이 심화되었으며, 신의 가호를 내세우면서 외부와 무모한 전쟁을 감행하는 일도 잦아졌다. 외교를 통한 갈등 해소와 공존 모색은 신의 이름으로 거부되었다. 전쟁에서 이기면 신이 축복을 내린 것이고, 전쟁에서 지면 자신들의 불충으로 인해 신이 분노했기 때문이었다. 자기 신의 능력은 절대적이었으며, 다른 신과 비교는 절대로 용납되지 않았다. 실리보다는 선악이 정치나 외교의 준거 기준이 되었다.

이스라엘은 봉합이나 양립이 불가능한 갈등과 대립으로 인해 폭력과 전쟁을 가까이해야 하는 운명 속으로 스스로 걸어 들어갔다. 이웃과 화친하기보다는 강대한 이스라엘을 건설하기 위해서 오랫동안 전쟁을 지속하였다. 전쟁에 의해 나름대로 역내(域內) 강대국이 되었지만, 200년 만에 아시리아에 의해 존재가 사라졌다. 마케도니아의 알렉산더 대왕(Alexander the Great)이 전파한 헬레니즘과의 동화를 거부하였고, 로마제국에 대해서도 무력으로 저항하였다. 강대국과 외교와 타협을 통해 공존을 모색하지 않

---

24) Voegelin(2001), p.184.

고, 충분한 준비 없이 신의 가호만 믿고 무력 항쟁을 선택한 대가는 컸다.

3. 국가로서의 이스라엘

3.1. 부족 연맹에서 왕권 국가로

신탁을 통해서 형성된 이스라엘은 전통이나 이성이 아닌 신에 의한 통치 체제였다. 야훼는 여러 가지 요구 사항을 제시했지만, 정치 구조에 대한 구체적인 언급은 없었다. 절대적인 복종만 있다면 나머지 세속적인 문제는 이스라엘 사람들이 스스로 알아서 해결하라는 입장이었다. 이것이 인간에 의한 대리 통치 혹은 자치 정부란 의미의 'dominion'(도미니온)이다.[25] 인간의 절대적인 주권을 부정하는 분권화된 정부로서, 왕, 수도, 군대, 행정 기구 등 국가의 주요 구성 요소가 결여된 느슨한 형태의 '부족 연맹'(tribal league)이었다. 족장들로 구성된 집단 지도 체제였으며, 각 부족마다 장로들의 영향력이 컸다. 야훼의 뜻을 대리하는 최고위 '판관'(재판관)이 외적의 침입을 물리치거나 내부 갈등을 해결하는 왕과 유사한 역할을 수행하였다. 물론 권한은 세속적인 왕과 비교가 되지 않을 정도였다. 그리고 하위 판관들은 공식 관리로서 법을 집행하고 부족 간 분쟁 사안에 대해 판결을 내리는 시스템이었다.[26] 이스라엘이 가나안 땅에 정착한 이후 200년 정도 이런

25) North(1990), pp.204~208.

26) 참조: 판관 10,1~5; 12,7~15.

부족 연맹 체제를 유지하였다.

그러다가 영토가 점차 확대되고 사회가 복잡해지면서, 계급과 소득 격차가 생겨났다. 공산사회에서 계급사회로 이행하였다. 갈등이 빈번하고 심각해졌다. 갈등을 조정할 중앙의 권위체가 필요해졌다. 외부로부터의 침공과 같은 비상시에 왕이 없었기 때문에 신속하고 유연한 대응이 어려웠다. 더구나 적정 규모의 군대를 유지할 통합적인 재정적 능력도 부족하였다. 이런 상황에 직면해서 왕권의 존치 필요성에 대한 논의가 활발해졌다. 그러나 현실적인 필요를 인정하더라도, 야훼의 권위를 훼손할 우려가 있었기 때문에 반대가 만만치 않았다. 특히 기득권 약화를 우려한 판관들이 강력하게 반대하였다. 그렇지만 점차 왕과 중앙집권화를 선호하는 쪽으로 대세가 기울어졌다. 이스라엘도 다른 나라처럼 "실질적으로 우리를 판단하고, 어려운 일에 앞장서고, 우리를 위해 싸워 줄 왕이 필요하다"라는 것이 주된 근거였다.[27]

이런 현실적 어려움을 감안해서 권위가 왕에게 집중되는 시스템이 등장하게 되었다. 기드온(Gideon)이 가나안 지방을 통일하면서, 점차 국가의 모습이 생겨났다. 인종적 다양성이 커졌으며, 가나안 사람들과 이스라엘 사람들이 함께 살면서 점차 하나의 민족으로 발전되었다. 종교 또한 바알과 야훼가 공존하였다. 국가에 의한 법질서의 확립이 가장 중요한 기능이었지만, 전쟁과 성전 건립 등과 같은 대규모 공사가 가능할 수 있는 재정 확충도 중요한 목적이었다. 십계명에 기초해서 많은 세분화된 법이 제정되었고, 체계적인 사법 시스템이 정립되었다. 이와 더불어 전문

27) 참조: 1사무 8,19~20.

성 있는 군대와 체계적인 행정 시스템도 도입되었다. 그 결과 이스라엘은 신과 인간의 긴밀한 결합에 기초한 신앙공동체로부터 고대 서아시아 지역에서 일반적으로 존재했던 왕정 국가로 변모해 갔다. 통일된 이스라엘 왕국은 제국을 지향하였으며, 왕은 국민통합과 정권 안정을 위해 체계적인 노력을 기울였다. 이런 '통일왕국' 시대가 약 120여 년 정도 지속되었다.[28]

최초의 왕은 '사울'(Saul)이었다.[29] 장로들의 추대로 왕이 되었기에, 장로들의 권위에 의존하는 취약한 왕이었다. 국가 운영에 있어서 신이 미치는 영향력이 여전히 컸다. 왕권 강화와 관련해서 내부적으로 지파 동맹과 갈등이 있었다. 정치의 세속화가 진행됨에 따라서 당시 선지자이자 판관이었던 '사무엘'(Samuel)과의 관계도 원만하지 못하였다. 교계와의 갈등으로 인해 왕권 체제에 걸맞은 중앙집권화를 성취하는 데 어려움이 있었다. 정치와 교회 사이의 갈등으로 인해 야훼가 소통을 거부하는 사태에까지 이르기도 하였다. 젊은이들은 군대에 가야 했고, 많은 여자가 궁정에서 일했으며, 과중한 세금을 부담해야 하였다.

사울은 재위 기간 대부분을 팔레스타인과의 전쟁으로 보냈다. 초기 일련의 군사적 성공에도 불구하고 주변의 블레셋과 암몬의 위협에 대해서 효과적으로 대처하지 못했다. 자신의 박해로 인해 팔레스타인으로 피신한 라이벌 다윗(David)을 체포하기 위해서 무리한 공격을 감행하다가 전쟁에서 크게 패하였다. 이 과정에서 자신의 군대가 지리멸렬되고 세 아들마저 살해당하자, 본인도 스스로 목숨을 끊고 말았다.

---

28) Voegelin(2001), p.275.

29) 이하 이스라엘 왕들에 관한 서술에 대해서는 참조: Bright(2000), ch.5.

뒤이어 왕위에 오른 '다윗'이 이스라엘을 명실상부한 왕국으로 만들었다. 그는 군사적 영웅으로서 대중적 인기와 카리스마가 있는 왕이었다. 강력한 리더십을 통해 이스라엘 민족의 왕이 되었으며, 팔레스타인과 시리아를 망라하는 거대한 왕국을 건설하였다. 이 왕국에 대한 공식적인 명칭은 없었지만 '다윗 왕국'(Kingdom of David)으로 불러도 무방할 정도로 개인적인 색채가 강했다.[30] 대표적인 공적은 가나안 지방의 중심에 위치한 도시 국가 '예루살렘'을 사상 처음으로 정복한 것이었다. 그 결과 예루살렘은 사실상 남북으로 갈라져 있던 왕국을 연결하는 가교이면서 동시에 정치 및 종교의 중심지가 되었다.

다윗 왕국의 영토가 확장됨에 따라서 점차 다민족 국가로 변모하였으며, 종교·문화·인종적 정체성도 약화되었다. 다양한 이질적 요소들의 존재에도 불구하고 중앙집권적 권력을 통해서 국가적 통일성은 유지될 수 있었다. 국가 권력에 의한 현물 세금 부과, 군대에 대한 효과적인 통제, 강제 노역 등도 실시되었다. 그러나 재임 동안 기득권을 상실한 구세력과 불평등한 처우에 불만을 품은 이민족들의 반란이 빈번하게 발생하였으며, 결국에는 왕조의 몰락을 가져왔다.

'솔로몬'(Solomon)은 예루살렘의 신진 세력들이 주도한 쿠데타를 통해서 왕위에 올랐다. 출범 과정에서 기득권 세력과 신의 재가를 제대로 받지 못했기 때문에 정통성 문제에 시달렸다. 따라서 대외적인 영토 확장보다는 내치에 더 집중할 수밖에 없었다. 그 결과 국가에 의한 징세 능력이 강화되었으며, 관료 및 상

30) Voegelin(2001), p.304.

비군 체제가 정비되었다.[31] 정적들에 대한 대대적인 숙청을 통해서 정치적 안정을 꾀하였고, 왕의 권위를 높이기 위해서 예루살렘 성전을 건축하였다. 또한 활발한 대외 무역을 통해 국가는 경제적으로 부강해질 수 있었다.

그러나 백성들의 삶은 강제 노역과 과중한 세금 때문에 피폐하였다. 기본적으로 억압적인 정권이었으며, 신이나 성전은 전통적인 권위를 상실한 채 정권 안정과 사회 통합을 위한 수단으로 전락하고 말았다. 이스라엘 종족이 주도권을 장악하였지만 다인종 국가였다. 외부로부터의 문화적 침투와 인종적 융합이 불가피하였다. 인종 간 통혼이 많았으며 솔로몬 왕조차도 다수의 이방인 공주와 결혼까지 할 정도였다. 예루살렘 성전은 시리아 성전을 모방해서 건축한 것이었다. 이런 개방성은 종교계로부터 비판을 불러일으켰지만, 다윗 왕국을 국제적으로 인정받는 나라로 만들 수 있는 원동력이었다.[32]

강대했던 다윗 왕국은 솔로몬 사후 북부 지방의 이스라엘 부족들이 반란을 일으키면서 붕괴되었다. 이스라엘 '지파'(tribes)들은 다윗 왕국 내에서 정체성이 약화되고, 납세 및 복지 방면에서 차별 대우를 받고 있다는 불만을 갖고 있었다. 솔로몬 사후에는 주변으로부터 외적의 위협이 줄어들었고, 경제적으로도 번성하고 있었기 때문에 국부의 배분을 둘러싼 갈등이 고조될 만한 상황이 조성되었다. 또한 북쪽 지방은 대체로 산악 지형으로서 중앙에서 통치하거나 국방을 지키는 데 비용이 많이 들었다. 따라서 정치

31) Walter Brueggemann, *The Prophetic Imagination, 40th Anniversary Edition,* Fortress Press 2018, p.24.

32) Greenspoon(2019), pp.24~25.

적 실권을 잡고 있던 유다의 입장에서는 높은 세금을 부과하지 않을 수 없었다.[33] 정치적 관점에서 보면 지방 분권을 선호한 북 이스라엘의 열 지파가 재정적 부담이 과중한 중앙집권적 다윗 왕국으로부터 분리 독립을 선택한 것이었다.[34] 그 결과 성립된 '북 이스라엘'은 '남 유다'에 비해 국력이 부강하고 인구가 많고 군사력도 강했다. 반면에 남 유다에는 수도인 예루살렘과 왕실 및 조정이 포함되었지만 종교적·정치적 영향력은 북 이스라엘보다 약세였다.[35]

3.2. 분열 왕국의 선지자 정치

'분열 왕국' 시대 지배 엘리트는 성직자, 왕, 선지자로 구성되었다. 성직자들은 일상적으로 교회나 성소를 관리하고 포교하는 종교적 업무를 담당하였다. 왕은 야훼의 대리인으로 국정의 중심이었지만 권한은 약화된 상태였다. 선지자들은 '신성 회의'(Divine Council)의 구성원으로서 토론을 통해서 야훼의 뜻을 확인해서 왕과 백성들에게 전달하는 역할을 하였다. 신과의 소통 능력이 기본 자질이었으며, 성직자 중에서 경쟁을 통해서 선발되는 명예롭고 지체 높은 자리였다. 기원전 8~7세기에 들어서 왕의 권한이 점차 쇠하면서 위대한 선지자들이 많이 등장하여 활동하였다.[36] 이사야(Isaiah), 예레미야(Jeremiah), 에제키엘(Ezekiel), 다니엘(Daniel)이 대

---

33) 분열을 가져온 정치경제적 요인에 대해서는 참조: Morris Silver, *Prophets and Markets*, Kluwer-Nijhoff Publishing, 1983, pp.5~7.

34) Voegelin(2001), pp.305~306.

35) Voegelin(2001), p.362.

36) Voegelin(2001), pp.269~270.

(大) 선지자로서 성경에 관련 기록이 많다. 상대적으로 기록이 적은 소(小) 선지자로는 호세아(Hosea), 요엘(Joel), 아모스(Amos), 오바드야(Obadiah), 요나(Jonah), 미카(Micah), 나훔(Nahum), 하바쿡(Habakkuk), 스바니야(Zephaniah), 하까이(Haggai), 즈카르야(Zechariah), 말라키(Malachi) 등을 들 수 있다. 이런 현상은 국가 내의 권력이 점차 왕으로부터 선지자에게로 옮겨가면서 생겨난 것이었다. 그 결과 솔로몬 이후의 왕들에 대한 정보는 거의 없으며, 왕은 더 이상 신의 독점적 대리인이 아니게 되었다.

선지자들의 영향력은 특히 북 이스라엘에서 강했다. 이스라엘과 유다는 원래부터 정치 문화가 달랐다. 북쪽의 이스라엘 지방에서는 통일 왕국 시대에도 카리스마 있는 부족장의 권위가 상당히 높았다. 독립 이후에는 왕의 위상이 거의 유명무실할 정도가 되었다. 이에 반해 선지자들의 영향력이 커졌다. 그 결과 통치의 효율성이 떨어지고, 정권 교체와 반란이 빈발하였다. 이에 따른 정치적 혼란으로 인해 사회 기강과 도덕 질서마저 무너졌다. 남 유다 왕국은 이스라엘과 달리 정권이 상대적으로 안정적이었다. 선지자들은 왕과 협조적인 관계를 유지하였으며, 야훼와 더불어 국가와 민족을 존중하는 전통을 가졌다. 반면에 북 이스라엘에서는 선지자들이 권력 정치에 깊숙하게 개입하였다. 특수한 정치적 목적을 가진 선지자들이 신의 뜻을 이용해서 영향력을 행사하는 사례가 많았다. 선지자들은 저주와 멸망 예언을 남발하고, 극단적인 대립의 정치와 무모한 대외 정책을 조언함으로써 국가의 몰락을 재촉하였다.

선지자 정치는 선지자들의 영향력이 이전에 비해 상대적으로 커졌다는 의미였다. 그들은 여전히 정책 결정 과정에서 왕, 관료, 부족장, 대부호 등 다양한 행위자들과 경쟁 관계에 있었다. 신의 권위와 성직자들의 지지에 바탕을 두고 현실을 비판하고, 대안적인 세상에 대한 비전을 제시하면서, 대중들의 열정과 에너지를 동원해서 정치적 목적을 달성하는 역할을 수행하였다. 선지자들은 신분 차별, 빈부 격차, 지도자의 오만, 신에 대한 불신, 종교 의식의 흠결 등을 비판하였다. 동시에 토지 균등 배분, 인간 중시, 평등함 등을 대안으로써 제시하였다. 윤리적 근거로 백성들을 강하게 꾸짖고 충성을 강요하였다. 신을 무시하고 독자적인 정치를 원하는 왕에 대해서는 강하게 비판하였다. 신에 대한 충성과 신성한 의무를 정책 판단의 기준으로 제시하면서 신앙적 순수성을 유지하려고 하였다. 외부 침략에 대해서는 철저한 대비보다는 신의 도움만 믿고 강경한 대응을 주문하였다. 민족적 순수성을 지키기 위해서 주변 나라와의 동맹이나 화평을 거부하였다. 신에 대해 불충한 자들을 무자비하게 공격하고, 이방인에 대해서는 적대적인 태도를 보였다.

선지자들은 공통적으로 야훼를 정의의 신으로 보았다. 처음에는 외래 신 숭배에 대해서 가장 민감하게 반응하였다. 그다음에는 세속 권력의 강화와 경제적 발전에 따른 부패와 타락에 대해서 강하게 비판하였다. 그리고 마지막 단계에서는 사회정의와 개혁을 외쳤다. 그럼에도 불구하고 그들은 이스라엘의 멸망을 막을 수 없었다. 선지자들은 경륜 있는 경세가가 아니라 야훼의 윤리에 바탕을 둔 순진한 사회 개혁가였다. 그들이 제시한 개혁안은 이상주의적이고, 복고적이며, 낭만적이었다. 정부를 통해 실효성 있는 개혁을 이행하는 것이 아니라 개인의 윤리적 각성을 통해서 이루려고 하였다. 기준점은 이스라엘 초기의 이상적인 농촌

공동체였다. 계급 없고 평등하고 민주적인 공동체를 그렸다. 그렇지만 대체로 반시장적이었고, 경제 활동의 인센티브를 약화시켰으며, 윤리와 도덕에 근거한 재산권에 대한 도전은 경제적 활력과 생산성 하락을 가져왔다. 선지자들은 신의 말을 따르지 않았기 때문에 재앙과 멸망이 도래할 것이라고 주장하였다. 그러나 이스라엘은 윤리적 타락 때문에 망한 것이 아니라, 국가의 역량 부족, 군사력 약화, 외교력 부재, 냉정한 현실 인식 부족 등과 같은 요인으로 인해 멸망한 것이었다.

이스라엘이 존속한 시기에는 역내에 눈에 띄는 강대국이 없었다. 그러다가 아시리아가 최초로 제국의 길로 들어서면서 주변 약소국들에 재앙이 되었다. 이후 바빌로니아가 세력을 넓혀 나갔으며, 뒤를 이어서 페르시아와 마케도니아 그리고 로마가 연이어 부상하였다. 당시 이스라엘이 가나안 지방에서 제법 강대국 행세를 했다 치더라도, 온전하게 생존을 유지하기란 쉽지 않은 환경이었다. 더구나 다윗 왕국이 둘로 갈리면서 역내 약소국으로 전락한 이스라엘과 유다가 강대국에 의해 정복당한 것은 권력 정치의 논리에 따르면 이상할 것은 없다. 선지자들은 야훼의 이름으로 국내적 갈등을 증폭시켰으며, 주변 나라들과 외교를 통해 공존, 화합, 연대를 모색하는 데 취약하였다. 존망의 위기에 직면해서조차도 남북으로 나뉜 같은 민족이 단결할 수 없었다.

이스라엘이 유다에게 아시리아에 공동 대항하기 위한 동맹에 가담하기를 요구했지만, 유다는 이탈 세력 집단인 이스라엘의 요구를 거부하였다. 그러자 이스라엘은 유다 공격에 나섰고, 이에 대응해서 유다는 아시리아에 원군을 요청하였다. 초강대국 아시리아는 기다렸다는 듯이 순식간에 북 이스라엘의 수도 사마리아를 비롯한 영토 대부분을 점령하고 말았다. 이스라엘은 기원전 721년에 아시리아에 의해 멸망되었고, 유다는 아시리아 제국에 협력함으로써 이스라엘보다 135년을 더 존속하였다. 이스라엘 멸망 후에도 유다가 더 존속했기 때문에 이후 전개된 이스라엘 역사에서 유다의 영향력이 훨씬 커졌다. 유다의 전통은 유다 사람들을 뜻하는 '유대인'과 '유대교'라는 명칭 속에서 계속 이어져 내려갔다.

이후 옛 다윗 왕국은 아시리아의 속국으로서 명맥을 유지하였다. 아시리아가 쇠망하면서 자동적으로 자치권을 회복하였지만, 곧이어 강대국으로 부상한 바빌로니아에 의해 재차 속국이 되고 말았다. 이런 나라 존망의 위기에서도 선지자들은 야훼의 구원 약속을 근거로 지속적으로 무장봉기를 선동하였다. 바빌론에 대항한 일련의 무모한 반란으로 인해 예루살렘 성전을 포함해서 유다 왕국은 철저하게 분쇄되었으며, 바빌로니아의 일개 지방으로 전락하고 말았다. 유다가 바빌론에 패망한 이후에 많은 유다 사람이 폐허가 된 땅에 남았지만, 일부는 바빌론으로 끌려갔다. 유다 땅에 남은 사람들의 신에 대한 믿음은 약해졌지만, 강제로 바빌론에 정착한 이주자들의 신앙은 오히려 더욱 뜨거워졌다.

바빌론을 물리친 페르시아의 키루스(Cyrus) 왕은 유다 난민들을 다시 이스라엘 땅으로 돌려보내기를 원하였다. 이로 인해 일부는 귀환했지만, 많은 유다 사람은 현지에 남거나 각지에 흩어져 디아스포라를 이루며 살았다. 비록 나라를 빼앗기고 유배 생활을 하지만, 이들은 야훼가 반드시 구원해 줄 것이란 약속을 굳게 믿었다. 귀환한 이들을 맞이한 이스라엘의 현실은 실로 참담했다. 경제적 궁핍함에 더해서 공동체도 심하게 분열되어 있었다. 기존 거주자들은 이미 믿음을 상실한 채 주변과 동화되어 버렸다. 나라 없는 유다 민족은 자신의 노력만으로 유다 공동체를 복원하고 생존을 유지해 나가야 하는 운명에 처하였다.[37] 때는 바야흐로 선지자들이 중심이었던 '성서의 시대'가 끝나고, 인간이 중심이 된 '역사의 시대'가 열리는 시점이었다. 성서 학자들이나 제사장들은 유대교와 유다 전통을 강화하여 공동체 복원의 구심점으로 삼으려고 하였다. 예루살렘 성전이 재건된 것도 이 시기였다.

페르시아를 이어서 마케도니아가 융성해지면서 이 지역에는 헬레니즘 시대가 도래하였다. 유다 사람들의 디아스포라나 하층민들 사이에서는 헬레니즘에 대해서 두루 수용적인 입장이었지만, 유다 율법 학자나 성직자들은 야훼의 구원에 대한 확신 때문에 수용이나 융합에 대해서 완고하게 반대하였다. '알렉산더 대왕'이 33세에 요절하자 마케도니아 왕국은 분열되었다. 이를 계승해서 바빌로니아 지역을 통치하던 '셀레우코스'(Seleucid) 왕조는 이집트와 전쟁을 치르면서 유다 사람들에게 친화적인 정책을 취했다. 옛 땅으로 귀환을 허용했고, 세금 감면 혜택도 부여하였으며, 예루살렘 신전을 복원하는 것도 허락해 줬다. 그러나 강경파들은 팔레스타인을 비롯한 이웃들과 평화 공존을 모색하기보다는 유다 문화와 전통에 근거한 배타성을 강화하면서 공격적인 자세를 취하였다. 종국에는 국력이 쇠망하던 셀레우코스 왕조에 반기를 들어 '마카베오 반란'(Maccabean Revolt, BC 167~160)을 일으켰

37) Marvin A. Sweeny, "The Religious World of Ancient Israel to 586 BCE", Jacob Neusner / Alan J. Avery-Peck, *The Blackwell Companion to Judaism* (2003), pp.32~6.

다. 이것은 유대교 전통에서 최초로 성공한 '천년왕국운동'이었으며, 이상적인 유다 공동체의 복원이 목표였다.

오랜 투쟁의 결과 마카베오(Maccabeus)의 핏줄을 잇는 '하스몬 왕조'(Hasmonean Dynasty, BC 142~63)가 탄생하였다. 그러나 광신적인 강경파가 주도권을 잡고 이웃에 대해서 제국주의적인 행태를 보이다가 로마의 무력 앞에서 무릎을 꿇고 말았다. 이런 배타적인 태도는 뒤이어 실시된 로마의 헬레니즘 확산 정책에 대해서도 유지되었다. 로마가 유다에 강압적으로 문화를 이식하려고 나서면서, 로마와 유다 사이에 대립 관계가 형성되었다. 이에 대한 대응책을 놓고 유다 내부에서 의견이 분분하였지만, '열혈당'(Zealots)이라고 불리는 강경파 민족주의 집단이 득세하고 말았다. 이들은 로마 압제자를 무력으로 물리치려고 반란을 일으켰지만, 4년간 무장 항쟁에서 로마에 철저하게 분쇄당하고 말았다. 종국에는 로마 장군 티투스(Titus)에 의해 예루살렘 성전이 파괴됨으로써 이스라엘이라는 나라는 지구상에서 완전히 사라지게 되었다.[38]

4. 보편적 실천

4.1. 유다 공동체

유대교 경전은 제1차 예루살렘 성전 파괴가 일어난 기원전 586년 무렵부터 대략 3세기에 걸쳐서 쓰였다. '모세오경'(창세기, 탈

38) Shlomo Sand, *The Invention of the Jewish People,* Verso Press, 2009, p.126.

출기, 레위기, 민수기, 신명기)을 지칭하는 역사책 『토라』도 이때 저술되었다. 당시 이스라엘 사람들은 『토라』를 공개적으로 읽고 함께 토론하였다. 경전을 쓴 목적은 역사의 중요성을 강조하고, 이상적인 미래를 제시하며, 아울러 이스라엘이 단일하고 위대한 민족이었음을 보여 주기 위함이었다. 그 중심에는 모세가 있었다. 처음에는 구술로 전파되었지만, 나중에는 점차 문서로 기록되었다. 당시 유다 사람들은 바빌론 유수에서 벗어나 귀향하면서 왕과 국가가 없는 폐허 상태에서 새롭게 민족을 건설해야 하는 상황이었다. 유대교 경전의 집대성은 민족공동체의 재건에 필수적이었다. 페르시아 입장에서도 유다 민족의 결속이 역내 '세력 공백'(power vacuum)을 막고 안정과 질서를 유지하기 위해서 필요하였다.[39]

당시 페르시아는 직접 통치를 하지 않은 채, 대리 통치에 의거해서 세금만 거두려고 하였다. 이런 목적에서 유다 사람들이 스스로 역사를 만들고 공동체를 만들어 자치를 할 수 있도록 허용하였다. 그 결과 유다 민족주의 열풍이 불었고, 유다 왕국 복원의 꿈이 새롭게 태동하였다. 아울러 주일, 할례, 율법 등을 엄격하게 따를 것을 요구하는 종교적 근본주의도 강화되었다. 그때 처음으로 유다 민족이란 경계를 넘어서 온 세상을 주관하는 야훼라는 개념이 구체화하였다. 이로써 보편적 종교로서 그리스도교의 씨앗이 뿌려졌다. 모든 나라의 빛이 되어 하느님의 구원을 땅끝까지 미치게 하는 일까지 떠맡은 이스라엘 백성들은 일치단결해서 유다 공동체를 복원해 내었다. 당시 유다 공동체는 나라 없이 여러 민족과 공존하면서 내부적으로 문화적 다양성이 증가

39) Philip R. Davis, "Judaism and Hebrew Scriptures", Jacob Neusner / Alan J. Avery-Peck, *The Blackwell Companion to Judaism*(2003), pp.43~6.

하던 상황이었다. 그렇지만 종교적 일체감과 유다 사람이라는 민족적 정체성도 강화되었기 때문에 예루살렘 성전도 재건할 수 있었다.

'제2 성전기'(BC 516~AD 70)는 예루살렘에 제2 성전이 존재했던 시기로서 나라를 잃고 왕도 없는 채 고위 성직자들이 지배하던 사회였다. 율법 학자들의 위세가 강했으며, 야훼 신앙의 전통을 고수하려는 근본주의가 대세였다. 배타성이 강했으며, 당시 보편성으로 크게 어필하던 헬레니즘의 침투에 대해서 강력하게 저항하였다. 로마제국에 의해 제2차 예루살렘 성전 파괴가 일어난 기원전 70년부터 유대교의 종교화가 본격적으로 진행되었다. 당시 영토 없는 민족이 된 유다 사람들은 그 주변 전역으로 흩어져 살게 되었다. 불가피하게 이전의 성전 중심의 유대교와 달리 디아스포라에서 랍비가 중심이 되는 유대교가 발달하게 되었다. 최초 유대교 경전인 히브리 성경도 이때 쓰였다. 그리고 유대교는 경전 『미크라』(*Mikra, Scribes*)와 랍비가 주도하는 유다 사람만의 종교가 되었다.

유대교는 나라 없는 민족의 종교로서 주로 유다 사람들의 디아스포라에서 오랜 인고의 세월을 견뎌 내야 했다. 유대교는 헬레니즘의 다신교와 구분되는 강력한 유일신 신앙이었다. 전지전능한 야훼와 직접적인 대화가 가능한 매력 있는 신앙이었다. 믿기만 하면 안전과 번영을 가져다주는 종교였다. 그러나 종교화가 진행되면서 많은 논쟁과 혼란이 뒤를 이었다. 다양한 분파가 등장하고 내분이 극심해졌다. 이 경우 어김없이 극단주의가 득세하였다. 그들은 신과의 관계를 강조하며 엄격한 계율을 지킬 것을 주장하였고, 할례와 안식일을 엄격하게 지킬 것을 요구하였다.

이런 분위기가 공동체 내의 포용과 단결을 해쳤고, 결국은 예수도 죽음으로 몰고 갔다.

예수는 이런 전통과 기득권에 대한 도전이었으며, 근본적인 사회 개혁을 주장하였다. 개인의 신앙과 믿음을 강조하였고, 사랑의 실천을 내세웠다. 반면에 보수파들은 자신들의 '신'에 대한 믿음만을 중시하였다. 유대교 지도자들은 자신들의 권위에 대한 훼손이 두려워서 예수를 받아들일 수 없었다. 기원후 2세기 무렵이 되면 그리스도교가 새로운 종교로서 확고하게 자리를 잡게 된다. 이에 따라 그리스도교와 유대교 사이의 충돌이 불가피해졌다. 그리스도교의 교리에 따르면 유다 사람들은 신의 아들인 예수를 죽인 자들이었다. 그리스도교는 구원이 이스라엘 사람에 국한되지 않는 보편 구원의 종교가 되었다. 이로 인해 확장성이 컸으며, 로마제국이 국교로서 받아들일 정도로 경쟁력이 생겨났다. 그리스도교가 로마제국의 비호하에 세계 종교로 부상한 반면에, 유대교는 각지에 흩어진 소규모 디아스포라에서 랍비들의 주도로 폐쇄적인 민족종교로서 명맥을 유지해 나가야 했다.

유대교는 아랍 지역 내에서 로마제국을 대체해서 영향력을 확대시켜 나간 이슬람과 관계가 비교적 좋았다. 이슬람은 유대교를 그리스도교의 박해로부터 지켜 준 우호 세력이었던 셈이다. 유일신을 동일하게 믿었으며, 마호메트(Mahomet)를 유다의 새로운 선지자로서 인정하는 데 그다지 어려움이 없었다. 이런 이유로 유다 사람들 사이에 이슬람교로 개종하는 사람들도 크게 늘어났다. 유다 사람들은 7세기 무렵부터 이슬람 제국 내 여러 곳으로 집단적으로 이주하기 시작하였다. 박해 때문이 아니라 더 나은 삶을 찾아서 떠났다. 유다 사람들은 아랍인들과 잘 어울려 살았으며, 확장된 이슬람 제국 내에서 그들의 경제적 지위는 이전보다 크게 향상되었다.

이슬람 세력의 유럽 진출이 본격화하면서 많은 유다 사람이 돈을 벌 기회를 찾아서 유럽으로 이주하였다. 가는 곳마다 유다 공동체를 이루어 집단적으로 거주하였다. 이 과정 속에서 이민족들 사이에서 새로운 유대교 신도들이 생겨나기도 하고, 유대교 신앙을 버리고 그리스도교나 이슬람교로 전향한 사람도 적지 않게 나왔다. 그리고 유대교의 종파도 다양해졌다. 따라서 유다 사람, 즉 유대인을 반드시 인종적 특성을 공유하는 단일한 집단으로 보는 것은 무리가 있다. 그렇지만 이들은 세계적으로 자신들의 네트워크를 형성해서 국제 무역을 장악하였다. 특히 상업, 무역, 금융, 관리 등의 분야에서 특출한 능력으로 부와 명성을 쌓았다.

유다 사람들이 세계적으로 퍼져 나가면서 집단적인 박해가 시작되었다. 십자군 전쟁 시기부터 유다 사람들에 대한 박해가 유럽 내에서 간헐적으로 있었지만, 대규모로 집단적 차원에서 진행된 것은 15세기 말 스페인과 포르투갈에서 유다 사람들에 대한 추방이 시작이었다. 이슬람을 격퇴한 후 가톨릭을 국교로 복원시키면서 유다 사람들을 포함해서 이교도들을 몰아낸 것이었다. 유다 사람들이 네덜란드, 프랑스, 영국 등으로 대거 이주하면서 토착 사회와 갈등이 불가피하게 빚어졌다. 유다 사람, 즉 유대인의 막강한 경제력과 폐쇄성이 갈등을 폭발시키는 뇌관 역할을 하였다. 유럽 어디를 가도 그리스도교인과 유대교인 사이에 갈등은 계속 존재하였다.

종교개혁 당시 유다 사람들은 그리스도교로 전향할 것을 요구받았지만, 이를 거부함으로써 본격적으로 박해를 받았다. 많은 유다 사람이 미국이나 프랑스와 같이 종교 자유가 있는 곳으로 이주를 감행하였다. 유럽에서 민족주의가 확산되면서 유대교와 유다 사람들에 대한 탄압이 더욱 심해졌다. 그 결과 유다 사람들은 전 세계적으로 유랑하는 민족이 되었다. 자신들만의 국가를 형성하려는 '시오니즘'의 영향력이 커지면서 급기야는 영국이 지배하던 옛 이스라엘 땅으로 대거 돌아갔다. 그곳에서 영국을 위해 전쟁을 치르면서 독립 국가를 건설할 명분을 축적해 나갔다. 그리고 1948년 영국이 철수함과 동시에 이스라엘을 재차 건국함으로써 천년왕국의 꿈을 이루게 되었다.

4.2. 보편성 결여

유대교의 배타성과 폐쇄성은 유대교 내부에서의 개혁 운동을 탄생시켰다. 헬레니즘의 영향을 받은 많은 유다 사람이 관용, 사랑, 다양성 존중을 특징으로 하는 그리스 문화를 수용하였다. 헬레니즘에 수용적이었던 '사두가이파'(Sadducees)는 스토아학파의 영향을 받아서 내세를 부정하면서, 대가 없이 신에게 충성하고 의무를 다하라고 가르쳤다. 그리스도교는 인류의 보편적 신을 믿고 보편적 사랑을 실천하기 위한 일부 유대교인들의 개혁 운동이었다. 유대교의 선민의식이 인류에 대한 사랑으로 대체되었다. 선택받은 민족이 인류와 하나가 됨으로써 하느님 아래 유다 사람, 즉 유대인과 그리스인, 시리아인과 이집트인, 로마인과 아프리카인들이 하나로 융합될 수 있었다. 그렇지만 유다 근본주의자들은 인류로부터 자신을 고립시키고, 자신들의 공동체로부터 이방인들을 배제하려고 하면서, 이웃들과 서로 공존하는 데 어려움을 겪었다. 내부적으로도 이견을 용납하지 않았으며, 강력한 집단주의로 인해 개인들이 억압을 받았다.

유다 사람들은 결속력이 강한 데 반해 개방성은 떨어졌다. 외적의 위협에 대한 강경 대응으로 인해 생존은 항상 백척간두에서 있는 모습이었다. 생존 문제의 엄중함 때문에 보편적 사랑의 실천은 언감생심이었다. 유다 사람들은 좋은 일을 많이 해서 사후에 천국에 가는 것보다 어떻게든지 현실에서 구원받는 것을 더 중요시하였다. 신이 항상 함께하고 하느님의 나라가 올 때까지 역사는 계속된다는 믿음을 가졌다. 『탈무드』의 가르침에 따라서 세속에서 열심히 일해서 돈을 많이 벌고, 공부를 많이 해서 능력을 키우며, 자식을 많이 낳아서 잘 키우면서 때가 오기를 인내를 갖고 기다렸다. 이런 모든 노력이 하느님의 나라를 완성해 가는 과정이었다. 교리 자체도 아주 단순한 유일신 신앙이었다. 반면에 그리스도교의 삼위일체는 교리가 너무 복잡하고 요구하는 것도 많았다. 그리스도교가 강조하는 보편적인 이웃 사랑의 실천은 유대교와 유다 사람들에게 그다지 매력적인 가르침이 아니었다.

유대교가 스스로 앞장서서 인류의 신을 믿는 보편 사랑의 종교로 거듭났더라면 이스라엘은 물론이고 인류 역사도 크게 달라졌을 것이다. 의식을 공유하는 글로벌 공동체의 형성이 훨씬 더 촉진되었을 수 있었다. 현실에서 보편적 사랑의 실천은 그리스도교의 몫이 되었다. 그리스도교는 농촌 갈릴리의 유대교적 전통과 그리스 헬레니즘의 영향을 크게 받았다. 헬레니즘은 특히 농촌과 하층 그리고 디아스포라에서 영향력이 컸으며, 예수는 이에 바탕을 두고 보편적 구원과 보편적 사랑의 실천을 강조하였다. 당시 유다 사회에는 사회적 계급이 등장하면서, 부자와 기득권층에 대한 분노가 고조되고 있었다.

예수의 개혁 운동은 빈민 운동의 성격이 강했다. 그는 기본적으로 빈민 구제와 빈민에 대한 의료 봉사를 하던 선지자였다. 그의 활동 범위나 명성은 대체로 유다 지역에 국한되어 있었으며, 영향력이나 전파력도 그다지 크지 않았다. 더구나 로마제국의 지배에 대해서 공개적으로 도전하지 않았기 때문에 심각한 위협으로 인식되지 않았다. 기껏해야 사회 불안 요소 정도였다. 그렇지만 로마제국에 대해 협력적이었던 고위 성직자나 율법 학자들에게는 심각한 도전이었다. 예수의 개혁 운동에는 배타적인 유대주의에 대한 불만과 선민의식에 사로잡힌 유다 사람들의 회개를 요구하는 내용이 담겨 있었다. 기득권을 지키려는 근본주의자들은 일부 빈민층만이 추종했던 예수를 십자가 위에서 처형하는 무리수를 두었다.

예수는 심판의 날이 다가왔고 하느님의 나라가 가까이 왔다고 사람들에게 알렸다. 그렇기에 새로운 사람으로 태어날 것을 요구하였다. 그에 따르면 이웃 사랑의 정도가 심판의 척도였다. 대가를 바라지 말고 조건 없이 사랑을 베풀 것을 권하였다. 하느님은 가난한 자를 위해서 존재하며, 물질적 부가 아닌 정신적 풍요로움이 구원 여부를 판단하는 기준이라고 가르쳤다. 또한 악에 저항하지 말 것이며, 도저히 참기 어려운 굴욕도 참아 낼 것을 요구했다. 특히 폭력은 절대로 사용하면 안 되는 금기였다. 유다 민족의 독립보다 유다 민중의 해방이 우선 과제였다. 유다 민족을 우상화하지 않았으며 민족적 색채도 옅었다. 편파적이고 엄격하게 해석되던 야훼를 모두를 위한 사랑의 하느님으로 재해석하였다. 로마의 윤리 규범과 상충되는 측면이 있었지만, 그렇다고 그것이 예수가 엄벌을 받은 직접적 원인이 아니었다. 당시 유대교의 중심이던 예루살렘 성전과의 충돌이 더 큰 원인이었다.[40]

예수는 제2차 예루살렘 성전의 권위, 의식, 신관 등에 도전하였다. 억압적이고 배타적이며 우상 숭배적이라고 비판하였기 때문에 신성 모독으로 기소되었다. 예수가 당시 유대교단과 공존을 선택했더라면 목숨을 부지했을 수도 있었을 것이다. 그러나 예수는 죽음을 선택했다. 당시 유다가 처한 상황은 절망적이었으며, 예수의 개혁이 성공할 가능성은 극히 낮았다. 차라리 죽어서 교훈을 남기는 것이 더 나을 수도 있는 상황이었다. 만일 예수의 의도가 그랬다면 그는 사회 운동의 동학을 제대로 파악했던 셈이었다. 실제로 예수의 죽음 이후에 그가 헌신했던 영성 부흥 및 사회변혁 운동이 오히려 전 세계적으로 탄력을 받았다. 유다 사람과 유대교가 자발적으로 예수의 개혁 운동을 수용했더라면, 이스라엘은 자동적으로 세계 역사의 중심으로 부상했을 것이었다.

물론 그리스도교가 폭발적으로 확산된 결정적 계기는 '로마'라는 거대한 제국이 국교로 받아들인 것이었다. 콘스탄티누스 대제(Constantine the Great)는 밀라노 칙령을 통해 종교의 자유를 허용하였고, 이런 자유로운 환경 속에서 그리스도교는 유대교로부터 분리되어 예수를 중심으로 하는 새로운 종교로서 확고하게 자리를 잡았다. 하느님은 유다 민족만이 아니라 예수를 통해서 인류 모두에게 역사하는 존재가 되었다. 그리스도교는 로마제국의 국교로서 예수를 구심점으로 하는 정교한 교리를 발전시켰다. 성부

---

40) Joel B. Green, "Cruxification", Markus Bockmuehl(ed.), *The Cambridge Companion to Jesus,* Cambridge University Press, 2001. pp.91~5.

와 성자와 성령이 하나가 되는 '삼위일체론'이 핵심이었다. 인간과 영성에 대한 강조는 그리스 헬레니즘 문화의 영향을 크게 받은 것이었다. 로마제국의 옹호 아래 유럽 전역에 퍼져 나간 그리스도교는 르네상스와 계몽 시대를 거치면서 영성 세계와 현실 세계 사이의 조화를 이루어 냈다. 그 결과 근대화로 상징되는 서양 문명의 만개를 가져올 수 있었다. 이런 점에서 서양 문명은 그리스도교 문명이라고도 불러도 무방할 것이다.

현대 이스라엘은 하드웨어상 확고한 국가의 기틀을 다졌다. 그러나 소프트웨어상으로는 가장 배타적이고 '종족주의적'이다. 인종 차별을 가장 심하게 받았던 민족이 가장 인종차별적이란 것은 상당한 아이러니이다.[41] 이민을 받는 데 있어서 유다 사람이라는 '인종'이 중요한 근거가 된다. 국내적으로 시민권을 취득하는 데 있어서도 종교가 가장 중요한 기준이다. 유다 사람이라도 종교가 유대교가 아니면 시민권을 부여받지 못한다. 신분증은 받을 수 있지만, 국적 난에 '미상'으로 기재된다. 이스라엘은 비록 빠르게 세속적인 국가가 되어 가고 있지만, 문화적 다양성은 인정하지 않는다. 거꾸로 유다 전통과 율법을 전 사회에 강제하기 위해 몰두하고 있다. 보편적 실천이란 이슈는 이스라엘에 지금까지도 뼈아픈 문제가 되고 있다. 하느님의 선택을 받았다는 선민의식이 여전히 강하며, 이웃을 사랑하는 마음보다는 자신의 생존을 더 우선시한다. 주변에 많은 적을 갖고 있으며, 이로 인해 생존이 끊임없이 위협받고 있다. 현재는 이스라엘은 사랑이 충만한 영성공동체가 아니라 생존을 위해 결집한 운명공동체요 안보공

41) Sand(2009), pp.281.295.307.

동체에 불과한 모습이다.

5. 소결론

이스라엘 혁명의 기본 성격은 이집트의 압제로부터의 해방인 동시에 새로운 정치공동체의 형성이었다. 이것은 신이 주도한 혁명으로서, 신이 자기 생각대로 세상을 만들려는 시도의 일환이었다. 첫 번째 시도가 인간의 배신으로 실패로 끝난 에덴동산 프로젝트였다. '노아의 방주'란 리셋 시도 또한 인간의 타락과 방탕함으로 인해 벽에 부딪히고 말았다. 그러자 야훼는 이스라엘이라는 민족을 선택해서, 새로운 이상적인 공동체를 만들 기회를 부여하였다. 이런 선택과 집중 전략 또한 인간들의 배신으로 실패로 돌아갔다. 이스라엘 멸망 이후 비로소 신이 아니라 인간이 역사의 주역으로 등장하게 되었다. 이런 이유로 이스라엘이 독립된 국가로 재탄생하기까지에는 2천 년 가까운 인간적 노력이 필요하였다.

엑소더스는 신이 주도한 누미노제의 결과였지만, 신이 역사를 주관하기를 원했던 것은 아니었다. 신은 인간이 당신의 뜻을 자발적으로 실천하는 삶을 살기를 원하였다. 신은 전지전능할수록 강제로 믿음을 강요하기보다는 인간이 자발적으로 믿고 따르길 바라기 마련이다. 분노의 신이나 복수의 신을 만든 것은 인간이지 신의 본성은 아니었다. 야훼는 또한 자신의 처벌과 구원에 지나치게 의존하는 타율적인 공동체가 아니라 인간들끼리 더불어 사는 자발적인 공동체를 이루어 살 것을 주문하였다. 인간 사이에 기본 윤리가 지켜지는 사랑의 공동체를 만들기 위해 필요한 계율을 십계명의 형태로 전달하였다. 야훼는 거기서 멈추었지만, 후대에도 지속적으로 야훼의 응징과 구원을 역사 발전의 원동력으로 주장하는 인물이나 세력이 등장하였다. 그렇지만 공통적으로 성급하게 과격한 변화를 도모하다가 실패로 끝나고 말았다.

이스라엘 혁명은 신이 주도한 누미노제의 결과였다. 야훼의 뜻을 받들어 독특한 평등주의적인 이스라엘 공동체가 형성되었다. 그러나 국가화와 중앙집권화 과정을 거치면서 여타 국가와 유사한 성격을 띠게 되었으며, 종국에는 힘의 논리에 밀려서 멸망하고 말았다. 신에 의해 선택받았다는 선민의식은 배타성과 도덕적 해이를 불러일으켜서, 이스라엘의 멸망 원인으로 작용하였다. 신이 주도한 누미노제가 엑소더스와 유다 공동체 형성을 촉진했지만 부작용도 컸다. 집단주의 의식에 젖어서 자기들의 특수한 이익만을 추구하면서 보편적 실천에 나서지 못했다. 내부적으로는 야훼에 말씀에 대한 믿음이나 해석을 둘러싼 의견 차이로 넘을 수 없는 사회적 간극이 생겨났다. 공동체가 국가로 변하면서, 세속 권력의 영향력이 점차 커졌다. 아울러 왕과 선지자, 율법 학자, 그리고 일반 백성 사이의 갈등도 생겨났다. 이스라엘 사례는 민족에 대한 신화화가 너무 성공적이면 배타적이고 공격적이게 된다는 점을 보여 줬다.

강경파들은 신의 가호를 믿고 무모한 영토 확장과 무력 항쟁을 반복함으로써 이스라엘을 파멸로 몰고 갔다. 그러나 군사력에 의거한 무력 항쟁보다는 공동체 의식의 강화가 이스라엘의 민족적 정체성을 유지하는 데 더 큰 힘을 발휘하였다. 이스라엘은 영토를 상실했지만, 인격 변형과 공동체 의식의 강화를 통해서 '유다'라는 정체성을 유지해 나갔다. 그리고 2천 년 정도가 지난 시점에 이스라엘은 나라를 되찾았다. 무력 투쟁이 설사 단기적으로 권력 장악이나 국권 회복 혹은 영토 확장을 가져다줄 수 있다 치더라도 지속 가능성이 떨어진다. 국력이 쇠하면 나라의 존립도 순식간에 위태로워진다. 그러나 민족 정체성, 문화, 의식 등은 쉽게 바뀌거나 사라지지 않는다. 유다의 멸망 이후의 역사는 실패를 통해 뼈저리게 반성하면서 공동체 정신을 가다듬어 나가면 언젠가는 국권 회복이라는 희망을 이룰 수 있다는 사실을 잘 보여준다.[42)]

42) Richard A. Landes, *Heaven on Earth: The Varieties of the Millennial Experience,* Oxford University Press, 2011, p.51.

제3장

프로테스탄티즘과 미국 혁명

프로테스탄티즘과 미국 혁명

1. 대표 없는 과세

미국 혁명은 사상 최초의 근대적 혁명이었으며 다가올 프랑스 혁명의 예고편이었다. '종교의 시대'에서 '이성의 시대'로 이행해 가는 중간 단계였다. 미 식민지는 종교적 속성이 강했지만 종교가 지배하지 않았으며, 이성이 중시되었지만 종교를 억누르지 않았다. 정치와 종교는 대등한 위상을 갖고 견제하면서도 잘 융합하는 모습을 보였다. 정치와 종교의 긍정적인 결합이 있었기 때문에 독립 쟁취나 새로운 정치공동체 건설과 같이 근본적인 정치적 변혁을 가져올 수 있는 에너지가 만들어질 수 있었다.

미국 혁명은 식민지 본국의 권한 남용에 대해 불만을 품고 일으킨 단순한 무장봉기가 아니라, 인류 정치사에 항구적인 유산을 남긴 기념비적인 쾌거였다. 진정한 의미의 민주적 헌법 제정이 있었으며, 이것은 지금까지 세계에서 가장 오래된 헌법으로 남아 있다. 미국이 건설한 정치공동체는 근대 정치의 이상으로 받들어졌고, 민주 정치의 새로운 모델로서 세계적인 찬사를 받았다. 이런 의미에서 미국 혁명은 단순한 독립 전쟁이 아니라 명실상부한 혁명으로서 손색이 없다.[1)]

식민지 미국의 고통은 영국이 근원이었다. 영국 국왕과 의회, 의회 내 파벌, 그리고 여론 등이 식민지 미국에 대해서 대표권 부여 없이 세금만 부과하기로 공모하였다. 국왕은 비록 절대군주는 아니었지만 일정 지분의 정치적 권한을 가졌으며, 나머지 권력은 상원 및 하원과 분점하고 있었다. 의회 내 각 파벌은 자기들만의 편협한 이익을 배타적으로 추구하였으며, 자연스럽게 의회 논의 과정에서 국익은 뒷전으로 밀렸다. 영국 내 여론 또한 식민지를 우호적으로 배려하는 입장과 거리가 멀었다. 그 결과 식민지에 대한 영국의 정책이나 입법은 국익에 대한 합리적인 고려 없이 기득권 세력의 이해관계를 반영해서 임의대로 만들어지는 경향이 강했다.

원래 미 식민지는 영국에게 전략적으로 중요하거나 경제적 가치가 컸던 것은 아니었다. 1750년대 영국 정부에게는 설탕 생산지였던 서인도제도의 바베이도스(Barbados)나 자메이카(Jamaica) 그리고 동인도회사가 정부와 재정을 관리하던 인도의 부유한 주들이 식민지로서 더 중요하였다. 따라서 영국 정부는 '유익한 방치'(salutary neglect) 정책을 주로 채택하였다.[2)] 핵심은 미국 식민지가 원료 공급처나 소비 시장으로서 역할을 제대로 하는 한, 자율에 맡기고 방치하는 것이었다. 따라서 미 식민지들은 영국 정부의 도움 없이 독자적으로 식민지 확장과 질서 유지에 필요한 조치를 취해야 하였다.

영국 정부의 정책이 억압적이었는지 여부는 쉽사리 판단하기 어렵지만, 미 식민지를 대하는 태도에 있어서는 분명히 문제

1) Bernard Bailyn, *To Begin the World Anew: The Genius and Ambiguities of the American Founders,* Alfred A. Knopf, 2003, pp.134~149.

2) Jeff Wallenfeldt, "Salutary Neglect: British-United States History", *Encyclopedia Britannica, Retrieved 2024-02-14.*

가 있었다. 영국 정부는 가부장적 입장에서 식민지를 어린애 취급하였을 뿐만 아니라, 어린애가 빠르게 성장하고 있다는 사실을 제대로 알아채지도 못하였다. 식민 본국과 식민지 사이의 관계는 제도화 수준이 미흡했으며, 심지어는 상호 기본적인 권리와 의무에 관한 규정마저도 제대로 갖추지 못하고 있었다. 그러다가 영국이 재정적으로 곤란에 처하면서 미 식민지의 경제적 중요성이 커졌다. 그리고 프랑스와 스페인과 식민지를 둘러싼 쟁탈전이 본격화되면서부터 영국 정부가 식민지 경영에 직접 개입해야 한다는 목소리가 커졌다.

당시 영국 정부는 글로벌 영향력 확대와 식민지 확장을 위해서 큰 비용을 부담하고 있었다. 미 대륙에서는 프랑스와 인디언이 연합한 세력과 '7년 전쟁'(1756~1763)을 치러야 했다. 전쟁에서 큰 비용을 부담했지만, 영국에게 경제적 이득은 별로 없었다. 이런 배경하에서 영국 정부는 입법을 통해 식민지에 세금을 부과함으로써 전쟁 채무 부담을 경감하고 식민지 통치 비용에도 충당하려고 시도하였다. 시작은 1764년에 도입한 '설탕법'(Sugar Act)으로서 설탕과 당밀에 대한 관세의 도입이 주된 내용이었다. 그러자 식민지인들은 법을 지키려 하지 않고 밀수에 주로 의존하였다. 이에 영국 정부가 단속을 강화하면서 식민지인의 불만이 고조되었다. 이어서 영국 의회는 식민지 경제에 대한 통제권을 강화시키기 위해서 식민시 정부가 발행하던 동선과 화폐의 주소를 금지시키는 '통화조례'(Currency Act, 1764)를 통과시켰다. 명분은 통화의 규격화와 가치 안정을 내세웠지만, 이로 인해 식민지에서 통화 부족 사태가 발생해서 식민지 경제가 급작스럽게 침체되었다.[3)]

1765년에는 인지세법(Stamp Act)을 도입해서 기존의 영국 정부 공식 문서에만 부과하던 세금을 확대해서 각종 인허가 및 거래 관련 서류에도 세금을 부과하려고 하였다. 교역에 대한 관세 부과는 영국의 주권 사항으로 볼 수 있었지만, 인지세법과 같이 식민지 내부 업무와 관련된 과세는 월권행위로 볼 소지가 컸다. 따라서 식민지 내에서는 식민지의 주권을 과도하게 침해한다는 불만의 목소리가 거셌다. 식민지 전역에서 조직적인 반대가 벌어졌다. '자유의 아들'(Sons of Liberty)이라고 불리는 조직이 등장해서 강경한 저항을 주도하였다. 다양한 언론 매체를 통해서 부당함을 지적하는 글들이 쏟아져 나왔다. 또한 폭동이 산발적으로 일어났다. 일반 사람들의 분노가 극에 달했기 때문에 법 집행이 어려울 정도의 사태가 벌어졌다. 결국 식민지들의 압박에 영국 의회가 굴복하고 말았다. 이를 계기로 해서 미 식민지인들은 영국 정부에 대한 저항에 있어서 자신감을 얻을 수 있었다.

식민지들을 더욱 자극한 것은 영국 의회가 1765년에 도입한 '병영법'(Quartering Act)이었다. 영국 의회는 기왕에 미 식민지가 영국 군대의 주둔 비용을 부담하지 않은 채 식민지 확장이나 치안 유지와 관련해서 이익만 향유하려 든다는 인식을 갖고 있었다. 이에 식민지인들에게 영국군 주둔에 필요한 숙소와 보급품을 제공할 의무를 부과함으로써 '무임승차' 문제를 해결하고, 아울러 무분별하게 식민지를 확장하려고 시도하는 '도덕적 해이' 문제를 차단하려고 하였다. 그러나 식민지인들은 영국 정부가 군대를 주둔시킴으로써 본격적으로 식민지에 대한 통제를 강화할 것이란 의구심을 가졌다. 또한 비용 부담이 주로 군대가 주둔하는 주에

3) Robert J. Allison, *The American Revolution: A Short Introduction,* Oxford University Press, 2015, p.7.

집중되었기 때문에 형평성 문제가 발생하였다. 이로 인해 영국 정부에 대해서 자기 주에서 군대를 빼라는 식민지의 요구가 줄을 이었다. 안보라는 공공재의 공급이 원활하게 이루어지기 위해서는 영국 정부가 13개 식민지 전체에 대해 일괄적으로 징세를 하는 것이 합리적인 해결책이었을 것이다. 그러나 이런 방안에 대해서 식민지 내의 반대가 심했다.

이런 일련의 입법 조치들은 경제적 비용도 문제였지만, 영국 의회가 식민지에 대해서 주권을 행사하는 것이 과연 정당한지 여부에 대해서 식민지 내에서 근본적인 의구심을 불러일으켰다. 미국 식민지가 책임 없이 권리만 누리려는 측면이 있었기 때문에 영국으로서는 억울한 측면이 없지 않았다. 그렇지만 식민지인들의 불만은 상상을 초월하는 정도였다. "대표 없이 과세 없다"(no taxation without representation)라는 구호가 문제의 핵심을 잘 보여 준다. 미 식민지의 강력한 반대에 직면한 영국 정부는 국왕 조지 3세(George III)의 요청을 받아들여 인지세법을 철폐하였다. 이 대목에서 국왕과 의회 사이의 입장 차이가 드러났다. 의회는 경제적 이해득실에 민감했지만, 국왕은 식민지인들도 똑같은 백성으로서 포용해야 한다는 생각을 어느 정도 하고 있었다. 이 조치로 인해 자신의 권위에 손상을 입은 영국 의회는 '선언법'(Declaratory Act, 1766)을 제정하여, 자신이 식민지에 대해 어떤 경우에도 입법권을 행사할 수 있다고 선언하였다. 이를 계기로 영국 정부의 과세 주권과 미 식민지의 자치권 사이에 본격적인 충돌이 벌어지게 되었다.

양자 사이의 갈등은 영국 정부가 '타운센드법'(Townshend Acts, 1767)이라고 불리는 일련의 법안을 제정함으로써 폭발하였다. 이 법안은 종이, 유리, 페인트, 납, 차 등 미 식민지의 수입품 전반에 대한 종합적인 과세의 도입을 비롯해서 식민지에 대한 영국의 주권을 강화하는 다양한 조치들을 포함하고 있었다. 영국 측에서는 자신이 '갑'이란 사실을 식민지에 주지시키고, 식민지 통치에 필요한 비용을 충당하려는 것이 목적이었다. 이에 대해 미 식민지들은 주권 침해라고 강력하게 반발하였다. 식민지인들의 영국 의회에 대한 실망감과 적대감은 날로 높아져만 갔다. 식민지인들이 폭력적인 저항을 벌이자 영국 정부도 맞대응에 나서서 1768년에는 영국군이 보스턴을 점거하는 사태가 발생하였다. 이어서 1770년에는 영국군의 발포로 식민지인들 다수가 살해되는 '보스턴 학살 사건'으로 비화하였다.[4] 이 사건에 대한 비판 여론이 거세지자 영국 의회는 타운센드법에 의해 도입된 세금 대부분을 철폐하였다.

그러나 홍차에 대한 관세는 계속 유지되었다. 홍차는 사치품이고 영국이 제조하지 않는 고가의 수입품이었기 때문에 예외로 취급하였다. 당시 동양 무역에 대한 독점권을 가지고 있던 동인도회사가 경영난으로 파산 위험에 처해 있었다. 런던 창고에는 홍차 재고가 넘쳐났다. 이런 상황을 모면하고자 영국은 홍차법(Tea Act, 1773)을 제정해서, 동인도회사가 직접 북아메리카로 차를 싣고 가도록 허용하였다. 아울러 영국에서 가져온 차를 여타 식민지로 면세로 수출할 수 있는 권한 및 13개 미 식민지에 대한 독점 판매권을 동인도회사에 부여하였다. 동인도회사가 관세를

4) Robert J. Chaffin, "The Townsend Act Crisis, 1767-1770", Jack P. Greene / J.R. Pole(eds.), *A Companion to the American Revolution*, Blackwell, 2010, pp.134~150.

영국 정부에 일괄적으로 납부하는 구조였기에 영국 정부 입장에서는 조세 저항을 회피할 수 있는 이점이 있었다. 미 식민지 입장에서는 타운센드 관세가 부과된 차를 동인도회사가 독점적으로 판매·수출하는 방식이었기 때문에 추가적인 세금 부담은 없었다. 더구나 식민지 내로 유입되는 홍차의 공급이 늘어나 기존에 밀수에 주로 의존했던 홍차 가격이 하락할 것이기에 식민지 내 소비자들에게도 유리할 것이었다. 그러나 영국 정부의 부당한 간섭을 수용할 수 없다는 식민지의 애국적 엘리트와 동인도회사로부터 홍차 판매권을 부여받지 못한 상인들 그리고 가격 인하로 인해 손해가 예견되었던 홍차 밀수업자들이 합세해서 홍차법을 강력히 반대하였다.[5)]

이들의 주도로 보스턴 항구에서 홍차 하역을 거부하면서 1773년 '보스턴 차 사건'(Boston Tea Party)이 발발하였다. 영국 정부의 명을 받는 주지사는 공권력의 권위와 질서를 바로 세우기 위해서 강제로 하역시키고 세금을 부과하려고 하였다. 그러자 인디언으로 위장한 무리가 하역된 차를 바닷속으로 던져 버렸다. 보스턴 주지사는 고분고분 말을 잘 듣지 않는 식민지인들의 기강을 잡을 수 있는 절호의 기회로 보고 항구를 폐쇄하는 조처를 내렸다. 아울러 식민지의 자치권을 제한하는 강수를 두었다. 사태는 걷잡을 수 없이 악화되었다. 영국발 홍차 하역 거부와 홍차에 대한 식민지인들의 '보이콧' 움직임이 빠르게 확산되었으며, 이 과정에서 폭력적 수단이 동원되었다.

영국 내에서는 물론이고 식민지 내에서도 폭도들을 비난하

---

5) David L. Ammerman, "The Tea Crisis and Its Consequences", Jack P. Greene/J.R. Pole(eds.), *A Companion to the American Revolution*(2010), p.196.

는 목소리가 컸다. 이런 여론을 등에 업고 영국 정부는 강경한 법적·행정적 조처를 하였다. 대상이 보스턴과 매사추세츠로 제한될 경우 사태가 그다지 악화되지 않을 것으로 간단하게 생각하였다. 그러나 여타 주들도 식민지에 대한 부당한 간섭으로 여겨서 거세게 반발하였다. 이로 인해 혁명의 기운이 미 식민지 전역으로 확산되었다. 영국 정부와 의회가 미 식민지인들을 '자유인'에서 '노예로' 바꾸려 한다는 주장이 크게 설득력을 얻었다.

여기에 불을 지핀 것이 1774년에 제정된 '재판법'(Justice Act)과 '퀘벡법'(Quebec Act)이었다. 전자는 식민지 의회의 주권을 제한하는 내용이었으며, 후자는 가톨릭에 대한 우대를 주요 내용으로 하는 법안이었다. 둘 다 식민지의 이해관계를 심대하게 훼손하는 것이었다. 이에 대항해서 식민지에서는 자율권을 확보하고 부당한 법안을 폐기하기 위한 투쟁이 벌어졌다. 1774년에 제1차 '미주 대륙 식민지 회의'가 열렸으며, 식민지들의 의견을 수렴하고 영국 정부와 협의를 진행하기 위한 제도적 장치들도 만들어졌다. 또한 영국 정부에 대한 합법 투쟁을 지원할 각종 위원회 조직들도 식민지 전역에서 신속하게 구성되었다.[6] 영국 정부의 주권 침해에 대해 일사불란하게 대응할 준비가 착착 진행되었다.

1775년 4월 영국군과 매사추세츠 민병대 사이에 군사적 충돌이 벌어지면서 독립을 위한 전쟁에 돌입하였다. 영국 정부의 부당한 조치에 항거해서 전쟁을 선포했지만, 일반적인 식민 본국과 식민지 사이의 관계에 비추어 볼 때 영국 정부의 조치가 전쟁을 불사할 정도로 부당한 것은 아니었다. 식민지에서 경제 활동

6) Ammerman(2010), p.199.

을 통해 이득을 보는 사람들에게 식민지 경영에 드는 비용을 부담하라는 요구는 나름 타당한 측면이 있었다.

미국의 도발에 대해서 영국이 맞대응한 것 또한 충분히 이해가 갔다. 당시 영국으로서는 외교적으로 고립되어 가고 있던 처지였다. 식민지 내부의 도전이나 분란을 허용할 상황이 아니었다. 영국의 속셈은 식민지 내부 단속을 잘 마무리한 후에 유럽에서 스페인이나 프랑스 등과 세력 다툼을 벌이려는 것이었다. 그러나 식민지 미국이 군사적 열세에도 불구하고 당시 글로벌 강대국이었던 영국에 전쟁을 선포한 것은 이례적이었다.

미 식민지들도 처음에는 전쟁까지 할 생각이 없었다. 더구나 미 식민지들은 각 주마다 사회 구성이나 정치 체제가 달랐으며, 영국 정부와의 관계도 다양하였다. 영국 정부는 이전부터 이들 13개 식민지를 단일한 집단으로 취급하지 않았다. 뿐만 아니라 13개 식민 주들도 영국이 프랑스와 전쟁할 당시 일치단결해서 영국 편을 들었던 것도 아니었다. 이제 영국 정부가 식민지를 단일한 실체로 대영 제국의 일부로 간주하면서 주권을 행사하려고 들자, 13개 식민지도 하나로 똘똘 뭉쳐서 영국 정부에 대항하기 시작하였다. 이제 전쟁은 불가피해졌으며, 미 식민지인들은 전쟁 과정에서 무모할 정도의 용기와 단결력을 보였다. 그 원천은 지금부터 살펴볼 '열정적 프로테스탄티즘'에서 찾을 수 있다.

2. 인간이 주도한 누미노제

2.1. 변혁 사상으로 청교도주의

미국 혁명의 폭발적 에너지는 종교적인 속성에서 나왔고, 그 뿌리는 청교도주의(Puritanism)에서 찾을 수 있다. 청교도(Puritans)는 영국 국교회(Church of England)로부터 로마 가톨릭교회의 흔적을 완전히 털어 내어 순화(purify)시키자고 주장한 급진파 프로테스탄트 집단을 지칭한다.[7] 당시 영국 국교는 로마 가톨릭에서 정치적으로 독립을 원했지만, 종교적으로 단절을 원하지 않았다. 과거 전통을 지키려는 보수적 성향이 강했으며, 근본적인 교회 개혁에도 반대하였다. 청교도들은 1559년 엘리자베스 1세(Elizabeth I)가 내린 영국 국교로의 통일령에 순종하지 않고, 칼뱅주의(Calvinism)에 입각한 투철한 개혁을 주장하였다.

청교도들은 공통적으로 하느님의 말씀과 뜻을 강조하였다. 신의 계시를 중시하면서 항상 신과 소통하려고 하였고, 새로운 성령 운동을 전개하였다. 교회나 의식보다는 성경과 실천을 중시하였으며, 교회나 성직자의 권위보다는 진리가 우선이었다. 성직자를 통하지 않고 개개인이 모두가 다 신과 교통할 수 있다고 주장하였다. 이들은 엄격한 도덕, 주일의 엄수, 향락의 제한을 주창하면서, 모든 생활에서 도덕적·종교적 진지함을 견지한 것으로 유명하다. 크리스마스나 부활절같이 성경에 의거하지 않고 인간이 만든 제도나 의식을 폐지할 것을 주장하였다. 이들은 교회 개

7) Cf. Francis J. Bremer, *Puritanism: A Very Short Introduction,* Oxford University Press, 2009.

혁을 통해서 자신들의 생활 방식을 모두에게 확산시키기를 원하였다. 이를 위해 귀족으로 제한됐던 정치 참여를 확대하고, 의회 정치를 확립하려고 시도하였다.

청교도주의는 신의 계시에 따라서 영국 국왕과 교회에 과감하게 도전하고, 과감한 사회변혁을 주창한 급진적인 사상이었다.[8] 1642년부터 10년 동안에 세 차례에 걸쳐서 벌어진 잉글랜드 내전은 '청교도 혁명'이라고도 불린다. 청교도주의라는 누미노제를 통해 사회변혁을 시도한 전형적인 사례로서, 이 땅 위에 천년왕국의 도래를 알리는 상징으로 받아들여졌다. 그 중심에는 크롬웰(Cromwell)이 있었다. 그는 카리스마 있는 열렬한 청교도로서 유대인 수용, 종교적 관용, 빈민에 대한 애정, 영국 민주주의 토대 구축 등의 공적을 쌓았다. 그러나 기득권 세력을 대변하던 의회와 충돌하면서, 본인이 거꾸로 더 강력한 독재자가 되었다. 그의 죽음으로 인해 무정부 상태가 초래되었고, 찰스 2세(Charles II)가 등극하면서 왕정으로 복귀하였다. 기존 질서를 어지럽힌 반역자요 독재자란 평가와 더불어 자유와 질서 사이의 균형을 잡은 카리스마 있는 지도자란 평가가 교차한다. 이후 영국 국교회에 의한 종교 통제가 강화되었으며, 신교 특히 청교도주의는 혹독한 탄압을 받았다.

청교도주의는 영국에서 실패했지만, 식민지 미국에서 크게 꽃을 피웠다. 미 대륙으로의 최초 이주자는 1607년에 버지니아 제임스타운에 도착한 104명의 영국인이었다. 이들은 금광을 찾

8) David R. Como, "Radical Puritanism, c. 1558-1660", John Coffey / Paul C.H. Lim, *The Cambridge Companion to Puritanism,* Cambridge University Press, 2008, pp.241~258.

아 나선 졸부들이 주축이었고, 여타 사람들은 부랑자, 도망자 등 영국 사회에서 버려진 자들이 대부분이었다. 그들에 대한 신화가 없었음을 물론이고, 미국을 세운 선조로서 추앙받지도 못하였다. 식민지 미국의 진정한 선조는 바로 1620년에 메이플라워호를 타고 플리머스 항에 도착한 '필그림 파더스'(Pilgrim Fathers)라 불리는 분리주의 청교도들이었다. 이들은 영국 국교회에서 벗어나고자 네덜란드 레이던(Leiden)으로 망명해 소규모 집단을 이루고 살다가 신대륙으로 건너왔다. 첫해 겨울 추위와 굶주림으로 이들 중 절반이 목숨을 잃었다. 그럼에도 불구하고 이듬해 메이플라워호가 영국으로 귀환할 때 귀국을 선택한 사람은 하나도 없었다. 그들은 고통을 모면하기보다 자유를 선택하였으며, 불굴의 신념과 의지로 고난을 극복하였다.

1630년에는 대규모의 청교도들이 윈스럽(Winthrop)의 지휘하에 매사추세츠 만(Massachusetts Bay)에 식민지를 세웠다. 이들은 '필그림 파더스'와 달리 영국 국교회에서 분리하기를 바란 것이 아니라 내부에서 국교회를 개혁하기를 원하였다. 그는 여러 지방에서 이주해 온 사람들을 모세의 신탁과 유사한 계약을 통해 하나의 공동체로 묶으려고 시도하였다. 윈스럽은 "하느님의 말씀에 복종하고, 공동체를 위해서 서로 희생하고 아끼면서, 모범적인 그리스도인으로 살 경우 하느님이 평화와 번영을 내릴 것이다"라고 설교하였다.[9] 이에 호응해서 구성원 모두가 황무지에 하느님의 나라를 만드는 일에 함께 나섰다. 매사추세츠는 다수의 소규모 공동체로 구성된 하나의 신앙공동체였다. 민주적 정치 참여가

9) Bremer(2009), p.19.

활발하게 이루어졌고, 주민 자치도 제도화되었다. 단결이 뉴잉글랜드 청교도들에게 가장 소중한 목표였지만, 획일적인 통합이 아니라 다양성도 일정 정도 존중받았다.

매사추세츠의 첫 번째 주지사이기도 하였던 윈스럽은 배타적인 청교도 신앙에 근거해서 하느님을 믿지 않고 악한 영을 섬기는 자들을 가혹하게 처형하였다. 그들의 사명은 하느님이 주신 새로운 약속의 땅에서 원주민들을 개종시키거나 개종하지 않는 자들을 하느님의 이름으로 처단하는 것이었다. 소위 말하면 일종의 '성전'(holy war)이었다. 일례로 1637년 5월과 7월 두 차례에 걸쳐 피쿼(Pequot) 지역의 인디언 학살을 청교도들이 주도하였다. 이외에도 청교도들이 인디언 학살에 관여했다는 기록들이 속속 밝혀지고 있다. 청교도들은 또한 가톨릭을 박해하였고, 인디언을 개종시키려고 갖은 방법으로 강박하기도 하였다. 청교도들이 신념에 따라 자행했던 인디언 원주민들에 대한 잔학 행위와 1692년 법원이 선고한 '세일럼 마녀재판'(Salem witch trials)에 대한 불법 판결은 청교도에 대한 미 식민지 내 여론을 악화시켰다. 이로 인해 청교도들에 대한 평판이 나빠졌다.

청교도들의 일반적인 이미지는 남들에게 '불관용적이고, 완고하며, 비판적'(intolerant, bigoted, and censorious)이라는 것이었다. 지나치게 영성적이고 도덕적으로 경도되어 있기 때문에 현실 생활과 조화되기가 힘들었다. 개인의 자율성을 무시한 채 종교적인 생활을 사람들에게 강요하고, 사회를 자기들 구미에 맞게 고치려 들면서 일반 대중들의 반발을 많이 샀다. 청교도들이 신천지 개척과 사회 개혁에 열을 올린 이유는 바로 그들의 신념인 '후천년설'에 있었다. 요지는 예수는 천년왕국이 끝날 무렵에 재림할 것이며, 그 시작으로서 하느님이 그들에게 신천지에 새로운 예루살렘을 세우라는 특권과 사명을 부여했다는 것이었다. 저명한 신학자 에드워드(Edwards)에 따르면 '뉴잉글랜드'(New England)가 바로 새로운 왕국의 터전이었다.[10] 그는 "미국에서 새천년 역사가 곧 시작될 것이며, 성인들에 의한 천년 통치가 끝날 무렵 예수가 재림할 것이다"라고 설파하였다.[11] 그러나 18세기에 들어 미국 사회가 점차 세속화됨에 따라서 청교도주의의 교세나 사회적 영향력은 점차 쇠퇴하였다.

2.2. 열정적 프로테스탄티즘

계몽주의의 영향력이 커지면서, 신과 종교에 대한 새로운 이해가 생겨났다. 기성의 종교를 대신하는 이신론이 각광을 받기 시작하였다. 이신론은 기성의 종교와 교회에 대해서 비판적이었다. 부패와 타락의 온상이었으며, 인간을 통제하고 지배하려고 들었다는 문제의식을 가졌다. 그렇지만 신에 대해서는 수용하는 입장이었다. 그러나 신은 기존의 이해와 달리 계시를 통해서 인간사에 개입하는 존재가 아니었다. 신은 자연과 우주의 기본 원리로서 경이로울 정도의 법칙성을 가진다. 이것이 바로 신이 창조했다는 증거이다. 이런 자연과 우주의 작동 속에서 창조주의

10) 뉴잉글랜드(New England)는 미국 북동부의 대서양 연안에 있는 구릉성 산지와 해안 지방에 있는 매사추세츠, 코네티컷, 로드아일랜드, 버몬트, 메인, 뉴햄프셔 등 6개 주로 이루어진 지역이다. 청교도들의 본산이었으며, 영국으로부터 독립 투쟁을 주도하였다.

11) Jonathan Edwards, *The History of the Work of Redemption*, Yale University Press, 1989, pp.79~94.

능력과 의도를 발견할 수 있다. 신의 본질은 바로 이런 규칙성과 합리성이며 이성 자체이다. 인간의 이성은 '절대 이성'인 신으로부터 도출된다.

이신론은 이성이 바로 성경에 대한 판단 기준이 되어야 한다고 보았다. 기적이나 신비적 요소를 배제하면서, 이성과 경험으로 검증 가능한 지식만이 유효한 것으로 받아들여질 수 있다고 보았다. 이런 전지전능한 신은 당연히 경배해야 할 대상이었다. 그리고 자비, 사랑, 희생정신과 같은 신의 좋은 품성은 마땅히 배우고 실천해야 하는 것이었다. 반성과 회개는 인간의 기본 의무였으며, 뿌린 대로 거두는 인과응보는 당연한 정의의 실현이었다. 우리에게 잘 알려진 벤저민 프랭클린, 토머스 제퍼슨, 제임스 매디슨, 알렉산더 해밀턴, 조지 워싱턴, 존 애덤스, 토머스 페인 등은 모두 계몽주의 정신으로 무장된 이신론자들이었다.

이런 무미건조한 신에 대한 이해는 이성에는 부합되었을지 모르지만, 사람들로부터 감동이나 정열을 불러일으킬 수 없었다. 이에 따라 점차 인간 중심적인 경향이 프로테스탄티즘에 가미되기 시작하였다. 인간을 가르치고, 꾸짖고, 평가해서 벌을 주는 신이 아니라, 가까이서 소통하고, 일상생활을 주관하면서 어려움을 같이 극복하고, 항상 사랑과 배려를 아끼지 않는 인자한 신이 새롭게 등장하였다. 대표적으로 채닝(Channing)은 인간의 지적·도덕적인 능력에 대한 확고한 믿음에 근거해서 인간 중심적인 신학을 제창하였다. 이에 따르면 하느님은 복잡한 삼위일체가 아니라 단순한 하나이다.[12] 신의 본질은 영성이며, 이로부터 모든 인간의

12) 이것이 바로 유니테리언주의(Unitarianism)이다. 참조: John Charles Godbey, "Unitarianism and Universalism", *Encyclopedia Britannica*(31 Oct. 2022),

영혼이 도출된다. 예수는 특별한 인간일 뿐이며, 우리 모두가 노력하면 예수가 될 수 있다고 주장하였다.

인간은 신의 피조물이기 때문에 모두 신성의 씨앗을 갖고 태어난다. 누구나 노력하면 신처럼 될 수 있다. 인간 모두가 영성으로 연결되어 있기 때문에, 모두가 하나이며 신의 뜻에 부합하는 멋진 공동체를 만들어 나갈 의무가 있다. 마땅히 서로 아끼고 사랑해야 하며, 공동체를 위해 희생할 줄 알아야 한다. 신은 직접적인 교감을 할 수 있는 대상이었으며, 억압적이고 군림하는 교회에 대해서는 비판적이었다. 청교도주의의 쇠락에도 불구하고 '유니테리언 운동'의 영향으로 인해 미국 사회 내에서 영성에 관한 관심이 새롭게 뜨거워졌다. 그 결과 미국 프로테스탄티즘 내에서 종교적 열정과 합리주의가 동시에 강화되는 효과가 생겨났다. 이것이 바로 '대각성 운동'(Great Awakening)이었으며, 이를 계기로 미국에서 종교적 열정이 다시 살아났다.

대각성 운동은 미국에서 18세기부터 20세기에 걸쳐서 네 차례나 일어난 신속하고 극적인 신앙 부흥 운동이었다.[13] 미국 혁명은 1735년부터 1755년에 사이에 벌어진 첫 번째 운동의 결과물이었다. 그 배경에는 청교도주의의 쇠퇴가 초래한 영적인 진공 상태나 공허감이 있었다. 사람들은 개인의 삶에 유용한 종교가 필요했다. 모든 인간을 죄인으로 만들고, 항상 벌을 받을까 두려움에 떨어야 하며, 구원받을 기약도 없이 불안한 삶을 사는 것에 대해서 싫증을 느꼈다. 또한 교파 간의 과도한 경쟁과 갈등도 혼

https://www.britannica.com/topic/Unitarianism(Accessed 23 January 2024).

13) Cf. Thomas S. Kidd, *The Great Awakening: The Roots of Evangelical Christianity in Colonial America,* Yale University Press, 2007.

란만 가중시키는 상황이었다. 모두가 편하게 다가가고, 노력하면 교파와 상관없이 구원을 받을 수 있다는 메시지가 필요하였다. 편한 아버지와 같이 인자하고 사랑이 넘치는 신이 필요하였다.[14)]

이때 새로운 신이 등장하고 새로운 인간이 만들어져서 새로운 계약을 맺게 되었다. 좋은 품성과 자비심을 갖추고 열심히 공동체를 위해서 봉사하고 사는 사람들은 누구나 교파나 교회 출석 여부와 상관없이 구원을 받을 수 있게 되었다. 신은 무섭게 이래라저래라 명령하고 지배하는 존재가 아니었다. 자연스런 이치였고, 합리적이었으며, 인간의 입장에서 배려하고 격려하는 존재였다. 예수만 특별한 것이 아니라 인간 개개인이 신의 피조물로서 소중한 존재였다. 신과의 계약은 강제나 명령이 아니라 신의 뜻에 따라서 열심히 살겠다는 자발적인 약속이 되었다. 신을 경배하고 말과 행동과 뜻을 바르게 먹고 살면 약속 이행이 완료되는 것이었다. 새로운 신의 발견이고, 인간의 소중함에 대한 새로운 발견이었다. 이것이 바로 새로운 각성이고 누미노제였다.

이 부흥 운동은 초교파적으로 벌어졌으며, 그 결과 그리스도교에 관한 관심이 가파르게 고조되었으며, 신앙심과 구원에 대한 확신도 깊어졌다. 교회의 신도 수가 증가하고, 새로운 종교 운동이나 교단이 생겨나는 등 신앙 부흥이 활발하게 일어났다. 아울러 종교의 개념 자체도 근본적으로 바뀌었다. 구체적으로는 구세계(영국)의 국교에서 신세계(미 식민지)의 복음주의 개신교로, 목회자 중심에서 일반 신도 중심으로, 교리 중심에서 신앙심 중심으로 근본적인 변화가 이루어졌다. 또한 목회자의 역할도 권위적

14) Allison(2015), p.4.

인물에서 효과적인 운동가로 전환되었고, 국가 교회에서 성도들의 교회로 중심이 옮겨갔다. 대각성은 개개인이 영성의 중요성을 새롭게 깨닫는 것으로서, 집단적 차원에서 일종의 누미노제 경험처럼 확산되어 나갔다.

대각성 운동은 감리교 운동을 이끈 성공회 사제 휫필드(Whitfield)와 감리교의 기틀을 세운 웨슬리(Wesley) 목사로부터 크게 영향을 받았다. 그들은 1739년부터 1740년까지 미국을 방문해서 여러 주를 돌아다니며 많은 군중이 모인 들판에서 교파를 초월한 대규모 부흥 집회를 열었다. 이를 통해서 미 식민지 전역에 신앙의 활기를 새롭게 불어넣었으며, 그 결과 많은 사람이 새로운 프로테스탄티즘으로 개종하였다. 이들의 활약으로 인해서 각양각색이었던 13개 식민 주들이 하나의 공동체로 서로를 인식하는 계기가 되었다. 이것은 이후 독립 전쟁 수행에 있어서 커다란 자산이 되었다. 부흥 설교사들은 죄인에 대한 '율법의 경고'와 하나님의 '대가 없이 베푸는 은혜' 그리고 예수 그리스도 안에서 '거듭남'을 강조하였다. 또한 수동적으로 예수의 재림을 기다리는 신앙보다 이 땅 위에서의 적극적인 삶을 더 강조하는 설교가 사람들의 심금을 울렸다. 이로 인해 '구파'(Old Lights)와 '신파'(New Lights 또는 자유주의파) 성직자 간의 대립이 발생하였다. 구파는 대각성 운동을 전통 그리스도교의 근간을 훼손하는 움직임으로 폄하한 반면에, 신파는 신의 은총이 새롭게 넘쳐나는 증거라고 보았다.

대각성 운동과 복음주의의 부활은 청교도주의의 몰락과 더불어 새로운 개신교 흐름을 다양하게 만들어 냈다. 이런 영성 부흥 운동으로 인해 특히 뉴잉글랜드에서는 그때까지 유지되었던 청교도적 사회·종교적 질서가 무너져 내렸다. 그리고 분리주의 혹은 침례파(Separates or Baptists), '신회중파'(New Light Congregationalists), '구 칼뱅주의 전통파'(Old Calvinist Traditionalists), '자유주의 회중 합리파'(Liberal Congregational Rationalists) 등 새로운 프로테스탄트 교파들이 생겨났다. 이들은 공통적으로 인간 중심적이며 복음(성경) 중심적이었다. 이와 더불어 새로운 세상이 열릴 것이란 깨우침이 들불처럼 퍼져 나갔다. 새로운 희망과 구원의 불빛이 활활 타올랐다.[15] 이것은 새로운 미국식 누미노제였다. 종교와 세속적 삶이 괴리되지 않고, 이성과 영성이 동시에 강조되는 것이 특징이었다. 청교도주의의 뿌리를 부정하지 않으면서도, 청교도주의와 달리 세속적이고 현실적이며 실용적인 흐름이었다.

새롭게 부흥을 맞이한 미국 프로테스탄티즘의 가장 두드러진 특징은 '시민적 휴머니즘'(civic humanism) 및 '상식에 근거한 도덕철학'(moral philosophy of common sense)과 빠르게 결합되어 하나의 체계적인 세속적 사상 체계를 형성했다는 점이었다. 대각성 운동을 통해 활성화된 복음주의 프로테스탄티즘이 시민의 품성, 국가에의 의무, 국가 권력 견제 등을 강조하는 공화주의 전통과 융합된 결과, 공동체와 민주주의 발전을 위해 적극적인 정치 참여를 중시하는 '열정적 프로테스탄티즘'(passionate protestantism)으로 재탄생한 것이었다.[16] 이런 새로운 각성이 있었기에 영국의 압제에 과감하게 항거할 수 있었으며, 민주주의와 권력 분립에 근거한

15) John Howard Smith, "The Promised Day of the Lord: American Millennialism and Apocalypticism, 1735-1783", Richard Connors / Andrew Colin(eds.), *Anglo-American Millennialism, from Milton to the Millerites,* Brill, 2004, p.117.

16) Mark A. Noll, "Revolution and Evangelicalism", *Journal of Interdisciplinary History* 23:3(Winter 1993), pp.625~626.

새로운 미국을 건설할 수 있었다.[17] 이로써 미 식민지의 열정적 프로테스탄트들은 원죄의 굴레에서 허덕이면서 교회의 규율이나 성직자들의 명령에 무조건 복종하고 수동적으로 심판과 구원의 날만 기다리는 전통적 의미의 그리스도인이 더 이상 아니었다.

또한 '공화주의적' 인간은 자신의 개인적 가치나 신념을 공동체와 조화시키려고 노력하고, 사익보다 공공선을 우선시하며, 조국에 헌신하고 희생하는 의무를 지닌 시민이었다. 교회와 교단 그리고 교리 문제보다는 시민들의 윤리적 덕목을 더 중요시하였다. 비자발적으로 강요된 훈육보다는 자발적인 학습과 실천을 선호하였다. 공화주의적 시민 소양은 프로테스탄티즘의 윤리와 모순되지 않았다. 개인의 양심이 신의 섭리나 자연의 이치와 상충되어야 할 논리적 필연성이 없었다. 신앙과 결합된 양심과 이성은 용기 있고 적극적인 실천과 행동을 고취시킬 수 있었다. 특히 중요한 것은 도덕을 종교나 신으로부터 엄격하게 도출하는 대신에, 상식 차원에서 이성적으로 판단하는 것을 도덕적 기준으로 삼았다는 점이다. 미국의 실용주의적 가치관이 돋보이는 대목이다. 이것이 바로 미국을 매우 종교적이면서도 지극히 세속적이도록 만든 원동력이었다. 이로써 신과 인간 사이의 관계가 수직적인 지배-복종 관계에서 수평적인 조화와 화합의 관계로 변하였다.

대각성 운동은 영성의 부흥을 가져와서 '속박과 예속'으로부터 '영원한 자유'에 대한 희망을 가져다주었고, 동시에 현실 정치에 관한 관심을 고조시켰다. 이렇게 근본주의적 종교와 세속적

17) Noll(1993), pp.615~638.

정치 참여의 확산이 선순환적으로 결합된 것은 보기 드문 현상이었다. 대개의 경우 영성을 강조하면 현실과 멀어지고, 비이성적으로 변하며, 인간의 자율성과 자발성을 무시하고 통제하려 드는 것이 보통이다. 그리고 이성과 경험을 중시하면 신과 종교를 미신적이고 비이성적인 것으로 치부하고 무시하는 것이 일반적이었다. 그러나 미국에서는 신앙이 세속 정치와 유기적으로 긴밀하게 결합되었다.

청교도적인 미국에 다양한 계몽사상이 도입되었을 때, 어느 한쪽도 압도적인 우위를 점하지 못하였다. 청교도주의는 사양길이었지만, 계몽사상은 종교나 신을 축출한 만큼의 역량을 갖지는 못했다. 청교도나 칼뱅주의와 같은 종교적 근본주의에 대한 회의감만 증대시킨 정도였다. 계몽사상이 침투된 곳은 어느 곳이나 전통이나 종교와의 충돌이 벌어졌다. 그러나 미국에서는 충돌과 갈등이 아니라 균형과 조화가 이루어졌다. 이는 계몽사상이 가톨릭을 압도했던 프랑스와는 전혀 다른 양상이었다. 영국 국교회의 장악력이 약화된 미 식민지에 개인의 종교적 자유와 정치적 자유를 강조하는 계몽주의가 빠르게 정착한 것은 사실이었다. 그러나 문제는 실용주의와 합리주의만으로는 사람들의 감동이나 열정을 불러일으키는 데 한계가 있었다는 점이다. 따라서 양자는 서로의 약점을 보완해 주는 형태로 서로 융합되면서 새로운 형태의 '열정적 프로테스탄티즘'을 탄생시켰다.

세속적 합리주의가 공고한 곳에서 영성과 신앙심이 고조될 경우 애국심과 희생정신이 폭발적으로 증가할 수 있었다. 따라서 미국식 계몽주의의 대표 주자였던 펜실베이니아의 벤저민 프랭클린(Benjamin Franklin)과 버지니아의 토머스 제퍼슨(Thomas Jefferson)

이 뉴잉글랜드의 청교도 민주주의 지도자였던 새뮤얼 애덤스(Samuel Adams)와 연합해서 미국 혁명을 주도할 수 있었다.[18] 이런 결합은 단순히 상층 엘리트에만 국한된 현상이 아니라 일반 시민들 사이에서도 보편적으로 나타났다. 이런 대중적 속성이 미국 혁명의 특징이었다.

이런 바탕 위에서 자유와 독립은 물론이고, 인류의 해방과 새로운 세상의 창조라는 원대한 꿈이 태동하였다. 그리고 인간 중심적인 프로테스탄티즘이 부흥하면서, 새로운 미국 건설의 문화적·정신적·사상적 토대가 형성되었다. 프로테스탄티즘에 기초해서 다양한 계몽주의 흐름이 융합된 결과 미국은 독립 전쟁에서 승리하고 새로운 국가 건설을 위한 혁명을 완수할 수 있었다. 독립 전쟁 과정에서는 상대적으로 자유주의가 영향을 많이 미쳤으며, 헌법 제정과 새로운 미국 건설은 공동체에 대한 책임을 강조하는 공화주의와 친화성이 높았다.

3. 식민지 미국의 독립

3.1. 독립 전쟁

영국 정부는 초기에 군사적 조치를 포함해서 강력한 의지만 보여 주면 사태가 쉽사리 진정될 것으로 보았다. 그러나 예상보다 강력한 식민지로부터의 저항을 불러일으켰고, 종국에는 세계

18) Dawson(1972), p.38.

최강의 식민 국가 영국이 패하고 말았다. 상상하기 어려운 식민지에 의한 승리였다. 결연한 의지, 희생정신, 강한 단결력 그리고 고도의 군사전략이 승리의 동인이었다. 이 모든 것은 헨리(Henry)의 "나에게 자유 아니면 죽음을 달라"는 외침에 녹아 있었다.[19] 자유의 소중함에 대한 절규가 식민지인들의 심금을 울렸다. 매사추세츠 주지사가 보스턴 차 사건과 관련해서 군사 행동을 취하자, 수천의 민병대들이 보스턴으로 모여들었다. 영국 정부에 대한 반대가 불길처럼 퍼져 나갔다. 영국 정부의 부당한 조치에 직면해서 자유와 주권의 소중함을 깨달은 것이었다. 새로운 각성은 결연한 행동으로 이어졌고, 여기에 시민들이 대거 자발적으로 참여하였다.

영국 국왕과 타협을 주장하던 사람들은 1776년 페인(Paine)의 『상식론』(*Common Sense*) 출간으로 결정적인 타격을 입었다. 그는 영국 군주제에 대한 신랄한 비판을 통해서 많은 사람을 독립 옹호파로 만들었다. 그는 군주제의 기원이 폭력적으로 시작되었고, 호전성과 반(反) 인민성이 주된 특징이었고, 세습제에 의해 운용되기 때문에 문제가 크다고 지적하였다. 이런 군주제가 미 식민지인들의 이성과 자유를 억압하기 때문에 마땅히 폐기되어야 한다고 주장하였다. 그는 전율을 일으킬 만한 극적인 문장으로 "미국인들이여 압제와 어둠의 세상에서 자유와 계몽의 오아시스가 될 운명을 받아들이라"라고 요구하였다.[20] 이 책자는 공전의 히

19) John Howard Smith, "The Promised Day of the Lord: American Millennialism and Apocalypticism, 1735-1783", Richard Connors / Andrew Colin (eds.), *Anglo-American Millennialism, from Milton to the Millerites,* Brill, 2004, p.204.

20) Thomas Paine, *The Writings of Thomas Paine, Volume 1,* G.P. Putnam's

트를 거두었다. 공식적인 집계는 없었지만 발간 첫해에만 10만 부 이상 팔렸다. 각종 신문과 잡지에 주된 내용이 소개되었다. 엄청난 파급 효과가 있었다. 그 결과 영국으로부터 독립에 대해 유보적인 태도를 갖고 있던 식민지인들에게 독립에 대한 강렬한 열망을 불어넣었다. 독립, 공화제, 자유 등의 가치가 갖는 소중함을 일깨워 주었다.

영국에 대한 항쟁에서는 초기 청교도들의 모습이 쉽사리 연상되었다. 미국인들은 건국의 아버지 중 한 명인 새뮤얼 애덤스를 "뉴잉글랜드의 크롬웰"로 비유하기도 하였다. 미국 제2대 대통령을 지낸 존 애덤스(John Adams)도 이민 초기 청교도가 영국에 저항하던 모습을 연상시키는 방식으로 영국 정부의 일련의 과세 정책에 대하여 반대하였다. 뉴잉글랜드 사람들은 과거 청교도들과 마찬가지로 영국의 정책에 저항하였다. 청교도 교리 자체에 대한 대중들의 거부감은 증가세였지만, 영국과의 대결 국면에서 미국 혁명 지도자들은 청교도주의를 자신들의 목적에 맞게 잘 활용하였다. 영국과의 전쟁에 나서는 미국 식민지인들에게서 초기 청교도들의 식민지 개척 모습이 선명하고 자극적으로 교차되면서 커다란 감동을 불러일으켰다.

종교적 열정 이외에도 결사 항전을 위한 정치적 토대가 이미 오래전부터 닦여 있었다. 북미 식민지 내의 식민 의회의 권한 강화, 식민지 정치 엘리트의 등장, 그리고 지방 정치 지도자들에 대한 대중들의 높은 지지에 바탕을 둔 활력 있는 정치공동체가 형성되어 있었다. 뉴잉글랜드는 미국 민주주의의 전범이었다. 그곳

Sons, 1894, pp.67~120.

에는 고전적 덕성과 공공선, 권력 분립을 통한 견제와 균형, 개인의 자유와 권리 보호, 시민 정신과 시민 의식, 자발적인 정치 참여 등의 요소가 이미 존재하고 있었으며, 계몽사상에 의해 개명된 시민들이 존재하고 있었다. 토크빌(Tocqueville)은 자유와 종교에 대한 헌신이 미국을 독특한 나라로 만드는 대표적인 특질이라고 보았다.[21] 청교도 정신과 공화주의가 미국 혁명을 혁명답게 만들었던 이데올로기였다. 이로 인해 미국 혁명이 급진적인 대중정치에 휩쓸리지 않았다. 시민들이 자발적으로 무기를 들어서 민병대를 구성하였다.

영국에게 불만을 품는 식민지인들이 모여 '애국파'(The Patriots)라는 민병대 조직을 결성하자 여기에 약 1만8천 명가량의 식민지인들이 자발적으로 지원하였다. 그들은 자기 땅을 경작하는 소박하고 검소하면서 자신의 공동체를 위해 희생하며 싸우는 강건한 시민 전사였다. 정치의 최고 목표는 공공선의 실현이었으며, 이 과정에서 가장 중요한 것이 자발적인 참여와 실천이었다. 독립 전쟁은 이런 위대한 미국 혁명의 작은 일부분에 불과하였다. 이후 애국파 지도자를 체포하러 가던 영국군이 렉싱턴(Lexington)으로 진격 도중 민병대를 만나 총격전이 벌이면서 처음으로 군사적 충돌이 발생하였다.

영국의 무력행사에 분노한 식민지 주민들이 여기저기서 가담하고 나섰다. 영국군에게 공급되는 보급품을 압수하고, 세관을 점령하고, 무기고까지 습격하는 등 영국과 미 식민지 간의 분쟁은 가열되었다. 영국 정규군은 정당한 분노로 무장한 시민군 앞

21) Bremer(2009), pp.103~105.

에서 무기력하게 보였다. 이제 양측은 전면적인 전쟁을 준비하게 되었다. 애당초 목표는 독립이 아니라 영국과의 화해와 재통일이었다. 영국 국왕에 대한 충성을 유지한 채 '자치권'을 보장받기를 원하였다. 그러나 점차 독립을 요구하는 목소리가 커졌다. 1776년 필라델피아에서 개최된 제2차 대륙회의에서 "자치냐 독립이냐"를 놓고 치열하게 논쟁을 벌인 끝에 독립이 최종 목표가 되었다.

이 회의에서 과거 프렌치-인디언 전쟁에 민병대 장교로서 참전 경험이 있는 조지 워싱턴(George Washington)이 새롭게 창설된 북아메리카 식민지 군대인 '대륙군'의 사령관으로 임명되었다. 대륙군이 창설될 때만 하더라도 각 주로부터 체계적인 훈련을 받지 못한 오합지졸을 모아놓은 것에 불과하였다. 그러나 워싱턴의 영도하에서 철저한 군사 훈련을 한 결과 대륙군의 수준은 환골탈태하였다. 이제 대륙군은 미국을 대표해서 영국 정규군을 상대할 수 있는 수준으로 성장하였다. 아울러 해외 여러 나라에 미국 독립의 명분을 널리 알렸다. 영국과 앙숙 관계에 있던 프랑스에 동맹을 제안하고 도움을 요청한 결과, 무기와 해군 기지까지 지원을 받았다. 대영 제국과의 전쟁 준비가 차곡차곡 순조롭게 진행되었다. 그리고 치열한 전쟁 끝에 13개 미 식민지는 1783년 파리 조약 체결을 통해서 대영 제국으로부터 정식으로 독립하였다.

영국의 전략적 실패도 패배에 일조하였다. 영국 처음부터 전면적으로 전쟁할 의사가 없었다. 식민지의 저항이 그렇게 강할 줄 예상하지 못했으며, 더구나 온갖 수단을 총동원해서 결사적으로 이기려고 들지 않았다. 익숙하지 않은 지세, 원활하지 못한 보급, 취약한 기동력 등도 승리에 장애 요인이었다. 전략적 가치가 크지 않은 보스턴을 전쟁 수행의 요충으로 고집하면서 고립을 면치 못하였다. 이로 인해 남부에 거주하던 다수의 영국에 충성하는 세력(Loyalists)을 전쟁에 제대로 동원하지 못한 것도 중대한 실책이었다. 미 식민지는 광대했기 때문에 함락시키면 적들이 항복할 수밖에 없는 급소가 없던 것도 전쟁 승리에 어려움을 가중시켰다. 초반에 확실하게 전략적 우위를 점하는 데 실패했기 때문에 '애국파'와 '충성파' 사이에서 관망적 자세를 취하던 많은 중립적인 식민지인(neutrals)들의 마음을 다잡지 못하였다.

영국은 1763년 이후 외교적 고립이 심해졌기 때문에 여러 나라가 미국 편에 섰다. 영국은 미국을 지원하기 위해서 참전을 선언한 프랑스, 스페인, 네덜란드와도 대적해야만 하였다. 내전은 이제 국제전으로 변질되었다. 그렇다고 영국이 전투에서 크게 진 것은 없었다. 그러나 전쟁을 질질 끌고 갈 명분이나 실익이 별로 없었다. 동요하는 여타 영국 식민지들을 진정시키기 위해서 영국 군대를 투입해야 하는 상황이었다. 미 식민지에는 생사의 문제였지만, 영국에게는 실익도 별로 없이 비용만 많이 드는 전쟁이었다. 결국 영국 정부는 협상을 통해서 미국의 독립을 허락할 수밖에 없었다.[22]

독립 쟁취는 군사력 열세를 극복한 시민 의식과 애국심의 승리였다. 독립파들에게 종교는 큰 힘이었다. 독립과 자유는 신이 지지하는 영광스런 대의명분이었다. 처음 청교도들이 새로운 하느님의 나라를 건설하기 위해서 건너온 이후 온갖 고난을 겪으면서 노력한 것과 마찬가지로 이제는 영국과의 선악 대결에서 최종

22) H.T. Dickinson(ed.), *Britain and the American Revolution,* Routledge, 1998, pp.12~18.

적으로 승리하게 된 것이었다. 정치적 신념이나 종교 여하를 떠나서 모든 미국인이 정도 차이는 있지만 신의 가호를 믿었다. 후대 역사가들은 종교적 요인이 갖는 중요성을 폄하하면서 공화주의적 시민 의식의 승리로서 묘사하는 경향을 강하게 보였다.[23] 그러나 이것은 미국이 종교에 좌우되지 않는 세속적인 국가임을 강조하기 위해서였지, 실제로 종교의 영향력이 미미했던 것은 아니었다.[24] 미국인들은 성스러운 누미노제를 경험했으며, 이를 통해서 독립에 대한 열정을 공유할 수 있었다.

3.2. 이성적 천년왕국운동

미국인들에게는 자유와 독립이 바로 신의 소명이었다. 미국은 신이 선택한 '하느님의 나라'였고, 미국인들은 그런 나라를 이 땅 위에 건설해야 하는 사명을 띤 자들이었다. 이런 이유로 전 식민지가 자유에 열광하고 자유의 광풍 속으로 빨려 들어갔다. 이들은 열정적 프로테스탄티즘으로 무장한 애국적인 미국인들이었으며, 영국으로부터 독립을 위해 무기를 들고 용기 있게 싸웠다.[25] 미국인들에게 영국에 대한 항거가 하느님의 눈에 정당한 것으로 비치게 되었다. 식민지에 대한 주권 침해에 당당하게 맞서는 것은 정당한 대의명분이었다. 신념에 찬 목회자들은 식민지

---

23) Cf. Bernard Bailyn, *The Ideological Origins of the American Revolution,* Harvard University Press, 1992.

24) Cf. Alan Heimert, *Religion and the American Mind: From the Great Awakening to the Revolution,* Harvard University Press, 1967.

25) Cf. Robert Middlekauf, *The Glorious Cause: The American Revolution, 1763-1789,* Oxford University Press, 1982, p.48.

전역의 모든 이에게 항거하라는 메시지를 명백하게 전달하였다. 독립 전쟁은 세속적인 천년왕국운동이었고 그들이 바로 혁명가였던 셈이다. 개신교 목사들은 종군 목사, 홍보위원회 작가, 주입법부 의원, 제헌의회 구성원, 연방의회의 의원과 같은 다양한 역할을 수행하였다. 일부는 심지어 전투에서 직접 무기를 들고 싸우거나 군대를 지휘하기도 하였다.

미국 사람들은 종교의 부작용을 잘 알고 있었기 때문에 대체로 종교의 자유보다는 양심의 자유를 더 중시하였다. 종교적 전통과 문화를 좋아했지만, 종교 자체에 대해서는 커다란 매력을 느끼지 않았다. 신앙은 개인의 선택과 자유의 문제였으며, 조지 워싱턴 총사령관을 비롯한 대개의 전쟁 지도자들도 이런 입장이었다. 이런 이유로 독립 전쟁이 종교적 광신주의로 변질되지 않을 수 있었다. 독립 전쟁 승리 후에 새로운 미합중국의 건설에 앞장섰던 개국 공신 중에도 소수만이 복음주의자나 청교도주의 배경을 갖고 있는 인물이었다. 대다수 미국인은 합리주의, 상식주의, 이성주의의 신봉자였다. 그렇지만 그들도 전쟁 수행이나 사회 통합의 명분을 살리기 위해서 청교도주의나 복음주의적인 '레토릭'을 즐겨 사용하였다. 독립 전쟁 무렵에는 공화주의와 복음주의가 애용하는 용어상에 차이가 거의 없을 정도였다. 특히 자유에 대한 강조에 있어서는 양자가 한목소리였다. 당시 유행하던 '크리스천 공화주의'(Christian republicanism)란 용어가 이런 경향을 잘 보여 준다.[26)]

미국의 천년왕국주의자들은 영국을 새로운 '적그리스도'(Anti-

26) Mark A. Noll, *America's God: From Jonathan Edwards to Abraham Lincoln,* Oxford University Press, 2002, pp.73~93.

Christ)로 불렀으며, 미국인들은 선택받은 민족이고, 북미 지역을 예수가 재림할 곳으로 점찍었다. 그렇지만 대다수 미국인은 종교적이면서 동시에 세속적이고 합리적이었다. 성서적인 예측이 미국의 운명에 대한 확신과 자신감을 부여하기 때문에 긍정적이긴 하지만, 기성 권위에 대한 합리적인 공격이란 측면이 더 중요하다고 생각하였다. 페인은 『상식론』에서 청교도주의 영향권에 있던 일반 대중들이 이해하기 쉽도록 천년왕국주의풍(風)의 문장을 많이 활용하였다. 예를 들어 "우리는 세상을 다시 시작할 권능을 가지고 있다"거나 "새로운 세상이 탄생할 날이 우리 손안에 있다"라는 표현이 등장한다.[27] 이것을 통해서 엘리트층에 국한되었던 계몽사상을 식민지 대중들 속으로 확산시킬 수 있었다. 그렇지만 페인의 입장에서 새로운 세상은 신정정치(theocracy)와는 거리가 멀고, 종교적 권위에 기초하지 않아야 하며, 민주적 공화주의와 평등한 권리란 원칙에 기초해야만 하는 것이었다. 이런 사상은 제퍼슨이 작성한 미국 '독립선언서'에 잘 반영되어 있다.

이처럼 미국 혁명은 종교 전쟁 측면을 갖고 있었다. 미국과 영국 사이에 종교적 차이가 엄존했으며, 종교 박해로 인해서 식민지에서는 새로운 천년왕국 건설의 꿈이 자라났다. 당시 미 식민지 내에는 반(反) 가톨릭 정서가 강했으며, 영국이 종교적으로 통제하려 한다는 우려가 컸다. 특히 인지법이 요구하는 도장이 종말을 상징한다는 대중들의 믿음이 퍼져 나가면서 영국에 대한 반감이 고조되었다. 이런 이유로 인지법 철폐를 강력하게 요구하였으며, 인지법이 철폐되자 자신들이 옳고 선택받은 사람이란 인

27) Noll(1993), p.625.

식과 새로운 세상이 열릴 것이란 구원의 희망이 굳건해졌다. 때맞추어 목회자들도 미 식민지인들에게 회개하고 적극적인 행동에 나설 것을 주문하였다. 이런 상황에서 영국에 의한 주권과 자유의 침해는 종교적 자유의 침해로 받아들였다.

식민지 개신교도들에게 가장 큰 충격은 '퀘벡법'이었다. 이 법안은 가톨릭에 특권을 부여하고 가톨릭 수중에 더 많은 영토를 부여하는 기대 효과를 갖고 있었다. 퀘벡 영토를 남서쪽으로 확대함으로써 미국인들이 캐나다 북서쪽으로 이민 가는 것을 실질적으로 막는 셈이었다. 이 법이 개신교도에 대한 심대한 차별 조치로 인식되면서 양측 사이에 종교적 갈등이 격화되었다. 군대를 동원해서 캐나다를 침공하라는 여론이 식민지 내에서 비등하였다. 더구나 미 식민지에 주둔한 영국군은 주둔 비용 문제뿐만 아니라, 술 마시고 행패를 부리거나, 주일날 행군을 하기도 하고, 각종 강력 범죄를 저지르는 등 많은 사회적 문제를 일으켰다. 따라서 영국에 대한 여론이 전반적으로 나빴다.[28)]

영국 정부에 대한 반기는 회중파 목회자들이 앞장서서 들었다. 1761년 프랑스-인디언 연합과 전쟁할 때는 코네티컷주 회중파 목사들이 영국 편에 확실하게 섰지만, 영국 정부가 대륙 식민지에 대한 과세를 개시하자 분위기가 확 바뀌었다. 그들은 영국 정부를 비난하면서 세금 징수에 저항할 것을 요청하였다. 독립전쟁 기간 동안에도 영국 정부에 협력하지 말고 항거할 것을 열정적으로 고무하였다. 검은 옷 입은 개신교 목사들은 '검은 연대'(black regiment)라고 불릴 정도로 적극적으로 전쟁에 투신하였

28) Smith(2004), p.135.

다. 1775년 대륙 의회가 영국과의 긴장이 고조되면서 식민지인들에게 하루 동안 단식과 기도할 것을 요청하자, 개신교 목사들은 이 기회를 살려서 '식민지 독립'이라는 대의명분의 소중함을 신자들에게 일깨워 주었다.

대부분의 미국인에게 혁명 전쟁은 자유와 독립된 국가를 위한 투쟁이 되었다. 대부분의 프로테스탄트 목사들은 명예로운 성전으로까지 묘사하였다. 영국에 맞서 싸우는 것은 그리스도인의 영광스러운 의무였다. 영국과의 전쟁은 한편에서는 새로운 세상이 열리는 신호였고, 다른 한편에서는 종말의 징조로 받아들여졌다. 전반적인 분위기는 전쟁을 종교적으로 해석하는 분위기였다. 독립 전쟁 승리 후 청교도주의는 재차 커튼 뒤로 물러나고 미국의 문화적 배경으로 계속 존속하였다. 미국은 말로는 '청교도의 나라'라고 외치면서 실제로는 청교도가 드문 나라가 되었다. 미국인들이 경험한 누미노제도 성스러우면서, 동시에 인격 변형을 통해 자유와 이성에 바탕을 둔 민주공화국을 점진적으로 건설해 나가도록 이끌었다. 미국 혁명은 종교적 맹신이 초래한 과격하고 비이성적인 천년왕국운동과는 근본적으로 다른 이성적이고 자유주의적인 천년왕국운동이었다.

4. 미국 혁명

4.1. 미국적 세속주의

미국 혁명의 사상적 기원은 계몽주의 이상을 청교도적인 미국에 토착화한 것이었다. 청교도주의와 계몽주의가 융합되어 미국식 세속화가 이루어졌다. 이것은 종교적 속성이 강한 계몽주의로서 특히 공화주의가 많이 가미된 것이었다. 주권은 국민에게 있고 모든 권력은 국민으로부터 나오지만, 민의를 대표하는 의회 또한 잘 견제하고 균형을 잡아야 한다는 인식은 매우 미국적이었다. 인간은 사리사욕에 눈이 멀고, 지엽적인 이해관계를 추구하면서 개인적으로 타락할 위험이 크고, 공공의 이익을 훼손할 가능성이 크다. 따라서 개인이나 민의의 대변자에게도 완벽한 자유를 제공해서는 안 된다는 생각이었다.

유럽에서는 절대적 왕권과 귀족이 있었기 때문에 그들의 절대적 권한을 제약하고 국민에게 자유와 권리를 부여해야만 하였다. 그러나 신생국 미국에는 그런 신분상의 차이가 없이 모두가 평등한 존재였다. 따라서 천부의 주권을 갖는 인간들 사이의 이해관계 충돌이나 타락을 방지하는 것이 더 중요하였다. 미국 계몽주의는 기원이 모두 유럽 계몽주의자들로부터 전해진 것이기 때문에 학문적으로나 사상적으로 새로운 것을 찾기는 쉽지 않다. 그러나 계몽주의를 미국 토양에 잘 맞게 변형시켜서 모범적인 국가를 만드는 데 잘 활용하였다. 경험적이고, 실용적이었으며, 소수의 엘리트 중심이 아니라 대중적이고 민주적이었다. 그리고 종교와 계몽주의의 균형 있는 융합이 돋보였다.

청교도주의의 중요성은 아무리 강조해도 지나침이 없다. 프랑스의 철학자 토크빌의 저서 『미국의 민주주의』에서 청교도주의가 미국의 민주주의의 확고한 기초를 제공했다고 말한 바 있다. 철학으로서의 청교도주의는 금욕, 순수, 근면 등을 이상적인 도덕으로 제시한다. 신세계에서 청교도적 도덕심을 실행하는 미국인은 마치 태초의 아담처럼 순수한 존재로 비유된다. 한편 지상에서 물질적 성공을 거두는 것은 개인 미덕의 결과이므로 당연시되었고 존중받았다. 따라서 미국의 '아담'(American Adam)이 에덴동산 같은 신세계 미국에서 자신의 꿈을 현실화시켜 성공하는 '아메리칸 드림'(American Dream)은 기본적으로 청교도주의와 연결되어 있다.

그러나 전쟁 승리 이후 헌법 제정 과정에서 개국 공신들은 청교도주의와 의도적으로 거리를 두려고 시도하였다.[29] 1779년 이후에는 신과 신성한 계약을 맺는다는 등과 같은 종교적 색채가 현저하게 사라졌다. 신이 군림하고 인간이 복종하는 지배-복종 관계를 거부하였다. 인간이 신의 소명을 짊어지고 나갈 만큼 완벽하지 않다는 현실을 인정한 바탕 위에서 독립을 쟁취한 식민지가 신이 아니라 인간이 다스리는 국가가 되기를 원하였다. 그리고 인간의 불완전성은 정치 제도를 통해서 보완하려고 하였다. 인간의 탐욕과 이기심을 견제하기 위한 제도적 장치가 바로 권력분립을 통한 '견제와 균형'이었다. 이후 미국의 정치는 빠르게 세속화되어 갔다. 합리주의와 계몽주의가 전면에 등장하고 성스러운 천년왕국주의는 배경으로 물러나면서, 미국은 합리성과 종교성을 동시에 갖춘 '예외적인' 나라가 되었다.

그 결과 미국은 신과 인간이 더불어 공존하는 국가가 되었으며, 양자 사이에는 상호 수평적인 관계가 형성되었다. 이스라엘에서 누미노제 이후에 형성된 수직적인 위계 관계와는 크게 대조

---

29) Ruth Bloch, "Religion and Ideological Change in the American Revolution", Mark Noll(ed.), *Religion and American Politics from the Colonial Period to the 1980s,* Oxford University Press, 1990, pp.44~61.

적이었다. 그리고 집단적 누미노제를 통해서 새롭게 탄생한 미국인들은 합리성을 갖는 시민이었다. 이런 시민들이 모여서 18세기 수준에서 상상할 수 없을 정도로 높은 수준의 민주주의 공화국을 탄생시켰다. 미국인들은 영국의 타락에 실망하였다. 교회, 국왕, 귀족, 그리고 그들이 통제하는 영국 의회는 타락의 원천이고 온상이었다. 왕이 귀족을 감싸고, 귀족들은 편이 갈려서 분파적 이익만 추구하고, 금전적 이익만을 중시하였다. 이런 영국과는 관계를 단절하는 것이 당연하였다.

그리고 새로운 국가공동체 형성에 커다란 영향을 미친 공화주의는 권력의 타락과 탐욕을 방지하는 데 역점을 두었다. 이것은 고대 로마제국의 멸망으로부터 받은 교훈이었다. 사치와 방종이 바로 로마제국을 파괴한 원인이었기 때문에 시민적 덕성과 검소함이 시민과 대표자들에게 요구되는 가장 중요한 품성이었다. 이런 의미에서 미국 혁명은 권력으로부터 개인의 자유를 지키는 것을 중시하는 자유주의보다는 권력에 대한 견제와 덕성을 강조하는 공화주의의 영향력이 컸다.[30)]

미국 혁명은 자유주의적 속성을 기본으로 하면서 정치, 경제, 사회, 종교 등 모든 방면에서 각양각색이었던 13개의 식민지를 하나의 국가로 묶어 내야 하는 현실적인 필요를 충족시켜야 하였다. 다양한 사람들을 원만하게 통합해 내기 위해서는 공동체 중시, 덕성의 함양, 공공의 이익에 대한 헌신 등을 강조해야 하였다. 차이가 분열로 이어지지 않도록 애국심과 가치의 공유가 필요하였다. 통합된 권력이 타락하지 않도록 권력에 대한 적절한

---

30) Cf. J.G.A. Pocock, *The Machiavellian Moment: Florentine Political Thought and the Atlantic Republican Tradition,* Princeton University Press, 1975.

견제와 균형이 필요하였다. 덕성을 갖춘 시민은 물질적 보상을 무시하고 부패를 예방하고 제거하기 위해서 헌신적으로 노력하는 사람들이다. 공화국은 신성하며, 모두가 사익에 대한 고려는 내려놓고 공적인 마음으로 봉사해야 한다. 공동선이 공화주의에서 가장 강조되는 가치였다. 베일린(Bailyn)은 "자유를 지키기 위해서는 사람들이 권력자에 대해서 효과적인 견제를 해야 하며, 이것은 결국 사람들의 경각심과 도덕적 역량에 달려 있다." 덕성을 갖춘 시민들이 자유를 지키고 정부의 타락과 탐욕을 막는 수호자로서 역할을 다했기 때문에 미국 혁명이 성공할 수 있다고 주장하였다.[31)]

저명한 역사학자인 우드(Wood)는 미 공화국을 창건하는 과정에서 사회과학과 신학 그리고 청교도주의와 정치학이 융합되어 매우 설득력 있는 혁명 이론을 만들어 냈다고 보았다. 그 핵심에는 미국식으로 변용된 공화주의가 있었으며, 미국 헌법은 특히 공화주의에 바탕을 두고 작성되었다고 주장하였다. 공화주의는 미국인들에게 단순히 영국 왕을 제거하고 선출직 제도를 설립하는 것 이상을 의미했다. 그것은 영국과의 정치적 분리에 정신적이고 도덕적 차원의 함의와 유토피아적 깊이를 더하였으며, 이 모두는 미국 사회의 특성을 반영한 것이었다. 미국에서 연방 정부를 창설하고, 이를 뒷받침하기 위한 헌법을 제정하는 과정에서 인민 주권을 절대시하는 자유주의의 폐해를 절감하고 공화주의를 따름으로써 미국 혁명이 성공할 수 있었다고 보았다. 주 정부나 의회의 권한을 통제하기 위해서 연방 정부를 만들고, 권력 분

31) Cf. Bailyn(1967).

립을 통해서 상호 견제와 균형을 도모하면서, 의회마저도 상하원으로 나누면서 권력의 타락 가능성을 막으려고 부심하였다. 그 결과 미국에는 사상 유례가 없는 독특한 국가 체제가 형성되었다.[32]

또한 정교분리를 통해서 정치를 세속화시킴으로써 종교의 영향력을 감소시키면서 극단적인 종교적 대립을 피할 수 있었다. 종교적 유연성은 미국이 독립 전쟁의 승리를 위해서 가톨릭 국가인 프랑스와 종교를 떠나서 연대한 것에서 잘 드러났다. 프랑스와 동맹을 맺는 것에 대해서 미국 내 프로테스탄트들의 반대가 심했었다. 그렇지만 추후 외교정책 추진에 있어서 미국은 어느 나라와 비교해서도 종교적 가치를 중시하였다. 미국의 특별한 사명을 강조하는 '미국 예외주의'(American exceptionalism)는 현실적인 국익을 고려하면서도 동시에 세상을 구원해야 한다는 구세주의(Messianism) 정서를 반영한 것이었다. 여전히 대다수 미국인은 미국이 하느님의 나라를 건설하고 더 나아가 세상을 구원해야 한다는 특별한 사명을 신으로부터 부여받은 것으로 생각하였다.

반면에 미국 국내 정치는 빠르게 종교적 색채를 탈각하였다. 정치권 내에서 종교에 휘둘리지 않으려는 움직임이 견고해졌다. 사실 독립과 더불어 종교적으로 판도라의 상자가 열린 셈이었다. 종교의 자유의 확산으로 인해 종교적 다양성이 커졌다. 이로 인해 내부적으로 많은 갈등과 분열이 생겨났다. 그러나 종교를 정치적으로 활용하기보다는 애국주의와 합리주의에 의존하려는 경향이 더 강했다. 이런 맥락에서 종교와 정치의 분리가 추진되었다. 정

32) Cf. Gordon S. Wood, *The Creation of the American Republic 1776~1787*, University of North Carolina Press, 1960.

치의 세속화가 진전되면서 천년왕국주의는 수면 아래로 가라앉았다. 대신에 이성과 경험 그리고 세속적 지혜를 강조하는 흐름이 대세가 되었다. 대표적으로 해밀턴(Alexander Hamilton)은 『연방주의자』(*The Federalist*)란 잡지에, "이성은 우리를 잘못 인도할 수 있다. 새로운 것을 찾으려 하지 않고, 실패도 많이 한다. 이성은 역사와 경험이 인도해야 안정된 정부를 만들어 낼 수 있다. 추상적인 가치나 신념은 나라를 불안정하게 한다. 그렇게 되면 자유를 지킬 수가 없다. 경험은 가장 좋은 지혜의 보고이며, 인간의 견해 중 가장 실패할 가능성이 적다"라고 쓴 바 있다.[33)]

4.2. 공동체 형성

미국은 북아메리카의 13개의 식민 주들이 개별적으로 주권 국가를 이루고, 이들이 1781년 협약을 맺어 국가연합(confederation)을 형성한 것이었다. 1783년 파리조약을 통해서 최종적으로 독립이 승인되었다. 미국은 대영 제국이 거느린 식민지 중 첫 번째로 독립을 쟁취한 국가가 되었으며 다른 식민지들에 독립국의 모범이었다. 미국 혁명은 프랑스 혁명에 직접적인 영향을 주었고, 여타 식민지에도 민주주의 혁명의 희망을 각인시켜 주었다. 국가연합은 통일된 헌법에 근거해서 생겨난 연방 국가가 아닌 느슨한 형태의 국가로서 국제법상 연방과 달리 하나의 주권 국가로 인정되지 않는 경우가 많다. 느슨한 형태의 연합 정부만 존재했으며, 정부의 수반이나 독립된 법원도 없었다. 의회는 각 주의 대

---

33) Cf. Clement Fatovic, "Reason and Experience in Alexander Hamilton's Science of Politics", *American Political Thought* 2:1(2013), pp.1~30.

표자들이 모여서 단원제(unicameral body) 형태의 회의체를 구성하였지만, 주에 대한 실질적 통제 권한이나 징세권, 무역 및 여타 경제 활동 규제 권한, 외국과의 조약 교섭권 등을 갖지 못했다.

국가연합은 분권적 형태로 운영되었기 때문에 처음부터 구성 주들 사이의 갈등을 조정하거나, 국방이나 인프라 같은 공공재를 공급하는 데 어려움이 컸다. 예산 문제에 대해서는 주에 완전히 의존할 수밖에 없었고, 분담금 지불을 이행하지 않는 주를 강제할 수단도 갖추지 못하였다. 주 정부 입장에서는 무임승차가 합리적인 대안이었으며, 공공의 목적을 위한 집합 행동에 난항을 겪었다. 시장 통합도 제대로 이루어지지 않았으며, '규모의 경제'를 향유할 수가 없어서 경제적 효율성이 떨어졌다. 전쟁 이후 급속히 증가된 사회적 유동성으로 인해 발생되는 사회적 문제를 해결하는 데도 어려움이 컸다. 이런 이유로 인류 최초의 민주주의 실험이 좌초할 위기에 빠졌다. 독립 이후 진행된 국가 혁명 자체에 대한 회의까지 불러일으켰다.

이런 상황에서 '연방파'(The Federalist)로 불린 이들이 강력한 중앙 정부를 수립해서 '국가연합'이 가진 취약성을 보완하려고 나섰다.[34] 이런 시도는 주/지방의 이익을 중시했던 '반연방파'(The Antifederalist)의 격렬한 반발을 샀다. 두 분파는 신생 공화국의 앞날을 놓고 치열한 논쟁을 벌였다. 통일된 연방 국가를 만들기 위해서 1787년 필라델피아에서 소집된 제헌 회의(Philadelphia Convention)는 애초에는 '연합 조약' 개정을 통해 문제를 해결하려고 하였다. 그러나 연방파의 주축이었던 매디슨과 해밀턴은 처음부터 현

34) 연방파의 주장 및 반연방파와의 논쟁에 대해서는 참조: 이형대, 「알렉산더 해밀턴·제임스 매디슨·존 제이, 페더럴리스트」, 『서양사론』 96(2008), 283~ 298쪽.

존하는 정부를 수정하는 게 아닌 새로운 정부를 만들려는 의도를 가졌다. 그리고 오랜 논의 끝에 연방파가 승리한 결과, 미국 헌법은 1789년 연방파의 의도가 상당 부분 반영된 형태로 제정되었다. 새롭게 탄생한 연방 국가는 혁명적이고 혁신적인 정부였으며, 권한 집중과 분권이 공존하는 창의적인 체제였다.

권력을 나누는 방식은 새로운 미국 건설에 있어서 가장 큰 관심사였다. 그때까지 세계 역사는 전쟁이나 정변에서 승리를 이끈 지도자가 모든 권력을 집중시켜 독차지하는 것이 일반적이었다. 그러나 미국은 군사력을 장악한 혁명 지도부가 권력 분립을 수용하고 민주적 절차를 통해서 지도자를 선출하였다는 점에서 유일무이한 사례였다. 여기에는 미국의 독특한 문화가 일조를 하였다. 미국은 초기부터 공동체 강화와 개인의 자유 보장 사이의 균형을 도모하였다. 공동체가 너무 강하면 개인이 위축되고, 개인이 너무 두드러지면 공동체가 약화될 것으로 인식하였다. 이것은 연방 정부와 주 정부 사이의 관계도 마찬가지였다. 연방이 너무 강하면 주의 자유와 자율성이 침해되고, 주가 너무 강하면 연방 정부의 존재 이유가 사라질 것이었다. 미국은 연방 국가 형성 과정에서 양자 사이의 적절한 균형을 잡은 것이 돋보였다.

이 과정에서 대륙군 총사령관 워싱턴이란 개인이 기여한 바가 컸다. 그는 전무후무하게도 독립 전쟁의 영웅으로서 절대적인 군주가 되기를 거부한 인물이었다.[35] 개인적으로 군주제를 단호하게 거부하였으며, 평소에도 왕처럼 행동하지 않으려고 세심하게 주의를 기울였다. 그리고 새롭게 탄생한 미국이 군주제로 전

35) 이 과정에 대해서는 참조: 김형곤, 「미국 독립전쟁기 아메리카인들의 심리적 갈등: 조지 3세에서 조지 워싱턴으로」, 『역사와 실학』 60(2016), 139~186쪽.

락해서 자신이 왕관을 쓰게 될 가능성에 대해서 두려움을 가졌다. 역사에 등장한 수많은 천년왕국 지도자들과 근본적으로 달랐다. 1782년 봄 미국 독립파들이 여전히 요크타운 전투에서의 승리를 만끽하고 있던 무렵이었다. 조지 워싱턴은 전쟁이 거의 끝났지만 여전히 장래에 대해 모든 것이 불확실한 상황에 대해서 우려하고 있었다. 그의 군대는 급여와 자신들의 장래 같은 현실적인 문제에 신경을 쓰고 있었지만, 워싱턴에게 있어서는 새로운 국가의 건설이나 군대의 단결 유지 등과 같은 대의명분이 최대 관심사였다.

당시 이런 제반 문제에 대해 과연 대륙 의회가 해결 능력이 갖고 있는지 의구심이 커지던 상황이었다. 독립된 미국이 전후 처리 및 새로운 국가 건설을 원만하게 추진하기 위해서 왕과 같은 강력한 지도자가 필요하다는 여론이 비등하고 있었다. 특히 워싱턴의 군대 내에서 이런 목소리가 가장 컸다. 이때 그의 측근이었던 니콜라(Nicola) 대령이 "민주주의가 미국에서는 통하지 않을 것 같으며, 미국이 진정으로 필요한 것은 왕이란 호칭을 갖는 강력한 지도자이다"라는 내용의 편지를 보내 그의 의견을 물었다. 이에 대한 워싱턴의 답은 즉각적이고 단호한 '노'(no)였다. 워싱턴은 "미국은 군주제가 필요 없고, 자신은 왕이 될 생각이 전혀 없으니까, 그런 생각 자체를 아예 머리에 담지도 말라"라고 일갈하였다.[36] 그리고 전쟁이 끝나자 사령관 자리를 반납하고 고향으로 돌아가 평범한 시민으로 살아갔다.

---

36) Robert F. Haggard, "The Nicola Affair: Lewis Nicola, George Washington, and American Military Discontent during the Revolutionary War", *Proceedings of The American Philosophical Society* 146:2(June 2002), pp.139~169.

조지 워싱턴은 대통령으로 선출되어서도 합리적인 지도자였다. 자신의 의견을 상대에게 강요하기보다는 다른 의견을 잘 듣고 조화시키는 데 탁월한 능력을 발휘하였다. 핵심 측근이면서 사이가 좋지 않았던 국무장관 제퍼슨과 재무장관 해밀턴 사이에서 중재역을 잘 수행하였다. 외교도 어느 한쪽에 치우치지 않았다. 영국과 프랑스가 전쟁을 벌일 때 제퍼슨은 프랑스에 은혜를 갚을 것을 주장하였고, 해밀턴은 실리적인 관점에서 영국과의 관계를 잘 유지할 것을 주장하였다. 이에 워싱턴은 조바심을 내서 어느 한쪽 편을 들지 않고, 미국이 신생국으로서 제대로 자리 잡기 위해서는 시간이 필요함을 근거로 중립을 선언해 버렸다. 대체로 혁명가들은 쉽사리 자아도취에 빠지고, 교조적으로 사고하며, 혁명을 완성해서 능력을 세상에 입증하려고 무리를 하는 것이 보편적이었다. 그리고 이런 이유로 대개의 혁명이 실패로 돌아갔다. 그러나 워싱턴은 새로운 부류의 지도자였다.

미국은 국가 장래를 놓고 첨예한 의견 대립은 있었지만, 단결력 있는 공동체가 확고하게 존재하였다. 청교도주의의 영향력을 감안할 경우, 미국도 이스라엘처럼 신정정치로 나아갈 수도 있었다. 칼뱅주의와 유대교는 신의 소명을 강조하고, 자본주의 친화적이며, 보수적이란 점에서 공통점이 많았다. 미국에서 금욕적이고 자기희생적인 프로테스탄트 정신을 강조하는 것은 유대교 전통에 가까웠다. 그러나 이스라엘이나 여타 신정 국가와 다르게 미국 내에서는 종교적 자유와 관용이 자리를 잡았다. 미국은 로크, 민주주의, 이성, 권리, 자유, 사회계약을 강조하는 '민주파'와 공동체, 애국, 희생, 근검절약, 시민 정신을 강조하는 '공화파'가 합쳐져서 만들어진 나라였지만, 미국식 민족주의인 애국주의가 예외적으로 강했다. 비록 의견은 달랐지만 국가공동체에 대한 사랑과 희생정신을 공유하는 나라가 되었다.

매디슨은 '다양성 속의 단결력' 강화를 위한 정치 이론을 제시하였다. 그의 핵심적 주장은 "파벌(faction)을 거부하고, 공공의 이익을 중시하고 공적인 덕성을 갖춘 대표자를 선출하는 것"이었다. 그가 선호하는 정치 체제는 권력 분립에 기초한 공화제였으며, 시민의 적극적인 참여를 강조하는 민주적인 공화제였다. 자유와 권리를 보장하면서 절제와 희생을 통해 혼란과 방종으로 치닫지 않도록 견제하는 체제였다. 미국인들은 군주나 입법부의 자의적 통치로부터 인민의 권리를 수호하는 역할을 담당할 수 있도록 헌법에 초월적 권위를 부여하는 방법을 찾으려고 부심하였다. 헌법 제정은 입법부보다 우위에 있는 제헌 회의를 통해서 이루어졌으며, 입법부가 자의적으로 개정할 수 없게 만들었다.

미국 헌법은 "집단적 인민의 동의 위에 세워져야 하며, 오직 인민에 의해서만 수정 가능하다"라고 규정하고 있다. 이리하여 세계에서 가장 권위와 지속력이 있는 헌법이 탄생하였다. 미국 '독립선언서'에 포함된 인권과 평등 규정이 핵심적인 구성 요소였다. 처음에는 불완전하게 실시되었지만, 장기간에 걸쳐서 점진적으로 개선되어 나갔다. 변형적인 누미노제 정치의 대표적인 사례였다. 투표권은 초기에 백인 남자에게만 국한되었지만, 점차 확대되었다. 인권 보장 방면에서도 노예 해방(1863), 여성 참정권 보장(1918), 흑인에 대한 평등한 대우와 참정권 보장(인권법, 1964) 등으로 점진적인 개선이 이루어졌다. 여전히 많은 문제가 남아 있었지만, 미국 혁명을 통해서 그때까지 세상에서 가장 차별 없는 나라가 탄생한 것이었다.

4.3. 보편적 실천

미국 혁명을 통해서 미국인들은 배타적 청교도에서 보편적 세속인으로 거듭났다. 청교도적 세속인이었다. 효율성과 합리성을 중시하며, 의무감도 강하고, 마음을 드러내는 데 솔직하고 투명한 사람들이었다. 한편으로는 인내심이 강하고 엄격하며, 다른 한편으로는 동정심도 강하다. 실리적이면서도 공익사업, 사회사업, 자선사업 등을 적극적으로 하는 등 봉사 정신이 강했다. 그 배경에는 청교도주의 이외에도 개척 정신, 민주주의, 세계시민주의(cosmopolitanism), 초월주의(transcendentalism),[37] 실용주의(pragmatism) 등이 자리 잡고 있었다. 따라서 개인적으로나 국가 차원은 물론이고 대외적으로도 보편적 사랑을 실천하는 데 게으르거나 인색하지 않았다.

미국인들이 가장 소중하게 여기는 자유는 인류에게 복음이었고 '희망'이었다. 미국의 저명한 기업가이자 시인이고 외교관이었던 바로우(Barlow)는 "〔미국의〕 역사는 자유의 역사이다"라고 쓴 바 있다. 미국 독립 전쟁과 미국 혁명은 바로 자유의 역사였다. 자유의 여신상이 자유의 소중함을 상징한다. 자유는 미국인들의 삶에서 가장 소중한 가치이다. 미국 '독립선언서'에도 양도불가능한 권리로서 당당하게 자리 잡고 있으며, 미국 헌법에도 마땅히 지켜야 할 가장 소중한 가치로서 자유가 포함되어 있다. 바로우는 또한 미국이란 새로운 나라는 "온 인류를 하나의 종교,

37) 초월주의는 자연과 인간에게 본질적인 선함이 있다고 본다. 종교보다는 영성, 과학보다는 직관을 강조하는 미국식 관념론이다. 인간의 사고 능력을 고도로 신뢰한다.

하나의 언어, 하나의 뉴턴적인(Newtonian) 조화 세계로 통일할" 미래의 모범적인 문명이며, 미국 혁명을 "모든 인류의 권리를 위한 세계적 혁명의 시작"이라고 믿었다. 과학과 공화주의의 진보는 종교 및 인류에 대한 사랑의 진전과 더불어 이 땅에 천년왕국의 도래를 가능하게 할 것이라고 예언하였다. 그에게 미국 문명은 세계 문명이었으며 하느님의 뜻이 이 땅 위에서 완성되는 것이라고 보았다.[38)]

자유의 정의나 내용에는 모호한 측면이 있지만, 자유의 정신만은 온 세계의 확실한 모범이 되었다. 프랑스 혁명의 이론적 아버지 볼테르(Voltaire)는 1730년대 이래 북미 영국 식민지를 번영과 종교적 관용의 땅으로 묘사하였다. 이로써 구세계의 타락이 사라진 미덕이 넘치는 '퀘이커의 땅'이란 이미지를 전 세계에 두루 알렸다. 인권과 자유의 나라를 표방하였고, 퀘이커 교도들을 중심으로 "자유의 나라에 노예제는 용납할 수 없다"라는 논리를 내세워 노예제 반대 운동을 벌였다. 개인 차원의 물질적 이해관계보다는 보편적 가치를 우선시하는 전통이 자리를 잡았다. 미국의 경제적 번영은 물론이고 인류 사회에 커다란 변화를 가져왔다. '아메리칸 드림'은 세계의 꿈이 되었으며, 많은 나라가 자발적으로 미국 모델을 부러워하면서 추종하였다.

미국이 추구하는 가치는 온건파 칼뱅주의에 바탕을 두면서 로크(Locke)의 사회계약론과 키케로(Cicero)가 창시했고 르네상스 시대에 번성했던 공화주의가 결합된 것으로서, 인류 보편의 이상으로서도 손색이 없을 정도였다. 시민적 덕성과 공동체적 가치를

38) William H. Goetzmann, *Beyond the Revolution: A History of American Thought from Paine to Pragmatism,* Basic Books, 2009, pp.142~3.

소중히 여기는 공화주의는 구약성경에 나오는 신과의 약속에 잘 부합하며, '사회계약론'은 인간 사이의 계약이지만 일방을 신으로 대체하면 「신명기」와 거의 유사하다. 공화주의 인간관은 원죄론에 입각해서 민주적 소양 교육과 권력에 대한 규제가 필요함을 인정한다. 반면에 로크적인 칼뱅주의는 인간은 선하다는 데서 출발해서 낙관적이며 개인주의적 결론에 도달한다. 이들 두 전통이 멋지게 결합된 것이 미국이 추구하는 가치 체계였다.[39] 이것은 보편적인 어필을 가졌지만 현실에 구현하기란 상당히 어려운 것이었다.

그럼에도 불구하고 미국이 예외적으로 성공을 거둘 수 있었던 이유는 인격 변형을 중시하고, 중용과 인내심을 발휘하면서, 점진적인 변화를 추구했기 때문이었다. 미국은 일거에 새로운 나라가 된 것이 아니었다. 미국 혁명의 이상에 대해서도 점진적인 수용이 이루어졌다. 처음에는 미국 혁명의 성공 가능성에 대해서 회의적인 견해가 대세였지만, 점차 낙관적으로 변해 갔다. 과격하고 급진적인 천년왕국 건설파가 주류가 아니었다. 양보와 타협 그리고 절제가 가능한 지도자들이 줄이어 나라를 이끌었다.

모범은 초대 대통령이었던 조지 워싱턴이었다. 그는 처음에는 식민지 군대에 흑인을 차출하는 것을 반대하였지만, 나중에는 그의 군대의 1/10 정도가 흑인이 될 정도로 인격적인 변형을 겪었다. 돈과 권력을 탐하지 않았으며, 전쟁이 끝나고 얼마 지나지 않은 1873년 12월 총사령관 자리서 내려왔다. 제헌 회의에 버지

39) Robert M. Calhoon, "The Religious Consequences of the Revolution", Jack P. Greene / J.R. Pole(eds.), *A Companion to the American Revolution* (2010), p.579.

니아 대표로 참석해서 의장을 맡았으며, 선거인단 투표로 대통령에 선출되었다. 여러 호사스런 호칭을 물리치고 '대통령님'(Mr. President) 정도로 불리기를 선호하였다. 세 번째 대통령 출마를 거부함으로써 장기 집권을 획책하지도 않았다. 비록 프리메이슨(Freemason)이었지만 반(反) 가톨릭이 아니었고, 종교적 관용을 진정성 있게 강조한 인물이었다.[40)]

미국 혁명은 의도했건 안 했건 유럽 대륙에서 혁명의 기폭제가 되었다. 미국은 현세적인 프랑스는 물론이고 국교가 있는 종교적인 나라였던 영국에 대해서도 관심을 갖고 배웠다. 영국의 영향력이 대체로 압도적이었지만, 영국과 거리를 두고 프랑스를 중시하려는 경향도 한때 생겨나기도 하였다. 미국 혁명은 거꾸로 프랑스와 영국의 변화를 촉발하기도 하였다. 신생 미국은 프랑스인들에게 선망과 모방의 대상이었으며, 프랑스 혁명의 직접적인 계기가 되었다. 미국 혁명은 영국이 자유 무역, 내정 불간섭, 개항 정책 추진 등의 방향으로 변화하도록 이끌었다. 주목할 만한 사실은 미·영 양국 관계가 전쟁 이후에도 잘 유지되었다는 점이다. 미국이 혁명적으로 세계를 바꾸기보다는 점진적으로 변형시켜 나가는 것을 선호하였음을 보여 주는 증거이다. 보편적 실천 문제는 장기적으로 판단해야 하는 것이지만, 지금까지 미국의 성적은 매우 인상적이다. 미국은 자유, 인권과 양심, 그리고 이성이 존중받는 세상이 이 땅에 도래하는 데 눈부신 공헌을 하였다.[41)]

여전히 복음주의(Evangelicalism)는 미국 정치에 영향력이 크다.

---

40) 참조: 김형곤, 『조지 워싱턴: 미국의 기틀을 만든 불멸의 리더십』, 살림출판사, 2009.

41) Smith(2004), p.153.

복음주의에서 신은 인간에게 듣기 좋은 소리를 하는 분이다. 복음이란 바로 신에게서 전해지는 좋은 소식이다. 인간의 일거수일투족을 감시하면서 경고와 질책과 협박을 하는 무서운 하느님이 아니다. 전통적인 복음주의는 계몽주의가 청교도주의 혹은 미국 프로테스탄티즘과 융합된 것이다. 미국식 자유주의적이고 공화주의적인 복음주의는 미국 독립과 혁명을 이끌어 온 주류 프로테스탄티즘이다. 이들은 온건파로서 미국의 문화적 배경을 구성한다. 이런 바탕 위에서 미국 정치가 오랫동안 이루어졌다. 여전히 사회적 진보를 믿고, 자유주의적 사회 개혁을 실천한다.

그러나 계몽주의와의 융합되어 세속화된 복음주의 경향에 반대하는 흐름이 존재한다.[42] 이들은 청교도적·유대교적 근본 가치를 고수하고 현실에서 지켜 나가자는 입장이다. 복음주의 중에서도 보수적·반동적·근본주의적 흐름에 속한다. 남부를 중심으로 명맥이 유지되다가, 최근 정치적 영향력이 커졌다. 미국적 가치를 지키고, 강한 미국을 지향하면서, 미국적 가치가 세계적으로 전파되기를 희망한다.[43] 보수적 복음주의 그리스도교인들은 종종 후보의 도덕적 가치와 정책 입장을 기준으로 투표하며, 이러한 이슈들을 중심으로 정치적 활동을 전개한다. 특히 낙태, 동성 결혼, 종교의 자유 등의 이슈에 관심이 많다. 현재는 트럼프 대통령이 이들 세력을 대변한다.

42) Cf. Michael S. Horton, *Made In America: The Shaping of Modern American Evangelicalism,* Wipf & Stock, 1998.

43) Cf. Tim Alberta, *The Kingdom, the Power, and the Glory: American Evangelicanism in an Age of Extremism,* Harper Collins, 2023.

5. 소결론

미국 혁명은 세속적 혁명 중에서 가장 성스럽고 변형적인 혁명이었다. 종교에 예속적이지는 않았지만 성스러운 누미노제가 있었다. 여타 혁명과 달리 사회 구조의 급격한 변혁의 시도한 혁명이 아니었다. 따라서 혁명에 따른 부작용이 적었다. 합리적·이성적·시민적인 인격 변형을 통해서 식민지인들이 새로운 시민으로 태어났다. 민주와 공화가 잘 조화된 새로운 공동체가 형성되었다. 청교도주의를 잘 세속화시켰으며, 종교와 정치가 조화롭게 융합된 사례를 만들었다.

열정적 프로테스탄티즘이 바로 세속화된 그리스도교였고, 적당히 종교화된 정치 모델이었다. 신을 만났지만 신의 노예가 되지 않았다. 신과 친구가 되었고, 신과 더불어 조화롭게 살았다. 그 결과 영성적이지만 실용주의와 합리주의가 결합된 공동체가 탄생하였다. 계몽주의나 공산주의가 종교를 홀대하거나 적대시한 것과 크게 대조가 된다. 미국은 종교적이었지만 이성과 프로테스탄티즘이 결합된 시민종교적인 국가였다. 이것은 매우 미국적인 특성으로서 향후 미국 정치 체제와 문화의 발전에 깊은 영향을 미쳤다.

신에 대한 믿음과 인간의 이성과 상식에 대한 확신이 절묘하게 조화를 이룬 사례이다. 신은 정치에 직접적인 개입을 삼갔으며, 세속 정치는 권력과 이익만을 맹목적 추구하지 않았다. 인간 이성에 대한 신뢰 또한 무조건적이지 않았다. 이성을 신뢰했기에 민주주의를 선택했지만, 인간의 한계를 알았기에 권력 분립을 통해서 상호 견제와 균형이 이루어지도록 만들었다. 혁명보다는 변형을 선호했으며, 독립 전쟁의 주역이 정권의 독점적 장악에 나서지 않았다는 점에서 이례적이었다.

인류 역사에서 조지 워싱턴처럼 군인으로서 명망을 얻고 이를 바탕으로 집권한 일인자는 많다. 로마의 카이사르(Caesar), 영국의 크롬웰, 프랑스의 나폴레옹(Napoleon) 등이 있었고, 사회주의 혁명을 통해 무력으로 권력을 잡은 레닌(Lenin), 마오쩌둥(毛澤東), 카스트로(Castro) 등도 이 범주에 속할 수 있다. 이들은 모두 군 통수권자이면서 최고 권력자의 지위에 오른 인물들이다. 이들은 모두 자신이 주도해서 새로운 세상을 열었지만, 자신이 새로운 세상의 최고 권력자가 됨으로써 전형적인 '이해관계 상충'의 사례에 해당된다는 공통점을 가졌다. 처음에는 새로운 세상이 목표였지만, 나중에는 영구적인 권력 유지가 최고의 목표가 되었다. 모두가 위대한 혁명가로서보다는 전례 없는 독재자로 기억되고 있다. 후대의 혁명가들이 워싱턴의 뒤를 따랐더라면 많은 성공 사례가 나올 수 있었을 것이다. 최고 권력자가 권력을 나눌 줄 알고 포기할 줄 알았던 유일한 사례로서 미국 혁명은 바람직한 공동체 변혁의 모델이었다.

제4장

계몽주의와 프랑스 혁명

계몽주의와 프랑스 혁명

1. 앙시앵 레짐

프랑스는 17세기 루이 13세(Louix XIII)와 14세(XIV)의 재위 중 강한 군사력과 외교적 성공, 국가의 상징인 베르사유 궁전의 웅장함, 경제에 대한 국가의 체계적 조직화, 왕의 적극적인 후원하에 찬란하게 발달한 문학과 예술 등으로 국가적 위상과 자부심이 하늘을 찌르던 나라였다. 이런 안정되고 탄탄한 나라가 1789년 혁명으로 인해 갑작스럽게 붕괴하고 말았다.[1] 많은 원인이 있었겠지만, 성공으로 인한 자족감과 오만함이 실패를 가져온다는 '성공의 역설'이 적용되는 대표적인 사례로 볼 수 있다. 당시 태동하던 자유주의적 개혁을 외면하고, 종교적 관용 포기하면서 창의성 있고 경제적으로 활력 있는 개신교 집단인 위그노(Huguenot)를 추방하였다. 이런 완고한 태도로 말미암아 나라 전체에 스며들고 있던 계몽주의가 사람들의 마음속에 가져온 변화를 제대로 알아채지 못하였다.

혁명이 발발한 원인에 대해서는 많은 논쟁이 있었고, 현재까

1) Cf. Peter McPhee(ed.), *A Companion to French Revolution*, Blackwell, 2013; Dave Andress(ed.), *The Oxford Handbook of the French Revolution*, Oxford University Press, 2015; 주명철, 『프랑스혁명사 10부작』, 여문책, 2001.

지도 지속되고 있다. 계급이나 행위자에 대한 과학적인 분석이 주류를 이루었지만, 명확한 결론은 아직까지 요원한 상태이다. 이번 장에서는 계몽사상이 일종의 지적인 누미노제로서 엘리트 및 일반 대중의 의식에 가져온 변화에 주목하고자 한다. 새로운 사상이나 새로운 세계에 대한 갈구는 현재의 고통에서 시작한다. 프랑스 사람들에게 고통의 근본적인 원인은 바로 변화에 저항하고 대다수 민중의 어려움을 외면한 '앙시앵 레짐'(Ancien régime, 구체제)이었다.

앙시앵 레짐 하에서 프랑스는 국왕이 절대적인 권한을 보유하였다. 왕권은 신으로부터 하사받은 것으로서 불가분적이고 신성한 것이었다.[2] 중앙이 지방을 통제하고, 귀족들이 왕을 도와서 국가를 운영하면서 농촌의 질서를 유지하였다. 왕과 귀족 사이는 관계는 외양상으로는 위계적인 지배와 복종 관계였지만, 실질적으로는 상호 의존적인 성격이 점차 강해지고 있었다. 귀족은 다양한 면세특권을 누렸으며, 세금은 2천6백만 인구의 절대다수를 차지하던 농민들과 일반 민중들의 몫이었다. 대개는 가톨릭을 신봉하였으며, 교회는 이들의 고통보다는 국왕의 필요를 충족시키는 것을 더 중시하였다. 일반 사람들은 귀족들이 누리는 특권으로부터 배제되었을 뿐만 아니라, 귀족으로의 신분 상승의 기회마저 차단되어 있었다. 권리는 없고 세금 부담만 큰 상태에서 오랜 인고의 시절을 보내야만 하였다.

프랑스는 18세기에 들어서 혁명 전야까지 스페인 왕위 계승 전쟁(1701~1714)과 미국 독립 전쟁(1775~1783)을 비롯해서 여섯 차례

2) 앙시앵 레짐의 제도적 특성과 위기에 대해서는 참조: 알베르 소불, 『프랑스혁명사』, 최갑수 옮김, 교양인, 2018, 112~137쪽.

의 큰 전쟁에 치렀다. 이로 인해 국가의 채무가 누적되고 나라 살림이 어려워지자, 왕은 재정 확충을 위한 증세 방안에 대해 부심하게 되었다. 국가의 주축을 이루던 국왕, 귀족과 교회, 부르주아 사이에 조세 증액을 놓고 '폭탄 돌리기'가 벌어지는 와중에 부담은 경제 주체 중 가장 취약한 연결고리인 농민과 소상공업자에게 집중될 수밖에 없었다. 이런 와중에 경제위기와 흉작이 발생하면서, 농민들과 일반 서민들의 생활이 급작스럽게 어려워졌다. 그러자 구체제에 대한 집단적인 반발이 벌어졌다. 왕이 귀족을 압박하고, 귀족이 왕권에 도전하고, 귀족과 부르주아가 서로 대립하며, 농민과 기층 세력들이 구체제에 도전하는 대혼란이 야기되었다.[3)]

사회적 분열 구도나 대결 양상은 지배 계급과 피지배 계급 사이의 투쟁으로 단순화시킬 수 없는 구도였다. 지배 계급 내부에는 다양한 분열과 간극이 존재하였다. 제1신분인 성직자 중에서 고위층은 대토지를 소유하고 면세 및 각종 특권을 누리면서 왕권과 밀착되어 있었다. 그러나 하위 성직자는 생활도 평범했고 신도들의 어려움에 대해서도 공감하는 입장이었다. 제2신분인 귀족 내부에도 상층과 하층 사이에 빈부 격차가 컸을 뿐만 아니라, 보수와 진보, 중앙과 지방, 친 국왕과 반 국왕 등 다양한 분파가 존재하였다. 이로 인해 자신들의 특권에 대한 일반 사람들의 혁명적 요구를 일치단결해서 예방하거나 제압할 수 있는 역량이 부족하였다. 그러나 성직자와 귀족은 인구의 2% 정도에 불과했지만 전체 토지의 40%를 보유하고 있었기 때문에 하층으로부터의

3) 앙시앵 레짐 하의 사회 구조에 대해서는 참조: 김진환, 「프랑스혁명 이전의 프랑스 사회상: 신분과 사회적 관계」, 『열린정신 인문학연구』 4(2003/02), 141~160쪽.

도전은 불가피한 구조였다.

제3신분은 일반 평민들로서 법률가, 의사, 교사, 문인, 상인, 수공업자 등과 같은 부르주아와 세금을 내는 농민들로 구성되어 있었다. 이들은 정치적 권리는 인정받지 못한 채 '타이유세'(taille tax)라고 불리는 종합소득세와 인두세 등 무거운 세금을 부담해 왔다. 그런 와중에 정부의 재정난 악화로 인해 부담이 새롭게 가중되었다.[4] 그러나 제3신분 또한 부르주아와 농민, 도시와 농촌, 중앙과 지방 사이에 이해관계가 복잡다기하게 얽혀 있었다. 따라서 독자적인 계급을 형성하거나 혹은 귀족과 연대를 통해서 국왕으로부터 세정 개혁안을 받아 낼 수 없었다. 세금 부과를 위해서 정치적 대표권을 부여해 달라는 정도의 주장은 했지만, 혁명적 변화를 추동할 만한 역량이 없었다. 부르주아는 영국과 달리 역량이 떨어져서 주도적 계급을 형성하지 못했으며, 근본적인 사회 개혁보다는 자신들에게 유리하게 법안을 만들기 위한 로비에 더 관심이 있었다. 인구의 90%를 차지하는 농민은 전통적인 농법에 의존하면서 생산성이 낮았고, 작황이 기후 변화에 크게 영향을 받았다. 취약한 경제적 지위에도 불구하고 과중한 조세 부담을 안고 있었다. 그럼에도 불구하고 근대적 사회 개혁보다는 오히려 전통적인 삶의 양식을 유지하려는 성향이 더 강했다.

이런 난맥상 때문에 일관된 선호를 갖는 계급 간의 경쟁과 타협을 통한 점진적인 사회 발전이 어려웠고, 사회 전체를 일거에 대수술하는 방식으로 해법을 찾을 수밖에 없는 상황이었다. 아래로부터의 무질서한 혁명이 필연적으로 일어난 원인은 국가

4) 소불(2018), 110~116쪽.

가 난국을 타개하고 혼란을 방지할 수 있는 역량이 부족했기 때문이었다. 1775년부터 1789년 사이에 프랑스는 비대하고 비효율적인 관료제와 궁정 귀족들의 사치와 향락, 지속적인 해외 전쟁, 불평등한 조세제도 등으로 인해 국가 재정이 악화될 대로 악화되어 있었다. 프랑스에서는 영국과 달리 부자들이 다양한 면세특권을 누렸기 때문에 일반 사람들의 원성이 컸다. 귀족은 물론이고 상층 부르주아들마저도 어떤 형태로든 면세특권을 누리고 있었다.

그러나 국가 재정이 어려워진 상황에서도 기꺼이 희생하겠다는 움직임은 보이지 않았다. 귀족들은 자신들의 부담은 회피하는 대신에 왕이 제3신분에게 세금을 부과할 권한을 부여하였다. 부르주아들은 이에 불만이 있었지만 전반적인 사회 개혁을 요구하기보다는 돈을 주고서라도 귀족 신분을 사려고 혈안이 되었다. 이로 인해 혁명 전야 프랑스에서는 매관매직과 부정부패가 만연하였다.[5] 지배 세력들 간의 갈등으로 인해 재정 건실화 방안을 찾지 못하는 진퇴양난의 상황이 지속되는 가운데, 민심은 구체제로부터 떠나가고 있었다. 그러나 지배 세력 내부의 갈등으로 인해 아래로부터의 사회변혁 요구에 적절하게 대응하지 못하고 말았다.

표면적으로 당시 프랑스 경제는 그다지 나쁘지 않았다. 국력 면에서도 유럽 대륙에서 패권적인 위상을 갖고 있었다. 그러나 문제는 국가 채무와 흉작이었다. 당시 국가 재정은 채무 이자 상환에 예산 절반이 사용되어야 할 정도로 사정이 나빴다. 1787년

5) 후랜시스 후쿠야마, 『정치 질서의 기원』, 함규진 옮김, 웅진지식하우스, 2012, 390~391쪽.

과 1788년은 전례 없는 대흉작이었으며, 거기다가 1788년 겨울은 유난히 추워서 프랑스의 빈민계층은 기아와 혹한 속에서 보내야 했다. 1789년에는 빵값이 두 배나 올라서 역대 최고가를 경신하였다. 그러나 정부가 빵 배급 제도를 졸속으로 도입하는 바람에 오히려 공급이 부족해져서 국민의 불만이 고조되었다. 당시 인구의 40% 정도가 정부 구호 기관에 의지해야만 하는 사태가 벌어졌다.

그렇지만 배고픔만으로 엄청난 분노와 폭발적인 혁명 에너지를 설명하기는 어렵다. 경제적 이해관계만이 문제였다면, 제 세력 간의 거래와 타협이 보다 합리적이고 실용적인 해법이었을 것이다. 그러나 프랑스 사회 저류에는 눈에 보이지 않는 정신적인 변화가 일어나고 있었다. 이 변화는 특정 계급만이 아니라 국왕을 포함해서, 귀족, 성직자, 부르주아, 농민, 일반 대중 모두의 생각과 의식에 새로운 바람을 불어넣고 있었다. 국왕과 귀족 그리고 성직자들이 종교에 대한 일반 사람들의 맹목적인 충성과 믿음에 근거해서 질서를 유지하던 사회가 계몽주의 사상가들에 의해 심각한 도전을 받게 되었다. 그들은 신념이 아닌 이성에 근거한 새로운 통치 원리와 사회관을 제시함으로써 구체제의 기반을 송두리째 무너트리고 말았다. 결국 프랑스 혁명은 평범한 사람들의 삶의 고통에서 분출된 분노의 에너지와 인간의 이성에 대한 새로운 각성이 결합함으로써 발생한 것이었다.

2. 계몽주의와 프랑스 혁명

2.1. 계몽주의 확산

당시 프랑스 사회는 구성원 모두가 정신적으로 새롭게 깨어나고 있었다. 오랫동안 인간을 지배해 온 신 없이 독자적으로 사고하고 행동할 수 있는 자유로운 인간이 서서히 태동한 것이었다. 일찍이 1750년대 무렵부터 프랑스인들은 자신들이 역동적인 변화의 시대에 살고 있음을 느끼기 시작하였다. 미국 독립 전쟁이 발발하기 한참 이전부터 이미 프랑스에서는 자유와 평등을 중시하는 계몽사상이 널리 알려져 있었다. 1760년대에 이르면 귀족들조차도 '국민' '헌법' '시민'과 같은 용어를 일상적으로 쓰고 있었다. 당시의 시대 조류는 종교적 관용, 개인적 자유, 인간성 증진, 경험과 합리성 중시 등이었다. 국가가 후원한 공식적인 아카데미 네트워크와 비공식적인 살롱 네트워크가 활발하게 상호 작용하던 사회였다.[6]

변화의 물결이 확산되면서 일반 사람들은 물론이고 왕실과 궁정도 변하고 있었다. 계몽사상은 인류 역사의 보편적 변환의 과정이었으며 동시에 심층적인 문화적 혁명이기도 하였다. 그 결과 교양 있는 대중들이 정치적 주역으로 새롭게 부상하였다. 이런 의미에서 프랑스 혁명은 부르주아가 주도한 계급혁명이 아니라, 개명된 귀족, 성직자, 부르주아 그리고 일반 시민들도 참여한

6) Cf. Maria Teodora Comsa / Melanie Conroy / Dan Edelstein / Chloe Summers Edmondson / Claude Willan, "The French Enlightenment Network," *The Journal of Modern History* 88:3(2016), pp.495~534.

국가적 차원의 정신 혁명이었다.

계몽주의 혹은 계몽사상(enlightenment)은 단어 자체가 어리석음에서 깨어나게 하거나 현실에 대해 새롭게 눈을 뜨게 하는 것을 의미한다. 인간의 합리적 사고 능력인 '이성의 빛'에 의해 미신, 종교적 광신, 불합리한 관습이나 전통 같은 무지몽매함으로부터 사람들을 깨어나게 할 수 있다는 믿음이었다. 인간들이 계몽이라는 빛을 만남으로써 편견이나 타인에 의한 왜곡 없이 자신의 이성을 활용해서 스스로 인격과 지성을 완성시켜 나갈 수 있게 된 셈이었다. 그 자체가 빛이고 깨달음이었다. 동시에 새로운 형태의 '신 없는' 누미노제였다. 인간들은 이성이란 새로운 신을 만난 것이었다. 이렇게 생성된 계몽주의란 새로운 종교는 절대왕권의 보호 아래 절대적 지위를 누리던 가톨릭교회와 치열하게 주도권 경쟁을 벌이게 되었다. 그리고 계몽사상은 혁명 정부의 권력을 등에 업고 가톨릭교회를 대신해서 새로운 국가종교의 지위에 오르게 되었다. 이것은 종교계의 커다란 지각변동을 가져온 제1차 종교개혁에 뒤이은 제2차 종교개혁에 다름 아니었다.

계몽사상의 핵심은 세속성과 합리성이었다. 18세기에 들어 유럽인들이 비로소 세상을 그리스도교적인 관점에서 벗어나 세속적인 눈으로 바라보게 되었다. 그런 가운데 합리성을 가장 중요한 판단 기준으로 받아들이자는 주장이었다. 계몽 사상가들은 인간 이성의 힘을 믿고, 이성에 의한 인류의 무한한 진보를 확신하였다. 그들은 계몽에 의한 무지와 미신의 타파 그리고 정치와 사회의 합리적인 개혁을 통해 인간 사회가 계속 진보해야 한다고 주장하였다. 계몽 사상가들은 절대 왕정과 구제도를 비판하고, 자연권 사상과 사회계약론에 의거해서 자유롭고 평등한 사회를 건설할 것을 부르짖었다. 계몽사상은 새로운 세상에 대한 비전이었으며, 그리스도교의 천년왕국의 꿈을 세속화시킨 것이었다. 계몽사상은 왕권과 교회의 철옹성 같은 방어를 뚫고 프랑스 사회 속으로 침투해 들어왔다. 그리고 새로운 시대의 신앙으로서 가톨릭이 누렸던 지위를 점차 대체하였다. 미국 혁명의 영웅이었던 토머스 페인이나 벤저민 프랭클린의 저술들은 계몽주의가 프랑스에서 종교와 같이 절대적인 신봉 대상이었음을 잘 보여 준다.

프랑스에서는 볼테르, 몽테스키외(Montesquieu), 루소(Rousseau), 디드로(Diderot), 달랑베르(D'Alembert) 등이 대표적인 계몽주의자였다. 몽테스키외는 영국의 입헌 정치를 찬양하고, 『법의 정신』에서 삼권분립이 국민의 자유 보장에 가장 중요하다고 주장하였다. 볼테르는 언론과 출판의 자유를 주장하고, 종교의 광신적인 태도를 공격하는 한편 절대 군주를 계몽시키기 위해서 노력하였다. 이들보다 급진적이고 낭만적이었던 루소는 자유와 평등사상을 고취하고, 인간다운 삶을 위해 모두 '자연으로 돌아가라'고 외쳤다. 디드로와 달랑베르는 『백과전서』를 편찬하여 계몽사상의 보급과 민중의 계몽에 노력하였다. 계몽사상은 체계적인 학문이 아니라, 하나의 대중적인 사상 체계에 더 가까웠다.[7] 따라서 대학과 같은 정규 교육기관이 아니라, 교양 있는 부르주아지나 귀족 그리고 지식인들이 모여든 살롱이나 아카데미, 책방, 그리고 카페를 중심으로 확산되었다.

당시 급속하게 증가하던 초·중등 교육 기관들이 계몽사상을 보급하는 데 크게 기여하였다. 출판 및 인쇄술의 발달로 인해 서

7) 이런 입장에 대해서는 참조: 로제 샤르띠에, 『프랑스혁명의 문화적 기원』, 백인호 옮김, 일월서각, 1998.

적의 보급이 보편화되었다. 1731년경 매해 400~500종이 프랑스 전역에서 출간되었지만, 1789년 무렵에는 1000~1200종에 이르렀다.[8] 이와 더불어 부르주아와 식자층을 중심으로 계몽사상 관련 독자층도 빠르게 확장되었다. 공공 도서관 숫자는 비록 적었지만, 열람실을 통해서 신문을 비롯한 최신 간행물을 접할 수 있었다. 출판물에 대한 검열 제도가 있기는 했지만, 허가 없이 출판하는 것이 대체로 묵인되었다.[9] 그 결과 프랑스어로 쓰인 많은 책과 잡지들이 프랑스 전역에서 유통되었다. 프랑스 대혁명 직전에는 팸플릿이나 소책자들의 발간이 폭발적으로 증가하였다. 당시 대부분이 문맹이었던 노동자나 농민들도 원하기만 하면 공공장소에서 책을 읽어 주는 '공공 독서'를 통해 세상 돌아가는 사정이나 주류 지식인들의 생각을 어렴풋이나마 접할 수 있게 되었다. 이와 같은 공적 공간의 확대가 정치에 대한 대중들의 관심을 크게 증대시켰다. 혁명 기간 중에도 길거리나 카페에서 혁명의 방향을 놓고 치열한 토론이 벌어졌으며, 정파나 정치 집단들의 운명이 여론의 영향을 크게 받았다.[10]

프랑스 혁명은 직전에 일어난 미국 혁명으로부터 크게 영향을 받았다. 프랑스가 미 식민지를 도와서 독립 전쟁에 참전했었기 때문에 프랑스인들에게 미국 혁명은 현실이었다. 약 8천 명 정도의 프랑스 군인들이 미국 독립 전쟁에 직접 참전하였다. 대부분 귀족 자제들이었던 이들은 귀국 후 미국 혁명에 대해 생생한 정보를 전달했으며, 프랑스 혁명에도 적극 동조하였다. 미국

8) 소불(2018), 84쪽.
9) 샤르띠에(1998), 87~91쪽.
10) Dawson(1972), p.51.

혁명의 열기는 미국 현지보다 파리 카페에서 더 강렬하게 느낄 수 있을 정도였다.[11] 미국 혁명은 프랑스 전역에 커다란 감동과 열정을 불러일으켰으며, 시, 희곡, 소설 등 각종 문학예술 장르에서 활발하게 다뤄졌다. 미국에 관한 새로운 책들이나 번역본들이 많이 출간되었다. 프랭클린은 초대 주 프랑스 미국 대사로서 프랑스 지식인들과 폭넓게 교류하면서 미국 혁명이 자유·평등·우애란 루소의 이상을 현실에 구현한 것이란 점을 잘 전달하였다. 새롭게 독립한 미국은 자유와 시민 정신의 땅이었으며, 새로운 문화 그 자체였다. 프랑스 지식인들은 미국 혁명을 통해서 절대왕정에 도전하는 자신들의 생각이 옳다는 확신을 갖게 되었다.[12]

그러나 계몽사상의 위험성과 확산력에 비해 정부의 방어 능력은 미약하기 그지없었다. 계몽사상이 초기에 다양하고 은밀한 사교 통로를 통해서 전파된 것도 정부의 주목을 덜 받은 요인 중 하나였다. 귀족들 자체가 왕권으로부터의 자유를 의미하는 계몽사상에 매료된 것도 계몽사상의 확산에 유리하게 작용하였다. 더구나 정부의 형식적인 검열 또한 작가들이나 출판업자 그리고 서적 유통업자들이 교묘한 책략을 통해서 우회할 수 있었다. 계몽주의 관련 에세이나 논설 이외에 소설이나 철학적 저술들이 정부를 직접적으로 자극하지 않은 채 인간의 권리나 최상의 정부 형태 등에 대해 문제를 제기하였다. 사회가 개인의 자유를 훼손시키지 않고 스스로 통치할 수 있다고 주장한 루소의 『사회계약론』은 로베스피에르(Robespierre), 시에예스(Sièyes), 미라보(Mirabeau)와

11) Landes(2011), p.253.

12) David P. Geggus, "The Effects of American Revolution on France and Its Empires", Jack P. Greene / J.R. Pole(eds.), *A Companion to the American Revolution* (2010), pp.523-31.

같은 혁명가들이 미친 듯이 받아들였으며, 이들은 머지않아 그의 이상을 현실에 구현하기 위한 혁명적 행동에 돌입하였다.

1750년대부터 혁명 전야까지 수많은 불온서적이나 선동적인 팸플릿이 쏟아져 나와 혁명가들에게 훌륭한 지적인 탄약을 제공하였다. 계몽사상은 곧 인쇄물에서 튀어나와서 국민의회(National Assembly), 정치 클럽, 그리고 파리 길거리 상에서 행해지는 수많은 연설 속으로 흘러 들어갔다. 정치인들은 계몽사상을 일반 대중들이 이해하기 쉽고 실천에 옮길 수 있는 형태로 변형시키는데 기여하였다. 이런 노력의 결과 구체제는 점차 죽어 가고 있었다. 그렇지만 쉽사리 숨이 넘어가지는 않았다. 프랑스 혁명은 과거 세상과 새로운 세상 사이의 충돌이었다. 옛날 세상은 변화에 저항하였고, 옛날 제도에 의해 떠받쳐지고 있었다. 새로운 세상은 새로운 아이디어와 이성으로 무장하고, 거기에 더해서 분노의 세례까지 받았다. 머지않아 '강(强) 대 강(强)'의 충돌이 벌어지고 말았다.

2.2. 혁명의 전개

혁명 전야 프랑스에는 사회적 긴장과 갈등이 가득 차 있었다. 귀족은 귀족대로, 자본가는 자본가대로, 농민과 노동자는 그들 나름대로 불만과 고통이 극심했다. 모두가 변화를 논했지만 방향은 모두 각각이었다. 정부도 귀족들도 분열되어 있었으며, 부르주아도 한목소리가 아니었다. 이로 인해 개혁 방향을 둘러싸고 많은 갈등과 혼선이 생겨났다. 그렇지만 모두가 공통적으로 근본적인 변화가 가능하다고 믿었다. 변화의 시작은 왕과 귀족이 사법재판소 개혁 문제로 충돌한 것이었다. 국왕에게 프랑스 사회를 자발적으로 변화시킬 의향이 없다는 것이 분명해지자, 프랑스 국민의 인내가 소진되어 직접적인 행동에 나섰다. 그러나 국왕과 정부가 군대를 제대로 통제하지 못했기 때문에 폭동이 걷잡을 수 없이 번지고 말았다.

혁명은 계몽사상의 확산경로를 따라서 전개되었다. 계몽사상은 주로 지식인들 사이에서 태동해서 단계적으로 귀족들에게 전파되었고, 그다음에는 일반 대중들에게로 점차 확산되었다. 당연한 결과로서 초기 단계에서 혁명은 개명된 귀족과 부르주아가 입헌군주제를 도입하는 것이 주된 목표였다. 이들이 지향한 것은 제한된 민주주의였으며, 대개의 경우 혁명은 이런 단계에서 멈추기 마련이었다. 그러나 프랑스에서는 일반 대중들의 참여가 두드러졌다. 계몽사상의 영향이 일반 민중에게까지 효력을 발휘한 결과였다. 이로 인해 그들은 정치적으로 활성화되었으며, 직접적인 정치 참여를 통해서 급진적인 사회 개혁의 목소리를 높이기 시작하였다. 따라서 두 번째 단계는 새로운 평등사회를 지향하는 사회 개혁이 중심이었다.

그렇지만 혁명의 지도부에는 항상 교육 수준이 높은 전문 직업 보유자들이 자리하고 있었다. 고위 행정가, 법률 전문가, 공무원 등은 구체제 하에서 신분 상승을 위해서 노력하였지만, 혁명이 시작되자마자 이들은 불만 있는 제3신분 혹은 부르주아가 되어서 혁명을 주도해 나갔다. 혁명이 사회변혁 단계에 이르고 하층들의 참여가 두드러졌어도, 지도부는 항상 계몽사상으로 무장한 식자층이 담당하였다. 변한 것은 일반 대중들의 여론이 혁명에 미치는 영향력이 점차 커졌다는 점이었다.

프랑스 혁명은 1789년 5월 1일 소집된 삼부회의 개회로부터 1799년 11월 나폴레옹의 쿠데타로 제2차 총재정부가 막을 내리기까지 10년간 계속되었다. 이 과정은 한 편의 드라마와 같이 '기승전결' 구조로 전개되었다. 첫 번째 단계는 바스티유 감옥 습격에서 본격적으로 시작된 '기'와 왕정 폐지와 국민공회 헌법 제정으로 이어진 '승'으로 이루어진다. 두 번째 단계는 혁명의 과격화와 공포정치로 연결된 '전'과 '테르미도르의 반동'(Convention thermidorienne)을 계기로 혁명이 급전직하한 '결'로 구성된다. 빠른 스토리 전개가 두드러진 특징이었으며, 참여 인원을 비롯해서 혁명의 규모가 급속하게 확대되었다. 이에 따라서 정치적 변화나 사회변혁의 내용도 급진적이 되었고 폭력성도 강화되었다.

프랑스에는 왕에게 자문 역할을 하는 제1신분(성직자), 제2신분(귀족), 제3신분(평민)으로 구성된 '삼부회'가 있었다. 모두 각 신분별로 동일한 대표 수를 가지면서도, 표결할 때는 개인별 1표가 아니라 신분별 1표로 한다는 원칙이 정해져 있었다. 기득권에 침해가 갈 수 있는 쟁점 사항이 있을 경우 최종표결 시에는 제1신분과 제2신분이 협력만 하면 표결 결과는 항상 2대1로 제3신분에게 불리하게 돌아갔다. 이런 이유로 삼부회는 단순한 거수기 역할밖에 할 수가 없었다.

프랑스 혁명의 시작은 바로 제3신분이 1789년의 삼부회에 파견할 자신들의 대표 수를 두 배로 늘려줄 것과 신분별 투표를 다수결 투표로 바꿀 것을 정부 측에 강력히 요구한 것으로부터 촉발되었다. 당시 첫 번째 주장은 받아들여졌지만 두 번째 제안은 거절된 상태에서 5월 1일 베르사유 궁전에서 175년 만에 삼부회가 개최되었다. 회의 개회 벽두부터 다수결 투표를 재자 요구하였다. 그러나 성직자와 귀족 계급이 이를 거부하면서 논쟁이 며칠 동안 계속되었다.

마침내 6월 17일 제3신분의 대표들은 삼부회를 박차고 나가 자신들만의 새로운 '국민의회'의 출범을 선언하였다. 그들은 제3신분이 국민의 대다수이기 때문에 자신들이야말로 진정한 국민의 대표이며, 새로운 헌법을 제정할 때까지 해산하지 않겠다고 선언하였다. 그러자 루이 16세(Louis XVI)는 회의장의 폐쇄를 명하였다. 이들은 하는 수 없이 테니스코트로 회의 장소를 옮겨서 목표를 관철시킬 때까지 농성을 계속하겠다는 의지를 밝혔다. 이것이 바로 소위 말하는 '테니스코트의 서약'이다. 국민의회에는 하급 성직자들과 일부 자유주의적 귀족들도 참여했지만 주축은 부르주와 전문직 종사자였다. 그들은 사상적으로 인간의 기본적 자유와 법적인 권리 보장 그리고 재정 부담에서 평등을 요구하였고, 정치적으로는 대의제를 선호하였다.

이에 대응해서 루이 16세는 국민의회를 해산시키고 친위쿠데타를 도모할 목적으로 파리 주변에 군대를 집결시켰다. 이 소식이 전해지자 파리 시민들은 이에 대항하기 위해 자치위원회를 구성하고 민병대를 조직하였다. 이것이 1789년 '애국적 봉기'의 시작이었다. 그들은 무기를 구하기 위해 7월 14일 압제의 상징이었던 바스티유 감옥을 습격하였다. 그러나 거기에는 무기는 물론이고 수감자도 왕의 폭정을 보여 줄 수준에 미치지 못하였다. 죄수는 정신이상자 2명, 사기죄인 4명 등 총 7명에 불과했다. 건물이 워낙 낡아서 1776년 이후에 새롭게 죄수를 넣지 않았고 거의 폐쇄된 상태였다. 바스티유 감옥을 습격한 1만여 명의 파리 시민을 상대로 바스티유 수비군의 15문 대포가 불을 뿜었다. 이 공격으로 인해 시민군 100명이 희생되었다. 그렇지만 국민방위군이 반란 대열에 합류해서 끈질긴 공격을 시도하자, 바스티유 수비대장인 드 뢰네(de Launay)는 조기에 항복하고 말았다.

바스티유 감옥 습격 사건은 무기 탈취라는 관점에서 볼 때 성과가 별로 없었지만 앙시앵 레짐의 상징이었기 때문에 정치적 의미가 컸다. 정부의 무력함과 대중의 강력함을 보여 주는 상징적인 사건으로서 향후 혁명 경로를 예측할 수 있는 좋은 척도가 되었다. 이 소식이 지방으로 퍼져 나가면서 대규모의 농민봉기를 촉발하였다. 각지에서 영주의 장원을 습격·약탈하거나 봉건적 문서들을 불태우기 시작했다. 이제 혁명은 프랑스 전국으로 그 무대가 확산되었고, 헌법 제정만이 목표가 아니라 봉건제 자체의 폐지를 요구하기 시작하였다. 민중과 농민의 급진적 행동에 당황한 국민의회는 농민의 도움 없이 혁명이 성공하기 어렵다고 판단하고 8월 4일 봉건제 폐지를 선언하였다.

이것으로 앙시앵 레짐이 무너지고, 혁명의 최소 목표는 달성되었다. 곧이어 8월 26일에는 인권선언이 발표되어 "모든 인간은 자유롭고 평등한 존재다. 주권은 왕이 아닌 국민의 것이다. 재산권은 신성불가침하다"라는 혁명의 이념이 만천하에 공포되었다. 왕은 인권선언의 승인을 한 달 이상 거부하다가, 10월 5일 아침 빵을 달라는 시위를 벌이며 베르사유로 쳐들어온 파리의 주부들에게 붙잡혀 강제로 '튀일리궁'(Tuileries Palace)으로 옮겨지는 상황에 처하자 마침내 승인하였다. 이로 인해 혁명이 본격적인 궤도에 오르게 되었다. 대중들은 폭력적 집단행동을 통해서 자신들의 위력으로 얻을 수 있는 게 예상외로 많다는 점과 왕이 생각보단 취약하다는 점 그리고 결국에는 왕이 국민의 뜻에 굴복할 것이란 확신과 승리에 대한 자신감을 얻을 수 있었다. 이후 대중들이 혁명의 중요한 하나의 축을 담당하면서 의회나 코뮌은 대중들의 여론의 영향권 아래 놓이게 되었다.

사실상의 혁명 정부가 된 국민의회는 헌법 제정에 착수하여 1791년 9월 3일 새 헌법이 공포되었다. 절대군주제를 폐지하고, 단원제 의회와 입헌군주제를 채택하였다. 일정한 납세 의무를 충족한 자들에게만 투표권이 부여되는 제한선거에 의해 '입법의회'를 구성하였다. 계몽사상을 장착한 개혁적인 귀족과 부르주아가 주축이 되어 추진한 자유주의 혁명이었다. 여기서 제정된 '91년 헌법'은 수명이 일 년 남짓했지만, 최초로 국민 주권을 공식적으로 인정했다는 상징성을 가졌다. 이후에도 부침은 있었지만 국민주권 원칙은 유지되었다. 교회의 권한을 국가 감독하에 두고, 교회 재산을 몰수해서 국가 재정에 충당하였으며, 이를 담보로 지폐를 발행하였다. 그러나 불환지폐의 발행은 인플레이션을 유발시켜 경제위기를 가져왔으며, 또한 교회 재산 매각은 부르주아에 국한되어 빈농이나 농지 없는 농민들의 불만을 야기하였다.

1791년 10월 소집된 입법의회는 745명 의원이 전부 초선이었고, 대부분 30대 미만으로 젊었으며, 혁명 이후 코뮌 등에서 정치 경험을 쌓은 정치 신인들이었다.[13] 구성은 무소속 혹은 입헌파로 불리는 345명의 중도파와 '푀양파'(Feuillant, 입헌군주파)로 불리는 우파 264석, 그리고 공화주의를 지향하는 '자코뱅파'(Jacobin)에 속한 136명의 좌파로 이루어졌다. 자코뱅파에 속한 지롱드(Gironde) 지방 출신들이 중도파와 연합해서 1792년 3월 내각을 구성하였다.[14]

---

13) 소불(2018), 266~269쪽.

14) 자코뱅 클럽은 원래 다양한 사상을 가진 사람들이 모인 정치 클럽으로서 전국에

기본적으로 입헌군주제를 통해서 점진적인 개혁을 선호하였다. 이성에 바탕을 두고 낡은 제도, 관습, 사고를 개선시켜 나가면서 자본주의를 발전시키면 무한한 진보가 가능할 것이라고 낙관하였다. 그러나 프랑스가 처한 현실은 격심한 경제위기와 식량 부족 그리고 불공평한 토지 배분에 대한 농민들의 광범위한 불만이었다. 더구나 국왕은 지나친 권한 제약을 이유로 새로운 정부에 비협조적이었다. 이로 인해 입헌군주제는 위기에 봉착하게 되었다.

이런 현실을 타개하기 위해서 지롱드파 브리소(Brissot) 수상은 4월 20일 프랑스의 혁명 세력에게 노골적으로 적대감을 보이던 오스트리아에 선전포고를 하였다. 전쟁을 통해 애국심을 고취시켜 국내적 지지를 확대하고, 푀양파의 기를 꺾겠다는 속셈이었다. 국왕도 패배 시 왕권을 되찾을 계산으로 전쟁에 찬성하였다. 그러나 전쟁은 혁명의 부정적 파급 효과를 우려한 프로이센이 오스트리아 측에 가담하면서 프랑스에 불리하게 돌아갔다. 집권 지롱드파는 전국에서 의용군을 모집했으며, 수도 파리는 전국에서 모여든 지원자들로 들끓었다. 아울러 애국심에 근거한 선동과 폭력이 난무하였다. 지롱드파는 패전의 원인을 국왕과 왕비에게 돌리면서, 막후에서는 재집권을 위해 루이 16세와 협상에 나섰다.

지부를 가지고 체계적으로 혁명을 추진하였다. 그러나 혁명이 진전됨에 따라서 점차 신념과 정책에 의해 분열되었다. 먼저 입헌군주파이던 푀양파가, 이어서 절충공화파인 지롱드파가 이 클럽에서 탈퇴하고 궁극적으로 산악파(Montagnards)라는 급진공화파의 집단이 자코뱅 클럽에 남아 있고 주도권을 쥐게 된다. 따라서 자코뱅파는 넓은 의미로 자코뱅 클럽에 속해 있던 시민, 또는 간단하게 혁명을 지지했던 혁명파를 가리키는 자코뱅파라고 할 수도 있지만, 일반적으로 후자의 급진공화파를 가리키는 말이 되었다. 푀양파의 라파예트, 지롱드파의 대표 주자 브리소와 같은 등도 한때 자코뱅 클럽에 속해 있었지만, 그들을 가리켜 자코뱅파라고 하지는 않는다.

패전을 거듭하는 와중에 왕이 교전국과의 협상에 나서자 애국심으로 무장한 성난 군중들이 봉기를 일으켰다.

1792년 8월 10일 튀일리궁을 점령하여 왕실 친위대 600여 명을 살해하였다. 왕은 수모를 당하고 피신할 수밖에 없었다. 8월 10일 봉기는 단지 파리 민중만이 아니라 전 프랑스 인민이 참여한 전국적 규모의 혁명이었다. 프랑스 혁명을 기념하는 '연맹제'에 자코뱅파가 각 지방으로부터 동원한 시민들과 상퀼로트 하층민들이 함께 가담한 봉기 세력들이 국왕 호위를 담당하던 '국민위병'(National Guard)을 무력으로 격퇴시켰다. 당시 애국주의 분위기에 휩쓸려 혁명과 국가를 보위하려는 사람들이 파리로 모여들었다. 이로 인해 혁명이 대중화되면서 규모가 커지고 과격화되었다. 폭력이 난무하였으며, 요구하는 개혁 또한 급진적으로 변하였다. 1792년 9월 급진파가 중심이 된 입법의회는 왕권의 정지와 새로운 헌법 제정을 결의하고, 이를 위해 '국민공회'(National Convention)를 소집하기로 결정하였다.

두 번째 단계의 중심은 국민공회였다. 1792년 9월 21일부터 1795년 10월 26일까지 존속한 국민공회는 개원 즉시 군주제를 폐지하고 공화정을 선포하였다.[15] 이로써 프랑스 '제1공화국'이 수립되었다. 국민공회는 지롱드파가 다수를 장악하였지만, 민중 주도의 '봉기 코뮌'과 이들과 긴밀한 연대를 맺은 원내 세력인 자코뱅파(혹은 '산악파')가 권력을 나눠 갖는 구도였다. 그 결과 혁명 내부의 갈등이 첨예해지고 폭력이 일상화되었다. 도시의 부유한 부르주아 출신인 지롱드파는 온건한 개혁을 선호했으며, 공정가

15) 이하 혁명 과정에 대해서는 참조: 은은기, 「프랑스 혁명에 대한 이해」, 『계명사학』 22(2011), 139~159쪽.

격제를 거부하고 경제 자유주의를 선호했다. 국왕의 처형에도 반대하였다. 반면에 민중의 지지를 받던 자코뱅파는 유산자를 공격하고, 징발, 공정가격제, 국유화 등과 같은 급진적인 개혁을 선호하였다. 국왕에 대해서도 신속한 처단을 원하였다.

정파적 갈등에 더해서 반혁명 세력의 도전이 거세지면서 국내 정세에 혼란이 가중되었다. 해외 망명 귀족은 물론이고 재산을 몰수당한 교회 성직자들도 세를 규합하여 반란을 일으켰다. 중앙과 지방의 대결 양상을 띠게 되었다. 농민들은 반혁명 세력이 되었다. 그들은 자신들을 보호하던 왕을 죽이고, 자신들의 삶의 일부였던 가톨릭교회와 신부들을 탄압하는 중앙의 혁명 정부에게 반기를 들었다. 남부에서 혁명군과의 전투에서 계속적인 승리를 거두었으며, 중앙 혁명 정부의 통제 밖에 있었다. 지롱드파는 지방, 재산을 박탈당한 귀족, 그리고 성직자들의 이익을 대변하였다. 그러나 정작에는 농민들의 지지를 얻는 데 실패하였다. 이는 민중들의 지지를 얻은 파리코뮌(Paris Commune)과 자코뱅파와 대조적이었다. 국민공회 내 혁명 지지 세력 간의 갈등이 첨예화되었다. 이런 와중에 급진적인 군중들은 1793년 5월 31일 국민공회를 습격하여 자코뱅파와 대립하고 있는 온건한 지롱드파 의원들을 학살하였다. 그리고 자코뱅파의 주도로 민중들의 요구를 대폭 수용한 헌법이 1793년 6월에 제정되었다. 전문에 있는 권리선언은 인권선언보다 훨씬 진전된 것으로서, "사회의 목적은 공동의 행복에 있다"라고 선언하면서 노동권, 부조권(도움받을 권리), 교육권을 명시하였다.[16)]

---

16) 소불(2018), 366쪽.

이 헌법은 국민 투표에서 압도적인 지지를 받았지만, 국내외로부터 급진적 혁명에 대한 거센 도전에 직면해서 시행이 유보되었다. 혁명에 도전하는 무장봉기의 빈발과 계속되는 전쟁 그리고 물가 급등과 같은 경제 불안에 직면해서, 로베스피에르는 혁명을 수호하고 혁명 세력의 단결을 위해 일인 독재가 필요하다고 생각하였다. 그의 의도대로 국민공회는 1793년 12월 새로운 혁명 정부를 구성해서 혁명위원회와 공안위원회를 설치하였다. 그리고 로베스피에르를 중심으로 12명으로 구성된 공안위원회가 비상 독재 체제를 선포하고 '공포정치'를 실시하였다.

로베스피에르는 수많은 반혁명 혐의자들은 물론이고 정적들마저도 약식재판을 통해서 무더기로 단두대에서 처형하였다. 로베스피에르의 권력은 공포와 두려움의 인위적 조장에서 나왔다. 그의 혁명 정부는 경제 안정과 정국 안정을 위해 많은 비상조치를 단행하였다. 그러나 지속적인 전쟁으로 인한 경제난과 재정난 그리고 이로 인해 조성된 사회 불안을 근본적으로 해결할 수 없었다. 조급해진 민중 세력은 근본적인 사회변혁을 요구하고 나섰다. 이로 인해 민중 세력과 혁명 정부 사이에 균열이 점차 생겨나고, 나라 전체가 무분별한 폭력과 혼란의 소용돌이에 빠져들었다.

이런 틈을 타서 1794년 7월 공포정치에 반대하는 의원들이 로베스피에르와 그의 동료들을 체포하였다. 이것이 소위 말하는 '테르미도르의 반동'이었다. 로베스피에르가 단두대에서 처형되면서 공포정치는 막을 내리고, 민중 세력이 주도한 급진적인 프랑스 혁명이 종식되었다. 그리고 테르미도르파의 주도로 유산계급의 이해관계를 반영한 '1795년 헌법'이 공포되었다. 이 헌법은 '원로회'와 '500인회'로 구성되는 양원제, 5인의 총재로 구성된 행정부, 재산에 따른 제한 선거제를 규정하고 있었다.

새로이 '총재정부'가 출범하였지만 처음부터 오른쪽에서는 해외에서 귀국한 망명 귀족과 왕당파 그리고 왼쪽에서는 자코뱅 잔당과 '평등파' 공산주의자들에 의한 도전에 직면하였다. 그러나 '테르미도르파' 의원들은 부패하고 무능하였으며, 난국을 타개할 능력이 없었다. 정치·경제·안보 방면에서의 위기가 지속되는 와중에 1795년 반혁명파와 왕당파의 반격으로 총재정부는 최대의 위기를 맞았다. 이때 자코뱅파 나폴레옹이 나서서 국민공회를 구하였다. 이후 전쟁에서 혁혁한 공을 세운 나폴레옹은 1799년 파리로 금의환향해서 권력을 장악하였다.

3. 인간 중심의 혁명

3.1. 신 없는 누미노제

계몽사상은 인간의 이성에 대한 새로운 깨달음이었다. 인간들이 이성에 기초해서 자유롭고 평등한 공동체를 만들어 낼 수 있다는 자신감을 가져다줌으로써 새로운 세상에 대한 희망을 가질 수 있었다. 계몽주의는 당시 프랑스 사회를 지배하던 신을 지웠지만, 사람들은 새로운 신을 만난 것과 같았다. 비록 이성과 자유 등은 세속적인 가치였지만, 느낌과 감동은 누미노제 급이었다.

새로운 세상에 대한 비전은 성경의 새로운 세상에 대한 예언과 닮은 구석이 많았다. 계몽주의는 그리스도교와 같은 종교였고, 계몽주의 서적은 성경인 셈이었다. 그리스도교에서 믿음과 사랑이 핵심 가치인 것처럼, 이성과 자유는 계몽주의 종교의 가장 소중한 가치였다. 정의롭고 평등한 공동체는 하느님의 나라가 이 땅에 오는 것과 마찬가지였다. 그리스도교의 순교자들처럼 프랑스 사람들은 위험을 무릅쓰고 혁명의 대열에 동참하고 나섰다. 가톨릭교회는 적그리스도였으며, 사람들은 '이성'이란 찬송가를 불렀다. 앙시앵 레짐은 이방인이요 박해자들이었으며, 따라서 타도 대상이었다. 프랑스 혁명이 내세운 '자유·평등·우애'는 예수가 하늘로부터 가져온 메시지와 판박이처럼 같았다.

이런 유사점들은 신과 가톨릭교회의 절대적 권위가 붕괴된 이후에 생겨난 정신적 공백을 메우려고 대체물을 찾는 과정에서 생겨난 것이었다. 비록 신은 사라졌지만, 사람들의 종교적 본능은 계속 남아 있었다. 더군다나 계몽사상을 현실에 실현하기 위해서는 종교와 같은 열정과 감동을 이끌어 내야만 하였다.[17] 프랑스 혁명을 추동한 힘은 바로 이성에 대한 종교와 같은 믿음과 헌신이었다. 프랑스 혁명은 사상 최초로 종교를 세속적인 관념으로 대체하려던 시도였지만, 신을 제외하고는 모두 다 판박이였다.

이성이 신을 대신하였지만, 이성은 곧 신적인 숭배의 대상이 되었다. 신은 이성이었고, 전체적인 이성으로부터 개별 인간의 이성이 도출되는 것으로 보았다. 신성으로부터 개별 인간들의 영성이 도출되는 것과 유사한 설명 체계였다. 양자 사이의 유일한 차이는 신의 존재 여부였다. 계몽주의에는 신이 없었기에 믿을 것은 오로지 인간의 이성뿐이었다. 따라서 프랑스 혁명은 신의 개입이나 도움 없이 인간의 노력만으로 목표를 달성해야 하였다.

17) Dawson(1972), pp.31~2.

이 때문에 혁명에 대한 몰입과 열정이 더 강렬해졌지만, 인간 능력의 한계를 절감하는 계기가 되었다. 그렇지만 추상적 차원에 머물렀던 '하느님의 나라'와 비교해서 계몽주의는 보다 세속적이고 구체적인 목표를 제시하였으며, 따라서 더욱 강력한 열정을 불러일으킬 수 있었다.

프랑스 사람들은 이성을 자각함으로써 새로운 인간으로 탄생하였다. 그리고 새로운 인격은 혁명에 직접 참여해서 자신들이 원하는 바를 얻어 냄으로써 자신들의 능력에 대해 자각하게 되었을 때 완성되었다. 수동적으로 운명을 받아들이던 존재로부터 자신의 운명을 스스로 개척해 나가는 주인으로 인격 변형이 일어났다. 이것은 새로운 집단적 인격 변형이었으며, 일종의 세속적인 누미노제였다. 자신들의 요구에 굴복해서 1788년 루이 16세가 삼부회를 소집한 것이 전율과 감동의 시작이었고, 자신들의 권능을 새롭게 확인하는 순간이었다.

1789년 8월 4일 저녁 국민의회 회의장은 새로운 인격이 탄생하는 무대였다. 귀족들과 주교들이 줄지어 일어나서 자신들의 권리와 특권을 내려놓겠다고 발언하였다. 과거 억압적인 체제의 폐해를 한 번에 다 쓸어 없애겠다는 강력한 의지를 반복적으로 표명하였다. 거의 종교 부흥회와 같은 열광적인 무대였다. 그러나 교회 부흥회와는 달리 다음날 후회하는 기색을 찾아볼 수 없었다. 이미 세상은 바뀌었고, 따라서 사람도 바뀐 것이었다.[18] 이렇게 1789년 8월 4일 밤, 귀족들이 특권적 지위의 핵심이었던 봉건적 권리를 포기하는 선언을 하였다. 귀족들이 자발적으로 특권

18) Harold Behr, *The French Revolution: A Tale of Terror and Hope for Our Times,* Sussex Academic Press, 2015, p.64.

을 포기한 것은 역사상 전례가 없는 사건으로서 프랑스인들에게 커다란 감동과 희망을 선사하였다. 그들은 새롭게 평등한 세상이 열리고 있음을 떨림으로 자각할 수 있었다.

프랑스 혁명의 꽃은 1789년 8월 27일 국민의회에서 채택된 프랑스 인권선언이었다. 계몽사상을 집약적으로 표현한 프랑스 인권선언에는 기본권과 저항권, 인간의 자유와 평등, 주권재민, 사상과 표현의 자유, 사적 소유권의 신성불가침 등이 포함되어 있었다. 이것은 모세의 십계명에 버금가는 누미노제의 징표였으며, 지금까지 근대 민주주의의 근간으로 평가되고 있다. 동시에 자유롭고 평등하며 따뜻한 정이 있는 공동체를 만들어 가겠다는 의지의 표명이었다.

여기까지의 프랑스 혁명은 영광, 감동, 환희 그 자체였다. 후대에 프랑스 예술가들은 이 혁명으로부터 영감을 얻어 각종의 수많은 걸작을 쏟아냈다.[19] 예술적 감동과 혁명의 열기는 유럽 전역으로 퍼져 나갔다. 1789년 7월 14일을 기리기 위해서 이듬해 1790년 7월 14일에 진행된 혁명 기념 축제는 감동 그 자체였다. 오랜 기다림 끝에 인간 존엄성과 자유·평등·우애를 구현하는 천년왕국이 마침내 도래한 것과 같은 메시아적 즐거움과 기쁨을 만끽한 순간이었다. 명실상부하게 국민적 통합이 이루어졌고, 감동이 절정을 이루었으며, 모두가 하나가 되는 기적을 연출하였다.

프랑스 혁명은 신으로부터 독립해서 독자적으로 사고하고 행동할 수 있는 인간의 탄생을 알렸다. 정치가 종교로부터 해방되어 세속화되는 과정의 출발이었다. 그러나 가톨릭교회의 특권

19) Pascal Dupuy, "The Revolution in History, Commemoration, and Memory", Peter McPhee(ed.), *A Companion to French Revolution*(2013), p.496.

을 부정한 것이지, 신 자체를 부정한 것은 아니었다. 프랑스 혁명의 거두 당통(Danton)은 고통 속에서 새로운 세상을 꿈꾸는 것은 나쁠 것이 없다고 봤다. 로베스피에르는 가톨릭교회가 혁명에 장애는 될 수 있지만, 이미 혁명이 적절한 조처를 했기 때문에 무신론자들이 주도한 '비그리스도교화(dechristianization) 운동'에 동조하지 않았다.[20] 이런 점에서 프랑스 혁명은 신을 부정한 마르크스주의나 사회주의 혁명과 근본적으로 달랐다.

사실 보이지 않는 신을 과학적으로 부정하기란 용이하지 않다. 이 문제에 대해서 계몽주의는 종교와 신을 개인적 양심의 문제로 돌림으로써 해법을 찾았다. 이후 많은 나라가 정교분리를 통해서 신과 인간이 공존할 수 있는 여지를 찾았다. 그렇지만 과정은 순탄하지 않았다. 당시 프랑스에서는 가톨릭교회와 왕실 그리고 앙시앵 레짐을 동일시하는 시각이 지배적이었다. 이런 분위기를 반영해서 교회 개혁은 정교분리와 가톨릭교회의 특권적 지위를 부정하는 방향으로 이루어졌으며, 교회와 성직자를 겨냥한 법안이 대거 쏟아져 나왔다. 이에 가톨릭교회가 반발하자, 종교적 관용이 사라지고 교회에 대한 야만적인 공격이 벌어졌다.[21]

방데(Vendée) 전쟁이 일어난 1793년은 공포정치와 비그리스도교화 운동이 절정에 달하던 시기였다. 비그리스도교화 운동 동안 자코뱅 세력은 파괴된 사회의 재건을 위해 기존의 그리스도교를 대체할 시민종교를 전파하는 데 주력했다. 피에르 쇼메트(Pierre Chaumette)는 1793년 11월 10일 노트르담 대성당에서 이

20) Behr(2015), p.61.

21) Dale Van Kley, "The Ancian Regime, Catholic Europe, and Revolution's Religious Schism", Peter McPhee(ed.), *A Companion to French Revolution* (2013), pp.123~141.

성 숭배 예식을 치렀고, 혁명 정부는 파리의 모든 성당을 이성의 성전으로 전환한다고 선언하였다. 또한 여러 선전지를 통해 새로운 시민종교의 전파에 주력했다. 이런 대안적인 시민종교의 선전과 보급 시도는 1794년 그 주동자인 쇼메트와 자크 에베르(Jacques Hébert)가 처형됨으로써 막을 내렸다. 방데 전쟁은 이러한 대안적 시민종교를 보급하고 전파하려는 혁명 세력의 시도가 실패했으며 민중 속에 뿌리내린 종교적 신심을 억압하고 인위적으로 변경하려는 시도가 성공할 수 없음을 보여 준 사건이었다.[22)]

종교적 특권을 부인했지만 프랑스 혁명 자체는 종교적 성격이 강했다. 국경과 국적을 넘어 모든 나라의 사람들이 누구나 시민이 될 수 있는 정신적인 조국을 만들어 냈다는 점에서 몇몇 종교 혁명과 유사하였다.[23)] 혁명은 인간이 지닌 선천적인 종교성을 반영하듯이 하나의 새로운 종교가 되었다. 그리고 유럽 대륙은 물론이고 식민지까지 급속도로 확산되어 나갔다. 천년왕국운동과 유사하게 절대적 믿음에 근거해서 권력 장악에는 성공했지만, 약속된 천국이 쉽사리 세속 세상에 뿌리내리지 못했다. 그렇지만 혁명의 정당성에 대한 절대적인 믿음은 종교 혁명과 다르지 않았다.

영국의 저명한 문화역사학자 도슨(Dawson)은 프랑스 혁명을 일종의 종교적 혁명이라고 보았다.[24)] 종교가 사라진 영적인 공백 상태를 혁명 이데올로기로 메우려는 시도였다. 종교 대신에 이성을 신으로 만들고, 이성종교를 만들어 숭상하였다. 이성종교는

---

22) 조현진, 「프랑스 혁명과 종교의 관계, 그 새로운 이해를 위하여」, 『가톨릭평론』 24(2019), 177~178쪽.

23) A. 토크빌, 『앙시앵 레짐과 프랑스 혁명』, 이용재 옮김, 박영률출판사, 2006, 22~25쪽.

24) Cf. Dawson(1972).

여타 종교와 마찬가지로 권위를 독점하려고 했으며, 이견을 용납하지 않았다. 인간은 신을 위해 바쳐진 제물과 같이 혁명의 제단에 올려졌다. 프랑스 혁명은 신의 뜻이나 도움 없이 인간의 이성과 열정만으로 과연 세상을 근본적으로 바꿀 수 있을지 가늠할 수 있는 시험대였다.

3.2. 짙은 신의 그림자

프랑스 혁명은 신을 부정하지 않았을 뿐만 아니라, 처음부터 신의 짙은 그림자 속에서 구상되어 발전한 것이었다. 루소와 로베스피에르는 프랑스 혁명에 가장 강력하고 지속적인 영향을 미친 대표적인 인물들이다. 신이 주도한 세계와는 완벽한 단절을 내세우고 혁명에 임했지만, 대표적인 설계자였던 루소와 로베스피에르의 사고 속에는 신의 색채가 짙게 담겨 있다.

가. 루소

프랑스 혁명에서 가장 상징적 인물이 루소였다. 자신의 저술을 통해서 계몽사상과 사회 혁명에 대한 이상을 온 세상에 확산시켜 집단적 누미노제를 불러일으켰다. 계몽주의 사상은 계몽주의 종교가 되었으며, 많은 사람의 열정, 믿음, 충성을 불러일으켰다. 그렇지만 그는 계몽주의 세계의 이단아였다. 출신이 대중적이었고 또 프로테스탄트 성향이 강했다. 그러다가 우연한 기회에 개인적 누미노제를 통해서 평범한 지식인에서 새로운 세계의 도래를 알리는 메시아로 변신하였다. 사회계약이란 개념을 만들어 냈으며, 새로운 세상을 인간들의 노력으로 만들어 갈 수 있다는 메시지를 던졌다. 사람들이 경험하는 고통은 세상이 나빠서이지 인간이 죄를 저지른 결과가 아니었다. 문명 세계나 물질적 세계는 불평등과 차별을 고착시키고, 인간을 불행하게 만든다. 따라서 신이 만든 자연으로 돌아가면 모든 문제가 간단하게 해결된다. 만약 그것이 여의치 않으면 계약을 통해서 따뜻한 공동체를 새롭게 만들면 된다. 그의 분석과 처방은 간단명료하고 감동적이며 열정을 불러일으켰다. 이제 남은 것은 실천을 위한 행동뿐이었다.

많은 계몽 사상가들이 혁명이 숙성될 수 있는 지적 환경을 제공하였지만, 프랑스 혁명과의 직접적인 연관성은 루소에게서 가장 확실하게 찾을 수 있다.[25) 『사회계약론』(*Social Contract*)에서 루소는 "인간은 자유롭게 태어났으나 모든 곳에서 사슬에 매여 있다"라는 유명한 문장으로 시작해서, 인간은 사슬에 묶여 있을 필요가 없으며 "자연으로 돌아가라"라는 주장으로 나아갔다. 『에밀』(*Emile or On Education*)은 종교를 부정하고 반란을 부추긴다는 이유로 금서가 되었고, 루소에 대한 체포영장도 발부되었다. 이와 같이 루소는 기성 질서와 제도를 철저하게 부정하면서 근본적인 사회 개혁을 주장하였다. 이렇게 루소는 계몽주의의 신과 같은 존재였지만, 그 역시 신의 특별한 관심과 보살핌 속에서 지적으로 성장하였다.

그는 여타 계몽 사상가와는 달리 의지와 감정을 중시하였고, 자연을 강조하면서 반(反) 문명성을 보이기도 하였다. 인간에게 가장 소중한 것은 자신이 느끼기에 올바르다고 생각하는 것이라

25) 이런 주장에 대해서는 참조: 김홍종, 「계몽사상과 프랑스혁명: 루소를 중심으로」, 『역사와 담론』 88(2008), 379~413쪽.

고 주장하였다. 소위 말하는 양심이 바로 그것이다. 양심은 속일 수 없지만 이성은 다양한 방법으로 조작되고 왜곡될 수 있다고 보았다. 예를 들어, 교회와 같이 영향력이 큰 집단들은 자신들의 사악한 목적을 달성하기 위해서 인간들의 이성을 희생시켰다. 루소는 신을 부정하지 않았고, 영혼의 불멸성을 믿었다. 또한 선과 악은 본질적으로 다르다는 확신도 가지고 있었다. 그의 일반의지 개념은 초월적 존재의 의지와도 친화성이 엿보이며, 아울러 누미노제와 사회변혁 사이의 숙명적인 연관성도 느껴진다.[26] 이런 독보적인 가르침을 통해서 계몽주의 세계의 대표 주자가 되었다. 대중들의 마음에 크게 어필하였기 때문에 사람들은 지도를 받기 위해서 볼테르가 아니라 루소를 찾기 시작하였다. 그는 새로운 시대의 정신적인 지도자였으며, 혁명적 이상주의의 사상적 원천이었다. 루소로부터 자유주의뿐만 아니라 사회주의와 무정부주의가 태동하였다.

루소에게서 처음으로 민주주의가 단순한 정부 형태가 아니라 새로운 삶의 방식이고, 사회정의와 우애 있는 세상에 대한 비전이고, 바로 하느님의 나라가 이 땅에 이루어진 셈이 되었다. 그가 주창한 혁명은 정치적·경제적인 것이 아니라 영적이고 정신적인 것이었다.[27] 부르주아, 자본주의, 상업 등에 반감을 가졌으며, 소박하고 자연스럽고 우애가 넘치는 세상을 동경하였다. 하느님의 손길이 진하게 느껴지는 공동체를 마음속에 그렸다. 고통받는 대중들의 심금을 울리고 이상적인 공동체에 대한 낭만과 향수를 자극하였다. 물질을 배격하고 가난한 자와 공감하는 매우

26) Dawson(1972), p.32.
27) Dawson(1972), pp.32~33.

영성적인 가르침을 전달한 것이었다. 물질은 사람들이 좋아하지만 감동은 없다. 그러나 루소의 가르침에는 진한 감동이 있었다. 종교처럼 현실감은 떨어졌지만, 이런 종교성으로 인해 많은 추종자를 만들어 낼 수 있었다.

루소의 짙은 종교성은 그의 개인적 누미노제를 통해서 형성되었다. 1770년에 완성한 『고백록』(*Confessions*)에 자신이 1749년 훗날 계몽주의를 대표하는 친구 디드로를 만나러 뱅센 감옥으로 가다가 겪은 신비스런 경험에 대해서 이야기하고 있다.[28] 『머큐리』(*Mercury de France*)란 잡지에서 디종시 학술원(Dijon Academy)이 '학문과 예술의 부흥은 도덕의 개선과 고양에 기여했는가?'라는 주제로 현상 논문을 공모한다는 신문 기사를 읽는 순간, 그는 "새로운 세상을 만나고 완전히 다른 사람이 되었다"라고 고백하였다.[29]

> 불현듯 떠오르는 영감이라는 것이 있다면, 바로 그걸 읽었을 때 제 안에서 일어난 움직임이 그런 것이었습니다. 갑자기 수천 개의 빛으로 정신이 아득해졌고, 온갖 생생한 생각들이 한꺼번에 혼란스럽게 맹렬한 기세로 밀려와 저는 뭐라고 표현할 수 없는 동요에

---

28) Aubrey Rosenberg, "The Role of Providence in Rousseau's Revelation on the Road to Vincennes", *Man and Nature* 6(1987), pp.35~44.

29) 이 경험은 그가 프랑스의 귀족이자 당시 서적 검열관이었던 『말제르브에게 쓴 네 개의 편지』(*Four Letters to M. de Malesherbes,* 1762) 중 두 번째 편지에 자세하게 묘사되어 있다. 루소가 말제르브에게 이 편지들을 쓴 것은 가까이 지내던 볼테르, 디드로, 달랑베르 등 당대의 대표적 지식인들과의 우정이 깨지고, 두드토 백작부인과의 사랑도 파탄에 이르고, 설상가상으로 후원자였던 데피네 부인과 사이가 틀어져 자신이 은거해 있던 '에르미타주'를 돌려주어야 했던 불행의 시기였다. 장 자크 루소, 『고독한 산책자의 몽상 말제르브에게 보내는 편지 외』, 진인혜 옮김, 책세상, 2013, 172쪽.

빠졌습니다. 〔…〕 길가의 가로수 밑에 그대로 쓰러져 버렸습니다. 그렇게 심한 흥분상태로 삼십 분이 지나고 정신 차려보고, 저고리 앞자락이 온통 눈물로 젖어 있더군요. 눈물을 흘리는 것도 느끼지 못했는데요. 오, 그 나무 밑에서 제가 보고 느낀 것의 4분의 1만 글로 쓸 수 있었더라면 사회체제의 모든 모순을 아주 명쾌하게 보여 줄 수 있었을 텐데요. 우리 제도의 온갖 남용을 아주 효과적으로 폭로하고, 인간은 천성적으로 선하며 사람들이 사악해지는 것은 오직 그 제도들 때문이라는 것을 아주 간단하게 증명해 보일 수 있었을 텐데요.[30)]

그가 명백히 인정한 바는 없지만 사도 바울이 다마스쿠스 방문 길에 밝은 빛을 보고 나서 예수의 음성을 들은 것과 유사한 체험을 한 것이었다. 루소는 기성 사회의 문제와 새로운 사회에 대한 비전을 계시로 받았으며, 그중 극히 일부만이 글로써 표현되었다고 기술하였다. 『학문 예술론』(*Discourse on the Arts and Sciences*), 『사회계약론』, 『에밀』이 바로 그것이었으며, 이들 세 저작은 서로 분리될 수 없는 하나의 총체를 이루고 있다. 그는 신비한 체험을 통해서 의도치 않게 거의 자기 뜻에 반해서 저술하게 되었다고 고백하였다. 루소는 자신이 많은 고난을 겪고 새로운 깨달음에 이른 것은 '신이 그로 하여금 인류를 개혁할 신성한 임무를 수행하라고 선택한 것'이라고 생각하였다.[31)] 말제르브(Malesherbes)에게 쓴 네 번째 편지에서 자신이 사회 및 정치 개혁에 관심을 갖는 이유를 모든 사람을 두루 이롭게 만들기 위함이지 소수를 위한

30) 루소(2013), 172쪽.
31) Rosenberg(1987), p.36.

것이 아니라는 점을 분명하게 했다.[32] 이런 연유로 그는 평생 개인적 영달을 위해 정치적 음모에 연루되거나 붕당에 가담한 일이 없었다.

루소의 나무 밑 30분의 경험과 이후 의도치 않은 작가로의 데뷔는 개인적 차원의 누미노제를 통해서 인격 변화가 일어났고, 인류가 필요로 하는 저서를 집필함으로써 보편적 실천을 하게 되는 전형적인 누미노제의 사례였다. 저명한 인류학자 레비스트로스(Lévi-Strauss)도 로위(Lowie)의 저서 『원시사회』(*Primitive Society*)를 처음 읽고 같은 경험을 한 바 있다. '예수회'(Jesuits)를 창립한 성인 '이냐시오'(Ignatius of Loyola)나 대 철학자 데카르트(Descartes)와 파스칼(Pascal) 또한 이와 유사한 신적 경험을 하였음을 고백하였다.[33] 누미노제 이후 루소는 재능 있는 음악가에서 위대한 정치 사상가로 대변신을 하게 되었다. 그리고 10년 남짓한 기간 동안에 인류에 남을 일련의 역작을 내놓았다.

1750년 자기 생각을 정리하여 『학문 예술론』을 발표했고, 이것이 논문 공모전에서 일등상을 받았다. 요지는 문명이 많은 이점을 가져온 것은 사실이지만 동시에 인간에게 파괴적 영향을 미쳤다는 것이었다. 그리고 1755년에는 『인간 불평등 기원론』(*Discourse on the Origin and Basis of Inequality Among Men*)을 썼으며, 뒤이어 1762년에는 『사회계약론』과 『에밀』을 출간하였다. 이후 그는 회고록을 집필하거나 당시 화제가 되었던 『사회계약론』이나 『에밀』과 관련된 질문에 대한 답변하는 정도의 학문적 활동을 하는 데 그쳤으며, 더 이상 새로운 아이디어가 제시된 바 없었다.

32) 루소(2013), 183쪽.

33) Rosenberg(1987), p.43.

그는 근대적인 사유재산제가 인간들의 사회적 불평등의 기원이라고 주장함으로써 마르크스주의의 사상적 기초를 제공하였다. 재산 축적에 집착함으로써 개인의 행복은 물론이고 공동체가 파괴되며, 자아가 모든 행위와 판단의 기준이 된다. 그러나 자연으로 돌아가 공동체적인 사고와 삶을 영위할 경우 인간 사회의 모든 불행이 사라질 것이라고 주장하였다. 이런 점에서 루소는 공동체주의자였다. 만약 자연 상태로 돌아가는 해법이 여의치 않을 경우에는, 사회계약을 통해서 정당한 지배가 가능한 국가를 만들어야 하였다. 그 기초는 전체 국민의 자유로운 동의에 있으며, 이것이 바로 사회계약을 통한 일반의지의 도출이었다. 개인들이 보유하는 일체의 권력을 공동재산으로 간주하고, 이를 일반의지에 종속시켜야 하였다. 그래야 개인은 자연인이 아니라 시민이 될 수 있으며, 그에 상응한 정치적 자유를 갖게 된다. 루소는 자연 상태로 표현되는 공동체나 공화제적인 민주 국가를 인류가 앞으로 나아가야 할 미래로서 제시하였다. 실제로 그의 사상은 신대륙 미국에서 꽃을 피웠다.

루소가 가장 좋아하는 단어는 자연이었다. 인공이 가미되지 않은 원래 상태로서 인간도 순수하고 선한 상태이다. 그러나 사회, 문명, 근대적 제도가 이런 인간성을 망쳐 버렸다. 그는 공동체를 통해 원상을 회복하려는 야심 찬 지적 프로젝트를 추진하였다. 공동체는 서로 존중하는 평등한 인간들의 결합이며, 법에 따라 공동선을 증진하는 방향으로 운영되는 가장 좋은 사회에 대한 비전이다.[34] 정의롭고 인간적인 공동체가 구현되기 위해서는 위

---

34) Nicholas Dent, *Rousseau,* Routledge, 2005, pp.123~159.

정자들이 '사회정신'(social spirit)을 공고하게 발전시켜야 한다. 루소는 사회정신과 시민 의식을 함양시키는 데 문화와 종교가 중요하다고 보았다. 그러나 문화나 전통은 퇴행적인 측면이 있기 때문에, 특히 종교의 역할을 강조한다.

종교는 시민의 덕성이고 공동체 사랑의 원천이 될 수 있으며, 이를 위해서 종교가 '시민종교'(civic religion)로 거듭나야 한다고 주장하였다. 종교가 없는 상태보다는 관용적이고 올바른 시민종교가 있는 것이 사회를 위해서 더 좋다. 사회는 계약만으로 유지될 수 없고, 좋은 정서나 감정 그리고 열정이 필요하다. 만약 위정자들이 사적 이익을 추구하고 일반의지를 무시한다면, 그것은 바로 사회정신 혹은 공동체 정신이 박약하기 때문이다. 자유와 자연을 중시하는 루소가 공동체 정신과 일반의지를 강조하는 것은 개인에서 전체로 나아가는 과정이 자발적이고 자유의지에 근거해야 함을 의미하는 것으로 해석할 수 있다.

루소에게 혁명은 훼손된 일반의지를 복원하는 과정이다. 따라서 필요가 있을 경우 마땅히 일으켜야 하는 당위적인 것이었다. 이로써 프랑스 사회와 정치를 근본적으로 변화시키기 위한 사상적 기반이 마련된 셈이었다. 프랑스 혁명은 루소가 죽은 지 11년이 지난 1789년에 발발하였다. 혁명을 촉발한 대중적 계몽 상태를 '신 없는 누미노제'라고 부를 경우, 루소는 신과 같은 존재였다. 그의 앙시앵 레짐 비판은 프랑스인들에게 새로운 각성이요 자극이었다. 프랑스 혁명의 주요 국면마다 루소의 이름과 이론이 소환되었으며, 그때마다 어김없이 대중들의 내면으로부터 강력한 변혁의 에너지를 분출시켰다.

인권선언문의 중요 부분은 루소가 여전히 생존하면서 『사회계약론』에 근거해서 직접 쓴 것으로 착각할 정도로 유사성이 높았다. 그가 누차 강조한 '정의롭고 인간적인 사회'에서 구현되어야 할 '자유·평등·우애'가 프랑스 혁명이 지향하는 상징적인 가치가 되었다. 루소는 정치를 세속화시키는 것만으로는 사회 질서나 국가의 존립을 보장할 수 없다고 인식하였다. 원자화된 개인들로 구성된 민주주의 사회는 질서 유지와 결속력 강화에 취약할 수밖에 없었다. 인간은 종교가 없이 살 수는 없으며, 정치적 역할을 다한 그리스도교를 대체해서 신이 아니라 시민이 주체가 되는 시민종교를 설립해야 한다고 주장하였다. 이런 생각은 미국과 프랑스 혁명의 지도자들이 공유하는 바였다.

루소는 프랑스 혁명의 영웅들을 모시는 '팡테옹'(Pantheon) 신전에 당당하게 안장되어 있다. 팡테옹에 최초로 모셔진 인물은 혁명 당시 국민회의 의장을 지낸 미라보(Mirabeau) 백작이었다. 1791년 그가 죽자 '국민위병'(National Guard)까지 동원된 거국적인 장례식이 치러졌다.[35] 이후 팡테옹 안장식은 성대한 국민적 행사가 되었다. 혁명 이전에 죽은 사람들은 극소수 예외적으로 포함됐는데, 볼테르와 루소가 대표적이다. 볼테르 유해를 이장하는 행사가 1791년 열렸을 때, 그것은 하나의 성대한 국가적 축제였다. 국민적인 열기 또한 대단하였다. 루소의 유해 또한 국민적 찬사를 받으며 1794년에 이장되었다.[36] 신이 뒤로 물러선 자리를 국민적 영웅들이 대신하고 나선 셈이었다. 루소는 그중에서도 압권이었다. 그의 유해를 담은 관 위에는 『사회계약론』이 놓여 있

35) 미라보는 루이 14세로부터 뇌물을 받았다는 이유로 로베스피에르가 나중에 팡테옹에서 퇴출시켰다.

36) Jonathan I. Israel, *Radical Enlightenment: Philosophy and the Making of Modernity 1650-1750,* Oxford University Press, 2005, pp.715~8.

다. 루소 없는 프랑스 혁명은 상상하기 어렵다.

나. 로베스피에르

로베스피에르는 프랑스 혁명을 주도한 정치가요 혁명가로서 계몽주의자였다. 도덕에 바탕을 둔 이상사회를 구현하기 위해서 공포정치를 펼치다가 테르미도르의 반동에 의해 실각하고 36세의 나이에 단두대에서 처형되었다. 로베스피에르는 혁명의 대표적 아이콘이자 악당으로서 평가는 극명하게 갈린다. 한편에는 계몽주의자로서 절도 있고, 자기희생적이며, 민중의 입장에서 진정성 있게 개혁을 추진하면서, 혁명을 강력한 도전으로부터 구하고 안정시킨 순교자라는 평가가 있다. 다른 한편에서는 냉혈한 독재자이고 피에 굶주린 야수라는 시각이 존재한다. 로베스피에르에 대한 사실에 근거하지 않은 기록들이 많고, 또 그가 일반적인 혁명가와 달리 형이상학적 측면에 크게 관심을 가졌기 때문에 객관적인 평가가 어렵다.

그렇지만 분명한 것은 혁명가로서의 역정에서 신의 그늘에서 벗어난 적이 없는 계몽주의자였다는 점이었다. 로베스피에르가 당시 유행하던 계몽사상의 무분별한 세속화 추세를 거부하고 오히려 도덕과 신앙심을 옹호하였다는 점이 흥미롭다. 그의 숭고한 이상에 대한 신념에는 진정성이 있었으며, 나름대로 일관된 사상 체계를 가지고 자코뱅파의 정신에 커다란 영향을 미친 인물이었다. 사형제를 양심에 따라 반대한 철저한 도덕주의자이지만 자기 확신이 지나쳐서 많은 반대자를 단두대로 보낸 냉혈한이었다. '스파르타식 미덕'(Spartan virtue)에 매료되어서, 이를 구현하기 위한 시민종교를 만들어서 스스로 교주가 되었다. 여기서 그치지 않고 국가 권력을 동원해서 믿음을 강제로 주입시키려고 시도하였다. 그리고 믿음을 거부하는 사람들이나 교리에 도전하는 비판자들은 철저하게 응징하였다.

로베스피에르는 도덕의 주관자로서 최고 존재(Supreme Being)라는 개념에 주목하였다. '최고 존재'는 17세기 이래 유럽의 식자층에서 유행한 자연종교의 개념으로서 자연의 이치 혹은 자연법 자체인 동시에, 궁극적인 덕과 정의를 주관하는 신성(deity)을 의미한다. 일반적으로 '덕'(virtue)은 공적인 도덕이고, 도덕(moral)은 사적인 덕목을 의미한다. 그러나 로베스피에르는 양자를 구분하지 않고 혼용하고 있다. 나라와 법에 대한 사랑은 사적 도덕의 함양에 도움이 되며, 거꾸로 사적 도덕은 사회에 파급되어 공적 미덕을 수립할 수 있다고 보았다.[37] 이런 인식이 국가가 개인의 성품과 도덕을 함양해야 한다는 결론으로 이어져서, 종국에는 국가가 개인에게 양심과 도덕을 강요하는 일이 벌어지고 말았다. 그는 도덕과 덕성이 충만한 이상사회를 만들겠다는 목표를 가졌다. 인간이 생각할 수 있는 가장 완벽한 사회였다. 그는 혁명을 단순한 권력 탈취를 통한 사회 개혁으로 보지 않았으며, 메시아적 신념과 열정을 가지고 새로운 세상을 여는 것으로 보았다. 이런 측면에서 혁명은 종교적인 것이었다.[38]

이를 위해서는 정치적 신념을 종교적 신념과 일치시킨 하나의 총체적인 이데올로기로 만들어야만 한다고 주장하였다. 그래야 사람들이 혁명에 대한 절대적인 믿음을 가질 수 있고, 개인적인 안정감과 행복도 느낄 수 있는 것이었다. 그의 결론은 이 모든

37) 김경근, 「로베스피에르의 도덕과 종교관」, 『서양사론』 115(2012), 13쪽.
38) Dawson(1972), p.90.

것이 가능하기 위해서는 사람들이 신을 믿어야 한다는 것이었다. 그렇다고 로베스피에르가 자신의 증오 대상이었던 가톨릭 성직자들과 교회를 복권시킬 수는 없는 노릇이었다. 따라서 타협책으로서 그는 그리스도교 신앙의 전례나 의식을 제거한 새로운 형태의 종교를 만들려고 하였다. 의식이나 외양보다는 신과의 내면적인 교류와 소통을 중시하는 내향적이고 성찰적인 종교를 구상하였다.

로베스피에르에게 종교란 사적으로 개인의 가장 가까운 곳에서 영혼과 양심을 지켜 주는 동반자인 동시에, 공적으로 사회의 도덕을 함양시켜 줄 수 있는 유용한 수단이었다. 또한 종교는 정치적으로 사회적 단결을 고취함으로써 혁명기의 혼란을 해소해 줄 수 있는 순기능을 가졌다. 그러나 낡은 종교는 폐해만 컸기 때문에, 새로운 종교가 필요하다고 역설하였다. 그에게 새로운 종교는 이성종교였으며, 이는 계몽주의자로서 당연한 논리적 귀결이었다.

로베스피에르는 신을 한낱 인격신으로 보는 그리스도교와 미신을 비판하면서, 신을 우주 전체를 관통하는 하나의 통일된 원리 혹은 일자(一者, the One)라고 간주하였다. 이런 인식에 근거해서 당시 완고한 무신론자이자 기계론적 유물론자인 에베르와 충돌하였다.[39] 로베스피에르는 프랑스와 같이 종교적인 나라에서 종교가 아직 인민의 마음에 두루 자리하고 있는 상황에서 종교를 공격하는 것은 혁명에 유리할 것이 없다는 현실적인 판단을 하고 있었다. 그는 헐벗고 힘든 사람들이 의지할 곳이 없기 때문에 종

39) Dawson(1972), pp.84~86.

교를 가장 필요로 한다고 보면서, 무신론을 귀족적이며 반인민적이라고 비판하였다. 만민이 하나의 종교를 믿을 경우 진정한 평등을 달성할 수 있을 것으로 기대하였다. 따라서 혁명과 종교는 상호 배타적이 아니며, 단지 바른 종교가 필요할 뿐이었다. 따라서 에베르가 주도한 '비그리스도교화 운동'이 혁명의 장애물을 제거하는 것이 아니라 그 자체가 혁명의 장애물이라고 비판하였다.[40)]

로베스피에르는 루소의 가르침을 따라서 시민종교를 만들었다. 루소는 『에밀』에서 "우주를 움직이고 만물에 질서를 부여하는 이러한 존재를 나는 신이라 부른다. 〔…〕 내 마음속에서는 인류를 만든 창조자에 대한 감사와 자비로운 신성에 대한 존경심이 생겨난다. 그것은 자연 자체가 나에게 부과한다"라고 하였다.[41)] 루소의 자연종교는 우주와 자연에 나타난 질서와 조화를 보면서 그것을 만들어 낸 전능하고 지성적인 존재가 있음을 인정하였다. 마찬가지로 로베스피에르는 인간 사회 또한 신이 만들어 놓은 것처럼 유기적으로 잘 돌아가기 위해서는 도덕 질서가 필요하며, 만약 인간이 도덕을 발휘하지 않는다면 사회는 혼란과 무질서에 빠질 것이라고 주장하였다. 신이 인간을 창조하였기에, 당연히 신이 창조한 인간의 본성에는 도덕을 지향하는 마음인 '양심'이 있기 마련이다. 따라서 인간이 신을 생각하고 숭배하는 것은 신이 부여한 양심에 따라서 도덕적 생활을 하는 것을 의미한다. 그리고 이런 도덕을 모두가 공유함으로써 사회적 유대가 형성된다. 이런 양심과 도덕의 원천이 로베스피에르에게 있어서는 '최고의

---

40) Behr(2015), p.66.

41) 장 자크 루소, 『에밀 또는 교육론 I』, 이용철·문경자 옮김, 한길사, 2007, 139~141쪽.

존재'(Supreme Being)였다.

이런 사상은 1793년 12월에 제정된 '종교의 자유를 해치는 모든 폭력과 위협을 금지'하는 법령으로 결실을 맺게 되었다. 이후 로베스피에르의 관심은 종교와 도덕의 바탕 위에서 혁명 정치를 이끌어 갈 원리를 제시하는 것으로 옮겨갔다. 요체는 덕의 정치를 바로 세우는 것이었다. 때는 혁명이 극심한 혼란에 빠졌던 시기였다. 사회 개혁의 요구, 비그리스도교화 운동, 반혁명 세력의 준동 등으로 인해 혁명 자체의 존립이 어려웠던 때였다. 로베스피에르는 종교의 정치적 역할에 주목하게 되었다. 자연종교에서 출발한 로베스피에르의 종교관이 국가가 주관하는 시민종교로 향한 것은 당연한 귀결이었다. 루소가 사회계약을 고려하면서 시민종교를 주장한 것처럼 로베스피에르 역시 덕의 공화국을 수립하고자 하면서 시민적 덕성을 함양하는 시민종교를 비켜 갈 수 없었다. 로베스피에르는 기존의 그리스도교의 저급성이 프랑스 군중의 도덕성을 파괴하였다고 비판하였다. 기존 종교를 대체하여 점차 혁명 세력과 국민을 하나로 묶는 시민종교가 필요하다고 주장하였다.

이런 인식하에 '최고 존재의 제전에 관한 법령'이 선포하였다. 제1조는 "프랑스 인민은 최고 존재의 존재와 영혼의 불멸을 인정한다"라는 것이었다. 제2조에서는 '최고 존재에 걸맞은 숭배는 인간의 의무를 실천하는 것'이라고 규정하였다. 각종 실천 방안이 제시되었으며, 그 일환으로 '최고 존재의 제전'을 개최하기로 하였다. 로베스피에르는 새로운 종교를 전파하는 수단으로 공적 교육을 고려하며 그 일환으로 국민 제전을 제안한 것이었다. 1794년 6월 8일 국민공회 의장으로서 로베스피에르는 튈르리 공원에서 최고 존재를 기리는 제전을 벌였다. 그는 산과 암석 동굴, 가시덤불 등 자연의 풍광으로 장식한 샹 드 마르스 광장의 연설에서 최고 존재의 업적을 기렸다. 압권은 프랑스 온 국민 이천오백만 명이 형제요 자매이며 하나의 거대한 가족이란 생각을 확인시키기 위해서, 동트기 전에 마음과 목소리를 하나로 합쳐서 모두의 아버지인 최고 존재를 향해서 우렁차게 외치는 의식이었다. 기괴하면서도 장관이었다. 이 제전에 대해서 비판의 목소리도 있었지만 대중들 사이에서 나름대로 인기가 있었다.

그러나 이것은 순수한 종교적 행사가 아니라 정치적 목적에서 개최된 것이었다. 자신의 총체적 역량을 극대화하기 위해 치밀하게 만들어진 시도였다.[42] 이 '최고 존재의 제전'은 그를 엑스터시의 상태로 고양시켰으며, 혁명과 자신이 하나라고 착각하도록 만들었다. 그는 그리스도교를 비판하였지만, 진정한 사랑을 추구하지 않았다. 폭력을 포기하고 관용과 이해를 설파하지 않았다. 오히려 비판자들을 억압하는 구실로서 작용하였다. 그들과의 싸움에 집착함으로써 혁명에 대한 도전과 비판으로부터 피난처를 찾고자 하였다. 종교적 관용을 이야기하면서 자신의 종교에 대한 도전은 용납하지 않았다. 그의 정치적 의도를 간파한 적들은 '최고 존재의 제전'을 로베스피에르를 공격하기 위한 호재로 활용하였다. 기왕에 가톨릭 및 개신교 신자들은 그가 새로운 종교를 창설하려 한다고 비판했으며, 무신론자들은 그가 종교 세력과 야합하려 한다고 비난을 하고 있었다. 이 제전을 기화로 해서 그의 정적들은 모든 수단을 동원해서 로베스피에르를 공격하였다. 로베

---

42) Cf. Jonathan Smyth, *Robespierre and the Festival of the Supreme Being: The Search for a Republican Morality,* Manchester University Press, 2016.

스피에르는 "진리의 독재자" 혹은 "길로틴의 교황"으로 불리었다.

로베스피에르는 평생을 도덕적인 완벽함을 추구하고 살았던 인물이었다. 혁명 지도자가 되어서도 개인적으로 부를 축적하거나 도덕적으로 문제를 일으키는 사람이 아니었다. 공안위원회가 독재를 하였지만, 그는 그 안에서 권력을 독차지하지 않고 집단적으로 의사결정을 하였다. 이런 의미에서 전형적인 독재자는 아니었다. 그렇지만 그는 일종의 도덕적인 독재자였다.[43] 따라서 최고 존재의 제전은 로베스피에르에 대한 반대자들의 비판에 기름을 붓는 역할을 하였다. 이 무렵 '카트린 테오'(Catherine Théot) 사건이 발생하였다. 그녀는 신비주의자였는데 자기가 곧 새로운 메시아를 낳을 신의 어머니라고 주장하였다. 이것은 바로 로베스피에르가 바로 구세주란 의미를 함축하였다. 그녀와의 연관성이 밝혀지면서 로베스피에르는 도덕성에 치명적인 타격을 입었다. 강경파 무신론자들은 로베스피에르를 종교를 활용해서 권력 독점을 꾀한 인물로 몰아갔다. 이 '신의 어머니' 사건이 로베스피에르의 최후를 재촉하고 말았다.[44]

로베스피에르의 최고 존재 숭배는 전통 종교와 달리 기도나 찬송처럼 신의 보호를 갈구하는 수단이 결여되어 있었다. 그러나 신의 존재와 영혼의 불멸성을 인정하여 내세에서 신의 정의와 섭리가 작용한다는 것을 함축하였으며, 최고 존재는 인민을 위로하고 그 도덕성을 고취시키는 종교 본연의 역할을 수행하는 것으로 상정되었다. 이런 측면에서 천년왕국운동과 결부된 계시종교의

43) Dawson(1972), p.96.

44) Clarke Garrett, "Popular Piety in the French Revolution: Catherine Théot", *The Catholic Historical Review* 60:2(1974), pp.215-219

교리와 유사하였다. 로베스피에르는 루소를 존경한 이상주의자였다. 루소의 이론을 열렬히 추종하면서 이를 현실에서 실천하고자 하였다. 루소를 믿고 실천하는 과정에서 스스로 종교가 되었고, 자신 또한 광신도가 되었다. 아이러니하게도 이성에 대한 열정과 헌신이 가장 비이성적인 종교를 만들어 낸 것이었다. 그리고 자기가 만든 종교에 도전하는 자에 대해서는 무서운 폭력을 행사하였다. 이성에 대한 절대적 숭배가 낳은 비극이었다.

3.3. 이성 숭배의 그늘

계몽주의 혁명을 통해서 새롭게 등장한 이성은 어둠을 밝혀주는 환한 등불이었다. 그러나 혁명 과정 속에서 이성은 '신'이 되기도 하였지만, 동시에 많은 사람에게 씻을 수 없는 상처를 준 '괴물'이기도 하였다. 로베스피에르에게 최고의 존재가 바로 이성이었듯이, 프랑스 혁명에서 이성은 바로 종교이고 신이었다. 인간의 이성은 전체 이성이 개체화된 것이었다. 모든 인간이 이성을 공유하기 때문에 바로 하나인 것이었다. 그러나 이성으로 장착한 인간의 머리는 이성적이라는 것을 알았지만, 인간의 마음속에 도대체 무슨 일이 벌어지고 있는지 잘 몰랐다. 인간의 마음에 관한 본격적인 연구는 한 세기를 더 기다려야만 하였다.[45] 프로이트(Freud)는 사람 내면에 잠복해 있는 공격성을 밝혀냈고, 르봉은 이성적인 개인도 집단 속에서 쉽게 흥분하고 무책임해지며 자

45) 심리학이 철학에서 독립해서 새로운 학문 분야로 정착한 것은 1870년대라는 견해가 정설이다. 그 무렵 독일의 심리학자 빌헬름 분트가 라이프치히 대학에 최초로 심리학 실험실을 열었고, 미국에서도 심리학 연구가 본격적으로 시작되었다.

주 난폭해질 수 있다는 사실을 밝혀 냈다.

프랑스 혁명에는 인류 역사상 최초로 새로운 유형의 군중이 등장하였다. 바스티유 감옥과 베르사유 광장으로 진격한 파리 시민들은 계몽주의 누미노제를 경험한 신인류였다. 그때까지 유럽 역사에서 자주 등장했던 규모가 작고 무질서했으며 잘 훈련된 군대에 의해 손쉽게 진압되던 오합지졸이 아니었다. 자연발생적이었지만 상상을 초월할 정도로 규모가 컸으며, 목표 의식도 어느 정도 공유하고, 권력을 쟁취하기 위해 나선 집단이었다. 더구나 왕과 지배 세력이 그들의 진격을 멈출 수 없었으며, 이후 자신들이 갖고 있는 능력에 대한 각성을 통해서 무시할 수 없는 정치 세력으로 변모하였다. 이들은 정치가들에 의해 동원되거나 이용되기도 하였으며, 독자적인 생명력을 갖고 혁명 상황을 좌지우지하기도 하였다. 끊임없이 성장하고 변하는 생물이었으며, 행보를 예측할 수 없는 럭비공과 같은 모습이었다.

혁명이라는 사전에 경험하지 못한 생소하고 불확실하며 급박한 상황 속에서 군중들은 이성이 허용하는 범위를 뛰어넘는 행태를 보였다. 이성의 존재는 새로운 깨달음이었지만 현실 정치는 완전히 별개 문제였다. 지배 세력과 생사를 건 대결을 펼쳐야 했으며, 승리 이후에는 다양한 분파가 등장해서 치열하게 정당성과 권력을 둘러싼 투쟁을 벌였다. 혁명이란 상황 논리가 계몽주의 원리를 무력화시키면서 폭력 사용이나 권모술수 같은 현실 정치의 민낯이 드러났다. 사회계약과 일반의지는 독재를 정당화하는 구실이 되었고, 이성에 대한 강조는 신을 지우고 교회를 탄압하기 위한 교묘한 술책이었으며, 새로운 사회에 대한 열망은 정권욕을 감추기 위한 수단에 지나지 않게 되었다. 따라서 이성이 주도하는 혁명에 걸맞지 않은 비이성적인 수단들이 많이 동원되었다. 축제가 폭력이 난무하는 싸움터가 되었고, 미래에 대한 희망이 살육전으로 말미암아 재앙과 저주로 변하였다. 무분별한 무력 행사와 내전 그리고 전쟁이 빈발하였다. 혁명에 대한 자발적인 동조보다는 폭력적 수단을 통한 강제적인 동화가 규범이 되었다.

그러나 이런 상황은 상황 논리만으로 설명하기 어렵다. 왜냐하면 상황은 여타 혁명과 유사하게 급박하고 예측 불가능했지만, 프랑스 혁명은 계몽주의의 영향을 받아 발발한 최초의 근대적인 시민 혁명이었기 때문이었다. 상황 논리는 근대성이 수행한 역할을 완전히 부정하기 때문에 설명력이 떨어질 수밖에 없다. 우리가 대안적으로 주요 행위자인 인간에게 초점을 맞출 경우 신으로부터 자유로워진 점과 새롭게 발견한 이성에 대한 과신에 주목하게 된다. 신은 인간의 행동에 대한 궁극적인 심판자이며, 동시에 도덕의 원천이다. 주권적 존재로 다시 태어난 인간은 더 이상 신의 구속을 받지 않게 되었다. 도덕을 망각한 채 자신의 행동에 대해 스스로가 선악을 평가하는 존재가 되었다. 또한 목표 달성을 위해서라면 어떤 수단이라도 활용하는 것이 합리적이었다. 그 결과 폭력이 난무하고 분노와 증오가 만연하는 상태를 초래하고 말았다. 이것은 요컨대 '신 없는 누미노제'로부터 이미 예견된 결과였다.

더군다나 신과 마찬가지로 이성도 절대 숭배의 대상으로 삼으면서 많은 부작용이 생겨났다. 이성의 이름으로 모든 악행이 정당화될 수 있었다. 오만함, 불관용, 증오, 폭력, 강제 동화 등은 모두 이성, 특히 자신의 이성만을 절대시한 결과였다. 타자는 비이성적이고 혁명에 반대이며 따라서 척결해야 할 대상이 쉽사리

되고 만다. 무소불위의 권력을 휘두르는 기관이 혁명 세력 내에 형성되고, 이들은 반대파에 대해서 무자비하게 폭력을 행사하였다. 자신들만이 정당하고 옳기 때문에 폭력을 써서라도 상대편의 생각을 바꿔야 했으며, 혁명을 수호하기 위해서 주저 없이 폭력을 행사해야만 하였다.[46] 혁명에의 열정과 헌신이 강해질수록 폭력적이 되었으며, 위기 상황이 닥치면 더욱 폭력적이 되었다. 정당성 제고를 위해서 단기적 성과를 내려고 하면 할수록 강압과 폭력에 더욱 의존적이 되었다. 이런 연유로 초기에 헌법을 제정하는 단계에서는 폭력이 간헐적이고 규모가 작았다. 그러나 점차 강도가 세지고 규모가 커졌다. 그리고 공포정치 단계에서는 혁명 자체가 폭력이 되었다. 그리고 마지막 단계에서는 폭력을 통제하기 위해 폭력이 동원되었다. 그 결과 프랑스 혁명은 근대 정치 역사상 가장 피를 많이 본 사건이었다. 폭력은 정치적 타락이었으며 역사의 오점이었다.

더 큰 문제는 집단만이 아니라 국가마저도 폭력 행사의 주체였다는 점이다. 국가 폭력의 체계화가 벌어졌다는 점이다. 좋은 뜻으로 시작한 혁명이 비극으로 끝난 결정적인 계기는 공포정치였다. 기왕에 바스티유를 습격한 군중들이 드 뢰네의 우유부단함에 인내심이 바닥이 나서 성급하게 그의 목을 친 순간부터 폭력 사태는 예고된 것이었다.[47] 1792년 9월 무장봉기 동안에 폭력은 걷잡을 수 없는 상태에 빠졌으며, 결국 1793~1794년 사이에 국가에 의한 공포정치가 행해졌다. 국가에 의해 제도화된 폭력 행

46) Timothy Tackett, *The Coming of Terror in French Revolution,* Belknap Press, 2015, p.343.

47) Behr(2015), pp.54~55.

사나 행사 위협이 만연하게 되었다. 복수가 복수를 부르고, 피가 피를 부르는 혼란 상태가 계속되고 말았다. 혁명에 대한 도전 세력들이 준동할수록 두려움이 커졌으며, 그럴수록 무차별한 폭력이 혁명의 이름으로 가해졌다. 폭력을 휘두르는 무산 하층 시민 '상퀼로트'(Sans-culotte)들을 우상화하는 현상도 생겨났고, 폭력 자체가 혁명의 꽃이나 자유와 평등의 영혼으로 칭송되기도 하였다. 결국에는 폭력이 존경받고 명예스러운 행위가 되는 지경에까지 이르렀다.

영국의 보수주의 정치철학자 버크(Burke)는 명저 『프랑스 혁명의 성찰』에서 프랑스 혁명을 굶주린 대중이 유산자들의 재산을 빼앗은 일종의 폭동으로 보았다.[48] 그에 따르면 혁명 세력은 옛날부터 현재까지의 모든 것을 파괴하는 과오를 범했고, 범죄를 저질러 빈곤을 샀다. 왕권의 속박에서 풀려난 대중들은 예절을 난폭하게 파괴하고, 불행한 타락을 모든 계층에게 확산시켰다. 그는 영국이 명예혁명으로 전통과 문명을 유지하면서 점진적으로 자유민주주의를 정착시킨 반면, 프랑스는 혁명을 통해서 무지하고 오만한 군중이 전통과 문명을 파괴하였다고 대비시켰다. 또한 변화는 필요하지만 속도 조절이 필수적이며, 헌정 질서를 유지하는 선에서 이루어져야 한다고 강조하였다. 그는 전통적이고 공동체적인 기존 제도를 과격하게 파괴하면 무정부 상태를 초래하고, 군사적 독재자의 출현을 보게 될 것이라고 경고하였다. 추상적 가치는 정열만 불러일으킨다. 통제되지 않은 정열은 폭력을 수반한다. 이로 인해 질서 유지가 중요해지면 혁명에 대한 반동

48) 에드먼드 버크, 『프랑스 혁명에 관한 성찰』, 이태숙 옮김, 한길사, 2008.

이 일어난다. 인간이 이성을 절대시해서 신처럼 행동하려고 하면, 머지않아 악마처럼 행동하게 될 것이라고 예견하였다.

역사학자 샤마(Schama)는 프랑스 혁명 200주년이 되던 해에 출간한 책에서 '인간과 시민의 권리선언' 자체가 구체제와 피를 부르는 싸움을 예고하고 있었다고 주장하였다.[49] 진보에 대한 열정과 낙관으로 시작된 혁명이 비극으로 끝나고 만 것이었다. 폭력이 난무하고 공포가 지배하였으며, 많은 사람의 삶이 오히려 더 힘들어졌다. 변화를 희구했지만 내용은 그다지 근대적이지 않았다. 미래에 대한 구체적인 청사진이 없었을 뿐만 아니라, 이를 실현할 새로운 계급도 등장하지 않았다. 그냥 구체제를 청산하려는 파괴적인 측면만 두드러졌다. 집단적 폭력성은 근대성을 지향한 것이 아니라 오히려 사회가 변하는 것에 대한 불안과 불만의 표현이었다. 심지어는 안정적인 전통 사회에 대한 향수를 반영한 측면도 있었다. 혁명을 통해서 얻은 것은 그저 욕망과 폭력성을 표출할 수 있는 자유뿐이었다. 자유에 상응하는 인격 변화가 뿌리내리지 못했기 때문에 벌어진 일이었다.

4. 공동체 변혁

4.1. 혁명과 변형

프랑스 혁명은 신이 배제된 정치의 세속화를 향한 커다란 발

49) Simon Schama, *Citizens: A Chronicle of the French Revolution,* Random House, 1988.

걸음이었다. 사상적으로는 르네상스에 버금가는 변화를 가져왔으며, 종교적으로는 종교개혁과 유사할 정도의 근본적인 변화를 가져왔다. 이런 혁명적 변화의 여정 속에서 인권선언이 나왔고, 구체제가 붕괴되었으며, 새로운 세상이 열렸다. 프랑스 혁명은 자유·평등·우애라는 보편적 가치를 구현하는 공동체 건설이 목표였다. 특히 자유주의 혁명의 지존이었다. 자유주의 이념을 완벽하게 구현했을 뿐만 아니라, 기존에 경제적 개인주의에 주로 편중되어 있던 자유 이념을 평등 및 우애의 이념과 결합시켜 자유주의의 새로운 지평을 열었다. 이것을 통해 개인의 해방을 가져왔으며, 동시에 근대 역사의 새로운 장을 열었다. 해방된 개인은 국가에 대해 주인 의식을 갖게 되었으며, 이것은 다시 민족주의와 국민국가의 부상을 아울러 가져왔다. 자유와 인권의 소중함도 일깨워 줌으로써 유럽 및 프랑스 식민지에도 커다란 영향을 주었다.

일련의 대규모적인 집단행동을 통해서 새로운 공동체 정신이 생겨났다. 1789년 11월부터 1790년 7월 14일 사이의 기간은 반목했던 사회 세력들이 서로 용서하고 화해하는 기적을 만들어 내었다. 이때 전국적으로 자발적인 조직들이 많이 생겨나서 왕정의 몰락으로 발생한 행정 공백을 메웠다. 이런 경험으로부터 이타주의, 정서적 교감, 그리고 공통의 정체성이 형성되었다. 또한 보통 사람들의 정치적 목소리가 획기적으로 강화되었다. 프랑스 혁명은 절대 왕정을 대체할 새로운 위계적인 질서를 만드는 것이 목표가 아니었다. 앙시앵 레짐 하에서 무너져 가던 국가적 권위와 가톨릭교회의 쇠락이 가져온 정신적 공백을 새로운 사상을 통해서 메우고 정신적인 통일성을 되찾으려는 시도였다.[50] 특히 초기에는 자발적 참여에 의거해서 상향식으로 조직화가 이루어졌으며, 자유와 상호 존중에 기초한 상향식 질서를 만들려고 시도하였다. 혁명을 통해 과거의 악을 제거하기만 하면, 자동적으로 새로운 인간과 새로운 사회가 등장할 것이란 과도한 낙관이 축제 마당을 지배하였다. 프랑스 혁명은 우애가 넘치는 자유롭고 평등한 공동체를 형성하는 것이 목표였다.

그러나 후기에 들면서 반복되는 전쟁과 내부 분열로 인해서 혁명은 쇠락기로 접어들었다. 전쟁 수행을 둘러싸고 나라가 찬성파와 반대파로 분열되었으며, 이후 혁명의 추진 방향을 둘러싸고 다양한 분파 간에 노선 대립, 이념 갈등, 권력투쟁이 벌어졌다. 이런 혼란을 틈타서 혁명에 도전하는 세력들이 전국적 차원에서 무장봉기를 일으켰다. 자코뱅파는 이런 혼란스러운 상황을 타개하기 위해서 공포정치를 실시하였다. 기본적으로 무력을 행사해서 반대 세력을 억누르겠다는 취지였다.

이와 동시에 로베스피에르가 주도해서 강압적인 수단을 동원해서 정신적 단결과 일체감을 제고시키려고 시도하였다. 로베스피에르와 생쥐스트(Saint-Just)는 루소의 가르침에 근거해서 새로운 '영성공동체'(spiritual community)를 만들고자 하였다. 이것은 분명한 도덕적 독트린에 기초한 정신적인 공동체로서, 도덕과 영성이 하나로 합쳐진 통일적인 이데올로기에 의해 뒷받침되는 것이었다. 이런 사상으로부터 민족주의와 사회주의가 파생되었다. 훗날 히틀러(Hitler)와 스탈린(Stalin)이 지향한 것과 유사한 새로운 정신공동체였다.

프랑스는 자유·평등·우애라는 추상적 원리에 근거해서 일

---

50) Dawson(1972), p.130.

거에 사회를 총체적으로 변혁시키려 하였다. 의욕은 넘쳤지만 강력한 반대에 직면해야만 했으며, 단기적으로 성과를 내기 위해서 무리하게 권력을 독점적으로 장악하려고 시도하면서 많은 부작용이 생겨났다. 대표적인 것이 파리를 중심으로 항상 위세와 폭력을 행사할 준비가 되어 있는 상퀼로트의 존재였다. 프랑스 혁명의 급진화와 폭력화를 추동한 주된 원동력이었다. 이와 대조적으로 영국은 과학과 실용주의에 근거해서 산업혁명을 일으키고 자연스럽게 민주적 제도를 정착시켰다. 경제 발전이 민주주의, 개인주의, 자유가 꽃을 피우는 것을 가능하게 만들었다. 이것이 해가 지지 않는 영국이 주도하는 '팍스 브리타니카'(Pax Britinica) 시대를 열었다. 프랑스는 형이상학적인 판도라 상자를 열면서, 유럽 전체가 정신과 가치 방면에서 커다란 혼란의 소용돌이 속으로 빠져들게 했다.

국내적으로도 극단적인 주장만 난무하였을 뿐 주요 세력들 사이의 현실적인 타협이나 거래를 찾아보기 힘들었다. 사회 질서와 조화 유지에 필요한 인내심은 극도로 희소한 재화였다. 사회 발전에 필요한 도덕이나 덕목은 부족했으며, 공동체는 갈기갈기 분열되어 대립하였다. 세 신분 사이에는 좁혀질 수 없는 폭넓은 균열이 있었다. 또한 내부적으로도 고위 성직자 대(對) 하위 성직자, 상위 귀족 대 하위 귀족, 상위 부르주아 대 여타 중간계급 사이에도 봉합하기 어려운 대립이 존재하였다. 여기에 노동자와 실업자 그리고 도시 빈민과 농민이 가세하면서 사회는 상충되는 이익을 추구하는 전쟁터가 되었다. 자기 성찰이나 반성 그리고 양보를 하기는 꺼리면서 항상 책임을 돌릴 희생양만 찾아다녔다. 열린 공동체 의식은 실종된 상태에서 폐쇄적인 집단주의만 남게 되었다.

혁명 정부는 권력 분립에 근거한 공화제와 거리가 멀었다. 혁명 주도 세력은 권력을 나누려 하지 않았고, 국왕에게서 빼앗아서 국민의회나 국민공회에 집중시켰다. 인민 주권론에 의거해서 모든 권한이 인민들에게 있다고 보았지만, 이런 인민 주권은 누구에게 양도하거나 나눌 수 없다고 믿었다. 이런 권력의 집중화 전통은 차후 나폴레옹의 군사 독재나 파리코뮌과 같은 기층 민중에 의한 독재에 기회의 문을 열어 주었다.

토크빌은 구체제와 혁명 정부를 비교하면서, 혁명 전의 권위주의적 정치 체제와 정치문화가 변함없이 지속되고 있음을 지적하였다.[51] 또한 혁명이 타락을 거듭하면서 군주제로 복귀한 원인으로 조밀하게 짜인 시민사회가 부재했음을 들었다. 그에 따르면 프랑스는 전통적으로 시민사회가 자율적으로 질서를 유지할 능력이 없었다. 권력은 파리로 집중되었고, 사람들은 스스로 규율하는 능력을 습득하지 못했다.

당시 프랑스 성인의 절반은 문맹이었다. 혁명 엘리트는 대체로 교육받은 중간계층이었던 반면에 노동자나 기층 민중은 드물었다. 1792년까지 모든 공직에는 일정액 이상의 세금을 내는 사람만이 임명될 수 있었다. 이런 기준이 철폐된 이후에도 실질적으로 어느 정도 경제적 기반이 있고, 시간적 여유가 있으며, 문자를 깨우친 사람들만이 공직에 진출할 수 있었다. 그리고 혁명 전야에 파리 성인 남자 중 과반 정도는 혼인 증명서에 자기 이름을 쓸 수 없는 수준이었다. 지방의 수준은 훨씬 더 낮았으며, 여자들

51) 토크빌(2006), 57~67쪽.

의 참정권은 허용되지 않았다. 이런 현실은 혁명 이후에도 바뀌지 않고 유지되었다.[52)]

더구나 프랑스는 국가의 개입 없이는 아무것도 자율적으로 할 수 없는 나라였다. 이런 점에서 미국과 프랑스 사이에는 커다란 차이가 있었다. 이런 이유로 혁명도 시민의 자발적인 참여를 고취하는 방식이 아니라, 국가가 주도하면서 권력으로 강제하는 방식으로 추진되었다. 국왕에 의한 독재가 의회에 의한 독재로 대체된 셈이었다. 그러나 국가 권력에 의한 독재라는 점에서는 일관성이 있었다.

프랑스 혁명에서는 자유와 평등에 대해 강박관념이 있었다. 따라서 현실 여건과의 타협이 어려웠고, 완벽함과 순수함을 고집한 나머지 적극적으로 동조하지 않거나 반대하는 사람들을 포용하지 못했다. 생각의 차이에 대한 관용과 인내심이 부족해서 항상 적대 세력을 만들어 냈으며, 끊임없이 싸움을 자초하고 말았다. 가톨릭교회와 귀족에 대한 적대감이 특히 강했다. 이들에 대한 적대 행위가 반작용을 불러일으켜서, 혁명 정부에 대해 무력으로 도전하는 일이 잦았다. 결국에는 반동 세력에 의해 혁명이 좌초되고 말았다. 앙시앵 레짐 청산에 집중한 나머지 분열과 상처를 보듬고 통합을 위한 노력이 부족하였다. 상퀼로트의 정치 참여가 확대되면서 사회 변혁적 성격이 강해진 반면, 배타적인 계급적 이해나 정파적 이익이 우선시 되었다. 기층 세력에 대한 제대로 된 통제가 불가능해지면서 많은 혼란이 야기되었고, 공동체의 분열이 생겨났다.

52) Tackett(2015), p.5.

혁명 이후에도 프랑스는 여전히 파리 중심적이었으며, 지방에 대한 차별은 계속 유지되었다. 문화적 다양성을 인정하는 데도 인색하였고, 무리하게 프랑스 공용어 채택을 강요하면서 반발을 불러일으켰다. 유대인에게도 정치적 자유를 줬지만, 문화적 정체성을 포기하는 것을 조건으로 하였기 때문에 보편적 실천과는 거리가 있었다. 프랑스 혁명의 슬로건인 자유·평등·우애 중에서 자유만 실제 돋보였다. 자유를 공동체적으로 잘 활용해야 평등이 이루어질 것이었으나, 우애를 상징하는 공동체 의식이 취약했기 때문에 강압적인 수단을 통해 평등을 이루려고 시도하였다. 그 결과 시기와 경쟁 그리고 폭력이 난무하는 무질서한 상황이 전개되었다.

가부장적 질서를 대신할 청사진이 없는 채 왕의 목부터 치면서 혼란만 가중되었다. 처음부터 질서정연한 개혁과는 거리가 멀었다. 혁명 정부는 국가를 중심으로 한 단결과 애국심을 크게 강조하였다. 프랑스 혁명은 부르봉 왕조를 보나파르트 왕조로 바꿨을 뿐 별다른 의미는 없는 혁명으로 볼 수 있다. 최대 수혜자는 혼란을 틈타 권좌에 오른 나폴레옹이었다. 귀족들의 피해도 일반적으로 생각하는 만큼 크지 않았다. 사실 프랑스의 귀족들은 혁명을 감지하고 해외로 자산을 빼돌린 사람들이 많았으며, 대개의 귀족이 부르봉 왕조를 복귀시킨 후 혁명 시기에 몰수된 재산에 대해 배상을 받았다. 프랑스 혁명은 세상 바꾸기가 얼마나 어려운지 보여 주는 대표적인 사례였다. 제도를 바꾼다고 세상이 바뀌는 것이 아니라는 점과 일반 사람들이 민주적 시민으로 새롭게 바뀌기는 더욱 어렵다는 점을 확인할 수 있었다.

그렇지만 프랑스 혁명은 프랑스인들의 자발적인 참여가 광범위하게 벌어졌기에 정체성이나 의식에 항구적인 변화를 가져왔다. 우선적으로 법 앞의 평등이란 의식이 생겨났으며, 프랑스인이라는 정체성과 애국심을 강화시켰다. 혁명의 전 과정을 통해서 모든 사람이 프랑스란 국가의 동등한 일원이 되었다. 인권선언과 여러 번의 헌법 제정을 통해서 자유와 권리에 대한 의식이 강화되었다. 물가 앙등과 식량 부족 사태를 경험하면서 물질적 평등과 급진적인 사회보장에 대한 꿈과 희망을 키웠으며, 이에 대한 좌절을 통해서 현실에 대한 객관적인 인식을 가질 수도 있었다. 이렇게 보면 프랑스 혁명이 장기적으로 프랑스인들을 인격적으로 성숙시키는 계기로서 작용한 것이 분명하다. 이런 '변형' 효과로 인해서 1870년 무렵에 이르러서 프랑스에서는 비로소 공화제적 민주주의가 정착할 수 있었다.

나폴레옹 몰락 이후 부르봉 왕조가 복귀한 프랑스는 민주주의로의 지난한 역정을 시작하였다. 이성과 재산을 갖는 소수에게만 투표권이 인정되고 귀족들의 특권이 복권되는 반동적인 체제로부터 민주적 참여가 보장되는 공화제로 이행하는 과정에서 치열한 논쟁과 정치적인 격변이 많이 벌어졌다.[53] 특히 선거권 확대와 노동자의 권리 인정 문제가 핵심 쟁점이었다. 오늘날 인구에 많이 회자되는 '1848년 유럽 혁명'은 높은 이상을 내세웠던 프랑스 대혁명의 여진이 계속된 것으로 볼 수 있다. 1848년 민중봉기는 프랑스 파리에서 시작되어 불과 넉 달 만에 유럽 도처에서 군주제를 붕괴시키고 공화국을 세웠다. 비록 머지않아 구 지배 세력의 반격으로 무너지고 구체제로 복귀하고 말았지만, 1848년에 공

53) 김인중, 「공화주의, 자유주의, 1848혁명」, 이용재·박단 외, 『프랑스의 열정: 공화국과 공화주의』, 아카넷, 2011, 79~101쪽.

화주의와 사회주의의 대립이란 형태로 분출됐던 혁명 에너지는 이후 수십 년간 유럽의 정치와 사회를 근본적으로 바꿔놓았다.

1789년의 프랑스 대혁명은 10년 남짓 만에 실패로 돌아갔지만, 혁명의 이상과 가치는 프랑스 국민의 의식에 변화를 가져와 1830년 '7월 혁명'과 1848년 '2월 혁명'으로 이어졌다. 한 번의 혁명으로 세상이 일거에 변할 수는 없다. 실패를 통해서 배우고 지속적인 노력을 기울여야 조금씩 점진적으로 변화가 이루어진다. 1871년 '파리코뮌'은 평등 이념 실현을 위한 오랜 노력의 결정판이었다. 그러나 이후 사회적·정치적 평등의 이상은 사회주의 혁명을 통해서 급진적으로 실현된 것이 아니라, 자본주의와 민주주의가 발전함에 따라서 점진적으로 실현되었다. 선거권과 노동자 계급의 권리에 대한 확대 요구가 점차 수용되었으며, 이와 더불어 프랑스는 더 자유롭고 평등한 민주주의 국가로 발전할 수 있었다. 프랑스 대혁명 이후의 정치적 변화는 혁명보다 혁명 이후의 변형이 더 중요하다는 점과 보편적 실천이 지속 가능하고 대외적으로 확장성이 있는 변화를 가능하게 해 준다는 점을 잘 보여 주었다.

4.2. 보편적 실천

프랑스 혁명은 정치적, 사회적, 그리고 정신적으로 근본적인 변화를 가져왔다. 이로 인해 외부 세계에 대한 충격이 적지 않았다. 유럽 내부에서는 프랑스를 모방하려는 움직임이 생겨났으며, 프랑스 또한 적극적으로 혁명의 이상을 확산시키려는 정책을 추진하였다. 보편적 실천과 관련해서 프랑스는 한편에서는 자국 이익의 극대화를 위해서 위대한 프랑스를 만들려는 편협한 실천을 하면서, 다른 한편에서는 자유·평등·우애에 기반을 둔 새로운 공동체를 유럽 차원에서 만들기 위해서 보편적 실천을 하는 '야누스'의 얼굴을 하고 있었다.

프랑스 인권선언 자체가 인류를 위한 위대한 실천으로서 유럽 전역에서 강한 지진과 같은 파장을 일으켰다. 오늘날의 보편적 인권 개념을 최초로 문서화한 새로운 혁신이었으며, 온 세계 민중들에게 절대주의 왕권에 도전해서 승리할 수 있다는 자신감을 심어 주었다. 이성, 자유, 평등에 입각한 공동체 건설은 훗날 대부분의 국가에 꿈이자 존경의 대상이었다. 프랑스 혁명은 유럽 전역에 긍정적인 정치변혁의 씨앗을 뿌렸다. 프랑스 혁명을 계기로 프랑스의 사상과 제도가 유럽 전역으로 확산되었다. 또한 사회변혁의 꿈은 면면히 이어져 내려갔으며, 많은 사회 혁명의 원조 격이 되었다. 특히 한 세기 후 세계 역사를 뒤흔들어 놓은 급진적 사회주의 사상이 프랑스 혁명 과정 속에서 형성되었다.

혁명 정부는 프랑스 혁명의 이상을 대외적으로 확산시키기 위한 구체적인 행동에도 나섰다. 가장 파장이 컸던 것은 1789년 8월 4일 봉건제 포기 선언이었다. 당시 프랑스 전역을 휩쓴 대공포와 농민반란을 잠재우기 위한 궁여지책이었지만, 대외적 파장이 걷잡을 수없이 커졌다. 독일 알자스 지방과 교황령이었던 아비뇽시(市)에서는 새로운 세상에 대한 열망을 갖고 프랑스와의 합병을 선언하고 나섰다. 이런 움직임에 대해서 국민의회는 주권존중 원칙에 입각해서 자유로운 결정을 존중한다는 의사를 밝힘으로써 합병을 용인하는 입장을 보였다. 이것은 혁명 이념의 충실한 실천이라는 측면이 없지 않았지만, 영토 확장이라는 단순하게 국익만을 고려한 무책임한 결정이란 측면도 있었다. 이 조치를 통해서 프랑스는 당시 봉건제를 유지하던 여타 유럽의 나라들에 선전포고한 셈이었다. 이후 프랑스는 내부 혁명을 힘겹게 추진하면서도, 오랜 기간 동안 세계대전을 방불케 하는 전쟁으로부터 헤어날 수 없었다.

프랑스 혁명은 전쟁에 대해서도 혁명적인 접근을 시도하였다. 제헌 국민의회는 1790년 5월 22일 영국과의 전쟁을 피하기 위해서 정복 목적의 전쟁 포기를 선언하였다. 아울러 향후 어떤 민족의 자유를 침해할 수 있는 무력행사를 하지 않겠다는 뜻을 대외적으로 천명하였다.[54] 숨은 의도를 떠나서 이 선언은 프랑스가 유럽 내의 항구적인 평화에 크게 기여할 수 있는 의미 있는 결정이었다. 그러나 프랑스는 오래지 않은 1792년 혁명에 가장 적대적이었던 오스트리아에 대해 전쟁을 선포하고 말았다. 전제 정권의 폭정에 맞서서 보편적 자유를 지키기 위한 것이란 명분을 내세웠고, '우애의 칙령'(Edict of Fraternity)을 공표함으로써 자유를 회복하기를 원하는 어떤 민족에게도 우애와 조력을 제공하겠다는 약속을 하였다. 이것은 국내적 갈등으로부터 관심을 외부로 돌리고, 애국심을 인위적으로 조장해서 정권의 안정을 도모하면서, 영토 확장 욕심도 감추기 위한 구실에 불과하였다. 그렇지만 프랑스 혁명가들이 보편적 공헌을 항상 염두에 두었다는 점을 보여 주는 좋은 증거였다.[55]

프랑스 혁명의 보편성은 식민지 노예 문제에서도 빛을 발하였다.[56] 프랑스 혁명의 기본 이념에 의거하면, 노예 해방은 자유

---

54) Dawson(1972), p.131.

55) 소불(2018), 273~277쪽.

와 평등이란 핵심 가치와 직결된 이슈였다. 농노제를 폐지한 마당에, 식민지 노예 문제를 그냥 놔둘 수만은 없었다. 그러나 노예무역과 노예노동이 프랑스 경제에서 차지하는 비중을 감안하면 간단하게 폐지할 수는 없었다. 따라서 국민회의는 '식민지 위원회'를 별도로 설치해서 시간을 두고 해결책을 찾아보도록 임무를 부여하였다. 식민지 노예들의 처지가 개선될 기미가 보이지 않자 생도맹그(Saint-Domingue, 현재의 아이티) 노예들이 반란을 일으켰다. 이 사건은 영국과 프랑스 사이의 전쟁으로 비화하였고, 전황이 영국에게 유리해지자 1793년 8월 현지 행정관이 본국 정부의 허락을 얻지 않고 일방적으로 노예 해방을 선언하였다.

이를 통해 프랑스는 전세를 역전시킬 수 있었으며, 국민회의는 1794년 식민지 노예제 폐지를 공식 선언하였다. 그리고 군대를 파견해서 카리브 지역 다른 섬들에서 노예를 해방했다. 생도맹그는 이후 프랑스와의 독립 전쟁에서 승리해서 사상 최초로 노예가 세운 근대국가가 되었다. 그 결과 세계가 프랑스 혁명의 여파를 두려워하게 되었다. 비록 혁명 이념이 아닌 상황 논리에 따른 결정이었지만, 노예 해방의 전기를 마련했다는 점에서 인류 역사상 커다란 의미가 있었다.

프랑스 혁명의 보편적 실천을 적극적으로 주도한 인물이 바로 나폴레옹이다. 군인 나폴레옹은 혁명적이었고 정복 전쟁을 통해 프랑스 혁명의 정신을 전 유럽에 전파하고자 노력하였다. 정치가로서 나폴레옹은 혁명의 이상을 현실에 실천하는 것을 목표

56) Frédéric Régent, "Revolution in France, and revolutions in Caribbean", Alan Forrest / Matthias Middell, *The Routledge Companion to the French Revolution in World History,* Routledge, 2016, pp.61~76.

로 삼았던 보수적인 행정가였다. 그는 강한 프랑스를 지향했으며, 민주 공화정이나 인민 주권 같은 이상론과는 거리를 뒀다. '나폴레옹 법전' 편찬은 법치와 합리주의 의지의 구현을 위한 것이었다. 비록 민주적이지는 않았지만, 혁명의 핵심 가치는 온존시켰다. 시민적 평등, 사회 특권 철폐, 지적 및 종교적 자유, 과학과 교육 진흥 등 혁명의 핵심적 모습을 그대로 유지하면서, 이들을 효과적으로 현실에 실현시키고자 하였다.[57)]

1800년 불과 30세의 나이에 권력자인 제1통령 지위에 오른 나폴레옹은 같은 해 "내 사전에 불가능은 없다"라는 말을 남긴 뒤 대군을 이끌고 알프스산맥을 넘어 오스트리아군을 물리쳤다. 그의 국내적인 인기는 하늘 높은 줄 몰랐을 정도였다. 그는 전쟁에 나서면서 압제에 신음하는 유럽인들을 해방시킨다는 명분을 내세웠지만, 기본적으로 영토를 넓혀서 위대한 프랑스를 만들려고 시도한 정복자였다. 그의 유럽 제패의 꿈은 자국 중심성과 전쟁이란 강제적 수단에 의존했다는 한계로 인해 주변 나라로부터 충분한 지지를 이끌어 내지 못했다. 가장 중요하게는 영국이란 나라의 장벽을 넘어서지 못해서 실패하고 말았다. 이미 자유주의적이었던 영국은 다른 나라와 달리 프랑스 혁명으로 인해 사회가 흔들리지 않았으며, 프랑스와 대결에 있어서 내부적인 일체성을 견고하게 유지할 수 있었다. 나폴레옹의 정복 전쟁은 비록 프랑스 국익을 위한 것이었지만 긍정적 변화가 일어난 사례가 많았다. 구권력이 몰락하고, 근대적 제도와 교육 그리고 사회 전반의 개혁이 일어나 근대화와 산업화가 촉진되기도 하였다. 또한 의도

57) Dawson(1972), pp.130~134.

하지는 않았지만 프랑스에 맞서 싸우던 유럽 각국에서는 침략에 대항하기 위한 국가 개혁이 추진되고 민족주의가 발흥하기도 하였다.

5. 소결론

프랑스 혁명은 빵만을 위한 절규는 아니었다. 새로운 이념과 이상을 실현하기 위한 행동이었다. 프랑스에서는 계몽주의에 의한 누미노제가 있었다. 새로운 각성은 이성의 힘과 역사의 진보에 대한 믿음 그리고 이를 가로막는 장벽을 타파해야 한다는 사명감과 자신감을 불러일으켰다. 이를 통해서 종교로부터의 자유, 가치의 세속화, 인간의 해방이 이루어졌다. 계몽사상은 특정 계급의 전유물이 아니었다. 엘리트 귀족에서 시작된 누미노제는 부르주아와 일반 평민으로 확산되고, 종국에는 사회 기층까지 전달되었다. 계몽된 모두가 합심해서 민주적 개혁을 열망하였다. 그리고 마침내 기회의 창이 열렸을 때 놀라운 혁명적 에너지를 폭발시켰다.

비록 신을 부정하지는 않았지만, 세속 정치에서 신이 하는 역할을 인정하지 않았다. 가톨릭교회와 성직자들을 조롱하고, 탄압하고, 강제로 재산을 빼앗았다. 그렇지만 프랑스 혁명은 신의 그늘에서 벗어날 수 없었다. 각각 혁명을 기획하고 연출한 루소와 로베스피에르는 신의 능력과 종교의 역할을 제대로 평가하고 있었다. 신의 뜻에 부합하는 세속적이며 이상적인 공동체를 만들려고 시도하였으며, 이성에 바탕을 둔 시민종교를 만들어서 사회적 단결을 제고시키고 정권의 안정을 도모하기도 하였다. 이런 점에서 프랑스 혁명은 대표적인 인본주의적 혁명이었고 동시에 인간 이성을 숭배하는 종교였다. 인간 이성을 절대적인 근거로 삼아서 국가라는 새로운 신을 발명해 낸 셈이었다. 비록 신으로부터 완전히 해방된 인간을 지향하였지만, 신과 종교를 제거하지 못하고 재차 신에게 귀의하는 모습을 보였다.

프랑스 혁명이 이성을 발견한 것은 위대한 성과였지만, 이를 절대시하면서 지나치게 숭배한 것은 패착이었다. 이성은 합리적 사고와 계산된 행동을 도와주는 유용한 도구이다. 친구처럼 가까이 잘 지내는 것이 좋았을 것이나, 그러나 과도한 믿음이 생겨나면서부터 사달이 났다. 무엇이든지 절대시하면 문제가 생긴다. 이미 살펴본 바와 같이 신을 절대적으로 숭배하면서부터 이스라엘에서 문제가 생겼다. 미국은 이성과 영성을 잘 조화시켰다. 그러나 프랑스는 이성을 절대시하면서 인간의 오만감과 근거 없는 자신감 그리고 무분별한 폭력성을 드러냈다. 혁명의 이상 실현보다는 권력의 독점적 장악을 통한 신속한 혁명 완수에 집착하게 되었다. 혁명 반대 세력에 대한 증오가 넘쳐났고, 무책임하게 주변 나라들을 자극하였다. 인격 변화를 통한 점진적인 변화를 추진하지 않고서, 일거에 총제적인 변화를 이루겠다고 조바심을 냈다. 이로 인해 민주적 절차 무시, 인권 무시, 지방의 다양성 무시, 문화적 다양성 무시 등의 폐해가 생겨났다. 그러나 신의 통제에서 벗어난 인간들은 오만과 자기중심성으로 인해서 많은 문제를 야기하였다.

통제받지 않는 인간이 신의 지위에 인간을 수단으로 부리고 지배하려는 사태가 벌어지게 되었다. 하층의 주도로 민중혁명의 성격이 강해졌으며, 통제되지 않는 민중혁명은 무분별한 폭력 행사와 극단적으로 감정에 치우쳐서 실패하고 말았다. 통제되지 않은 대중이 주도하는 혁명은 혼란스러울 수밖에 없었다. 권력 분립의 필요성을 제대로 인식하지 못하였다. 그러나 현실 속의 대중들은 폭력적이고 이기적이며 배타적이었다. 다수의 횡포를 막기 위해서는 권력 분립이란 제도적 장치가 필요하였다. 그래야 인민들이 절제하고, 희생하고, 협력해서 공동의 목표를 위해 함께 나아갈 수 있었다. 권력에 대한 견제장치의 필요성을 간과한 프랑스의 의회에 의한 독재 시도는 근대 정치의 발전에 부정적 영향이 컸다.

프랑스 혁명은 좌파 독재와 인민민주주의 독재의 예고편이었으며, 스스로는 군부 독재의 희생양이 되었다. 공화제를 통한 권력 분립 제도를 도입한 미국 혁명과는 확연하게 다른 경로를 밟게 되었다. 정치적 욕심이 불러일으킨 참사였다. 권력은 나누고, 신과 좋은 친구가 되며, 인격 변화에 역점을 두었더라면 다른 결과가 벌어졌을 것이다. 프랑스 혁명은 권력 탈취에는 성공했지만 지속 가능한 사회적 변혁을 이룩하는 데는 성공하지 못하였다. 그래도 프랑스 사람들의 의식이나 인격 방면에 커다란 변형 효과를 남겼다. 실패를 통해서 많은 것을 배웠으며, 인간의 이성이 갖는 한계도 뼈저리게 느낄 수 있었다. 보편적 실천에도 의욕적으로 나섰지만, 실제 성과는 많지 않았다.

그러나 무형의 이상과 관념 그리고 비전은 후대는 물론이고 여타 나라들에도 많은 유산을 남겨 주었다. 이런 점에서 프랑스 혁명은 그 자체가 의미가 있었으며, 인류에 기여한 바가 적지 않았다. 사회주의와 공화주의의 대립 속에서 많은 갈등과 시행착오를 겪은 후 프랑스에는 공화적 민주주의가 뿌리를 내리게 되었다. 혁명의 성과가 제대로 정착되기 위해서는 추후에 많은 시간과 노력이 필요하다는 점을 다시금 확인시켜 주는 사례였다.

제 5 장

사회주의와 러시아 혁명

사회주의와 러시아 혁명

1. 러시아 혁명 개관

1.1. 사회주의 혁명과 러시아

프랑스 혁명 이후에 평등한 사회에 관한 관심이 고조되면서 사회주의가 급부상하였다. 프랑스 혁명과 사회주의 사이의 연결고리는 프랑스 혁명 당시 급진적 사회 개혁을 주장한 바뵈프(Babeuf)였다. 그는 테르미도르의 반동에 반대하다 체포되어 처형되었다. 바뵈프가 세계 최초의 사회주의 '혁명가'였다면, 마르크스(Marx)는 세계 최초로 사회주의를 과학적으로 연구한 '이론가'로 볼 수 있다. 마르크스에 의해 사회주의는 유토피아가 아니라 근대적인 사회변혁의 중심에 자리하게 되었다. 사회주의는 연원을 '구약성경' 시대에서 찾을 수 있을 정도로 역사가 깊으며, 근대에 들어서는 소외와 착취로 상징되는 자본주의의 대안으로 많은 관심을 받았다. 자본주의는 생산력 증강을 통해서 부를 창조하고, 힘든 노동으로부터 사람들을 해방시켜 주는 것이 장점이었다. 따라서 생산 수단에 대한 공적인 관리만 제대로 할 경우 공산주의가 자동적으로 실현될 것으로 마르크스는 보았다. 자본가들의 저항과 음모 때문에 지체될 수 있지만, 프롤레타리아들의 혁명적 노력이 있다면 극복될 수 있는 문제였다.

마르크스주의가 초기에 폭발적인 관심과 인기를 끌었던 이유는 평등한 세상에 대한 비전 때문이었다. 마르크스주의는 물질적 번영을 향유하면서 인간들이 온갖 궂은일에서 해방된 이상사회를 그렸다. 노동은 인간에게 단순한 생계 수단이 아니라 고도의 자아실현 행위였다. 원래 노동을 중시하는 관행은 헬레니즘적인 것으로서, 아테네에서는 노동하는 일반 평민들에 대해서 사회적으로 융숭하게 대접해 주었다. 성실하게 일하는 것이 중요한 사회적인 덕목이었다. 그러나 현실에서 대개의 경우 노동은 누구나 회피하고자 하는 힘든 일이었다. 자본주의 하에서 노동은 시장에서 거래되는 물건으로서, 자본가에게는 이윤 창출의 원천이었고, 노동자에게는 유일한 생계 수단이었다. 마르크스는 재차 노동을 도구를 활용할 줄 아는 인간의 고도의 정신적 활동으로 복원시키고자 하였다. 물질과 돈이 중심인 자본주의와 사유재산제를 폐기할 경우 모두가 하나로 연결된 자유롭고 평등한 공산사회가 실현될 것이라고 주장하였다. 특히 평등한 세상에 대한 강조는 위계적 신분 사회에 정면으로 도전하는 불순한 개념으로서 일반 사람들에게는 오랜 세월 가슴 속에 묻어 둔 소중한 로망이었다.

마르크스주의의 또 다른 매력은 사회주의가 단순히 바람직한 미래 차원을 넘어서 역사적인 필연으로서 제시되고 있다는 점이다. 마르크스는 자본주의에 대한 과학적 분석을 통해서 자본주의의 붕괴와 공산주의의 도래를 예견한 역사적 유물론을 만들어냈다. 이에 따르면 역사는 유산자와 무산자 사이의 계급 투쟁의 역사이고, 동시에 생산력으로 대표되는 물질적인 하부구조와 관념적인 요소들의 결집인 상부구조 사이의 조화와 충돌의 역사이다. 역사의 필연적인 종착점은 모든 사람이 평등하고 자아실현이 가능한 공산사회였다.

그리스도교의 천년왕국처럼 반드시 도래할 세상이었지만, 인간의 노력만으로 가능하다는 점에서 좀 더 현실적이고 가시적이었다. 성경처럼 가장 힘없고 약한 프롤레타리아의 구원을 이야기하였고, 성경 속의 정의를 현실 속에서 구현할 가능성을 제시함으로써 사람들의 심금을 울렸다. 원시 공산사회는 에덴동산이었으며, 자본주의 체제하의 고통은 유대인들의 고통이었고, 새로운 공산사회의 도래는 천년왕국의 실현인 셈이었다. 마르크스의 사회주의는 그리스도교를 하늘로부터 땅으로 옮겨 놓은 모양이었으며, 이것으로 모든 인류의 악과 고통이 사라지게 될 것으로 예정된 셈이었다.[1)]

마르크스주의는 인간의 나약함과 신 없는 세계에 대한 두려움을 잘 인지한 바탕 위에서 그리스도교와 유사한 형태의 교리를 만들었다. 이로써 마르크스주의와 그리스도교는 유럽 사회에서 대중들의 마음을 놓고 경합하는 경쟁자가 되었다. 신흥 도전 세력으로서 마르크스주의는 경쟁에서 이기기 위해서 그리스도교뿐만 아니라 종교 일반을 폄하하고 신의 존재마저 부인하였다. 종교는 인간이 착취당하는 현실을 호도하거나 고통을 완화시켜 주는 아편과도 같은 존재였다. 종교는 또한 국가와 마찬가지로 부르주아의 통제 아래에 있으면서 부르주아 지배를 영속시키고 정당화하는 역할을 수행하는 도구로 묘사되었다. 사회주의 혁명을

1) 마르크스주의와 사회주의의 유사성에 대해서는 참조: Roland Boer, *Lenin, Religion, Theology,* Palgrave Macmillan, 2013, pp.59~101.

통해서 사유재산 제도를 철폐하고 부르주아를 몰아내기만 하면 종교는 역할이나 유용성이 사라질 존재였다.[2] 이런 선전·선동 전술이 효력을 발휘해서 마르크스주의는 그리스도교의 대체물로서 전 세계적으로 퍼져 나갔다.

그러나 마르크스주의에 관한 관심과 열정에도 불구하고 사회주의 혁명은 용이하지 않았다. 희생은 치르지 않고 혜택만을 누리려는 유혹 때문에 무산자들은 '집단행동'에 있어서 어려움이 컸다. 전 세계 노동자가 단결만 하면 쉽사리 성공할 수 있을 것으로 보았던 혁명은 이런저런 이유로 손에 넣을 수가 없었다. 때로는 왕권의 위협에 굴복하고, 때로는 자본가의 물질적 유혹에 넘어가고, 때로는 계급보다 민족에 더 끌리는 사태가 발생하였다. 이로 인해 마르크스가 예언했던 유럽 차원의 사회주의 혁명은 일어나지 않았다. 특히 자본주의가 발전하고, 정치가 불안정했으며, 노동계급이 급성장하던 독일에서 혁명이 일어나지 않은 것은 마르크스를 비롯한 사회주의자들에게 커다란 실망이었다. 그들이 스스로를 질책하면서 실패 원인을 찾던 중에 의외의 곳에서 사회주의 혁명이 발발하였다. 러시아는 유럽의 변방에 위치하고 있었으며, 자본주의 발달도 저조한 수준이었다. 마르크스의 이론에 따르면 러시아는 사회주의 혁명이 성공할 확률이 가장 낮은 나라였다. 그러나 예기치 않게 러시아에서 혁명이 결실을 맺은 것이었다.

2) 마르크스의 종교에 대한 입장은 여러 저술에서 산발적으로 등장한다. 참조: John Raines, *Marx on Religion,* Temple University Press, 2002.

1.2. 구체제 하의 러시아 민중

러시아인들은 기원후 862년부터 세계 역사에 편입되었다. 러시아의 모태였던 '키예프 공국'(지금의 우크라이나)은 988년에 비잔틴으로부터 그리스도교를 받아들임으로써 유럽 문명권과 연계되기 시작하였다. 이 지역은 북유럽－비잔티움－중앙아시아를 잇는 무역의 요충지였다. 그러나 몽골 타타르에 의해 240년 이상의 통치와 지배를 당하면서 유럽적 정체성이 크게 약화되었다. 1453년 오스만 튀르크에 의해 비잔틴 제국이 멸망하자 '모스크바' 공국이 중심이 되었고, 지속적인 영토 확장을 통해서 강대국으로 부상하였다. 그 후 유럽과의 교류를 본격화하는 동시에 '동방정교회'(Eastern Orthodox)의 총본산으로 자처하게 되었다.

러시아 왕조는 서적의 발간을 통해서 역사, 법, 생활문화 등을 통일하고 규범화함으로써 국가로서의 초석을 다졌다. 동시에 민중들의 생활 전반을 엄격하게 통제하는 중앙집권적이고 전제적인 통치문화를 정착시켰다. 17~18세기 동안에는 로마노프 왕조가 탄생하고 표트르 대제(Peter the Great)의 서구화 정책이 진행되면서 근대적인 유럽 국가로서의 기틀을 다졌다. 그러나 여타 유럽 국가들과는 달리 국가의 권한이 절대적이었으며, 엘리트 귀족마저도 왕실과 국가의 철저한 통제하에 놓여 있었다.[3)]

러시아에는 도덕주의와 인도주의로 무장한 지식인 및 문화예술인들을 지칭하는 '인텔리겐치아'의 영향력이 전통적으로 컸다. 그들은 국가의 지성을 대표하는 계급이었지만 반드시 교육을

3) 후쿠야마(2012), 428~429쪽.

많이 받았거나 교육계에 종사하거나 하는 사람들이 아니었다. 정의 내리기 어려운 부류로서 공식 지위는 낮았지만 사회변혁에 관심이 컸다. 인텔리겐치아들은 정치적 성향이 '유라시아주의'와 '서구주의'로 양분되어 있었다.[4)]

서구주의자들은 러시아가 유럽 문명을 이식해서 근대화를 성취하고 유럽의 일부가 되어야 한다고 주장했다. 이들은 서구의 과학, 이성, 진보사상을 도입해서 무지한 민중들을 계몽하고 농노제를 폐지하며, 정치 권력에 종속되어 있던 정교회를 개혁하고자 하였다. 반면에 유라시아주의자들은 표트르 대제의 서구화 정책 이전의 전통적인 삶과 문화가 바로 러시아 정체성의 뿌리라고 주장하면서, 서유럽의 합리주의를 악의 근원으로 인식하였다. 이런 차이에도 불구하고 모두가 애국심과 민중의 처참한 현실에 대한 책임감을 공유하고 있었다. 이들은 추후 러시아의 정치적 격변 과정에서 중추적인 역할을 수행하였다.

차르와 지배 계급은 산업화를 통한 부국강병을 추진하였지만 근대적인 사회 개혁에는 관심이 없었다. 당시 러시아는 천연자원이 풍부하고 영토가 넓어서 외국 자본에 매력적인 투자처였다. 그렇지만 러시아는 자신의 전통을 유지한 채 서양의 선진 기술만을 받아들이는 정도의 소극적인 근대화를 추진하였다. 더구나 그마저도 정부 주도로 이루어졌기 때문에 비효율과 부정부패가 만연하였다. 크리미아 전쟁(1853~1856)에서의 군사적 패배가 러시아의 근대화 수준을 잘 보여 주는 지표였다.

이런 굴욕으로 인해 알렉산드르 2세(Alexander II)는 농노제를

4) 존 M. 톰슨, 『20세기 러시아 현대사』, 김남섭 옮김, 사회평론, 2004, 56쪽.

폐지하고 제한적인 근대적 개혁을 추진하였다. 산업화가 최초로 시도되었고, 유럽식 재판소를 도입하였으며, 농촌 지역과 도시에 제한적인 자치제를 순차 도입하였다. 또한 모든 국민이 병역의 의무를 지는 '국민개병제'를 실시하였다. 제반 개혁에 소요되는 비용을 충당하기 위해서 1867년에 알래스카를 미국에 매각하기도 하였다.[5)]

의욕적인 산업화 추진에도 불구하고 기층 세력, 특히 농민들의 삶은 어려웠다. 유럽에서 마지막으로 농노제가 폐지될 정도로 러시아 농업은 후진적이었다. 원래 러시아 농업은 유목민으로부터 마을을 지키기 위해서 집단주의적 성격이 강했으며, '미르'라는 농촌공동체를 중심으로 구성되었다. 농노제 폐지 이후에 토지 배분은 농촌공동체와 가구 수를 기준으로 평등주의적인 토지 배분이 이루어졌고, 불하받은 농지 가격도 시가보다 높게 책정되었기 때문에 농민들 사이에 불만이 컸다.[6)] 더구나 농촌 인구는 급속하게 증가하고 있었다. 인구의 3/4이 농업에 종사하는 러시아에서 인구가 1860~1914년 사이에 두 배나 넘게 늘어났다.

더 큰 문제는 농촌 인구의 1.5% 정도를 점하는 귀족 지주층이 농지의 25% 이상을 보유하고 있었기 때문에 토지 재분배 요구가 상존하고 있었다. 인위적인 토지 재분배는 귀족들의 불만을 샀고, 정부가 결정하는 토지 매각 대금을 둘러싸고 농민들의 불만도 컸다. 19세기 말에 들어서면 농촌 지역에서 기성 질서가 무너지고 사회 불안도 고조되었으며, 기본적인 치안 유지마저 어려

5) 톰슨(2004), 60~67쪽.

6) 스티브 스미스, 『러시아 혁명: 1917년에서 네프까지』, 류한수 옮김, 박종철출판사, 2007, 16~18쪽.

운 지역도 많이 생겨났다. 도시 지역에서도 산업화와 도시화의 진전으로 인해서 많은 사회적 불안 요소가 조성되었다. 주거 및 생활환경의 급속한 악화는 물론이고, 열악한 위생, 장시간 노동, 상시적인 재해 위험, 엄격한 근로 규율, 낮은 임금 등이 사회적 안정을 위협하고 있었다.

이런 상황에서 사회변혁을 요구하는 목소리가 점차 강해졌다. 산업화의 결과 중산층 대두하였고, 전문직 종사자들과 인텔리겐치아의 세가 불어났다. 이들은 물론이고 군인들도 나폴레옹과의 전쟁을 치르면서 변화하는 유럽의 현실에 대해 깨닫게 되었다. 그러나 로마노프 왕조는 기본적으로 변화를 수용하기보다는 억누르려고만 들었다. 19세기 말엽에 이르면 정치적 자유주의와 입헌군주제를 요구하는 목소리가 러시아 전역에 두루 퍼졌다. 아울러 규모가 급증한 노동계급이 마르크스주의에 입각해서 사회개혁을 요구하는 목소리를 내기 시작하였다.

1905년에는 러일전쟁에서 러시아의 패배와 귀족 지배에 대한 불만 그리고 농촌 경기의 심각한 침체로 인해 전국적인 소요 사태가 벌어졌다. 이에 대한 차르의 무차별한 무력행사로 인해 많은 사람이 희생된 속칭 '피의 일요일' 사태가 발생하였다. 농민, 여성, 노동자 그리고 군인들이 시위에 가담하면서 상황이 통제하기 어려운 지경으로 치달았다. 이에 니콜라이 2세(Nicolas II)는 '10월 선언'(October Manifesto)을 발표해서 '두마'(Duma, 입법의회)를 설치하고, 시민적 자유의 보장을 골자로 하는 민주적 개혁을 약속하였다.[7] 대중들은 환호했지만 기쁨은 순간적이었다. 질서가 어느

7) 톰슨(2004), 99~111쪽.

정도 회복되자 차르는 자신에게 비협조적인 두마를 해산하고 개혁을 거꾸로 되돌리면서 개혁 세력에 대한 탄압을 강화하고 나섰다. 귀족들이 재차 정권을 장악하였으며, 차르는 더욱 강압적으로 변화 요구를 억눌렀다.

반동으로 회귀함으로써 정당성이 실추되고 국정 운영 능력을 상실한 로마노프 왕조는 상황을 반전시키기 위해 전쟁에 나섰다. 전쟁을 통해서 나라를 단결시키고, 러일전쟁 패배로 실추된 국제적 위상을 제고시키며, 국정 주도권을 강화하려는 것이 목적이었다. 제1차 세계대전 발발 직전 유럽에서는 보수주의, 근대화의 역행, 낭만주의의 유행, 민족주의와 애국심 강조, 군대와 전쟁의 신성시 등이 정치적인 시대 조류였다. 러시아는 이런 흐름에 동참해서 군주제에 대한 민주적 제약을 제거하기를 원하였다. 당시 러시아는 군사적으로 준비도 제대로 안 됐고, 패배의 위험도 컸으며, 확전이 불을 보듯이 뻔한 상황에 처해 있었음에도 불구하고 전쟁을 선택하였다.[8] 그러나 차르가 기대했던 긍정적 효과 없이 러시아 군대에 대량 살육과 굴욕적 패배만 안겨 주었다. 이런 사태가 군인들의 불만을 고조시켜서 대거 이탈하는 사태를 초래하였다. 이것이 종국에는 로마노프 왕조의 몰락으로 이어지고 말았다.

---

8) 러시아의 제1차 세계대전 경험에 대해서는 참조: Melissa Stockdale, "The Russian Experience of the First World War", Abbott Gleason, *A Companion to Russian History*(2009). pp.311~333.

1.3. 혁명 과정

차르는 부정, 부패, 착취, 무능에 더해서 전쟁 실패에 대한 책임으로 쫓겨났다. 이것이 1917년 2월 혁명이었다. 러시아 사회가 전통적이고 변화에 저항하는 성향이 너무 강해서 점진적인 개혁에 실패한 결과였다. 만일 차르나 귀족 계급이 상황 변화에 유연하게 대처했더라면 상황은 달라졌을 것이다. 전쟁에서의 패배는 사회 전체를 동요시켰을 뿐만 아니라, 경제 상황의 급격한 악화를 가져왔다. 식량 및 연료 부족으로 인해 일반 대중들의 삶이 힘들어졌다. 노동자에 의한 대규모 파업이 발생하였고, 식량 배급을 요구하는 대중들의 시위가 공공연하게 벌어졌다. 차르가 군대에 시위를 해산시킬 것을 명령하면서, 유혈사태가 벌어지고 수십명의 시위대가 사망하기에 이르렀다. 이에 시위가 격화되어 당시 수도였던 페트로그라드로부터 지방으로 빠르게 확산되어 나갔다. 여기에 전쟁에서 패배가 이어지면서 군인들의 소요사태마저 벌어졌다. 군 수뇌부나 정부 고위 인사들은 황제만 물러나면 사태가 수습될 것으로 보았다. 그래서 차르에게 퇴진을 요구하였고, 니콜라이 2세가 이를 수용함으로써 사태가 일단락되었다.

혁명 발발 이후 닷새 만에 황제가 물러나고, 두마가 주도하는 임시정부가 들어섰다. 러시아 대중들이 오랜 염원이었던 책임정부가 수립되고 군주제 폐지가 이루어졌다. 이런 자연발생적인 혁명에 대해 인민들의 광범위한 지지가 있었다. 그러나 이것은 공산주의자나 기층민들이 아닌 자유주의자, 자본가, 귀족, 고위관료 등 같은 상층부의 이해관계를 반영한 정부였다. 또한 의회, 정부, 소비에트가 서로 권력을 나눠 가졌기 때문에 효율성이 떨어졌다. 임시정부는 전국적으로 국정을 장악하지 못했으며, 공식적인 결정을 집행할 능력도 없었다. 이런 상황에서 페트로그라드 소비에트의 '제1호 명령'으로 군대에 대한 민주화 조치가 내려졌다. 기본적으로 군인을 군인이 아닌 민간인으로 취급하라는 것이 골자였다. 이로써 군대의 기강이 무너지고, 혁명에 동조하는 군인들이 대거 이탈하였다. 이것이 소비에트가 주역을 담당한 '10월 혁명'을 격발시킨 방아쇠였다.

소비에트는 노동자·농민·병사 들의 민주적 자치기구로서, 러시아어로 '평의회'를 의미한다. 1905년 10월 러시아 제국의 수도 상트페테르부르크에서 노동자 대표 소비에트가 창설된 것을 시작으로 해서 러시아 각지에서 자주적인 소비에트가 설립되었다. 풀뿌리 공동체 의회인 소비에트는 볼셰비키가 주도적으로 만든 것이 아니라, 멘셰비키와 대중주의적 세력들이 주도한 것이었다. 소비에트를 통한 노동자·농민·병사 들의 자발적 정치 참여를 중시하였다. 1917년에 벌어진 2월 혁명 당시에는 노동자와 병사 소비에트가 혁혁한 공을 세웠다. 노동자 소비에트와 농민 소비에트 간의 연대도 이루어졌으며, 혁명 이후 농민 소비에트의 숫자가 급증하였다. 10월 무렵에는 전국에 1,429개의 소비에트가 있었으며, 그 가운데 농민대의원 소비에트가 455개였다. 소비에트는 혁명의 주체로서 임시정부에 대해서 특별한 권한을 행사하기를 원하였다. 특히 병사 소비에트를 중심으로 군대를 통제할 수 있는 특별 전권을 요구하였다. 소비에트와 임시정부 사이의 갈등은 임시정부가 군사·외교상의 권한을, 그리고 소비에트는 국내 정치 관련 권한을 갖는 것으로 조정되었다. 지역적으로는 페트로그라드에서 영향력이 컸으며, 노동자와 중산층이 주된 지

지층이었다.[9]

소비에트가 대중 참여의 중심이었다면, '러시아 사회민주노동당'의 한 분파였던 볼셰비키는 혁명 지도부의 역할을 담당하였다. 이들은 소수의 전위조직 중심으로 무력 투쟁을 통해 권력을 장악하는 것을 전략으로 삼았다. 지도자에 대한 절대 충성을 원칙으로 삼는 강철 같은 조직이 근간이었다. 볼셰비키는 처음에는 소수파였지만 점차 세력이 커졌다. 그들이 내세운 '평화, 땅, 빵'이란 구호가 대중들에게 먹히면서 인기가 급상승했다. 임시정부가 인기 없는 전쟁을 지속하면서 볼셰비키의 평화 구호가 크게 어필할 수 있었다. 농지 배분과 식량 제공이란 구호 또한 인구 대다수를 점하는 농민들과 기층사람들에게 매력적인 공약이었다. 볼셰비키는 인기 없는 전쟁에 반대하는 투쟁 목적에서 자체만의 군사력을 중점적으로 육성하고 있었다.

임시정부 내의 권력투쟁과 계속되는 전쟁으로 인해 초래된 유동적인 상황은 10월 혁명에서 정점을 찍었다. 10월 21일 트로츠키(Trotsky)의 지휘 아래 병사가 주축이 되어 본격적인 혁명이 일어났다. 혁명 지도부와 무장한 병사들이 페트로그라드 등 일부 지역에서 정권을 탈취하였고, 계속되는 전쟁과 내란 속에서 통제 지역을 확장하여 나갔다. 여기에 노동자를 비롯해서 현실에 불만을 품은 많은 대중이 속속 가담하였다. 결과적으로 노동자, 농민, 노동자, 군인, 소수민족 집단, 여성, 청년 등이 혁명의 기치 아래 집결한 모습이었다. 대중들의 혁명 에너지가 결집하고 있었지만, 실질적인 혁명은 대중들의 자연발생적인 봉기가 아니라 군사적

9) 스미스(2007), 29~30쪽.

대결로 승부가 갈렸다. 이런 의미에서 러시아 혁명은 민중봉기가 아니라 군사쿠데타에 더 가까웠다. 볼셰비키는 10월 혁명에서 승리한 후 독일군의 공세를 피해 수도를 모스크바로 천도하였다.

초기에는 권력이 주요 도시의 소비에트에 있었다. 볼셰비키 또한 이런 현실을 받아들여서 소비에트 중심으로 민주적인 통치를 하려고 했다. 그러나 혁명 반대 세력과의 전쟁이 발발하면서 당 내부의 혼란을 수습하고자 볼셰비키가 권력을 독점하게 되었다. 비상 국면에 직면해서 볼셰비키가 당과 지도자를 중심으로 '체카'(cheka)라는 비밀경찰의 조력을 받아 정권 지키기에 나선 것이었다. 특히 비밀경찰은 혁명의 적들을 색출하는 일이 원래 목적이었지만, 프랑스 혁명 당시의 공포정치를 뛰어넘는 수준의 무분별한 폭력 행사로 인해 크게 원성을 샀다. 이어서 사회주의 혁명을 살리기 위한 궁여지책으로 평화 협정 체결을 위한 협상에 돌입했다. 1918년 3월 독일과 '브레스트-리토프스크 조약'(Treaty of Brest-Litovsk)을 체결하였다.[10] 그러나 내용이 매우 굴욕적이었으며, 러시아는 많은 영토를 독일에 할양해야만 하였다. 그러자 종전에 반대하는 세력과 다양한 혁명 반대 세력이 결집해서 볼셰비키 정권에 도전하였다.

'러시아 내전'은 볼셰비키의 '홍군'과 혁명에 반대하는 '백군' 사이에 1917년 11월부터 5년 동안 진행되었다. 백군에는 자유주의나 사회주의 계열의 좌파, 군주제 지지파, 자본주의 옹호 세력, 러시아로부터 독립을 원하는 지방 세력, 극우파, 멘셰비키 우파 등 다양한 세력이 결집되어 있었다. 결속력은 떨어졌지만 군사력

10) 스미스(2007), 57쪽.

면에서 우위에 있었으며 러시아 내에서 노른자위 땅을 대부분 통제하고 있었다. 이에 대항해서 레닌의 오른팔 트로츠키는 혁명에 참가한 무장 세력을 중심으로 홍군을 창설하였다. 노동자와 농민이 주축이었으며, 징병제를 도입해서 군사력 충원에 나섰다. 농촌 지역에서 징병에 대해 강력한 반대가 있었지만, 강압적 수단을 써서 반대를 극복하였다. 그러나 다수가 의사에 반해 징병이 됐기 때문에 단결력이 떨어졌으며, 구성도 차르 군대 경력자를 포함해서 다양하였다.

홍군은 군사력 면에서 열세였으며, 모스크바를 중심으로 한 홍군 장악 지역은 백군에 둘러싸여 고립무원 상태에 빠졌다. 그러나 백군이 자신들이 통제하던 지역에서 독립을 원하는 소수민족들의 민족주의를 억누르고, 노동자와 농민 같은 기층 세력을 배제하면서, 내부적으로 분열이 생겼다. 홍군은 이런 상황을 잘 활용해서 노동자와 농민층의 지지를 확보함으로써 전세를 역전시켰다.[11] 이후 러시아 내전은 사회주의에 반대하는 8개 연합국이 참전함으로써 국제전으로 변질되었다. 러시아 혁명은 전쟁과 긴밀하게 연결되어 있었다. 이 과정에서 군사력이 승패를 결정한 결정적인 요인이었다. 홍군은 정치적으로 고수였으며, 적재적소에 대중들에게 메시지를 잘 던졌다. 대중들을 위해 싸운다는 이미지를 효과적으로 전달하였다. 반면에 백군은 이념적 단결성이 없었고, 노동자나 농민과 같은 기층 세력 및 변방의 소수민족을 홀대했기 때문에 인기가 별로 없었다. 이런 선전전에서의 열세로 말미암아 그들의 군사적 우위는 점차 약화되었고, 최종적으로 홍

11) 톰슨(2004), 223~230쪽.

군이 승리하였다. 그 결과 '러시아소비에트연방 사회주의 공화국'(약칭해서 '소련')이 정식으로 수립되었다.

2. 누미노제 없는 혁명

2.1. 권력 장악을 위한 혁명

러시아는 종교적이고 성스러운 나라였지만 러시아 혁명은 그다지 성스럽지 않았다. 혁명의 전 과정이 폭력과 음모로 점철되어 있었다. 지도자가 독주하였고, 대중은 동원 대상이자 소모품이었다. 대중들의 새로운 각성과 의식 변화가 혁명 에너지의 결집과 분출을 가져온 것이 아니라, 비밀조직과 소수의 '혁명 전위'(vanguard of revolution)가 혁명을 가능하게 만들었다. 사회변혁이 아니라 승리가 목적인 혁명이었으며, 이런 의미에서 혁명을 위한 혁명이었다.

수차례에 걸친 부르주아가 주도한 민주주의 혁명이 실패한 것이 원인이었다. 1905년의 자유주의 개혁과 1917년 2월 차르의 퇴진은 대중들의 대대적인 참여가 만들어 낸 성과로 커다란 감동을 러시아 민중들에게 선사하였다. 당시 차르는 영토 확장과 군사 강대국이란 허명으로 권력을 시행하고 있었다. 군대는 치안과 국방은 물론이고 정권 안정까지 담보해 주는 역할을 담당하였다. 대중들의 염원에 반해서 사회 개혁은 지체되었고, 경제는 파탄 지경이었다. 사회변혁이 성공하려면 충분한 준비와 시간이 필요했지만, 두 차례 모두 전쟁 패배의 역풍이 불면서 기회의 창이 너무도 급작스럽게 열렸다.

노동자를 주축으로 농민, 전문직, 기업가 등은 일치단결하여 자유와 민주주의 개혁을 요구하였다. 국민의 기본적 권리 인정은 새로운 세상의 개막을 알리는 신호로, 암흑 속에서 억압받던 대중에게 누미노제로서 손색이 없었다. 혁명에 대한 열정이 폭발하였으며, 대중의 자발적 참여가 줄을 이었다. 기득권 세력의 강력한 반발과 혁명 세력 내부의 분열로 인해서 모두 실패로 끝났지만, 레닌은 러시아 사회의 저변에 흐르는 혁명 에너지를 목도하였다. 또한 선진 서구 노동자들은 사회주의 혁명에 대해 등을 돌린 이유가 그들의 삶이 나날이 개량되고 있었기 때문이란 점을 정확하게 파악하고 있었다. 그래서 레닌은 노동자가 아니라 가장 고통을 받으면서도 혁명 대열에 나서 잃을 것이 없는 농민과 기층 민중들에게 초점을 맞췄다. 차르의 영도하에 근대화의 대열에 들어섰지만, 어설픈 근대화로 인해 빈부 격차가 더 커지고 그들의 삶의 조건도 크게 악화되었다. 레닌은 그들의 불만과 시기심을 혁명을 위한 주된 에너지원으로 삼았다.

그러고 나서 레닌은 이런 에너지를 혁명으로 폭발시킬 지도부를 양성하는 데 노력을 집중하였다. 1917년 10월에는 이전과 달리 조직화되지 않은 대중에 의한 혁명이 아니라, 권력 장악을 지상 과제로 하는 소수 엘리트에 의한 무장 혁명을 구상하였다. 조그만 양보에도 쉽사리 만족하는, 신뢰할 수 없고 유약한 대중은 배제되었고, 잘 훈련되고 헌신적인 혁명 전위조직이 앞장을 섰다. 군사력이 혁명의 성공을 담보해 줄 것이란 인식하에 무장 조직을 키웠으며, 여기에 이탈 군인과 불만 세력이 대거 가담함으로써 무력으로 권력 장악에 성공할 수 있었다. 소수의 전문적인 혁명가들에 의한 조직화와 대중들에 대한 체계적인 동원이 혁명 성공의 비결이었다.

레닌 이전에는 노동자에 대한 의식화가 사회주의 혁명 성공의 관건으로 간주되었다. 인간이 온갖 역경을 뚫고 혁명이란 자기희생적인 행동에 나서기 위해서는 물질적 여건에 제약받지 않는 특별한 의식이 필요했기 때문이었다. 비록 자본가들이 철저하게 노예의식을 불어넣는다고 해도, 그 틈을 뚫고 계급 지배의 본질과 위선을 알아채는 직관과 통찰력이 요구되었다. 그러나 러시아에서는 일단 프롤레타리아가 취약했으며, 그들의 계급의식은 차르와 부르주아나 교회의 조직적 탄압과 와해 공작으로 인해 생겨나기 어려웠다. 계급은 러시아 민중들의 정체성을 결정하는 데 있어서 크게 매력 있는 단위가 아니었다. 계급 정체성은 대중들의 생각과 마음을 얻기 위한 경쟁에서 국가에 졌고, 민족에 졌으며, 경제적 인센티브에 졌다. 레닌은 민중들의 의식 변화나 인격 변화를 통한 사회변혁이 불가능하다고 판단한 바탕 위에서, 조직과 무력으로 승부하려고 결심한 것이었다.

레닌은 끊임없이 반복해서 혁명을 위한 조직화의 중요성을 강조하였으며, 실제로도 많은 역량을 투입하였다. 당의 구조, 선전기구, 프로파간다(propaganda), 의회 활동, 가두 선동, 군사 훈련 등을 위한 조직을 적극적으로 육성하였다. 조직화가 제대로 이루어져야 혁명의 순간이 예고 없이 도래했을 때 혁명의 불꽃을 커다란 화염으로 변화시킬 수 있다고 인식하고 있었다. 그는 조직화와 즉흥성이 혁명의 본질이며, 철저한 준비만이 기회의 창이 갑작스럽게 열렸을 때 기적을 일궈 낼 수 있다고 주장하였다.[12] 1905년 혁명과 1917년 2월 혁명이 그런 기회였지만, 즉흥성만으로는 성공을 담보할 수 없었다고 판단하였다. 따라서 즉흥적 요소에 대한 의존을 가능한 한 배제하면서, 조직과 통제를 극대화하려고 노력하였다.

러시아 혁명은 또한 레닌의 개인 역량이 돋보인 혁명이었다. 그때까지 사회주의 혁명이 국제적으로 어느 하나 제대로 성공하지 못했던 이유는 이론은 강했지만 실천 능력이 크게 떨어졌던 데서 찾을 수 있다. 레닌은 이런 문제를 뛰어난 개인적 능력으로 극복할 수 있었다. 레닌이란 인물에 대한 평가는 실로 다양하다.[13] 철저한 마르크스주의자, 마르크스주의자로 포장한 민족주의자, 현실감 떨어지는 추상적이고 교조적인 이론가, 현실 감각 있고 타협할 줄 아는 정치 전략가, 천부적 재능이 있는 능력자, 원칙 없는 기회주의자 등 정말로 다양하다.

마지막 "원칙 없는 기회주의자"란 평가가 특히 눈길을 끈다. 그는 혁명에 오랫동안 투신해서 많은 경험을 하면서 팔색조와 같은 인물로 성장하였다. 상황에 맞게 유연하게 자신을 변신시켜 가면서, 현실과 이론, 원칙과 상황, 그리고 마르크스와 자신을 잘 조화시켜 나갔다. 대개의 혁명가는 원칙주의자였고, 순교자처럼 믿음을 지키기 위해 순교하고 말았다. 기회주의자란 평가는 혁명가에게는 바로 경륜과 내공을 치하하는 찬사와도 같은 것이었다. 레닌은 원칙과 이론을 갖추었지만 실용적이었고, 게다가 현실을 꿰뚫어 보는 통찰력마저 있었다.[14]

12) Boer(2013), pp.134~174.

13) Boer(2013), pp.6~8.

14) 저명한 E.H. Carr는 레닌을 '역사상 가장 위대한' 혁명가로 평가한다. 그의 천재적 능력은 파괴적 측면이 없지는 않았지만 대체로 건설적이었다. 엄청나게 진지하고 사심 없는 인물로서, 사심 그 자체였던 스탈린과 크게 대조를 이룬다. 레

요컨대 그는 혁명을 위해 태어난 인물로서, 혁명을 위해서라면 모든 것이 다 가능한 인물이었다. 자신이 옳고 목표가 대의라는 확신이 있었기 때문이었다. 목적으로 수단을 정당화하였으며, 혁명 성공을 위해서는 원칙도 쉽사리 버렸다. 이기기 위해서는 폭력 사용이 불가피하다고 보았다. 현실 인식에 밝고 현실에 대해서 창의적인 해석을 하였다. 필요를 있으면 과감하게 타협할 줄도 아는 전략가였다. 또한 패배는 도저히 수용할 수 없는 승부사이기도 하였다. 마르크스주의를 교조적으로 추종하지 않았으며, 종교에 대한 태도 또한 유연하게 변했다. 교회를 다니기도 하였고, 성경 구절을 즐겨 인용하였으며, 많은 종교인과 가깝게 교제하면서 교회 파괴에 앞장서기도 하였다. 멘셰비키와도 필요에 따라서 죽도록 싸우다 화해하고, 분열했다 통합하면서, 다시 통합의 국면에서 치열하게 싸우는 행태를 반복하였다. 이런 유연한 전술적 변화는 다른 혁명에서는 찾아보기 힘든 특징이었다.[15)]

레닌은 전쟁에서 러시아가 더 망해야 혁명의 성공 가능성이 커진다는 독특한 현실 인식을 갖고 있었다. 러시아 정부가 곤경에 빠질수록 정부를 전복하기 위한 혁명에 유리하다고 봤다. 차르가 패배하면 그 기회를 살려서 권력을 찬탈하려는 심산이었다. 레닌은 교조적으로 마르크스주의를 따르지 않고, 러시아 상황에 맞게 잘 변형시켜 적용하였다. 과학적 법칙에 나약하게 굴복하지 않았으며, 혁명은 신이 아니라 인간들만의 의지와 열정으로 하는 것이란 믿음을 가졌다. 혁명에 유리한 환경을 조성하기 위해서

닌은 특히 권력 장악과 유지에 있어서 대단한 총명함을 보여 주었다. 참조: E.H. Carr, *A History of Soviet Russia, Bolshevik Revolution 1917-1923*, Volume I, W.W. Norton & Company, 1985.

15) Boer(2013), pp.55~57.

국익을 해치는 일도 서슴지 않고 벌였다. 전쟁 국면에서 군대의 반란과 이탈을 부추겼으며, 주변부 소수민족들이나 유대인 등 반정부적 세력 혹은 반국가적 세력과도 독립과 자치를 지지하면서 연대하였다. 혁명에 대한 국제적 지지를 얻기 위해서 평화에 대해 약속하였으며, 국내적 반대를 무릅쓰고 승전국에 대규모의 영토를 할양하는 방안도 과감하게 수용하였다. 모두가 차르 타도와 정권 찬탈이란 목적을 위해서 벌인 일이었다.

혁명은 지도자를 중심으로 비밀조직에 의해 폭력적인 방식으로 수행되었다. 군대의 이탈과 전쟁에서의 승리가 혁명의 성공과 안착을 도왔다. 혁명의 순간은 폭력이 난무한 것이 아니라, 상대적으로 평온하게 볼셰비키가 정권을 잡았다. 레닌은 폭력을 무한정으로 사용할 준비가 되어 있었지만, 임시정부가 스스로 무너진 것이었다. 그리고 멘셰비키와 권력투쟁을 통해서 내부 통제를 공고화하였다. 그리고 반대 세력과의 폭력적인 투쟁과 내전을 벌였다. 권력 장악을 위해서는 대의명분도 희생시킬 수 있었다. 종교를 적대시하면서도 혁명에 도움이 될 경우 특정 분파들의 네트워크를 활용하였다. 대중이 누미노제를 경험하고, 이상적인 사회를 건설하겠다는 열정으로 나서는 형태의 혁명이 아니었다. 직업적인 혁명가가 혁명 사업을 효과적으로 완수하기 위해서 모든 수단을 동원해서 진행한 프로젝트였다.

볼셰비키는 레닌이라는 혁명가 1인의 지도 아래 단결되어 있었다. 볼셰비키 내부에서도 때때로 레닌의 지도 노선에 항명하는 이들이 있었지만, 대개 레닌이 나서 설득하면 이견은 금방 봉합됐다. 레닌은 마르크스주의를 러시아의 현실에 맞게 설명하는데 뛰어난 능력을 갖추고 있었다. '노동자 대신 농민을 혁명의 주력군으로 전환시킨 것도 레닌이었다. 원래 멘셰비키였던 트로츠키도 결국은 레닌 밑으로 들어왔다. 볼셰비키와 멘셰비키를 합쳐도 혁명 세력은 1910년 무렵에 1억 6천만 인구 중 4만6천여 명에 불과하였다. 결국은 조직화와 전술 전략으로 승리한 것이었다. 그리고 무력만이 승리를 가져다줄 수 있다는 확신을 갖고 철저하게 준비했지만, 실제로는 준비된 만큼 폭력을 쓰지 않고서 권력을 장악하였다. 혁명은 상대적으로 평온하게 비폭력적으로 진행되었다. 오히려 폭력은 혁명 성공 이후에 정권을 공고화하기 위해서 더 많이 행사하게 되었다.

볼셰비키 지도부는 혁명 자원과 에너지를 잘 통제하면서 적재적소에 활용하였다. 이것이 프랑스 혁명과 다른 점이었다. 대중들의 통제되지 않은 순수한 열망에다 혁명을 맡겨 두지 않았다. 모든 것은 당이 주도해서 혁명을 위한 목적으로 잘 이용하였다. 자연발생적인 데모, 군대 이탈, 파업, 농민봉기 등 조직화된 집단행동은 물론이고 자연발생적이고 일상적인 정부 비판이나 정책 개선 요구 등에 대해서도 당이 주도하거나 영향력을 행사하였다.

무력행사와 병행해서 제도권 내의 합법적인 투쟁도 활발하게 전개하였다. 정부 보이콧, 소비에트 조직, 대표자 선출, 성명 발표 등도 볼셰비키의 정치적 목적을 위해서 의미 있게 활용되었다. 이기심 많은 대중을 움직이기 위한 정치적인 협상이나 거래도 활발하게 벌였다. 병사들의 병영 이탈이나 군대 와해 공작은 적절한 당근 제공을 통해서 성공할 수 있었다. '빵, 땅, 평화'는 군인, 노동자, 농민들에게 크게 어필하였지만, 미래에 대한 비전이나 감동과는 거리가 멀었다. 그들에게 혁명 성공을 위해서라면 거리낄 일이 없었다. 그저 혁명은 권력 장악을 위한 수단일 뿐이었다.

2.2. 메시아만 있는 혁명

국교로서 러시아정교회는 1904년경 공식적으로 8천8백만 명의 신자를 갖고 있었으며, 러시아 제국 전체 인구의 약 70%를 점할 정도였다.[16] 이들이 러시아 혁명에서 수행한 역할은 크게 두드러지지 않았다. 레닌에게 종교란 마르크스와 마찬가지로 양면적 가치를 지녔다. 먼저 긍정적 기능으로서 종교는 피압제자들의 저항이고 외침이다. 자연이라는 어쩔 수 없는 힘과 착취라는 인위적인 한계에 직면한 인간들이 고통을 잊고 위로를 얻는 위해서 만든 것이 종교이다. 마르크스가 이야기하듯이 종교는 "심장 없는 세상의 심장이고, 영혼 없는 현실의 영혼이다." 그러나 종교로 인해 부르주아의 지배와 착취라는 현실을 제대로 인식할 수 없기 때문에 부정적인 측면을 갖는다. 아편이나 '보드카'와 같이 고통을 잊고 현실에 만족하게 만드는 역할을 한다. 세월이 감에 따라서 종교의 긍정적 역할은 점차 사라지고 부르주아의 지배를 정당화시켜 주는 부정적인 측면만 부각되었다. 따라서 종교는 사회주의 혁명의 적이요 척결 대상이 되고 말았다.[17]

레닌은 전통적으로 성스러운 러시아에서 종교라는 가장 큰 자산을 활용하지 않았을 뿐만 아니라, 적대시하면서 적극적으로

16) Gehard Simon, *Church, State, and Opposition in USSR,* University of California Press, 1974, p.4.

17) Boer(2013), pp.9~30.

공격을 가하였다. 모든 종류의 종교와 교회를 역사 발전을 저해하고 노동계급의 착취와 부르주아 지배를 존속시키는 반동적 기관으로 여겼다. 레닌에게 종교는 허구이고 허위의식이며, 생산적으로 써야 할 돈을 낭비하는 기생충과 같은 존재였다. 이런 이유로 레닌은 하느님을 믿는 것을 인간으로서 할 수 있는 가장 저급한 행위로 여겼다. 그리고 혁명이 성공해서 사유재산과 부르주아가 사라지면, 종교 또한 자연스럽게 사라질 것으로 보았다.[18] 레닌에게 종교는 그다지 영향력이 없었고, 크게 두려워할 이유도 없는 존재였다. 그 결과 러시아에 존재하는 풍요롭고 성스러운 전통에 별다른 눈길을 주지 않았다. 이로 인해 엄청난 혁명 자산을 사장시키고 말았다.

실제로 러시아 혁명 과정에서 마르크스-레닌주의와 러시아 정교를 융합시켜 시너지 효과를 극대화하자는 의견이 없지 않았다. 러시아에는 다양한 그리스도교 공산주의자들이 활동하고 있었다. 톨스토이(Tolstoy)는 대표적인 그리스도교 공산주의자였다. 고리키(Gorky)와 루나차르스키(Lunacharsky) 같은 정교회 좌파들은 과학적이고 냉정한 마르크스-레닌주의 이론을 종교와 결합시켜 온기와 정열, 감성, 그리고 새로운 인간형을 혁명에 불어넣자고 제안하기도 하였다.[19] 특히 루나차르스키는 레닌의 최측근으로서 혁명 이후 문화부 장관이란 요직을 맡기도 하였다. 종교의 자연발생적 에너지를 활용할 경우 혁녕의 순간(kairos)에 폭발적인 에너지를 발산시킬 수 있을 것으로 주장하였다. 누미노제를 통해

18) Dimitry V. Pospielovsky, *A History of Soviet Atheism in Theory, and Practice, and the Believer,* St Martin's Press, 1987, pp.1~5.

19) Boer(2013), pp.73~77.

서 혁명이란 기적이 이루어질 수 있다고 보았다. 그러나 레닌은 종교가 갖는 생래적인 한계를 잘 알고 있었다. 결국에는 분파적인 종교 활동이 혁명을 분열 내지 약화시킬 것으로 보았다.[20] 따라서 종교보다는 조직이나 개인적인 카리스마로 돌파하고자 하였다.

그렇다고 레닌이 공세적인 무신론자였던 것은 아니다. 20세기 초 런던에서 망명 생활할 때는 교회도 다녔다.[21] 많은 정교회 신자가 볼셰비키당에 참가하였으며, 유대인과 여타 소수 종교에 대해서도 관용적인 입장이었다. 신앙이 개인적 차원에 머무르는 한 문제 삼지 않았다. 혁명 과정에서는 종교의 자유에 대해서 용인하는 태도를 가졌다. 혁명 성공 이후에야 본격적으로 무신론을 전파하고 러시아정교회에 대한 공격을 개시하였다. 평소의 관용적인 입장을 감안할 때, 이런 급격한 입장 전환이 오히려 당혹스러울 정도였다.[22] 만약 레닌이 대중들의 성스러운 에너지를 활용하고, 정교회의 좌파 신도들을 끌어안았더라면, 혁명의 완성에 크게 도움이 되었을 것이다.

전통적으로 러시아에는 메시아를 받아들이기에 유리한 문화·역사·종교적 토양이 존재하였다. 러시아 황제들도 자신을 세상이나 러시아를 구원할 메시아로 즐겨 형상화하였다. 러시아가 황실 주도로 서구식 근대화의 길로 들어선 데에는 이런 종교적 요인이 크게 작용하였다. 그러나 근대화의 길은 순탄치 않았다. 러시아의 상대적 위상이 하락하거나 민중들의 고통이 심해

20) Pospielovsky(1987), pp.19~20.

21) Boer(2013), pp.2~3.

22) Boer(2013), p.210.

질수록 종말론에 대한 믿음과 천년왕국에 대한 기대가 커졌다.[23] 그때마다 러시아 사람들 사이에는 새로운 메시아를 기다리는 마음이 생겨났고, 실제로 다양한 모습의 메시아가 등장한 바 있었다. 세계를 구원하겠다는 신비주의적 메시아와 민족주의적 메시아는 물론이고 점차 급진적인 사회 개혁을 주장하는 메시아도 나타났다. 급진주의자 중에는 무정부주의적 메시아 바쿠닌(Bakunin)과 마르크스주의적 메시아인 레닌이 포함된다. 주지하듯이 러시아의 토양은 매우 종교적이었으며, 대중들은 메시아를 기다렸다. 이런 풍토에서 대중들의 눈에 비친 레닌은 영락없는 메시아였다.

종교적이었던 러시아 민중들은 레닌의 구원 약속을 믿었다. 이런 의미에서 레닌은 '구원파' 교주였다. 모든 민원을 다 들어주기로 약속하고 신도들에게 충성스럽게 믿고 따르기를 강요한 세속적 구원주의 교파의 창시자였다. 레닌이 받아들인 마르크스주의(마르크스-레닌주의)는 미신 같은 구석이 있는 종교와 달리 뭔가 과학적이고 유식해 보이는 이데올로기였다. 이것을 종교로 잘 포장했더라면 정치적으로 유용성이 컸을 것이다. 누미노제와 기적의 순간을 대중과 함께 만들어 냈더라면 인격 변형의 효과가 극대화되었고 혁명이 내구성도 커졌을 것이다. 그러나 종교와 적대적으로 나가면서 누미노제와 카이로스의 가능성을 차단해 버렸다. 따라서 감동과 인격 변화가 생겨날 수 없었다.[24] 더구나 그도 인간이기에 혁명 이후 권력에 탐닉하고 국민을 강제로 동원하다가 타

---

23) 김정훈, 「러시아 정교와 메시아니즘의 성격」, 『한국시베리아연구』 9:1(2006), 73~106쪽.

24) Boer(2013), p.210.

락하고 말았다. 누미노제는 그런 타락을 막을 수 있는 방부제 역할을 할 수 있었을 것이다.

레닌은 특히 '고의식파'(古儀式派, Old Ritualists)와 깊은 유대관계를 맺고 있었다. 친 유럽적인 차르의 주구가 된 러시아정교회에 대항해서 동방정교회의 정통성과 순수성을 옹호하며 저항한 세력이 바로 고의식파였다. 그들은 말 그대로 옛 의례를 고수하는 세력으로서 슬라브 민족주의와 친화성이 강했다. 이들은 주류문화에 맞서는 저항문화 혹은 하위문화도 형성하였다. 엄격한 종파인 만큼 청교도들처럼 '근검 절약'과 '근면 성실'과 '성심 성의'를 중요한 덕목으로 쌓아 나갔다. 공권력 밖에서 자조하고 상호 부조하기 위한 경제기구, 협동기구, 금융기구 등도 만들어 내었다. 독자적인 산업을 일구고 기업 활동을 전개함으로써 고의식파 윤리를 갖춘 자본가들을 아울러 배출하였다. 특히 종교적 관용 정책을 펼쳤던 표트르 3세(Peter III)와 예카테리나 2세(Catherine II) 때 교세가 크게 번성하였다. 그렇지만 19세기 중엽 니콜라이 1세(Nicolas I) 때 다시 탄압이 강화되자 해외로 이주하거나 수면 아래로 잠복하였다. 그럼에도 불구하고 신도 수는 19세기 말 러시아 인구의 10% 정도인 1천6백만 명 정도로 추산되었다. 정치 영역에도 활발하게 참여하였으며, 레닌 혁명을 지지하면서 적극적으로 참여한 고의식파 신도들도 적지 않았다.[25)]

고의식파에게 있어서 혁명 병사는 곧 예수의 사도였다. 이들은 복음서를 들고 혁명에 나섰지, 『공산당 선언』을 읽고 의식화

25) Ekaterina Levintova, "Does History Repeat Itself? Public Discourse of the Contemporary Russian Old Believer Elite", *The Slavonic and East European Review* 85:4(2007), pp.753~779.

가 된 것은 아니었다. 마르크스와 엥겔스를 읽은 것은 런던과 파리 등 서유럽의 대도시로 유학을 하러 갔던 극소수 엘리트뿐이었다. 레닌이 창간한 러시아 사회민주노동당의 기관지 『이스크라』(*Iskra*) 또한 고의식파 자본가가 자금을 댄 잡지였다. 혁명 이념을 설파했던 『이스크라』와 일간지 『프라우다』(*Pravda*) 등에는 종교적 표현들로 가득하였다. 이런 현실은 종교 색채를 탈각한 유물론적인 엘리트와 프롤레타리아가 마르크스주의로 정신무장 해서 러시아 혁명을 완수한 것이라는 볼셰비키의 공식 주장과는 거리가 멀었다. 고의식파 신도들은 종말론과 구원을 믿는 경향이 강했으며, 차르와 공산혁명은 적그리스도와 메시아의 등장에 비견되는 것이었다. 당시 저명한 사상가이자 신학자였던 베르다예프(Berdyaev)는 레닌이 주도한 공산주의는 새로운 것도 정통 마르크스주의 철학도 아니며, 그저 "러시아의 메시아적 이념의 왜곡된 변이형"에 불과한 것이었다.[26] 이런 의미에서 러시아 혁명은 지극히 러시아적인 사건이었다.

볼셰비키 혁명가들에게 역사가 오랜 고의식파의 해외 네트워크는 소중한 혁명 자산이었다. 레닌은 그들에게서 차르의 권력의 눈을 피해 비밀 활동을 하는 노하우를 배울 수 있었으며, 해외 신도들을 통해서 혁명 자금을 모으거나 혁명 이념을 전파할 수 있었다. 국내적 감시가 심해지면서 레닌의 혁명 이념을 담은 인쇄물을 고의식파 루트를 통해서 해외에서 인쇄해서 국내로 반입하였다. 차르 정부의 탄압이 고의식파와 볼셰비키 혁명가들 사이에 일종의 공생 관계를 형성시킨 것이었다. 고의식파가 러시아정

26) 김상현, 「19세기 러시아 제국의 형성과 러시아성 담론: Russianness 신화와 민족기행을 중심으로」, 『슬라브연구』 27:4(2011), 66쪽.

교회와 달리 체계화된 위계조직 없이 오랜 세월 명목을 유지할 수 있었던 것은 '소비에트'와 같은 수평적인 대중 조직이 있었기 때문이었다. 레닌이 이런 고의식파의 소비에트 조직화 방식으로부터 많은 영감을 받았다. 실제로 모스크바를 포함한 여러 지역에서 레닌을 추종한 많은 혁명가가 고의식파 교도였다. 대표적인 인물이 초대 소비에트 정부의 요직을 지낸 노긴(Nogin)이었다. 이들은 소비에트 중심의 조직화를 선호하였다.

레닌은 강한 신념의 소유자였으며 마르크스주의 종교의 최고 지도자였다.[27] 실제 행동도 자기 확신에 가득 찬 메시아와 다르지 않았다. 종교적 수사를 많이 썼으며, 자신의 무오류성과 전지전능함을 믿었다. 항상 흑백으로 사고를 하였으며, 자신은 언제나 옳은 쪽이었다. 그리고 이견을 절대로 용납하지 않았다. 자기 생각을 좀처럼 바꾸려 하지 않았고, 반대자에 대해서는 가차 없이 보복하였다. 이로 인해 반대파들이나 서양 학자들 사이에 레닌에 대한 부정적인 견해가 강하였다. 레닌 본인은 비록 폭력적이거나 가학적이지 않았을 수 있지만, 혁명 동지나 부하들의 폭력 행사는 손쉽게 용인하였다. 혁명 과정에서 희생된 사람들이 많았지만, 감사의 마음이나 죄책감 같은 것은 잘 드러내지 않았다. 자기 확신이 강해서 여느 정치 지도자와 달리 대중의 지지나 인기에 연연하지 않았다. 역사가 자신을 올바르게 평가해 줄 것이란 확신이 있었다. 대중으로부터의 권한 위임에 의존하기보다는 자신의 확신에 따라 행동하는 유형의 지도자였다. 대중들은 눈앞의 이익만 추구하기 때문에 신뢰가 낮았다. 그들은 구원 대

27) Cf. Dmitri Volkogonov, *Lenin: Life and Legacy,* Harper Collins, 1994.

상이었지 함께 구원을 도모할 존재는 아니었다.

혁명 성공 이후 새로운 국가 건설 과정에서 레닌은 모든 것을 독단적으로 결정하는 성향이 강했으며, 개인의 권위와 카리스마에 의존해서 통치하였다.[28)] 한밤중에 일어나서 부하들에게 전화해서 꼼꼼히 자신의 명령에 대한 이행 상황을 챙기곤 하였다. 구체제의 난맥상을 시정하기 위해서 자신을 정점으로 하는 하향식 명령 시스템을 새롭게 구축하였다. 거의 모든 일을 자신이 챙기고 명령을 내렸다. 사소한 일과 관련해서도 전국으로 수없이 많은 전보를 보냈다. 자신이 옳다는 확신이 있었기 때문에 모든 일을 자기 뜻대로 하려고 했다. 이런 성향은 혁명 성공 이후에 더 강해졌다. 멘셰비키를 비롯한 모든 사회주의 계열의 정당들이 힘을 합쳤더라면, 혁명 추진이 더 순조로웠을 수도 있었을 것이다. 그러나 그는 타협적이고 민주적인 방안을 절대로 수용하지 않았다. 생각이 다른 사람들을 곧 '프티부르주아'나 '프롤레타리아 계급의 적'으로 부르며 적대시하였다. 농촌에서 정부의 시책에 반해서 식량 공출을 거부한 농민들을 '쿨락'(kulaks, 부농)이라고 비하하면서 무자비하게 박멸할 것을 지시하기도 하였다.

레닌은 공포정치를 필수적이라고 생각하였다. 혁명을 완수하려면 폭력과 공포는 기본이었다. 혁명 성공 이후에도 내전이 계속되었으며, 전쟁 상황에 비추어 보더라도 폭력 행사는 과할 정도였다. 반대자는 죽임을 당했고, 회색분자는 집단 수용소로 보내졌다. 체카라 불린 비밀경찰은 규모나 잔학성 면에서 차르 시대의 '오흐라나'(Okhrana, 내무성 산하의 비밀경찰기관)와 비교가 되지

---

28) Joshua Muravcsik, *Heaven on Earth: The Rise and Fall of Socialism*, Encounter Books, 2002, p.139.

않을 정도였다. 당의 절대적 지배를 강조하였으며, 당의 국정 장악력과 내부 단결력이 중시되었다. 작업장을 노동자가 통제하도록 허용하는 것은 프롤레타리아 독재를 약화시킬 것으로 보았다. 당 총비서의 역할은 대중에게 볼셰비키 사상을 전파하고 새로운 사회주의 인간을 만드는 것이었다. 러시아 전통에도 독재가 보편적이었지만, 레닌의 전체주의적 독재는 이례적일 정도였다. 이 과정에서 개인이 자유롭게 자발성과 창의성을 발휘할 여지는 없었다.

공산주의와 그리스도교는 공산사회를 지향하고 근본적인 사회 개혁을 주장한다는 점에서 공통점이 많다. 그러나 공산주의에는 신이 존재하지 않고, 윤리가 배제되었다는 점이 큰 차이였다. 그리스도교에서 신은 윤리와 도덕의 주관자이다. '양심'이란 윤리 도덕의 기본은 신이 인간에게 심어 준 도덕률이다. 신은 선과 악을 심판하는 윤리의 최후 심판관이다. 칸트는 신의 최후심판이 없는 윤리 도덕은 알맹이 없는 껍질에 불과하다고 보았다. 공산주의에는 이런 금도가 사라졌으며, 공산주의라는 숭고한 목표가 모든 것을 정당화하였다. 소련의 공산주의자들은 일반 사람들의 본성뿐만 아니라 지도자 자신들의 순수성에 대해서도 순진할 정도로 낙관적이고 신뢰가 높았다. 인간이 모든 행위의 중심이었고 최종심판자였다. 신을 부정하였고, 종교를 죄악시했으며, 누미노제가 없었기 때문에 레닌은 혁명 과정에서 많은 죄를 거리낌 없이 저지를 수 있었다.

종교가 혁명에 기여할 가능성과 잠재력은 크다. 이것은 앞서 살펴본 이스라엘과 미국 사례에서 잘 드러났다. 종교를 적대시만 할 일은 아니었다. 메시아와 대중이 힘을 합쳐 기적을 만들었더라면 감동이 컸고 지속 가능성도 생겨났을 것이다. 누미노제는 사람의 마음을 움직이는 강력한 수단이다. 이것 없이 혁명을 일으키면 권력 탈취는 가능할지 모르나, 세상을 바꿀 수는 없다. 러시아 혁명의 결과는 공동체의 분열이었고, 통합과는 거리가 멀었다. 내란이 벌어졌고, 폭력이 난무하게 되었다. 더구나 많은 역량을 동원해서 추진한 종교 퇴출 노력에도 불구하고 종교는 사라지지 않았다. 사람의 마음, 생각, 의식, 양심, 이성은 권력이나 유물론으로 쉽사리 훔칠 수 있는 것이 아니었다. 신성한 나라에서 신을 무시하고 모욕하고 적대시해서는 사람들의 마음을 얻기가 애당초 불가능한 일이었다.

요컨대 러시아 혁명에는 메시아는 있었지만 누미노제는 없었다. 메시아의 전지전능함으로 혁명이 성공하였지만, 대중들의 역할은 제한적이었다. 대중들은 누미노제를 통해서 스스로 사회주의적 인간으로 재탄생할 수 없었다. 감동이 없었기에 대중은 강제로 동원되어야만 하였고, 비밀경찰이 항상 감시해야만 했다. 지도자는 분노한 야훼와 같은 모습이었다. 자주 대중들을 꾸짖고 불충함에 분노하였다. 다른 신은 허용하지 않았으며, 유일한 신으로서 당과 지도자를 숭배하도록 요구하였다. 믿음이 부족하면 강제로 믿게 하였고, 말을 듣지 않을 경우 강제로 따르게 만들었다. 지도자는 유일신보다도 더 에고(ego)가 강했다. 선악과를 따먹은 아담처럼 자신이 선악의 판단 기준이었다. 그러나 자신이 선지전능하지 않은 것을 알기 때문에 불충이나 비판에 더욱 민감하게 반응하였다.

2.3. 소비에트 국가와 러시아정교회

동방정교회는 서부 유럽과 달리 초기 그리스도교 모습에 가까워서 엄격한 율법과 전통을 중시하였다. 국가 단위로 구성되어 있기 때문에 나라마다 독특한 민족주의적 성격을 반영하는 형태로 발전하였다. 선택받은 민족이나 하느님의 구원과 같은 개념은 천년왕국적인 요소로서 고통을 받는 민족들에게 특히 매력이 있었다. 이것이 동부유럽에서 동방정교회가 널리 흥했던 이유였다. 이들의 고난의 역사와 예수의 구원 사이에 조합이 좋았기 때문이었다. 위대한 제국을 꿈꾸는 러시아 황실은 러시아정교회를 정치적 목적을 위해서 잘 활용하였다.

차르 체제하에서 러시아정교회는 국교였으며, 성직자는 지주 및 자본가와 더불어 러시아 사회를 지배하는 3대 계급이었다. 차르 체제를 보호·방어하는 역할을 하였으며, 교회와 사제들에게는 국가로부터 다양한 신분적 특권과 경제적 혜택이 주어졌다. 정교회 이외의 다른 소수 종교를 믿으면 여러 가지 차별과 탄압이 가해졌다. 정교회에서 다른 종교로 개종하면 처벌을 받았고, 정교회에서 결혼식을 하지 않은 부부 사이에서 태어난 아이는 사생아로 간주되어 완전한 시민권을 부여받지 못했다. 신의 존재를 부정하는 무신론적 주장은 중대한 범죄 행위로 처벌되었다. 차르는 신에게 충성하듯이 자신에게도 충성하도록 강요하였다.

모스크바 공국은 비잔틴 제국의 패망 이후부터 전 세계 정교국의 모태이자 총본산으로 자처할 수 있게 되었다. 모스크바는 새로운 예루살렘이었다. 러시아정교회는 정통성 확보 차원에서 로마 가톨릭보다 더 연륜이 깊은 초기 그리스 교회의 전례와 의식을 수용하려고 시도하였다. 이런 움직임에 옛 방식을 고수하려는 전통파들이 반발하면서 1656년 종교 전쟁이 발발하였으며, 그 결과 러시아정교회는 '신의식파'와 '고의식파'로 분열되었다.[29] 당시 니콘 총대주교는 로마 교황과 동·서 교회 합작을 추진하였다. 목적은 지중해의 패자로 군림한 강성한 오스만제국에 공동 대처하고, 이슬람적인 '이스탄불'로 바뀐 콘스탄티노플을 원래대로 되돌리기 위함이었다. 동시에 서로마적인 의례를 도입함으로써 가톨릭 세력이 우세한 우크라이나 서쪽까지 러시아 영토로 합병하기 위한 기반을 다지려는 목적도 있었다.[30] 그 결과 협소한 민족 개념을 뛰어넘어서 광대한 영토에 다양한 민족을 아우르는 제정 러시아가 탄생할 수 있었다. 그리고 다민족을 통합하기 위해 동방정교회를 믿는 자는 민족이나 인종에 상관없이 러시아 국민으로 인정하였다. 이로써 민족 대신에 정교회 신앙이 러시아인과 이방인을 구별하는 중요한 판단 기준이 되었다.

러시아 정치 체제는 강력한 왕권을 중심으로 한 가부장적 신정 일치에 가까웠다. 반란과 민중봉기를 억압하기 위해 황제 직속의 근위대를 운영하는 등 강력한 중앙집권을 추구했던 러시아는 유럽에서는 유례를 찾기 힘들 정도의 절대 권력을 구축했다. 차르는 신과 동격이었다. 러시아정교회는 정권과 결탁해서 각종 특권을 누리면서 정치 권력을 지지하는 보조적 역할을 하였다. 정교회를 절대적으로 신성화하면서 다른 생각이나 변화를 허용하지 않았으며, 민주적이고 자유로운 생각이나 정치 제도의 탄생

29) Cf. Nadieszda Kizenko, "The Church Schism and Old Belief", Abbott Gleason, *A Companion to Russian History*(2009), pp.145~162.

30) 이병한, 「러시아정교회가 스탈린을 높이 평가하는 까닭?」, 『프레시안』(2017.12.03.).

을 억눌렀다. 이미 혁명 과정에서 공산주의 이데올로기로 집단적으로 무장한 볼셰비키들에 대해서 반대 입장을 분명히 하였고, 심지어는 내전 과정에서 백군 편을 들었기 때문에 볼셰비키 당과의 갈등은 불가피하였다.

1917년 10월 혁명을 통해 첫 사회주의 국가인 소련이 건국됐을 때 그들의 표어는, "땅에서는 자본주의자들을, 하늘에서는 하느님을 축출하자!"였다. 그렇지만 레닌은 교회와의 투쟁에 있어 결코 서두르지 않았다. 대중을 상대로 종교를 비판하고 공격하는 강연회를 곳곳에서 개최함으로써 교회와 인민을 유리시키는 한편, 1918년 1월에 '교회와 국가의 분리에 관한 법령'을 공포해서 정교회의 특권적 지위를 박탈하고, 사회적 영향력을 점차 약화시켜 나가는 전략을 병행해 나갔다. 국민 대다수가 정교회 신자여서 이들의 반발을 우려한 측면이 있었다. 그때까지 정교회와 전면전을 벌일 만한 역량이 충분치 않았으며, 교회 내 혁명 우호 세력을 혁명에 대한 적으로 돌릴 이유가 없었다. 특히 대중들과 직접적인 접촉이 많은 지방에서는 중앙 정부가 고려하던 반종교 시책에 반발이 컸다. 이런 이유로 중앙당의 공식적인 방침이 지방에서 제대로 시행되지 않는 일도 빈번하였다. 일례로 정부가 금지시킨 종교 교육이 지방에서 묵인되는 경우가 많았다.

러시아정교회에 대한 공격은 교회 안팎에서 이루어졌다. 소비에트 정부는 러시아정교회가 보유한 권한을 빼앗아 개별 교회 단위의 소비에트에 나눠 주는 '분할통치' 방식을 썼다. 국가 교회와 총대주교를 대신해서 20인으로 구성된 개별 교회 단위의 소비에트가 교구를 관리하고, 몰수된 교회 자산을 종교적 목적에 사용할 수 있게 허용하였다.[31] 이런 조치를 통해서 교회 중앙의 개별 교회에 대한 통제력을 약화시키려고 하였다. 그 결과 혁명에 우호적인 인물들이 교회의 의사결정권을 장악할 수 있는 길이 열렸다. 이런 조치들은 모두 러시아정교회가 사회주의 혁명에 장애가 되지 않도록 하려는 목적에서 추진되었다. 새롭게 교회의 실권을 장악한 '개혁주의 성직자'(Living Church)들은 교회 구조의 민주화, 주교와 수도사의 권한 축소, 예배 의식의 현대화 및 러시아어 사용 등의 정교회 개혁을 지지하였다. 그들은 정교회 내에서 사회주의에 대한 찬성과 소비에트 정부에 대한 지지를 확산시키는 데 크게 기여하였다.[32)]

소비에트 정부는 내전에서 승리한 이후 재정난과 식량난을 해결하기 위해서 교회의 동산을 모두 국가에 넘기라고 밖으로부터 정교회를 압박하였다. 이에 대해서 정교회가 반발하고 저항하면서 1917~22년의 기간 동안 28명의 주교와 1,215명의 일반 사제들이 희생되었다.[33)] 레닌은 "종교와 싸울 수 있어야 하며, 이것을 위해 믿음과 종교에 관하여 물질적으로 대중에게 설명할 수 있어야 한다"라고 주장하면서, 무신론적 프로파간다를 확산시킬 것을 요구하였다. 그는 점차 종교가 혁명에 장애가 된다고 인식하면서, 혁명에 괄목할 만한 진전이 없는 것도 종교에서 원인을 찾고자 하였다. 따라서 종교에 대해서 더욱 적대적이 되었다.[34)]

트로츠키의 주도로 1925년 '전투적 무신론 연맹'이라는 반종

---

31) Cf. Scott M. Kenworthy, "Rethinking the Russian Orthodox Church and the Bolshevik Revolution", *Revolutionary Russia* 31:1(2018), pp.1~23.

32) 톰슨(2004), 286~287쪽.

33) 황영삼, 「공산주의 시기 러시아 정교회의 존속과 변화: 1917-1991」, 『러시아 지역연구』 1(1997), 256쪽.

34) Pospielovsky(1987), p.26.

교 활동 전위대를 조직하고 본격적으로 탄압하기 시작했다. 정부의 공식 채널이 아니라 비밀조직이나 비공식적 정부조직이 반종교적 정책을 담당하도록 한 이유는 정교회와의 마찰을 줄이려는 의도에서 찾을 수 있다. 과도한 조치로 인한 정부 책임을 회피하고, 상황에 맞게 정부 정책을 유연하게 바꿀 필요가 있었기 때문이었다. 이 조직은 모든 공장, 관청, 그리고 학교에 무신론자 세포조직을 만들어서 사회의 전체적인 분위기를 무신론으로 가득차게 하는 것이 목표였다. 성직자와 신자들을 감시 고발하며, 반종교 간행물과 영화를 상영하는 활동을 하였다. 이 연맹은 1933년 "반종교 5개년 계획"이라는 정책을 수립해서 모든 성당의 폐쇄, 가정과 직장에서의 신자 일소(一掃), 잔여 성직자 체포 등을 주장하면서, 종교 말살을 위한 활동을 활발하게 전개하였다.

스탈린 초기가 가장 탄압이 심하였다. 스탈린은 1929년 '종교단체에 관한 법률'을 공포해서 기본적으로 교회 내에서 진행되는 예배 이외의 모든 사회적 활동을 금지시켰다. 1931년에는 스탈린의 명령으로 모스크바에 있는 '구세주 그리스도 대성당'이 파괴되었다. 스탈린은 기도할 시간에 노동을 하라고 요구하면서, 합리적이고 과학적인 프롤레타리아가 되기 위해서 유물론을 신봉하고 물신을 섬기라고 주문하였다. 무신론을 적극적으로 홍보하고, 무신론자들이 조직적으로 러시아정교회를 공격하도록 하였다. 그 결과 정교회의 신도 수가 격감하였고, 많은 희생자가 발생하였다. 1936년에 이르면 성직자의 80% 이상인 4만 2천여 명의 신부들이 사형, 투옥, 시베리아 유형 등을 통해 제거되었다. 또한 성당 등 거의 모든 종교 시설들은 파괴되거나 박물관, 극장, 창고 등으로 변형돼 러시아정교회는 깊은 절망에 빠졌다.

소비에트 정부의 극심한 탄압 속에서 정부와의 화해 움직임도 생겨났다. 1927년 7월 29일에 총대주교 티혼의 사망 후 그 후임을 맡은 니즈니-노브고라드 수좌대주교인 세르기가 총대주교 직무대행은 정부에 대한 '충성 선언'을 함으로써 러시아정교회의 소련 정부에 대한 공식적인 지지를 천명하였다. 이로써 교회가 국가에 확실하게 예속되고, 그 대가로 교회는 생존을 최소한도로 보장받을 수 있었다. 그러나 종교의 자유는 이미 크게 훼손되고 말았다. 1941년 독일과의 전쟁 때 나치의 탱크가 레닌그라드와 스탈린그라드까지 쳐들어 왔을 때, 스탈린은 러시아정교회의 애국주의가 필요하였다. 교회의 생존을 위해 소련 정부와의 원만한 관계가 필요했던 러시아정교회는 전쟁에 대한 지지와 국민적 단결을 호소함으로써 화답하였다. 이후 정부 비판을 일체 중단하였다. 스탈린은 이러한 교회의 애국심을 높이 평가해서 세르기를 신임 총대주교로 선출하는 것을 허용하는 등 외형적 박해를 완화하였으며 신학 교육기관 설립도 허용하였다.[35] 비록 엄격한 정부의 통제가 있었지만, 부분적으로 종교의 자유를 부활시키는 정책을 실시했다. 그렇지만 스탈린 정권은 많은 국민이 교회를 다시 찾아가자 적지 않게 당황하였다.

1958년 수상으로서 당과 정부의 실권을 장악한 흐루쇼프(Khrushchev)는 마르크스-레닌주의에 입각한 사회주의적 이데올로기의 강화가 더 필요하다는 인식하에, 정교회에 대한 탄압을 강화하였다. 그 결과 교회는 물론이고 수도원 숫자도 급격하게 감소하였다. 1959년에 러시아정교회가 가지고 있던 수도원의 수는

35) 황영삼(1997), 260쪽.

47개였으나 1960년대 중반 무렵에는 16개로 감소하고 이에 따라서 수도사들도 3천 명에서 1천5백 명 수준으로 줄어들었다. 폐쇄된 교회 건물은 창고, 상점, 극장, 청년들의 클럽, 반종교적 무신론을 선전하는 박물관 등 다양한 용도로 전용되었다.[36] 그러나 브레즈네프(Brezhnev) 시대에 들어와서 박해의 추세가 다소 완화되었다. 기본적으로 정권과 교회의 타협이 어느 정도 이루어진 것이었다. 교회가 사회주의 체제를 그대로 인정하고 대외 평화 선전의 일익을 담당하는 반면, 정권 역시 개인의 신앙생활이나 교회의 활동을 직접, 노골적 간섭은 되도록 피하는 것으로 묵계가 이루어졌다.

종교를 없애려는 시도는 실패하였을 뿐만 아니라 무의미하였다.[37] 국민적 에너지가 사장되었으며, 폭력과 박해로 인해 공동체가 분열되거나 해체되었다. 대안으로서 제시한 무신론은 전혀 어필이 안 됐고, 정교회 또한 국가의 하수인 역할만 지속할 뿐이었다. 그 결과 러시아 사회에는 영적인 진공상태가 초래되었다. 인간을 존중하지 않았을 뿐만 아니라 인간의 의식 변화는 기대하기조차 어려운 상황이었다. 인간이 신을 대신할 수 없었으며, 조작과 동원으로 해결이 가능한 일이 아니었다. 대중들은 무신론이나 소비에트 이데올로기에 대해서 거의 관심이 없었다.[38] 대중과 당이 크게 유리되었으며, 괄목할 만한 사회적 변화나 의식 변화도 없었다. 그러나 현실에서 종교는 계속되었다. 정교회는 더욱 번성하였고, 놀랍게도 인텔리들마저도 대거 새롭게 신자

---

36) 황영삼(1997), 263~265쪽.

37) Volkogonov(1994), pp.6~26.

38) Cf. Victoria Smolkin. *A Sacred Space is Never Empty: A History of Soviet Atheism,* Princeton University Press, 2018.

가 되었다.[39] 그리고 공산주의 몰락 이후 러시아는 러시아정교회가 지배적인 국가로 되돌아갔다.

3. 사회주의 공동체 형성

볼셰비키는 1918년 당명을 '러시아 사회민주노동당'에서 '러시아 공산당'으로 바꾸면서, '사회 민주'라는 단어를 당명에서 삭제하였다. '사회 민주주의'가 멘셰비키의 전유물이 되었기 때문이기도 했지만, 1914년 사회주의 혁명 대신에 자국의 부르주아와 타협해서 제국주의 전쟁을 지지했던 유럽 마르크스주의자들과 차별화를 모색하겠다는 의지의 표현이기도 하였다. 이후 볼셰비키는 일관적으로 '공산주의'란 용어를 사용하였다. 마르크스가 제시한 역사의 최종 단계인 공산주의(communism)는 어원이 프랑스어 'communisme'에서 나온 것이다. 코뮌(commune)이 공동체를 뜻하기 때문에 '코뮤니즘'은 공동체를 중시하는 정치적 이론으로 정의하는 것이 어의 상 정확할 것이다. 러시아 혁명의 이상은 '소비에트'에 기초한 풀뿌리 민주주의 사회였다. 소비에트는 자발적이고 자주적인 농촌공동체로서 노동자나 종교단체도 이를 수용하여 오랫동안 운영하였다. 형태는 다양하지만 자발적 참여와 집단적 의사결정을 통한 협력이란 특징을 공유한다. 소비에트의 전국적인 네트워크는 바로 원래 마르크스가 상정한 순수한 '코뮤니즘'(commune-ism)에 가까운 것이었다.

39) Pospielovsky(1987), pp.120~131.

일반적으로 사회주의와 공산주의는 상호 교차 사용이 가능할 정도로 개념적으로 구분하지 않는다. 구태여 구분한다면 사회주의는 '평등과 재산의 공유에 바탕을 둔 사회 질서'를 의미하고, 공산주의는 소련이 실험한 '국가에 의한 재산의 독점적 소유나 독재'를 상징하는 개념으로 볼 수 있다. 이런 의미에서 사회주의가 공산주의보다 마르크스가 상정한 '코뮤니즘'이라는 개념에 더 가깝다고 볼 수 있다.[40] 파리코뮌(Paris Commune)은 1871년 3월 18일부터 5월 28일까지 2개월 남짓 존속한 파리 시민들이 세운 세계 최초의 '코뮤니즘'적인 자치 정부였다. 역사상 처음으로 사회주의 정책을 실행에 옮겼으며, 이후 사회주의 운동이 만개하는 데 커다란 영향을 미쳤다. 러시아 혁명은 원래 소비에트에 기반을 둔 '코뮤니즘'을 지향하였지만, 실제로 그린 그림은 국가에 의한 전체주의적 통제를 의미하는 '공산주의' 국가였다.

원래 공산주의는 국가 없는 공산사회를 지향하였다. 방점은 '국가 없는'에 있었고, 공산사회는 단지 "능력에 따라 일하고, 필요에 따라 소비"한다는 원칙 정도만 공산주의자들 사이에 공유된 상태였다. 부르주아 지배 도구에 불과한 국가가 사라지면 공산사회는 자연스럽게 성취될 수 있는 것으로 상정되었다. 부르주아와 자본주의가 사라진 이후에는 인간의 본성이 발현되어 자연스럽게 의미 있는 협동이 가능해져서 공산주의가 실현될 것이었다. 마르크스와 공산주의자들이 미래에 대한 비전을 상세하게 제시하지 못한 것은 어떻게 보면 인간의 잠재력이 무한하기 때문에

40) 이런 맥락에서 공산주의란 용어 대신에 '코뮨주의'(commun-ism)라는 개념을 사용하자는 제안도 있다. 고병권·이진경 외, 『코뮨주의 선언: 우정과 기쁨의 정치학』, 교양인, 2007.

모두 제약이 사라진 공산사회에 대해 구체적인 청사진이나 로드맵을 제시하는 것이 불가능했을 수가 있다. 무한한 가능성이 열려 있는 상태를 말로써 묘사할 수 없었을 것이다. 어쨌든 그들은 계몽주의와 같이 자유·평등·우애를 통한 자아실현이라는 비전은 물론이고 종교와 같이 인간 내면에 존재하는 신성을 발현시킨다는 목표도 제시할 수 없었다.

볼셰비키에게 공산사회 건설은 추상적인 목표였으며, 현실에서는 "평화, 빵, 땅"을 민중들에게 제공하고, "모든 권력을 소비에트"로 이양하는 것이 당면과제였다. 그렇지만 최초의 공산국가를 둘러싼 내외 환경은 전혀 우호적이지 않았다. 처음부터 공산주의는 생존을 위해서 치열하게 투쟁해야만 하였다. 내부적으로는 백군과 사생결단의 전쟁을 벌여야 했으며, 대외적으로는 제1차 세계대전의 주요 참전국 모두와 적대적으로 마주해야만 하였다. 주요 정책이 생존을 위한 투쟁 기간에 만들어졌기 때문에 고도로 중앙집권적인 통치 체제를 구축하지 않을 수 없었다. 적대적인 환경 속에서 생존을 위한 임기응변이 정책 기조가 되었다. 자발성보다는 강제적 통제와 동원이 일상화되었다. 이런 경향은 거듭되는 전란을 통해서 더욱 강화되었다. 레닌이 반복적으로 언급한 바와 같이, 혁명에 성공하기는 쉬웠지만 공산주의를 건설하는 것은 훨씬 더 복잡하였다.[41] 과거와의 완전한 단절을 지향했지만, 역사와 전통을 완전히 무시하기는 어려웠다. 소비에트 정권이 현실과 이상 사이에서 오락가락하는 사이, 러시아 민중들은 좌표를 잃고 방황할 수밖에 없었다.

---

41) Boer(2013), p.209.

소비에트 정부가 초기에 도입한 일련의 사회주의 제도들은 혁신적인 측면이 있었다. 8시간 노동제, 신분 구분 폐지, 인민재판소 설립, 토지 사유제 폐지, 대기업·은행 및 무역 국유화, 계획경제 제도 도입 등은 전례가 없는 거대한 실험이었다. 이 모든 것은 대중들의 자발적인 참여와 헌신을 통해서 이루어져야 할 것이었다. 그러나 소비에트 체제에서의 정치과정은 민주주의를 압살하는 과정이었다. 볼셰비키 정권은 아래로부터의 압력에 굴복해서 1917년 11월 25일 제헌의회 선거를 했지만, 선거에서 불과 25%의 지지를 얻는 데 그쳤다. 전체 707석 가운데 볼셰비키는 175석밖에 차지하지 못했다. 1918년 1월 '제헌의회'가 개최되었을 때, 대중들 사이에는 새로운 민주주의에 대한 희망이 컸다. 그러나 레닌은 제헌의회의 유일한 역할이 소비에트 정부를 무조건적으로 지지하는 일이라고 못을 박았다. 이로써 소련에서의 민주주의는 꽃을 피우지 못하고 시들어 버렸다.

1918년 6월 레닌은 산업에 대해 중앙집권적인 통제가 필요하다고 주장했다. 반면에 좌파 공산주의자들은 노동자가 각 공장을 통제하기를 원했다. 레닌은 조합주의적 접근법이 중앙통제에서 벗어나 사회주의란 대의에 해악을 끼칠 것으로 생각하였다. 정부의 개입을 최소화하기를 원하는 자유주의적 좌파들이나 노동자들의 주체성을 선호하는 분파들은 중앙통제가 민주주의를 훼손하는 것으로 봐서 반대 입장이었다. 국제적으로 많은 사회주의자가 레닌 체제를 비판하였다. 대중들의 정치 참여, 의견 수렴, 산업 민주주의가 없는 점을 근거로 들면서, 그가 세우려는 것이 사회주의가 아니라고 부정하였다. 1918년 말에 카우츠키(Kautsky)는 소련의 반민주성을 비판하는 책자를 발간하였으며, 저명한 혁명가 로자 룩셈부르크(Rosa Luxemburg)는 카우츠키의 의견에 동조하면서, 레닌의 반민주적 조치에 대해서 날을 세웠다. 러시아의 무정부주의자 크로포트킨(Kropotkin)은 볼셰비키의 권력 장악을 '러시아 혁명의 장례식'으로까지 묘사하였다.

민주주의 대신에 공산당 독재가 자리를 잡았으며, 자유와 정의를 내세우면서 사회는 병영화가 되었다. 빵 문제가 없는 풍요로운 경제를 창출해 내지 못하고, 인민들의 생활은 원시적 수준에 머물렀다. 자신들의 권력 유지를 위해서 1/4에 달하는 영토를 포기해야 하였다. 개인들의 삶이나 자아실현은 안중에도 없었다. 인민을 강제로 동원하고, 체제 비판에 대해서는 공포와 폭력을 통해서 억압하였다. 모두가 '동무'(comrade)였지만, 엄연한 위계적인 사회였다. 또한 동무는 자유롭고 평등하며 인간성 실현을 위해서 공동으로 매진하는 새로운 인간이 아니었다. 독자적인 사고와 주체적인 행동을 통해 공동체에 헌신하는 새로운 유형의 사회주의적 인간이 아니라, 국가와 당의 명령에 순종하는 피동적인 인간이었다. 외양은 모두가 동지이고 새로운 사회주의적 인간이었지만, 내막은 새로운 형태의 노예였고, 구체제의 농노였으며, 자유 없는 인격체였다.

처음부터 레닌의 커다란 걱정거리는 대중들의 교양 부족과 변화에 대한 소극적 태도였다. 엘리트 지도부는 자신들은 교양 있고 근대적 개혁을 강력히 지지하였지만, 대중들은 무식하고 교양이 떨어졌으며 완고하게 옛 방식에 집착하는 전근대적인 존재들이었다. 대다수를 점하는 농민들은 소규모의 전통적 방식에 의거한 농업 생산을 선호하면서, 근대화된 사회주의 농업이나 국영농업에 대해서는 거부감을 가졌다. 그들은 혁명에 노골적으로 저항하지 않았지만, 당의 명령이나 요구에 쉽사리 굴복하지도 않았다. 전쟁 수행에 필요한 잉여 농산물 공출에 협조적이지 않았으며, 자신들의 농지 소유만을 목표로 삼는 이기적인 존재들이었다. 따라서 이들은 동원되어야 할 대상이었으며, 혁명을 위해 희생되어야 할 존재였다.

볼셰비키가 차르와 권위주의적 정치 체제를 몰아내면서 약속한 국가가 소멸된 공산주의 공동체나 공산사회는 간데없고, 공산당 일당이 지배하는 관료적 전체주의 국가가 등장하고 말았다. 국가와 당의 주도로 대내적으로는 정치적 통제, 과학 기술 발전, 물질적 번영 등이 성취 가능하고, 대외적으로는 부국강병을 통해 공산주의 확산과 자본주의 체제와의 경쟁에서 우위를 확보할 수 있는 체제였다. 이런 목표를 달성하기 위한 수단으로 제시한 프롤레타리아 독재는 프롤레타리아의 우두머리가 하는 독재를 의미하였다. 더구나 프롤레타리아 독재는 자유를 존중하는 사람들에게 전혀 매력적인 대안이 아니었다.[42] 자유나 권리 보장은 어려워도 물질적 풍요만은 반드시 가져다주겠다고 약속하였지만, 먹고사는 문제조차 해결하기 어려운 것이 현실이었다.

이런 실상을 외면한 채 혁명 지도부는 인간에 대해 근거 없는 낙관론을 펼쳤다. 혁명의 제2인자였던 트로츠키는 "인간은 도저히 상상할 수 없을 정도로 강하고 똑똑하고, 심오해질 것이다. 신체는 훨씬 더 조화로워지고, 동작은 훨씬 더 리듬감이 있게 될 것이며, 목소리는 더욱 음악적으로 변할 것이다. 삶 자체가 활력 있는 드라마처럼 될 것이다. 평균인들의 수준이 아리스토텔레스

42) Axel van den Berg, *The Immanent Utopia: From Marxism on the State to the State of Marxism,* Routledge, 2003, pp.56~57.

나 괴테, 마르크스 정도가 될 것이며, 새로운 산봉우리들이 각 분야에서 솟아오를 것이다"라고 예견할 정도였다.[43] 그러나 새로운 사회주의 인격체가 언제쯤 등장할 수 있을지 확실하게 답할 수 있는 소련 지도자는 없었다. 러시아 민중들의 초미의 관심사인 '새로운 세상'에 대해서도 모두 두루뭉술하게 넘어갔다. 자본주의와 자본가들을 축출함으로써 세상의 종말은 왔지만, 구원의 날은 요원하기만 하였다. 구원이 계속 연기됨에 따라서 대중들의 실망이 커졌고, 구원을 약속한 혁명 지도자들의 마음은 조급해져만 갔다.

이런 목적을 위해 인위적으로 양육되어야만 했지만, 과정은 순탄치 않았다. 교육과 훈련에는 시간이 걸리기 마련이지만, 혁명가들에게 주어진 시간이 무한하지 않았다. 따라서 인내하고 기다리기보다는 강제하고 동원하는 것이 더 편리하였다. 소비에트 정권은 교육의 중요성을 잘 인식하고 있었다. 학교를 거대한 변형의 수단으로 활용하고자 하였다.[44] 모두에게 이로운 사회 건설에 기여하는 진보적인 사회주의적 인간을 만들어 내려는 이상과 정열이 넘쳐났다. 미국의 교육학자 듀이(Dewey)의 영향을 많이 받아서 그의 교육철학에 따른 '진보적'(progressive) 교육을 시행하고자 하였다. 차르 시대 귀족 자제들에게 시행한 암기 위주의 엄격한 방식을 폐기하고, 활동과 프로젝트를 중시하는 경험 중심적인 학습이 이상적인 사회를 만드는 첩경이라고 보았다. 이를 통해서 자발적이고 주체적이며 혁명적인 새로운 '진보적 인간형'을 창조

43) Leon Trotsky, *Literature and Revolution,* Russell & Russell, 1957, p.256.

44) Cf. Larry Holmes, *The Kremlin and the Schoolhouse: Reforming Education in Soviet Russia, 1917-1931,* Indiana University Press, 1991.

해 내려고 하였다.

그러나 이상은 높았지만 현실과의 괴리가 너무나 컸다. 교육 시스템은 시설이나 가용 자원 측면에서 뒤처져 있었다. 교사들은 월급이 적고 과중한 업무 부담에 전문적으로 준비가 되어 있지 못했다. 새로운 변화 요구에 대해 학부모, 교사, 사회 전반의 저항이 만만치 않았다. 그 결과 문맹 퇴치나 의무교육 확대 그리고 직업훈련 시행 등에는 성과가 있었지만, 사회주의적 인간 개조에는 실패하고 말았다. 누미노제가 없는 혁명이 갖는 한계였다. 새로운 각성이 없었기 때문에 인격 변화가 제대로 이루어지기 어려웠다. 빛이 없는 암흑 속에서의 몸부림은 새로운 인간의 탄생을 가져올 수 없었다. 공산주의 하의 소련에는 감동도 없고 인격 변화도 없이 강요된 계급의식만 존재하였다. 인간은 여전히 이기적이었으며 사회주의 인간은 존재하지 않았다.

따라서 인류 최초의 공산사회는 명목상으로만 새로운 세상이었다. 본질적으로 차르 체제와 유사했으며, 단지 폭력과 탄압 그리고 통제 정도만 획기적으로 향상된 체제였다. 사람이 바뀌지 않았기 때문에 사회주의가 도입된 새로운 세상은 그다지 새롭지 않았다. 지배 계층만 바뀌었지 전제적 정치 체제는 그대로 유지되었다. 사회주의 혁명에 성공했지만, 차르 시대와 똑같은 문화적 토대 위에 겉모양만 새로운 집을 지었다. 실제로는 주인만 바뀌었지 집도 과거 그대로였다. 공산주의가 종교를 불법화하였지만, 러시아정교회의 신자 수는 자유화 이후 오래지 않아 혁명 전의 수준으로 돌아갔다. 사회주의 혁명을 통해서 세상은 바뀌었는지 모르지만 사람은 그대로였던 셈이다. 집단주의적이고 권위주의적인 문화는 변하지 않았으며, 정치도 여전히 전제정치 그대로였다.

4. 보편적 실천

레닌은 "러시아 내의 모든 민족과 언어의 평등성을 인정하고 싸워 쟁취하려고 노력하지 않고, 모든 민족적 억압이나 불평등에 항거해서 싸우지 않는 자는 마르크스주의자가 아니다"라는 말을 수도 없이 반복해서 강조하였다. 또한 모든 민족이 "절대적으로 평등하며, 어떤 특권도 용납할 수 없고 반헌법적이다"라는 입장을 확고하게 가졌다.[45] 혁명 과정에서 러시아 내에 존재하는 많은 소수민족의 자율성과 평등성을 인정함으로써 혁명에 대한 광범위한 지지를 확보하기 위한 차원이었다. 러시아 제국에 의한 통일성과 단결성 강조는 차르와 부르주아의 지배 논리라고 비판하면서, 변방의 다양한 소수민족은 물론이고 러시아정교회와도 협력 가능성을 열어 놓았다.

그러나 집권 이후 자율성과 독자성 강조는 곧 상황 논리에 곧 묻혀 버렸다. 정권을 잡은 이후에는 내분과 전쟁을 핑계로 삼아 민족 단결을 강조하고, 애국심을 고취시키며, 소비에트연방으로의 단결과 통일을 강조하였다. 소비에트 정권이 주장하는 단합은 자율성 있는 민족들 사이의 자발적인 연대와 결합이기 때문에 차르에 의한 강제적 병합이나 배타적 민족주의와는 근본적으로 다르다는 논리를 펼쳤다. 자율성을 인정한 토대 위에서 자발적으로 연대를 해서 변증법적으로 훨씬 더 강력한 통합을 이루어낼 수 있다는 생각이었다.

유대인들에게도 레닌의 자율성에 대한 강조는 복음과 다름

45) Boer(2013), p.25에서 재인용.

없었다.[46] 많은 유대인이 독자적인 결사를 통해서 사회주의 운동 및 혁명에 적극적으로 참여하였다. 내란 기간 동안에는 홍군에 가담해서 혁혁한 전공을 세우기도 하였다. 그러나 1921년 혁명 성공 이후 유대인들의 정치적 결사체인 분트(Bund)는 해산되었으며, 독자성을 포기한 채 개인 자격으로 새롭게 명명된 러시아 공산당에 가입하여야만 하였다. 유대인들은 수차례에 걸쳐서 레닌의 약속 불이행으로 인해 좌절을 겪었으며, 결국에는 스탈린에 의해 1937년에서 1949년 사이에 여타 소수민족과 함께 오지로 강제 이주를 당하고 말았다. 독자성 인정은 보편적인 지향점이 없는 것으로서 상황 논리에 따라서 손쉽게 부인당하는 권리였다. 레닌은 그나마 마르크스주의와 사회주의 이념을 고려했지만, 스탈린은 냉정하게 정권 유지와 배타적 국익 추구에만 몰두하였을 뿐이었다.

소비에트 혁명의 보편적 지향성을 대변해 줄 상징적인 문구가 바로 "전 세계 노동자들이여 단결하라"라는 『공산주의 선언』일 것이다. 그러나 이것은 노동자만의 단결에 대한 요구였고, 그마저도 유럽 주요 국가 내의 민족주의에 밀려 미동도 하지 못하였다. 사유재산은 기본적으로 배타적 소유가 가능하고 사용에 있어서도 '제로섬'적인 성격을 갖고 있다. 따라서 물질을 나누고 공유하기 위해서는 특단의 넓은 마음이 필요하다. 마음의 중요성을 이해하지 못하는 유물론자들은 사유재산이 인정되는 세상을 갈등적이고 대립적이며 투쟁적인 것으로만 보았다. 이들이 찾은 해법은 사유재산을 없애거나 물질 생산을 풍족하게 늘리는 것 두

46) 레닌의 유대인 정책에 대해서는 참조: 김연희, 「러시아 속 유대인」, 『인문과학』 50(2012), 성균관대학교 인문학연구원), 59~62쪽.

가지였다. 그러나 사유재산을 없애도 국가재산의 활용과 배분에 있어서 생겨나는 불평등을 막을 수 없었고, 물질 생산을 풍족하게 늘리기 위해서는 자본주의적 경쟁과 사적인 동기부여가 필요하다는 한계에 부딪혔다. 이런 상황에 직면해서 공산주의는 인민들의 인내를 강요하거나, 실현되지 못할 미래에 대한 '희망 고문'을 반복하기만 하였다. 이것이 유물론의 한계인 동시에 소비에트 혁명이 실패한 주된 이유였다.

러시아 마르크스주의자들은 후진국 러시아에서의 혁명 성공이 선진 유럽에서의 사회주의 혁명을 촉발하고, 이것이 재차 러시아에서 사회주의 건설을 증진시킬 것이라고 믿었다. 마르크스가 한 "노동자에게는 국적이 없다"라는 말을 신봉하였으며, 러시아의 제1차 세계대전 참전에 대해서도 반대하였다. 러시아 혁명의 목표는 러시아 내의 사회주의 건설이었지만, 궁극적인 목표는 세계 혁명을 완수하는 것이었다. 러시아 혁명과 세계 혁명의 성공은 상호보완적인 관계에 있었다. 따라서 러시아의 임무는 세계적 차원의 사회주의 혁명을 돕는 것이며, 동시에 다른 나라 사회주의자들도 러시아 혁명의 성공을 위해 기여해야 한다고 생각하였다. 겉으로는 보편적 실천을 강조하는 주장이었지만, 혁명이 순조롭게 진행되지 않을 경우 편의적으로 자국 중심적 사고로 변질될 수 있었다.

연합국의 소련 침공에 직면해서 레닌이 제창한 '일국사회주의론'은 전 세계 모든 인민에게 소비에트 혁명을 사수해야 할 역사적 사명을 부여하였다. 소련은 한 걸음 더 나아가 혁명의 안위를 위한다는 명목으로 혁명 이후 러시아 제국에서 이탈해서 독립한 나라들을 다시 강제로 소비에트연방으로 합병하였다. 공식 명칭은 그럴싸하게 '자유 국가들의 자유로운 연합'이었지만, 새로운 형태의 식민 지배에 불과하였다. 해외 각지로 공산주의 혁명을 수출하는 과정에서 많은 혼란과 희생을 상대국에 안겨 주었다. 선진국, 개도국, 식민지 가릴 것 없이 모두에게 소련식 모델을 따라서 봉기할 것을 선동하였다. 공산혁명을 수출하는 데 있어서도 명분상 내세운 보편적 이익보다는 소련의 국익과 안보가 준거 기준이었다.

소련은 보편적 실천의 일환으로서 사회주의 인터내셔널을 모방해서 '코민테른'을 창설하였다.[47] 주된 목표는 세계적 차원에서 소비에트 공화국 설립을 위해서 공산주의자들 사이의 협력을 도모하기 위한 것이었다. 그러나 이것 또한 세계에 대한 공헌이 아니라 소비에트연방의 국익과 안위를 위한 목적이 더 컸다. 소련은 구성원들의 자발성을 무시하면서 주도권 장악에만 열을 올렸다. 이견을 용납하지 않았고, 회원 자격도 폐쇄적이었다. 유럽의 사회주의 세력과 협력을 거부하면서 사회주의 운동의 내실화와 외적 확대를 저해하였다.

모스크바에서 개최된 첫 번째 회의에서 레닌은 카우츠키와 같은 수정주의자들이 주장한 '의회를 통한 사회주의에의 길'을 맹렬하게 비난하면서, 폭력 혁명을 통해서 유럽의 부르주아 정부를 전복시킬 것을 반복적으로 요구하였다. 제2차 회의에서는 식민지에서도 소련의 모델을 따라서 자본주의 단계를 건너뛰고서라도 혁명을 수행하라고 요구하였다. 노골적으로 폭력을 숭배하였으

47) Cf. Oleksa Drachewych / Ian Mckay(eds.), *Left Transnationalism: The Communist International and the National, Colonial, and Racial Questions, Vol. 4,* McGill-Queen's University Press, 2019.

며, 폭력 혁명의 보편화에 기여하였다. 전 세계 사회주의 세력과 협력을 통해서 새로운 혁명 모델을 함께 만들어 가지 못한 채 자기 방식의 혁명만 고집하였다.

마르크스주의는 내용이나 프로그램의 보편성이 아니라 권력을 잡는 안내서로 더 큰 의미가 있었다. 이런 차원에서 파시즘과 나치즘에 영감을 줬다. 그러나 동시에 마르크스주의에 대한 공포와 두려움도 불러일으켰다. 파시즘과 나치즘은 공산주의의 위협에 대항하기 위한 선제공격인 셈이었다. 소련이 창안한 공산당 일당 독재와 비밀경찰은 이후 모든 독재가 계승한 통치 모델이었다. 군대는 혁명의 적을 섬멸하는 수단이었고, 당은 새로운 선전선동을 위한 도구였으며, 꼭두각시 소비에트는 전통적인 지방 및 소수민족 자치기구들을 대체하였다. 주변 나라들을 무력으로 침공해서 강제적으로 인민들을 해방하였으며, 소비에트 민족주의는 마르크스주의의 보편성으로 항상 잘 포장되었다.

소련식 공산주의의 실패로 인해 인간 중심적이고 자발적이며 상향식으로 추진되는 사회주의는 미래 세대의 선택으로 남겨지게 되었다. 그리스도교가 성공한 것은 로마제국의 권력에 의한 강제적 확산이 크게 일조했지만, 유럽 사람들이 자발적으로 그리스도교를 수용하고 스스로 그리스도교를 개혁했기 때문에 성공적으로 확산될 수 있었다. 신이 홀로 역사한 것이 아니라, 인간이 신과 함께 만든 역사였다. 마찬가지로 공산주의도 인간의 사발적인 참여와 헌신 없이는 성공할 수 없었다. 급격하고 급진적인 사회주의 혁명이 실패한 반면에, 온건한 형태의 점진적이고 변형적인 사회주의는 사민주의, 복지국가, 공동체주의, 환경, 인권, 평화운동 등과 같이 인간들의 자발적인 노력을 통해서 서구 사회에 뿌리를 내렸다. 유럽연합은 점진적인 '변형'이 공동체 변혁을 가져온 대표적인 사례였다. 개인, 사회, 국가의 자발성에 근거한 초국가적 협력이 글로벌 정치 지형을 바꾸고 있다. 장래 도래할 글로벌 민주주의 공동체 역시 유럽연합이 확대된 형태가 될 공산이 크다.

5. 소결론

마르크스주의와 사회주의는 과학적 이론을 표방하였다. 그러나 엄밀한 의미에서 과학은 아니었다. 과학의 외양을 한 이데올로기였다. 목표, 수단, 과정 어디에도 과학적 법칙은 적용되지 않았다. 모든 것은 인간의 두뇌가 만들어 냈고, 인간의 믿음으로 유지되었으며, 인간의 노력이 있어야만 결과가 나올 수 있는 지극히 인간적인 이론이었다. 따라서 자발적인 참여와 헌신이 중요하였다. 사회주의 인간은 의식을 공유하는, 전체가 하나가 되는 인간이었다. 공동체 관점, 사회 관점, 신의 관점을 채택한 인간들이 바로 사회주의 인간이었다. 그러나 그런 헌신적인 사회주의 인간은 탄생하지 않았다. 따라서 목표 달성을 위해 사람들을 강제적으로 동원해야만 하였다.

인간은 목적이 아닌 수단에 불과하였으며, 주체가 아니라 명령에 순순히 따르지 않으면 강제하고, 저항하면 폭력으로 억눌러야 하는 객체에 머물렀다. 모든 종교는 그리스도교 이래로 우주의 원리와 인간의 도덕을 연결시키는 형태를 띠었다. 사회주의는 종교와 유사성이 컸지만, 도덕과 선악 문제가 포함되어 있지 않았다. 인간 본성에 대해서는 물론이고 공산사회의 가능성에 대해서도 지나치게 낙관적이었다. 좋은 세상 만들어 주겠다는 미명하에 아무런 거리낌 없이 폭력을 행사하였으며, 교화 목적을 위해서 세상의 어떤 종교보다도 더 많은 사람을 죽였다.

항상 혁명 이전과 상황이 비교되어야 했으며, 라이벌인 자본주의와도 끊임없이 비교될 수밖에 없었다. 이상적인 평등사회를 만들려고 힘들게 권력을 장악하였지만, 목표 달성이 힘들어지자 권력을 놓치지 않는 것이 혁명의 지상 과제가 되어 버렸다. 인위적인 이상사회 건설 대신에 자발적인 노력을 통해서 점진적으로 사람의 냄새가 나는 공동체를 만들어 나가는 노력을 기울이지 못하였다. 혁명의 진행 상황에 대해서 조바심이 생겨났고 이로 인해 무리수를 두거나 좌절하기 일쑤였다. 단기적 성과를 거두기 위한 임기응변 조치가 주된 정책이 되고 말았다. 종국에는 많은 사람이 희생되고 커다란 경제적 대가를 치르고 난 후 실패를 선언하고 말았다.

공산주의는 새로운 형태의 종교였다. 그러나 인민들의 반응은 그다지 열광적이지 않았다. 감동이 없는 정도가 아니라, 두려움과 공포가 지배하는 종교였다. 인민은 메시아를 받아들일 준비가 되어 있었지만, 지도자가 인민을 믿지 않았다. 신을 떠받들거나, 신을 이성으로 대체하거나, 신과 더불어 잘 지낸 나라도 있었다. 그러나 러시아처럼 신을 부정하고 조롱한 혁명은 처음이었다. 신을 부정함으로써 러시아 혁명은 누미노제 가능성을 원천차단하였다. 인간이나 국가는 자발적인 한에서 실패를 통해서도 배우고, 실수를 통해서도 배우고, 범죄 행위를 통해서도 배운다. 스스로 결정해서 한 일에 대해서는 인간들은 반성하고 배우고 고쳐나간다. 누미노제 없는 혁명에는 인격 변화의 가능성도 없었다. 신이 이성이고 이성이 빛이라면, 러시아 혁명은 칠흑같이 어두운 터널 속에서 출구를 찾아 헤맨 셈이었다.

제6장

히틀러와 독일 국가사회주의 혁명

히틀러와 독일 국가사회주의 혁명

1. 바이마르공화국과 나치 혁명

1.1. 굴욕과 고통

독일은 전통적으로 민족에 대한 강한 환상과 자부심이 있었다.[1] 주변 나라에 비해서 통일이 늦어지면서 통일된 민족국가에 대한 열망이 컸다. 이것이 '피와 땅'(blood and soil)으로 상징되는 '종족적 민족주의'가 번창할 수 있는 비옥한 토양이 되었다. 여타 나라와 달리 신분적·경제적 불평등이 아니라 민족적 자존심이 전쟁이나 혁명 같은 정치적 변혁의 주된 원인으로 작용하였다. 19세기 말에서 20세기 초에 여러 사상가가 독일 나름의 독특한 조화롭고 이상적인 사회에 대해서 논하였다. 독일 관념론은 민족적 사회, 조화로운 사회, 갈등 없는 사회, 전체주의적 사회 등에 대해서 다양한 이론을 제시하였다. 특히 독일만의 독특한 국가정신을 강조하는 피히테(Fichte)식의 '독일 예외주의'가 독일 민족주의의 발전에 커다란 영향을 미쳤다. 당시 독일에서는 자본주의, 공산주의, 민주주의 모두 문제가 많다는 인식이 퍼져 있었다.

1) Cf. Dirk Verheyen, *The German Question: A Cultural, Historical, and Geopolitical Exploration*, Westview Press, 1999.

민족주의가 크게 어필할 수 있는 환경이었다. 독일 국민 사이에는 새로운 민족공동체에 대한 열망이 가득 차 있었다.

독일의 민족주의는 영혼 없는 물질주의와 유물론에 반대하면서, 독일의 정신, 핏줄, 영토를 신성시하였다. 이런 종족적 민족주의는 민족적 순수성을 강조하는 '소 민족주의'와 게르만 민족의 대단합을 주장하는 '대 민족주의'로 나뉘어 19세기 통일된 독일의 장래 구상을 둘러싸고 서로 대립하였다. 비스마르크(Bismark)는 '소 민족주의'에 입각해서 게르만족이 집중적으로 거주하는 프러시아를 중심으로 통일된 독일 제국을 건설하였다. '대 민족주의'는 독일 제국의 저변에 잠복되어 있다가 부국강병에 어느 정도 성공한 이후 팽창주의적이고 공세적인 대외 정책으로 표출되었다. 독일이 제1, 2차 세계대전에 나선 배경에는 '대 민족주의'가 자리 잡고 있었다.[2)]

새롭게 탄생한 독일 제국은 프러시아가 지배하는 연방 국가로서 애국주의에 근거해서 급속한 근대화를 달성하였다. 비스마르크의 '혁명적 보수주의' 이념이 독일 제국의 단합과 발전을 가져왔으며, 대외적으로는 세력 균형을 통해서 국가의 안위를 지켜냈다. 독일 제국은 영국을 뒤이은 제2의 산업국가가 되었으며, 이를 바탕으로 여타 강대국과 마찬가지로 대외적으로 세력 확장에 나섰다. 아울러 내부 격차의 시정을 위한 복지국가를 지향하였다. 사회복지 제도와 언론자유 보장 등과 같은 진보적 사회 개혁도 있었다. 국민 대표를 선출하는 선진적인 선거제도가 도입되었으며, 성인 남자에게 1인 1표의 투표권 보장하였다. 사민당(Social

2) Verheyen(1999), p.8.

Democratic Party)과 가톨릭 중도당(Catholic Centre Party)이 제국 시대에 중요한 정치적 역할을 하였다. 모범적인 입헌군주제였으며, 유럽에서 선진적인 국가로 칭송을 받았다.

그러나 어두운 측면도 있었다. 국내적으로 산업화에 따른 경제적 격차가 생겨났다. 이에 따라 급진적인 사회 개혁을 주장하는 세력이 등장해서 세를 키워 나갔다. 제국 의회와 프러시아 귀족 사이에도 주도권 갈등이 치열하게 벌어졌다. 또한 대외적으로 공세적인 외교정책으로 말미암아 여러 차례 전쟁을 치렀다. 급속한 산업화와 도시화로 인해 사회적 혼란과 불안정성이 고조되기도 하였다. 급속한 근대화에도 불구하고 농촌에는 빈곤이 만연하였다. 많은 사람이 미국으로 이주하기도 하였으며, 내부적으로 과거 농촌 생활에 대한 향수가 강하게 남아 있었다. 이런 복고적 정서가 급진적인 사회주의와 퇴행적인 파시즘이 퍼지는 온상이 되었다. 그리고 내부적인 혼란을 전쟁으로 해소하려는 유혹이 커져서, 제1차 세계대전을 일으켰다. 그러나 이 전쟁에서 패배함으로써 황제 빌헬름 2세(Wilhelm II)가 물러났고, 1918년 사민당이 주도하는 바이마르공화국이 선포되었다.

바이마르공화국은 많은 국내적 반대를 무릅쓰고 영국, 프랑스, 미국 등에 무조건적인 항복 선언을 하였다. 대부분의 독일 사람들은 이것을 국가적 치욕으로 받아들였다. 전쟁에서 싸우는 군대의 "등 뒤에서 칼을 꽂았다"라는 비판이 비등하였고, 대다수 여론은 "사악한 세력에 의해 배신당하고 승리를 도둑맞았다"라고 분노하였다.[3] 심지어는 조직을 결성하여 무장 저항에 나선 퇴역

3) Eberhard Kolb, *The Weimar Republic,* Routledge, 2005, p.14.

군인들도 있었다. 이런 분위기 속에서 사민당 내각의 주도로 종전 협정 체결을 위한 협상에 나섰다. 주된 합의 내용으로는 영토 일부 포기, 군사력 엄격한 제약, 전적인 전쟁 책임 인정, 천문학적 배상금 지불 등이 포함되었다.

한마디로 '굴욕적'이라고 성격 규정을 할 수 있을 정도였으며, 특히 전쟁에 대한 전적인 책임을 수용한 것은 독일 국민이 받아들이기 어려웠다. 의회 내에서도 이 협정이 강요된 평화이지 자발적 협상에 의한 평화가 아니라는 의견이 비등하였다. 수상 샤이데만(Scheidemann)은 이 협정에 대한 수용 거부 의사를 표명하였다. 그렇지만 독일에 대한 적대 행위를 재개하겠다는 연합군의 강력한 협박에 못 이겨 결국에는 사임하고 말았다. 사임 5일 후 파리에서 '베르사유조약'(Versailles Treaty)이 공식 체결되었다. 바이마르공화국에 의한 전쟁 강화에 대해 많은 반대가 있었음에도 불구하고 바이마르 의회는 평화조약을 비준할 수밖에 없었다. 굴욕적으로 평화를 얻은 이후 독일의 현실은 참담 그 자체였다. 국제적 위상은 유럽의 바닥으로 떨어졌다. 프랑스에 '알자스 로렌' 지역을 반환하는 등 경제적으로나 안보적으로 중요한 지역을 빼앗겼다. 민족주의적 보수 세력에게 특히 굴욕적인 것은 바이마르공화국이라는 '민주주의의 저주'를 독일에 내린 것이었다.

1.2. 바이마르공화국

바이마르공화국은 독일 역사상 최초의 입헌 연방공화국이었다.[4] 전쟁의 폐허 속에서 탄생하였고, 종전 협정의 결과 감당할 수 없을 정도의 재정적 부담과 심리적 죄의식을 떠안았다. 전쟁 패배가 임박해서 '11월 혁명'이 일어났다. 카이저(Kaiser) 빌헬름 2세가 연합국에 항복하고 사임하면서 입헌군주제에서 공화제로 전환되었다. 그러나 바이마르공화국 하의 민주주의는 너무나 무기력하고 무능하고 비효율적이어서 혼란만 가중되었다. 특히 출범 초기 경제적 어려움이 컸다. 전쟁으로 인해 수출 격감, 베르사유조약 체결까지 연장된 해상 봉쇄로 인한 수입 원자재 및 식량의 부족, 해외 식민지 상실, 전쟁 비용을 지불하기 위한 공채 남발 등으로 인해 경제위기가 초래되었다. 약 20여만 명 독일인이 기아와 질병으로 사망하였다. 전쟁 종식 이후 정상 생활로 돌아가기를 희망했지만 식량 부족이 계속되었다. 전쟁 기간 중에는 어쩔 수 없이 견뎠지만, 평시의 식량 부족은 정말 참기 어려웠다. 또한 하이퍼인플레이션, 정치적 암살과 쿠데타 시도, 국제적 고립과 지위 격하, 그리고 강대국과의 긴장 관계 등으로 인해 바이마르공화국은 많은 어려움을 겪었다.

1924년 무렵이 되자 통화 안정과 정치적 안정이 회복되었다.[5] 이로부터 5년 정도 비교적 풍요로운 생활을 할 수 있었다. 이때가 바이마르공화국의 전성기였다. 풍요와 다채로움이 생활에 있었으며, 문화가 발전하고 사회적 진보도 이루어졌다. 국민도 점차 국제적 현실을 인정하고 수용하게 되었다. 1925년 로카르노 조약(Locarno Treaties)으로 주변 나라와 외교 관계를 복원하였다. 다음 해에는 국제연맹에도 가입해서 국제사회로 복귀하였다. 차츰 정상국가가 되어 갔지만, 베르사유조약에 대한 국민적인 분노는

4) 바이마르공화국의 개괄적인 역사에 대해서는 참조: 오인석, 『바이마르 공화국의 역사』, 한울 아카데미, 1997.

5) 이 시기에 대해서는 참조: 라파엘 젤리히만, 『집단애국의 탄생 히틀러』, 박정희·정지인 옮김, 생각의 나무, 2008, 114~135쪽.

여전히 가라앉지 않고 있었다. 이런 분위기 속에서 책임 소재에 대한 규명이 중요한 정치적 이슈로 부각되었다.

신생 공화국은 처음부터 극좌 및 극우 세력으로부터 공격을 받았다. 좌파는 집권 사민당이 구시대 엘리트들과 연대함으로써 노동 운동의 이념을 배신했다고 비판하였다. 우파는 공화국의 지지자들이 전쟁 패배의 주역이었으며, 강화조약 체결로 인해 당시 전선에서 싸우고 있던 군대를 배신했다고 비난하였다. 독일 민족 구성원의 대다수를 차지하는 무신론자, 사회주의자, 자유주의자, 개신교도들 모두 '독일 민족의 적'으로 간주되던 교황을 추종하는 '가톨릭 중도당'이 연정에 참여하였기 때문에 바이마르공화국에 대해서 우호적이지 않았다. 좌우 극단 세력의 공세로 인해 사민당을 중심으로 한 중도파가 몰락하자 정치가 양극화되었다. 정부 요인에 대한 암살이 연이어 벌어졌다. 정치가 극도로 혼란스러운 와중에 경제 공황마저 도래하였다.

바이마르공화국 붕괴 원인을 두고서는 지금까지도 논란이 이어지고 있다. 민주주의 전통이 짧았으며, 민주적인 정치문화가 자리를 잡지 못한 것이 배경 원인으로 작용하였다. 자본주의의 후진성이나 경제 정책의 실패 그리고 경제위기가 민주주의 붕괴를 촉진한 측면도 있다. 사회 구성 측면에서 부르주아 계급이 취약했고 반민주적인 '융커'(Junker, 지주계급)의 영향력이 여전히 강했다. 더구나 민주주의 체제는 기본적으로 모두에게 자유를 허용하기 때문에 극단 세력의 공격에 취약할 수밖에 없었다. 그러나 이런 모든 문제점은 민주주의가 공통적으로 겪는 어려움으로서 바이마르공화국에 특별하게 심각한 문제가 있었다고 보기는 힘들다.[6] 따라서 바이마르공화국의 문제점에만 초점을 맞추기보다는 히틀러와 나치당이 보여 준 예외적인 정치적 능력에 주목하는 것이 더 유용할 수 있다.

1.3. 히틀러의 집권

경제위기는 나치 집권에 유리한 환경을 제공하였다. 나치는 유대인, 자본가, 노동자 등에게 경제위기의 책임을 돌리고 대중위주의 정책을 내세워 권력을 장악할 수 있었다. 주된 지지기반은 농민과 중산층이었다. 정부 관료, 학교 교사, 의사, 사무원, 자영업자, 판매원, 퇴직공무원, 엔지니어, 학생 등 일반 중산층이 히틀러를 지지하였다. 노동은 임금 인상 요구나 파업이 일반 대중들의 이해와 상충되었기 때문에 배제되었다. 나치가 개인주의보다 집단주의의 우월성을 잘 홍보했기 때문에 중산층이 나치에 대한 중추적인 지지 세력이 되었다.

높은 실업률과 이에 수반된 사회·정치적 불안정으로 인해 뮐러(Müller) 내각이 붕괴되고 대통령 중심의 내각제가 새롭게 출범하였다. 1930년부터는 힌덴부르크(Hindenburg) 대통령이 비상대권을 활용해서 브뤼닝(Brüning), 파펜(Papen), 슐라이허(Schleicher) 등과 같은 수상을 배후에서 통제하고 지원하는 역할을 수행하였다. 1933년 1월에는 힌덴부르크가 인플레와 실업으로 경제위기가 악화되자 연립정부를 이끌 수상으로 극우파 히틀러를 임명하였다. 커다란 야망을 품었던 히틀러는 선거를 통해 합법적으로 정권을 잡고, 일사천리로 절대적인 권력을 휘두르는 독재자가 되었다.

6) 권형기, 「민주주의관과 민주주의 붕괴: 바이마르 공화국의 붕괴에 대한 재고찰」, 『국제·지역연구』 31:2(2022), 211~247쪽.

폭력적인 극우 세력이 쿠데타가 아닌 합법적인 수단을 통해 집권한 것은 실로 이례적인 일이었다. 일견 손쉬워 보이는 나치의 권력 장악 과정의 저변에는 좌절된 독일인들의 들끓는 정서와 이를 제대로 활용한 히틀러의 뛰어난 정치력이 자리하고 있었다.

이 과정에서 나치의 대중선동 및 선전 기술이 효력을 발휘하였다. 대중들은 나치에게서 좌절 속의 희망을 보았다. 나치는 대기업이나 노동조합 등의 권력에 대해서 단호하게 맞서겠다고 천명하였다. 중산층에 대한 우대 정책으로 인해 나치당에 대한 대중의 지지는 상당히 높았다. 히틀러가 수상에 임명된 것은 그의 높은 대중적 인기에 기인한 측면도 있지만, 이면에는 나치당, 힌덴부르크 대통령과 그의 측근들, 그리고 나치를 얕잡아 본 보수 정치가들 사이에 정치적 묵계와 흥정이 있었다.[7] 히틀러와 연정을 구성한 보수파 민족주의자들은 히틀러를 쉽게 통제할 수 있는 상대로 보았다.

수상이 되자마자 히틀러는 힌덴부르크에게 국정 쇄신을 위해 의회 해산과 총선 실시를 요구했고, 대통령은 별다른 의심 없이 이를 받아들였다. 의회 내에서 소수파였던 나치는 원내 과반수를 달성하여 단독 정권을 성사시키고, 나아가 나치 일당 독재 체제를 수립하는 것이 목표였다. 이 과정에서 주된 경쟁자이던 사회민주당과 공산당을 무력화시킬 필요가 있었다. 선거운동은 나치의 친위조직들이 총동원되어 매우 폭력적으로 진행되었다. 히틀러 정부는 노골적으로 야당을 탄압하였다. 좌파 정당의 집회는 금지되었으며, 중도 정당 후보들은 신변에 대한 위협이나 물

7) 젤리히만(2008), 153~172쪽.

리적 공격을 직접 받았다. 그리고 히틀러에게 반대하는 제국의회 의원들이 불법적으로 체포되는 일도 발생하였다.

이런 와중에 1933년 2월 27일 저녁 제국의회 의사당에 화재가 발생하였다. 방화범은 네덜란드 출신의 공산주의자 뤼버(Lubbe)였다. 나치당은 배후에 국제공산주의 조직 코민테른이 개입되었으며 독일 공산당이 뤼버의 배후라고 주장하면서 공산주의자들을 순식간에 대거 체포하였다. 히틀러는 힌덴부르크에게 대통령 긴급명령권을 발동할 것을 건의하였고, 그는 히틀러의 숨은 의도를 파악하지 못한 채 수용하고 말았다. 여기에는 언론, 집회, 결사의 자유를 비롯해서 우편과 통신 비밀의 자유 그리고 대다수 시민의 권리를 무기한 제한하는 조치 등이 포함되었다. 이로써 히틀러는 반대자들을 자의적으로 탄압하고 체포할 수 있는 법적 근거를 마련할 수 있었다.

공포 분위기 속에서 3월 5일 치러진 바이마르공화국의 모든 정당이 참가하는 마지막 총선거에서 나치당은 43.9%(288석)의 지지를 얻었다. 비록 과반수를 차지하지 못했지만, 극우민족주의 정당인 독일국가인민당(52석)과 연대해서 연립정권을 꾸릴 수 있었다. 이로써 히틀러는 쿠데타가 아니라 선거라는 외견상 합법적인 절차를 통해서 권력을 장악하였다. 독일 국민이나 의회가 히틀러의 숨은 의도를 제대로 파악하지 못한 채 엉겁결에 모든 권력을 히틀러에게 바친 것이있다. 이제 독일이 전체주의 국가로 가는 고속도로가 뚫린 셈이었다.

정권을 잡자마자 히틀러 내각은 좌파 정당과 혁명분자를 제거하는 것을 골자로 하는 '수권법'(혹은 전권위임법, Enabling Act of 1933)을 제정하기로 의결하였다. 이 법은 헌법을 개정해야 할 사안이었기 때문에 의회 의석 3분의 2의 찬성이 필요했다. 반나치 정당 소속 의원들이 거부하면 법안 통과가 무산될 판이었다. 그러나 히틀러는 중도파 의원들에 대해 무차별 위협과 폭력을 가함으로써 83%라는 압도적인 지지로 이 법안을 통과시킬 수 있었다.

공포 분위기 속에서도 사회민주당 대표 벨스(Wels)는 '민주주의의 죽음'을 애도하는 연설을 통해서 결연히 반대하였다. 그렇지만 히틀러는 사민당 의원들에게 기권을 겁박하여 소기의 목적을 달성하였다. 수권법의 통과로 인해 히틀러는 의회의 동의나 대통령의 재가 없이도 내각 회의에서 법률을 공포할 수 있는 권한을 부여받았다. 이제 히틀러는 대통령과 의회의 통제에서 벗어나 자의적으로 권력을 행사할 수 있게 되었다. 그 결과 공산당이 해체되었고, 사회민주당은 활동이 금지되었으며, 여타 부르주아 정당들은 히틀러에게 자발적으로 협력하고 나섰다. 1933년 중반 무렵이 되자 독일에는 사실상 나치당 하나만 남게 되었다.

히틀러는 의회의 무력화와 더불어 행정부 장악에도 발 빠르게 나섰다. 1933년 4월 7일 히틀러 내각은 '직업공무원 정비법'을 제정해서 민주주의자, 자유주의자, 유대인 등을 공직에서 몰아내고, 그 자리를 나치 당원들로 대체시켰다. 그리고 독일의 주를 해체하여 중앙 정부의 직접적인 통제하에 두었다. 다음 수순은 군부 장악이었다. 이미 히틀러는 나치당 산하에 '돌격대'(Sturmabteilung, SA)라는 준군사조직을 육성해서 정권 장악 과정에서 유용하게 활용한 바 있었다. 1933년 말이 되면 SA 대원들의 숫자는 300만 명에 이르렀다. 이들의 상당수는 히틀러가 집권한 후 자신들이 독일 정규군으로 편입될 것이라고 믿고 있었다. 심지어 룀(Röhm)이 이끄는 SA 지도부는 자신들이 나치의 전위대라고 생각하면서 SA가

정규군을 대체해야 한다고 주장하였다.

이로써 독일 군부와 SA 사이의 충돌이 불가피해졌다. 독일 군부는 베르사유조약을 파기하고 패전의 치욕을 되갚아 제국의 영토를 확장하겠다는 히틀러의 공약을 환영하였지만, SA의 경거망동에 대해서는 불만이 컸다. 이런 일촉즉발의 상황에서 히틀러는 제국 군대의 손을 들어 주었다. 히틀러는 SA가 자신의 통제권을 벗어나서 독자적인 행보를 하는 것에 대해서 불편함을 느끼고 있었다. 특히 룀이 SA가 국방군이 되고 자신이 국방장관이 되어야 한다는 주장을 용인할 수 없었다. 이에 히틀러는 나치의 비밀경찰 게슈타포와 제국의 군대를 동원해서 룀을 비롯한 SA 지도부에 대해 대대적인 검거 작전을 펼쳤다. 이것이 소위 말하는 '장검의 밤'(Night of the Long Knives) 사건이다.

이 과정에서 많은 히틀러의 정적들도 제거되었다. 힌덴부르크 대통령도 SA 숙청사건과 관련해서 히틀러에게 찬사를 보냈다. 히틀러는 이 사건을 통해 사조직이 아니라 정부의 공식 조직에 의해 국가를 통치한다는 이미지를 확립할 수 있었다. 이 사건 이후 독일 군부는 히틀러에게 충성을 맹세하였다. 이로써 히틀러는 총리 취임 후 6개월도 채 되지 않아서 독일의 모든 권력을 수중에 넣게 되었다. 그리고 1934년 8월 2일 허울뿐이었던 힌덴부르크 대통령이 사망하자, 히틀러는 대통령제를 없애고 국가수반과 내각 총리를 겸직하는 '총통'(Führer) 자리에 올랐다. 독재, 전체주의, 나치즘에 바탕을 둔 나라가 만들어졌다.

2. 조작된 누미노제

2.1. 인간 히틀러[8)]

히틀러는 나치 신앙에서 있어서 신적인 존재였다. 스스로 신의 선택을 받았다고 생각했다. 독일 민족을 위대하게 만들 소명을 받았다고 믿었다. 사람들은 그를 메시아나 구세주로서 받들었다. 그러나 출신이나 인물 됨됨이에는 성스러움이나 비범함이 결여된 평범한 인간이었다. 이런 실체와 이미지 사이의 괴리를 설명하기 위해서는 인간 히틀러에 대한 이해가 필요하다. 히틀러는 기본적으로 추상적이고 복잡한 사고보다는 현실을 단순화시키고 흑백으로 나누어 사고하는 데 능숙하였다. 이런 능력은 뛰어난 대중 연설 능력과 결합되어 히틀러를 정치적인 성공으로 이끌었다.

그러나 히틀러는 심리적으로 분열적인 모습을 아울러 보였다. 히틀러는 내면의 연약함을 감추기 위해서 강인한 이미지를 외부에 드러내기를 선호하였다. 내성적인 성격이면서도 외향적으로 대중들에게 다가가려고 노력하였다. 실제 모습을 가감 없이 보여 주기보다는 조작된 이미지를 전달하기를 선호하였다. 자기애가 강했으며 자아의식이 강했기 때문에 자기방어적인 성향이 강했다. 비판자에 대해서 적대적이었으며, 잘 모르는 사람들에 대해서는 공격적인 성향을 보였다. 씽방향 대화보다는 일방적인 메시지 전달을 선호하였다. 민족과 대의를 위한 희생을 이야기하면서 실제로는 자신의 안위와 명예를 가장 중요시하였다.

8) 인간 히틀러에 대해서는 다음을 주로 참조: 이언 커쇼, 『히틀러I 의지: 1889-1936』, 이희재 옮김, 교양인, 2010.

히틀러는 오스트리아 지방 도시 브라우나우 태생으로서, 히틀러라는 성은 할머니가 재혼하면서 얻은 성 '히들러'(Hidler)를 변형시킨 것이었다. 히틀러의 가족만 쓰는 성으로서 가문이랄 것도 없는 소규모 가족이었다. 물질적으로 크게 부족하지는 않았지만, 젊은 시절 빈에서 화가 지망생이었을 때 가난해서 노숙자 생활을 해야만 했던 적이 있었다. 미술에 대한 평균 이상의 재능에 더해서 음악과 건축 등 예술에 관심은 있었지만 별다른 재주는 없는 인물이었다. 미대 입학에도 실패하였으며, 마르크스나 레닌과 같은 혁명가들과는 달리 체계적으로 학문적 훈련을 받은 바도 없었다. 그렇지만 훗날 독일과 같이 강대한 나라의 총통이 되었다. 히틀러의 남다른 의지와 욕망 그리고 노력에 눈길이 가는 대목이다.

대개의 혁명가는 나름대로 세련된 이론이나 지식 체계를 갖추고 있다. 레닌은 마르크스를 러시아의 환경에 맞도록 새롭게 발전시킨 이론가이자 사상가였다. 그의 대표 저작으로서 1천만 부 이상이 팔린 『나의 투쟁』(*Mein Kampf*)은 두서없이 독일이 위대하고 유대인이 사악하다는 주장을 반복하고 있다. 사상 체계가 빈약하고 체계성이 없으며 상호 모순되는 부분이 많다. 기본적으로 19세기 말부터 잠시 유행했던 유럽 문명에 대한 극도의 비관적 입장에 더해서 니체(Nietzsche)의 강자를 찬양하는 우생학과 인종주의 그리고 반유대주의, 여기에 사회진화론과 독일의 전통적인 민족주의를 혼합한 주장들이었다. 심지어는 나치즘의 이론조차 히틀러가 정립한 것이 아니라, 재야 사학자나 음모론 신봉자들이 만든 것이었다. 히틀러에게 이념은 대중을 동원하는 수단으로만 의미가 있었다.[9)]

히틀러는 대중 앞에서의 자신감 있는 말투나 행동과 대조적으로, 개인적으로는 그다지 남성적이거나 외향적인 성품을 보유한 것은 아니었다. 수줍음이 많았으며 좀처럼 속마음을 드러내는 성격이 아니었다. 정치인으로서나 총통으로서 보여 준 강인함과 냉혹함과는 대조적으로 사적으로는 점잖고 예의 바르며 남을 배려할 줄 아는 인물이었다. 자아의식이 강했기 때문에 자아보호 본능이 강했으며, 자신이 실제보다 멋지게 포장되어 보이기를 선호하였다. 이런 성향은 자신의 심기만 건드리지 않으면 누가 함부로 굴어도 눈감아 주었지만, 자신에게 도전하거나 자신을 무시하는 상대는 가혹하게 대하는 행태로 나타났다. 안정적인 주위 환경을 선호해서 공적으로나 사적으로 측근들을 잘 바꾸지 않는 성향을 지녔다. 주변에 늘 똑같은 얼굴을 봐야 마음이 놓였으며, 지극히 단조롭고 정해진 틀대로 생활하는 것을 좋아했다.

대중 연설을 즐기기 때문에 대중 친화적인 이미지를 갖고 있었지만, 히틀러는 대중들과 거리를 두려고 애썼다. 대중이 신비스런 우상을 원하기 때문에 의도적으로 거리를 둔 측면이 없지 않았지만, 그는 기질적으로 자기를 내세우기를 즐기지 않는 성향이었다. 군중 앞에서는 폭포수처럼 말을 쏟아 냈고 측근들에게도 기나긴 독백을 한 것은 사실이었다. 그러나 사람들에 대한 불신과 냉소가 체질이 되어서 남들에게 마음을 터놓거나 고백을 한다거나 하는 일은 전혀 없었다. 사람을 제대로 사귀는 경우가 드물었으며, 아무리 오래전부터 알고 지냈던 사람이더라도 일정한 거리를 두는 것이 보통이었다. 히틀러가 부담 없이 반말로 대하는 사람은 겨우 몇 손가락에 꼽을 정도였다.

---

9) 커쇼(2010), 223쪽.

그의 연약하고 내성적인 마음에서 폐쇄적인 세계관이 커 나갔다. 『나의 투쟁』 초반부에 잘 드러나듯이 히틀러는 1905년에서 1914년까지 빈과 뮌헨에서 젊은 시절을 보냈다. 그는 그림 그리기 알바를 하면서 룸펜에 가까운 생활을 영위하였다. 당시 오스트리아 정계에는 그리스도교, 마르크스주의, 범게르만주의 세력이 주요 정파들이었다. 히틀러는 마르크스주의 정당으로부터는 대중주의를, 그리스도교주의 정당으로부터는 반유대주의를, 범게르만주의 정당으로부터는 독일 민족주의를 받아들였다. 징집을 피해 뮌헨으로 이사를 해서도 그는 번듯한 직장을 갖지 못한 채 부질없이 세상만 원망하고 살았다. 그가 인생 역전을 시작한 것은 25세에 군대에 자원입대하면서 삶의 안정과 존재의 의미를 찾게 된 것이었다. 정치에 점차 관심이 커졌으며, 사회주의나 유대인들에 대해서 급진적인 견해를 갖게 되었다. 군대 경험을 통해서 히틀러는 애국심을 느꼈고, 전쟁 패배에 대해 깊은 좌절감을 느꼈으며, 독일 민족과 국가를 위대하게 만들려는 꿈을 키워 나갔다.

그의 사고 체계는 일찍부터 '나와 남' '백과 흑'과 같이 이분법적으로 구성되어 있었다. 세상이나 역사를 선과 악, 건설자와 파괴자, 아리안족과 유대인으로 구분하고 끊임없이 희생양이나 적을 찾아 나섰다. 정치인으로서 히틀러의 여정 속에는 베르사유 조약, 사민당과 바이마르공화국, 프랑스, 러시아, 공산주의자, 자본주의자, 유대인, 그리고 연합국 등이 불구대천의 원수로 등장하였다. 적들에 대한 분노를 활용해서 정치적 목적을 달성하였다. 공산주의는 공포의 대상이었으며 동시에 파괴 대상이었다. 유대인에 대해서 상상을 초월할 정도의 증오하였다. 병약자나 소수자들은 폭력적 박해의 대상이었다. 적과 확실하게 구분되는 아군을 만들었으며, 아군에 대해서는 확실하게 조직화를 하였다. 노동은 배제되었으며, 농민과 실업자는 우군이었다. 장래를 위해 대학생과 어린애를 확실하게 챙겼으며, 중산층과 여성들의 지지를 확보하기 위해서 특단의 노력을 기울였다.

히틀러는 자기편을 대하는 태도와 여타 사람들을 대하는 태도 사이에 확실한 구분이 있는 인물이었다. 따라서 히틀러와 가깝게 생활했던 사람들은 히틀러에 대한 기억이 대체로 좋다. 주변인들에게 예의가 바르고 친절하며 다정했고 화를 정말 잘 안 냈다고 한다. 히틀러와 사적으로 친분을 맺었던 사람들의 평가는 다정다감하며 친절했다고 한다. 그가 저지른 온갖 만행과 전쟁범죄와는 무관하게도 주변 사람들에게는 가급적 다정하고 소탈하게 대한 것은 사실인 듯하다. 심지어는 나치 정부를 좋지 않게 여기는 독일인도 히틀러와 한번 얼굴을 맞대고 나면 좋은 느낌을 받았다는 증언도 많다. 히틀러는 상대방 수준에 맞추어서 대화를 이끌어 가는 재주가 있어서 거부감을 주지 않았고 합리적이고 포용력이 있다는 느낌마저 주었다. 그렇지만 자신의 정적들이나 비판자에 대해서는 극단적인 분노와 증오를 보였으며, 서슴지 않고 폭력을 행사하였다.

히틀러는 레닌과 달리 대중들의 인정이나 찬사를 받기를 무척 좋아하였다. 이는 자신의 내면적 유약함과 내향성 그리고 소심함과 관계가 있는 듯하다. 그리고 있는 그대로 평가받기보다는 훨씬 나은 존재로서 인정받기를 원하였다. 자신을 메시아나 구원자로 포장하고 싶어 하는 심리가 바로 그것이었다. 대중 집회를 좋아했으며, 극적인 효과가 극대화되는 심야 집회를 특히 좋아하였다. 솔직한 대화나 소통보다는 일방적 연설과 조작된 이미지를 더 선호하였다. 동시에 선택받았다는 우월감이나 선택받은 민족을 구하고 이끈다는 사명감을 즐겼다. 자아도취나 자기만족이 선택이나 행동의 중요한 준거 기준이었다. 따라서 자기만족을 위해서 남에게 특별한 관심이나 배려를 하는 경향도 드러냈다. 히틀러는 다른 사람에게도 그랬지만 수행원들도 쓸모가 있는 동안에만 챙겨 주었다. 아무리 오래 자기를 섬긴 사람도 쓸모가 없어지면 그냥 내쳤다.

히틀러는 일반적인 독재자의 방탕한 이미지와는 달리 매우 절제된 사생활을 영위하였다. 비록 말년에 많이 망가졌지만, 지도자로서 당시 히틀러에 대한 이미지는 '금욕적이고 도적적인 지도자'였다. 그는 금주·금연·금욕에 채식을 생활화하였으며, 동물과 따뜻하게 교감하는 이미지를 가졌다. 동물보호법이 제정된 것은 히틀러의 나치 독일이 처음이었다. 케이크나 단 빵 종류를 엄청 좋아했다는 스위트한 이미지의 남성이었으며, 독일과 결혼했다는 말로써 독일 여성들의 마음을 사로잡은 지도자이기도 하였다. 실제로 히틀러는 나치 집권 후 금연 캠페인을 벌인 바가 있었다. 당시 대부분의 독일 정치인들과 달리 소시민 계층 출신으로 소박한 면이 많았기 때문에 히틀러는 독일 국민으로부터 선풍적인 지지를 받을 수 있었다.

히틀러는 이성적이기보다는 감성적인 인물이었다. 섬세한 감성의 소유자로서 예술 감각이 있었다. 비록 미대 입학에 실패하였지만 화가 지망생이었으며, 극장 간판을 그려서 생계를 유지했을 정도로 그림 실력이 있었다. 그의 저서인 『나의 투쟁』에서도 예술 중 으뜸은 음악과 건축이라고 꼽은 바 있다. 엄청난 바그너(Wagner)의 팬이었으며, 빈 시절부터 바그너의 공연이라면 빼놓지 않고 오페라하우스를 꼭 찾아갔다고 한다. 낭만주의 시대 음악을 특히 좋아하였다. 이런 정서는 정치 지향성에서도 드러난다. 독일의 전통이나 과거 영화를 그리워하였으며, 나치즘은 짙은 복고적 냄새와 낭만주의 색채가 강하다. 자본주의와 공산주의 같은 근대성 지향의 정치 이념을 배격하였으며, 국가로 모두가 하나로 통일된 '국가사회주의' 세상을 꿈꿨다.

히틀러는 대중들의 마음을 읽고 원하는 메시지를 전달하는 능력이 뛰어났다. 상황을 단순화시키고, 간단한 메시지나 구호를 반복함으로써 농민이나 무직자 그리고 학식이 떨어지는 사람들에게 크게 어필하였다. 대중들 마음속으로 깊이 파고들었으며, 이 과정에서 정보 조작과 왜곡은 기본이었다. 극적으로 메시지를 전달했기 때문에 그의 연설을 들은 사람은 누구라도 매료되지 않을 수 없었다는 평이다. 그는 나르시시스트였으며 스스로 메시아라고 과대망상을 하였다. 권력에 대한 의지가 강했으며 권모술수가 뛰어났다. 선거의 귀재로서 대중들의 지지를 얻어서 정권을 획득하였다. 권력 장악 이후에는 신비주의로 돌아서 대중 접촉을 제한하고, 보이지 않는 신으로서 대중들 위에 군림하였다. 전쟁에서는 총사령관으로서 승리의 청부사란 이미지를 조성하였다.

그러나 히틀러의 표면적 이미지와 실제 능력 사이에는 괴리가 컸다. 일단 목표 자체가 허황된 측면이 컸다. 군사력이 떨어지는 독일이 세계를 제패한다는 것은 실현 가능성이 떨어졌으며, 유대인이 없다고 세상이 이상적이 될 리가 만무했다. 증오와 갈등 부추겨서 내부 결속은 다질 수 있었을지 모르나, 공동체는 분열되고 구성원들은 인격 파탄을 겪지 않을 수 없었다. 히틀러에게 가장 소중한 것은 대의명분의 실현이 아니라 자기만족이었다. 히틀러가 하는 행동 대부분은 어떤 효과를 노리고 연출한 쇼였다. 불같이 화를 내고, 감정을 폭발시키는 것도 실제로는 의도적인 것이었다. 히틀러는 기회가 생기면 평당원과 만나서 굳게 악수를 나누고 눈길을 찐하게 주고받았다. 상대에게는 죽어도 잊지 못할 감격스러운 순간이었지만, 히틀러에게는 그저 연기일 뿐이었다.

실제로 히틀러는 추종자들에게 거의 관심을 보이지 않았다. 기본적으로 히틀러는 자기 이외의 사람들에 대해서는 거의 경멸적인 태도를 보였다. 히틀러의 성격에서 자기중심주의는 실로 엄청난 비중을 차지했다. '자애로운 아버지'라는 이미지를 인위적으로 만들었지만, 히틀러는 내면이 공허했고, 자신이나 자기에게 쓸모가 있는 사람에게만 관심을 기울였다.[10] 히틀러는 전쟁 패배를 목전에 두고서 독일 자체와 함께 자폭하려 했다. 독일 민족은 전쟁에서 졌으니 세상에 남아 있을 이유가 없다고 본 것이다. 자기도취적인 파멸의 미학에 빠져서 파리나 베를린을 포함해서 가능한 한 많은 인간과 문명을 자신과 함께 파멸시키려고 하였다. 그러나 이런 히틀러의 명령을 충직하게 따른 부하들이 없었기에 유럽 문명의 파멸은 막을 수 있었다.

히틀러는 감성적인 인물로서 직관력은 어느 정도 있었을지 모르나, 객관적인 상황 판단이나 분석력은 결여되어 있었다. 항상 즉흥적이고 자기중심적으로 사고하였으며, 전황을 주관적이고 낙관적으로 파악하는 경향을 드러냈다. 히틀러의 정복 전쟁은 초

10) 커쇼(2010), 415쪽.

기에 기적과도 같은 승리가 없지 않았지만, 전반적으로 승산이 없는 무모하고 자기 파멸적인 전쟁이었다. 이런 점에서 테일러(Taylor)는 히틀러를 마스터플랜이 없는 임기응변주의자라고 묘사하였다.[11] 그는 히틀러의 초기 성공이 연합국의 유화 정책과 우연 때문이었지 히틀러가 사전에 계획한 바를 실행에 옮긴 결과가 아니라고 보았다. 히틀러가 적에 의한 장렬한 죽음 대신에 스스로 목숨을 끊는 선택을 한 것은 자신의 복잡한 심리구조와 연관이 있는 것으로 보인다.

2.2. 민족종교의 탄생

패전이란 비참한 상황 속에서 독일 국민은 천년왕국을 그렸고 메시아를 기다렸다. 히틀러는 이런 상황을 잘 읽고 있었다. 독일 국민에게 희망을 주고, 독일에 감내하기 어려운 시련을 주는 연합국들에 대항하기 위해서는 민족 불굴의 의지와 단결이 필요하다고 보았다. 현실 세계는 강한 민족이 지배하기 때문에 독일이 강한 국가가 되어야 한다고 인식하였다. 선결 조건으로 독일 민족이 강하다는 인식이 국민 속에 뿌리를 내려야 하였다. 의지만 강하면 고난을 극복하고 세계를 지배할 수 있는 것이었다. 히틀러는 초인적 의지나 능력을 강조한 니체에게 매력을 느꼈으며, 바그너가 그리는 신화적 영웅들은 전쟁에서 굴욕적인 패배를 당한 독일 사람, 특히 귀향 군인들이 흠모하며 따라야 하는 모델이었다. 그는 기회의 창이 열리고 있음을 직감하면서, 스스로가 종말적 상황

11) Cf. A.J.P. Taylor, *The Origin of the Second World War,* Hamish Hamilton, 1961.

에 처한 독일 민족을 구원할 구세주로 자처하고 나섰다.[12)]

독일 민족 우월주의의 기초를 닦은 것은 영국 출신의 독일 철학자인 체임벌린(Chamberlain)이 1899년에 쓴 『19세기의 기초』(*The Foundation of Nineteenth Century*)였다.[13)] 이 책에 따르면 독일 민족은 인도-페르시아에서 기원한 아리안족의 후예이다. 아리안 족은 타 인종에 비해 월등하게 우수하며 창의성과 이상주의가 두드러진다.[14)] 독일 민족은 유대인이 점령하고 있는 유럽을 구원할 민족이지만, 세속적이고 물질주의적인 유대인들이 독일 정신을 위협하고 있다. 독일의 민족적 순수성을 유지하기 위해서는 유대인과 인종적으로 섞이면 안 된다.[15)] 이런 차원에서 민주주의, 자유주의, 사회주의는 불순함을 조장하기 때문에 피해야 하고, 대신에 군주제적인 보수주의를 증진시켜야 한다. 체임벌린은 1923년에 히틀러를 직접 만났으며, 히틀러를 자유 영혼을 재생시킨 지도자로서 추앙하였다. 그는 반유대주의의 기초를 닦은 인물로서 심지어는 예수가 아리안이라고까지 주장하였다.

나치즘은 히틀러 이전에도 존재하였으며, 유구한 독일 전통에 맥이 닿는다. 나치 민속학은 인종주의에 기초한 연구를 추진하고 민족 우월주의를 홍보한 학문으로서, 게르만 민족의 근원이 북유럽에 전통적 뿌리를 두고 있다고 보면서, 이런 전통에서 벗어난 외래적인 요소를 배척하려고 노력하였다. 게르만족의 신화,

---

12) David Redles, *Hitler's Millennial Reich*, New York University Press, 2005, pp.109~110.

13) Cf. Houston Stewart Chamberlain, *The Foundations of the 19th Century*, John Lane, 1912.

14) Chamberlain(1912), p.542.

15) Chamberlain(1912), p.394.

전설, 민담과 풍습의례를 수집 발굴하였고, 민속 전통을 새롭게 만들고, 나치의 지배 목적에 맞추어 재구성하였다. 비교론적 관점에서 살펴본 게르만족의 특징과 기질은 "강하고 영웅적이며 분석적이고 진취적인 행동을 선호한다." 그리스 문화가 부드럽고 여성적이며 조화와 명상을 탐닉한 것과 크게 대조를 이룬다. 이와 같은 종족적 민족주의에 기초해서 나치즘은 새롭고 강력한 국가를 건설해야 할 당위성을 역설하였다.[16]

아리안족 신화는 신비주의 종교인 '아리오소피'(Ariosophy, 아리안 지혜를 의미)와도 연관성이 깊다.[17] 1917년에 설립된 '툴레 소사이어티'(Thule Society)는 독일에서 유행했던 신지학의 한 분파로서 인종에 대한 신화를 강조하였다. 민족을 우상화하고 신화화하다가 결국에는 종교가 되었다. '근본 민족'(root races)이란 원형이 되는 민족으로서 '아틀란티스'(Atlantis), '툴레'(Thule), '휘페르보레아'(Hyperborea) 등이 대표적이었고, 아리안족의 원래 고향도 이들과 연결됐다고 주장하였다. 이런 우월하고 순수한 민족이 우월하고 순수한 사회를 만들어서 지배하는 것이 당연하다고 보았다. 이 신비주의 운동은 히틀러와 나치즘의 부상과 직결되었다. 아리오소피가 모태가 되어 독일 노동자당이 만들어졌고, 1921년에 최종적으로 나치당이 되었다. 나치 문양이나 깃발 같은 나치 엠블럼은 모두 여기에서 유래하였다. 이와 비슷하게 로젠베르크(Rosenberg)는 『20세기의 신화』(*The Myth of the Twentieth Century*)란 저서에서 '아틀란티스'를 잃어버린 아리안족의 문화적 중심이라고 불렀다.[18] 당시 베스트셀

16) Detlev Peukert, *The Weimar Republic,* Macmillan, 1993, p.74.

17) Nicholas Goodrick-Clarke, *The Occult Roots of Nazism: Secret Aryan Cults and Their Influence on Nazi Ideology: The Ariosophists of Austria and Germany, 1890-1935,* The Aquarian Press, 1985.

러였던 이 책에서도 민족을 신비화하고 종교화했던 경향이 두드러지게 존재하였다.

이런 시대적 흐름을 히틀러는 정치적으로 잘 활용하였다. 히틀러는 독일 민족의 집단적 정체성을 창출해 내기 위해 그리스도교적 상징과 개념을 적극적으로 활용해서 나치즘이라는 세속종교를 탄생시켰다. 당시 독일에서 개신교는 가장 보편적인 종교였지만 권위를 강조하고 관료화되어 있었기 때문에 평신도들 사이에 깊은 믿음이나 감동을 불러일으키지 못하는 상태였다. 교역자와 평신도 사이의 관계는 의례적이고 위계적이었다. 이런 모습을 직시하면서 니체는 '신은 죽었다' '우리가 신을 죽였다' '교회는 신의 무덤이다' '기독교는 노예의 도덕이다' '기독교는 유죄다'라는 말로 신랄하게 비판을 가하였다.[19] 나치 고위층은 그리스도교에 호의적이지 않았지만, 대부분의 추종자는 개신교 신자들이었다. 따라서 나치즘은 그리스도교를 적대시하기보다는 적극 수용하면서, 자신들의 정치적 목적에 맞게 수정해서 활용하였다.

나치즘은 인종종교(ethno-religion)적 특성을 기본으로 그리스도교의 종말론과 묵시론적 세계관을 재해석해서 새롭게 구성한 것이었다. 독일 민족은 한편으로 '빛의 세력' 혹은 '신의 선민'으로 표현됨과 동시에, 다른 한편으로는 '피로 맺은 공동체'로서 인종학적으로 새롭게 정의되었다. 독일 '제3제국'(Drittes Reich)은 「요한 묵시록」의 천년왕국으로 성화되었고, 지도자(Führer) 히틀러는 치유자 또는 구세주(Heilland)로서 신격화되었다. "하나의 민족(Ein Volk),

18) Alfred Rosenberg, *The Myth of the Twentieth Century: An Evaluation of the Spiritual-Intellectual Confrontations of Our Age,* Noontide Press, 1982, p.57.

19) 이하 기독교와 히틀러 정권 사이의 관계에 대해서는 참조: 추태화, 「민족주의와 신흥종교운동」, 『신학과 실천』 32(2012), 781~803쪽.

하나의 제국(Ein Reich), 하나의 지도자(Ein Führer)"라는 구호는 세속화된 삼위일체로서 신성하게 받들어졌다. 이를 뒷받침하기 위해서 독일 민족이라는 종교와 히틀러라는 신이 만들어졌다. 구약을 관통하는 하느님의 뜻을 이 땅에 이루기 위해 선택된 민족이라는 '선민의식'이 독일 민족에 이식되었다. 이제 독일 민족은 타민족과 격이 다른 우수한 민족이면서, 동시에 세상을 구원할 사명을 받은 민족으로 격상되었다. 이런 독일의 운명 즉 선택받은 길이 바로 나치즘의 뿌리였다.[20] 전쟁에서 패하고 겪은 시련은 오히려 독일이 선택받은 민족임을 입증해 주는 증거가 되었다.

당시 독일 개신교 일각에서는 독일 그리스도인으로서 유대인의 종교를 따를 수 없다면서, 구약을 없애야 한다고 주장하거나, 아예 독일식 그리스도교를 만들 것을 주장하는 이들이 있었다. 더 급진적인 분파는 독일 고유의 전통 신앙을 만들어서 그리스도교를 대체하려는 움직임도 보였다.[21] 이들은 공통적으로 유대인들의 선민사상을 시기하면서 독일 게르만족이 그 자리를 대신 차지하기를 갈망하였다. 구약을 배제하고 예수를 나치의 원형인 북구 아리안족으로 묘사하였다. 또한 유대인들은 예수를 박해해서 십자가가 못 박히도록 만들었기 때문에 독일 민족에게 원죄

---

20) 14~16세기에 독일은 천년왕국운동의 중심이었다. 중앙 권력이 약화되고, 인구가 증가하고, 도시 문명이 발달하면서 정치적 반목과 사회 불안 그리고 자유에 대한 희구가 강해졌다. 이런 환경 속에서 고위 성직자와 자본주의에 대한 반대 그리고 과대망상적 민족주의에 근거한 천년왕국운동이 꽃을 피웠다. 당시 대표적인 예언서가 1510년에 익명의 저자가 쓴 『일백 장의 서』(*Book of a Hundred Chapters*)이다. 이 서적이 후대 히틀러에게 커다란 영감을 주었다. 콘(1993), 154~165쪽.

21) Cf. Richard Steigmann-Gall, *The Holy Reich: Nazi Conceptions of Christianity, 1919-1945,* Cambridge University Press, 2003, pp.218~ 260.

를 지은 것으로 간주되었다. 이들에게는 독일 민족이 우선이었고, 민족이 종교적 신앙의 대상인 셈이었다.

히틀러와 나치당은 위대한 '아리안 신화'(Indo-Aryan mythology)를 창조함으로써 패배주의에 젖어 있던 독일 국민의 상실감을 해소하고 제3제국의 이념적 토대로 삼았다. 이 과정에서 유대인을 비롯한 집시나 소수민족, 장애인, 정신질환자 등 이른바 위대한 독일제국의 '빛'을 가리는 존재들이 잔인하게 제거됐다. 이런 비인도적 행위에 대한 '시민'들의 저항은 미약했던 반면에 직접 참여하거나 혹은 심정적으로 동의하는 '독일인'들이 다수였다. 위기의 국면에서 신화적 마법이 등장해서 카타르시스를 만들어 내고, 감성이 이성을 압도하는 상황이 만들어졌다.

카시러(Cassirer)는 신화가 자연스럽게 등장하기도 하지만 특정 세력의 '기획'에 의해 가공될 수 있다고 주장한다.[22] 전자가 풍성한 상상의 야생적 결실인 반면에, 후자는 교묘한 기술자들이 만들어 낸 인공물에 불과하다. 카시러에 따르면 인간은 이성적 동물이 아니라 '상징적인 동물'이다. 상징을 활용하고 조작해서 인간을 정치적 목적으로 동원하고, 이용하고, 희생시켰다. 나치는 민족종교란 신화를 만들었고, 히틀러는 자신을 신격화하였다. 독일 사람들은 이성 대신에 "광신적 애국주의"라는 종교에 깊숙이 빠져들었다.[23]

22) 에른스트 캇시러, 『국가의 신화』, 최명관 옮김, 서광사, 1988, 339~341쪽.
23) 젤리히만(2008), 6쪽.

2.3. 유사 누미노제

객관적으로 확인하기는 어렵지만 히틀러는 1923년 쿠데타 실패로 인해 5년 형을 받고 수감 중에 쓴 회고록 『나의 투쟁』에서 개인적으로 두 차례나 신을 만나는 경험을 했다고 고백하였다.[24] 한 번은 청소년기에 있었고, 다른 한 번은 1919년 군대에 있을 때였다. 두 번째 경험에서 그는 신의 계시를 받고, 자신이 독일을 구원할 메시아라는 확신을 갖게 되었다. 그리고 신의 소명을 실현하기 위한 정치적인 야심을 키워 나가서, 마침내 독일이라는 거대한 종교 속에서 강력한 권력의지로 무장한 메시아로 재탄생되었다.[25] 전지전능함과 무오류성이 기본 속성이었으며, 그의 말은 모든 법에 우선하였다. 그는 '초인'(superhuman)이자 신이었으며, 독일 국민의 단합을 위한 구심점이었다. 히틀러의 생각, 인성, 목표는 독일 국민에게 모범이자 삶의 나침반이었으며, 나치 운동의 분열과 실패를 막아 주는 보험과도 같았다.

우상화의 첫 단계(1919~1924)에서 히틀러는 예언자인 세례 요한으로 그려졌다.[26] 그 무렵에 히틀러는 약간 조심스러웠거나 아직까지 소명의식이 약했던 모양이었다. 여하튼 그는 사람들에게 구세주가 올 것이란 사실을 예고해 주는 '북 치는 사람'(drummer)이었다.[27] 바이마르 통치하에서 나치당이 만들어지고 독일 국민이 고통을 많이 받자, 나치당이 앞장서서 히틀러를 나락에서 독

24) 아돌프 히틀러, 『나의 투쟁』, 황성모 옮김, 동서문화사, 2014.

25) Redles(2005), pp.108~134.

26) Redles(2005), p.117.

27) 커쇼(2010), 263쪽.

일을 구해서 다시금 위대하게 만들어 줄 메시아로 그리기 시작하였다. 특히 1922년 10월 무솔리니(Mussolini)가 이탈리아에서 정권 장악에 성공하자 크게 고무되었다. 그때 나치당 대변인은 "독일의 무솔리니가 바로 히틀러이다"라고 선언하였다.[28] 이것이 히틀러 우상숭배의 시작이었다. 1922년 12월 나치당 기관지는 이제 히틀러는 새로운 세상을 알리는 북 치는 고수가 아니라, 독일을 직접 구원할 구세주라고 새롭게 주장하였다.

두 번째 단계에서는 1923년 11월 '맥주홀 반란 사건'(Beer Hall Putsch) 실패 후 수감생활을 하면서, 자신을 독일 사람들에게 두루 어필할 수 있는 지도자로서 새롭게 이미지를 만들었다.[29] 재판 과정에서 히틀러는 천년왕국의 예언자로서 풍모를 보이면서 열정적으로 재판의 부당함을 설파하였다. 그의 작전과 연기는 매우 성공적이었으며, 많은 독일 대중들이 히틀러에게 공감하면서 지지를 쏟아 내었다. 정치권 내의 유력 인사들이 히틀러를 면회하기 위해서 줄을 이었다. 이 사건을 계기로 히틀러는 점차 특별한 존재로 받들어지기 시작하였다. 석방 후 그는 공개적으로 메시아 행세를 하였으며, 독일인들이 매력적으로 느끼는 민족주의적이면서도 종교적 분위기가 물씬 풍겨 나는 이미지를 구축하려고 노력하였다. 마침내 히틀러는 좌절하고 무력해진 독일 국민들을 새롭게 각성시킨 '영웅'이자 '메시아'로 변신하였다.

마지막 단계에서 히틀러는 '선전 선동의 달인' 괴벨스(Goebbels)의 이미지 조작을 통해서 신의 반열에 오르게 되었다.[30] 괴

28) 커쇼(2010), 273~280쪽
29) 젤리히만(2008), 89~98쪽.
30) 참조: 랄프 게오르크 로이트, 『괴벨스, 대중선동의 심리학』, 김태희 옮김, 교양인, 2006.

벨스는 마음만 먹으면 신을 인위적으로 만들어 낼 수 있는 능력의 소지자였다. 그는 히틀러를 위해 설득력 있는 '수령 신화'를 창조하였다. 이에 따르면 히틀러는 모든 방면에서 모델이 되는 인간이었다. 보통 사람, 노동자, 군인으로서 각각 모범적이었으며, 제1차 세계대전에서 독일을 위해 목숨을 걸었던 애국자였다. 동시에 보통 사람이 갖지 못하는 특별한 능력을 가진 신비스런 존재였다. 바이마르공화국에 대한 대중들의 분노를 몸소 체화해서 독일을 구원하고 새로운 민족공동체를 만들어 낼 인물이었다. 그는 모든 사람의 희망이었고 육화된 구세주였다. 신과 같이 전지전능한 존재로서 모두가 마땅히 존경해야 할 인물로 그려졌다. 나치 정권이 존속하는 동안 괴벨스는 매년 히틀러 생일 이브에 '우리 히틀러'(Our Hitler)란 연설을 통해서 히틀러가 가졌던 특출한 인품과 생각에 대해 찬사를 보내곤 하였다.

정권 장악 후 처음 6년 동안의 나치 통치는 비록 천년왕국적인 열정이 두드러졌기는 하지만 상대적으로 평화로운 양태로 표출되었다. 나치당의 선전기관들은 건축, 영화, 불빛 쇼, 대중시위, 행진 등의 수단을 통해서 나치의 비전과 히틀러에 대한 우상화에 적극적으로 나섰다. 새로운 다양한 매체를 통원해서 극적인 효과를 만들어 냈다. 열광의 도가니가 연출되었으며, 대중과 지도자 사이의 인상적인 교감이 이루어졌다. 리펜슈탈(Riefenstahl)이 1935년에 제작한 「의지의 승리」(Triumph of the Will)라는 나치당 홍보 다큐멘터리가 이런 모습을 잘 보여 준다. 대상은 1934년도 '뉘른베르크 집회'였는데, 70만 명의 지지자들이 참여한 말 그대로 열광의 도가니였다. 히틀러는 비행기를 타고 구름으로부터 하강해서 신처럼 대중들 앞에 등장하면서 신비로운 분위기를 연출하였다. 이 영화를 본 독일 사람들은 모두 수령 신화의 위세에 압도될 수밖에 없는 지경에 이르렀다.

1930년대 히틀러의 인기는 수령 신화가 대중들에게 먹히면서 생겨난 것이었다. 대부분의 독일 사람들은 위기 극복, 안보, 번영 등을 희구했으며, 히틀러가 이 모든 것들을 제공할 수 있을 것으로 보았다. 그가 모든 문제에 대해 해결책을 갖고 있었기 때문에 이를 방해하는 요소를 제거하는 것은 당연한 것이었다. 따라서 히틀러가 국가의 적들을 처단한다는 명목으로 취한 조치들에 대해서 대체로 환영하는 분위기였다. 수령의 전지전능함에 대한 신화로 인해 SS(Schutzstaffel, 친위대)가 임의적으로 폭력을 행사하는 것이 용인되었다. 실제로 대중들은 히틀러의 조국에 대한 사랑의 진정성을 믿었기 때문에 부정적인 모습에 대해서 별로 주목하지 않았다. 그저 좋은 일을 하다 보면 어쩔 수 없이 발생하는 부작용 정도로 치부해 버렸다. 유대인에 대한 잔혹한 처우 역시 크게 관심을 받지 않고 지나쳐 버렸다. 이 모든 현상은 히틀러 신화로 인해 발생한 것이었다.

히틀러는 또한 자신을 예수나 신으로 간주하기 시작하였다.[31] 나치가 정권을 잡은 후 히틀러는 매년 독일 각계각층으로부터 1만2천 통 정도의 존경과 찬탄을 담은 편지를 받았다. 그는 선거를 치르는 과정에서 신적인 존재가 되었으며, 그가 최종적으로 총통이 되었을 때 독일 국민은 독일의 새로운 영도자의 등극으로 간주하면서 열렬하게 환영하였다. 1932년까지 다섯 번의 선거를 치르면서 그는 당내에서 거의 신과 같은 위상을 가지게 되

31) Redles(2005), pp.136~137.

었다. 나치 이데올로기는 종교와 다름이 없었다. 나치 기관지는 히틀러를 독일을 구원하는 것이 유일한 사명이며, 그를 중심으로 단결한 강력한 대중운동 조직이 있으며, 앞으로 독일의 국가 지도자가 될 인물로 그렸다.

선거운동 기간 중 히틀러는 세계 최초로 비행기로 전국을 순회하면서 창의적인 방식으로 선거운동을 펼쳤다. 독일 하늘을 날아다니면서 신처럼 위에서 독일을 굽어 내려다보는 이미지를 조성하려고 하였다. 그의 카리스마 있고 사람들의 혼을 빼듯 한 연설 능력 또한 독일 사람들에게 커다란 매력 요소였다. 이렇게 히틀러는 대중에게 카리스마 있고 대중 친화적이며 영웅적인 모습으로 다가갔다. 이런 이미지는 다양한 선거 전략을 통해서 인위적으로 만들어졌다. 그는 뛰어난 대중 소통 능력과 임기응변 능력으로 사람들의 마음을 사로잡았다. 그는 대중 집회에서 마치 목사가 부흥회에서 설교하듯이 신이 내린 것처럼 연설하곤 하였다. 여기에 신비주의적인 홍보 전략이 더해져서 신적인 존재로 대중들에게 다가갔다.

히틀러는 카리스마 있는 모습으로 바이마르공화국을 향해서 촌철 같은 비판을 가했다. 동시에 그는 고난에서 독일을 구할 구세주가 되었다. 대중들은 이런 모습에 중독되지 않을 수 없었다. 대중들은 새로운 신을 만난 것처럼 감격하였다. 히틀러와 대중이 하나가 되는 역사적인 무대였으며, 영적으로 새롭게 태어나는 현장이었다.[32] 이것은 단순한 감정이나 이미지 조작을 뛰어넘는 것이었다. 그의 연설이나 메시지는 새로운 세상을 알리는 복음이었

---

32) 슈테판 마르크스, 『나치즘, 열광과 도취의 심리학』, 신종훈 옮김, 책세상, 2009, 57~58쪽.

고 약속이었다. 사람들은 이런 비전을 공유하고 실천해야 한다는 사명감을 느꼈으며, 히틀러의 소명의식을 공유하게 되었다. 이것은 매우 종교적인 체험이었으며 누미노제와 유사하였다. 이런 누미노제를 공유하지 않았더라면, 히틀러가 선거에서 승리하고 총통의 자리에 오를 수 없었을 것이다. 그의 지지자들은 히틀러를 신이 독일을 구하라고 보냈다고 철석같이 믿었다.

뉘른베르크에서 열린 연방 나치당 연례 전당대회장에서 행한 히틀러의 연설은 메시아가 재림한 것을 방불케 하는 것이었다.[33)]이곳은 천년왕국운동의 현장이었으며, 매년 하나의 특정한 주제가 있었다. 예를 들어, 깨달음(Awakening, 1927), 안정(Composure, 1929), 승리(Victory, 1933), 단결(Unity, 1934), 자유(Freedom, 1935), 명예와 자유(Honor and Freedom, 1936), 노동(Labor, 1937), 위대한 독일(Greater Germany, 1938) 등이 대표적이었다. 모두 엄숙한 사명감이 느껴지는 주제들이었다. 모든 유관단체가 모여 잘 계획된 집회를 통해서 온 국민에게 잘 연출된 메시지를 던졌다. 온갖 선전 선동 기술이 동원되었고, 각종 미디어 기술이 활용되었다. 특히 밤에 집회를 개최함으로써 극적 효과를 극대화하였다. 어둠 속에서 빛을 활용해서 히틀러를 신비로운 존재로 연출해 냈다. 거룩하고 신성하고 극적인 드라마였다. 히틀러는 대중과 기막히게 소통을 잘하였으며, 사람들은 이에 열광하지 않을 수 없었다.

33) 뉘른베르크 전당대회(Reichsparteitag)는 나치 독일의 가장 큰 행사였다. 1923년에 뮌헨에서 제1차 전당대회가 열렸으며, 1926년에는 바이마르에서 제2차 전당대회가 열렸다. 1927년부터 1938년까지 매년 뉘른베르크에서 전당대회가 열렸다. 나치당원들과 지지파 외에 다수 사람을 모아 놓고 나치를 선전하는 연설을 했다. 1934년 아돌프 히틀러가 완전히 정권을 잡으면서 나치당의 지지율도 크게 올라간다. 이로 인해 나치는 독일 전역을 나치로 물들게 하는 데 성공할 수 있었다.

1934년의 주제는 '단결'이었다. 신격화의 정점이었다. 온 독일 민족이 단결해서 나라를 부흥시키자는 호소였다. 히틀러는 이런 사명을 완수해 낼 수 있는 전지전능한 존재였다. 그는 나치 체제가 영원히 지속될 것이라고 약속하였다. 유대인을 겨냥한 '뉘른베르크 인종법'(Nuremberg Race Laws)을 제정한 후 열린 1935년 전당대회에서 그는 수령과 인민 사이의 긴밀한 관계가 있음을 선언하였다. 메시아와 그의 자식들 사이의 관계였다. 집단적 단결과 해방 그리고 사랑의 경험으로 충만한 집회였다. 히틀러와 추종자 사이의 관계는 메시아와 그의 민족 사이의 관계였다. 엄청난 연출이었고, 대단한 성공이었다. 이것은 "광란에 빠진 환각 상태"였다.[34) 기본적으로 히틀러는 조국 독일이었고 동시에 신이었다. 히틀러 자신도 스스로가 메시아인 양 표현하는 수사를 대중 연설에서 종종 썼다. 젊은 여성들은 이상적인 배우자로 히틀러를 상상하고 열광하였다. 왜 결혼하지 않았냐는 질문을 받고, 히틀러는 "나는 독일과 결혼했다"라고 답하고는 했다. 독일 여성들은 진짜로 그가 금욕하고 독일과 결혼한 것으로 믿었다.[35)]

그러나 히틀러는 1939년 집회를 가장 의욕적으로 준비하다가 갑자기 취소하고 나서는 다시는 전당대회 열지 않았다. 그는 대중 집회를 그토록 즐기다가 급작스럽게 대중을 회피하고 은둔적으로 변하였다. 그리고 대중들과 모든 자연발생적인 대규모 접촉을 차단하고, 대중들의 사기를 진작시키는 임무를 대신 당에 부여하였다. 이후 대중들은 훈육과 동원의 대상이 되었다. 애국

34) 슈테판 마르크스(2009), 243쪽.

35) Laurence Rees, *The Dark Charisma of Adolf Hitler*, Ebury Publishing, 2012, p.135.

심 결여로 인해 질책을 받고, 유대인에 대한 미움이 불충분해서 처벌받아야 했고, 국가를 위한 희생정신이 부족해서 지탄받아야 하는 존재가 되었다. 자신은 신비주의 전략을 활용해서, 신과 같이 보이지 않는 곳에서 모든 것을 통제하면서 승리를 기적처럼 가져다줄 인물이 되었다. 따라서 모든 국민은 마땅히 히틀러에게 영광을 돌리기 위해서 살아야만 하였다.

히틀러의 공세적 외교는 초반에는 성과가 좋았다. 대중들은 히틀러의 외교적 성공에 매료되었으며 열광적으로 그를 지지하였다. 수령 신화를 얼마나 많은 독일 사람들이 실제 믿었는지 정확하게 알 수는 없다. 그러나 히틀러와 나치 체제에 비판적인 사람들조차도 1930년대 말엽에는 나치 정권이 거둔 눈에 띄는 외형적인 성과로 인해 그들을 신뢰하지 않을 도리가 없었다. 베르사유조약을 파기하고, 적극적인 외교를 통해 라인란트(Rheinland)를 재무장하게 하였고, 오스트리아를 합의를 통해 합병하였으며, 영국 및 프랑스 등과 뮌헨협정을 통해 독일인 거주자들이 많은 체코의 '주데텐란트'(Sudetenland)를 할양받은 것이 대표적이었다. 특히 오스트리아와의 합병을 계기로 게르만 민족주의가 하늘을 찌를 정도로 기승을 부렸다. 폴란드, 리투아니아, 체코슬로바키아, 이탈리아, 스위스 등 각지에 분산된 독일계 사람들은 "통일된 강력한 독일"이라는 히틀러의 구호에 열광하며 독일로의 합류를 강력히 희망하고 나섰다. 이러한 사태 전개에 대해서 독일 국민은 크게 열광하였다.

그러나 히틀러의 마음속에는 사랑보다는 증오와 미움이 더 크게 자리 잡고 있었다. 그리스도교의 미덕인 겸양보다는 오만과 자기도취에 빠진 사도였다. 성경에 대한 자의적인 해석을 일삼았고, 쉽게 분노하고, 용서와는 거리가 멀며, 무차별적으로 폭력을 행사한 인물이었다. 진정한 하느님 나라의 건설에는 관심이 없었다. 그저 누미노제를 인위적으로 조작해서 대중들을 현혹시키고, 그들을 정치적으로 활용해서 권력욕만 채우려고 하였다. 나치는 히틀러에 대한 인위적인 신격화에 매진하면서, 역사적 사실을 조작하고 거짓된 감동을 조장하면서 국민을 비이성적인 광란 속으로 몰아넣고 말았다. 히틀러 신격화는 후대에 남길 가치가 있는 긍정적인 정치적 유산이나 간직하고 싶은 좋은 기억이 전무할 정도의 비극으로 끝나고 말았다.

히틀러를 만난 대중들은 감격하고 열광했지만 누미노제의 성스러운 깨달음을 얻은 것이 아니라 단순한 집단적 광기를 수동적으로 경험한 것에 불과하였다.[36] 히틀러 혁명은 위로부터 강압적으로 추진되면서, 일반 국민의 자발적인 참여나 각성은 생겨나지 못했다. 새로운 감동과 경험을 통해 자발적으로 새로운 인격의 탄생이 일어난 것이 아니라, 인위적으로 조작되고 강제된 표피적인 인격 변화에 불과하였다. 자발적으로 민족을 위해 적극적으로 헌신하는 인격체가 아니라, 신적인 지도자의 구원을 갈구하는 피동적인 민족 구성원에 불과하였다. 그 결과 독일 국가사회주의 혁명은 가시적인 성과나 지속 가능성이 떨어질 수밖에 없었다. 혁명은 부자연스러웠고 자발적이지 못했으며 마약에 취한 것과 같은 경험이었다.

36) 슈테판 마르크스(2009), 97~100쪽.

3. 국가사회주의 공동체의 건설

3.1. 국가사회주의

히틀러와 나치당은 국가사회주의 건설에 나서면서, "세계사에서 가장 위대한 독일 민족의 혁명" 혹은 "세계 지배를 놓고 적들과 아리아인들이 싸울 최후의 전투"를 시작하였다고 공언하였다. 이를 위해서 무제한적인 권력을 원했다. '국가사회주의'는 방점이 사회주의가 아니라 국가에 있었다. 사회주의는 노동자와 농민을 포함한 광범위한 대중들에게 어필하기 위해 정략적으로 채택한 슬로건이었고, 국가가 전적으로 통제하는 강력한 독일의 건설이 진짜 목표였다. 독일은 아리안족의 국가였고, 아리안족은 신에 의해 선택받은 최고로 우수한 종족이었으며, 유일한 지도자가 바로 히틀러였다. 국가사회주의는 새로운 사회의 건설을 지향하는 민족주의, 국가주의, 사회주의의 총합이었다. 동시에 근대화에 반대하는 '반동적인 모더니즘'과 독일 민족의 과거 영화와 전통을 재건하려는 '복고적'이고 '낭만적'인 성격을 갖고 있었다.

나치즘은 제1차 세계대전 발발 당시 독일을 풍미했던 '1914년 정신'(Spirit of 1914)을 계승하고 부활시키려고 하였다. '1914년 정신'은 독일의 위대함과 승리에 대한 일치단결된 확신이었다. '자유·평등·우애'로 대변되는 프랑스 혁명의 정신에 비견되는 독일 혁명의 정신으로서, '의무, 규율, 법과 질서'를 강조하였다. 프랑스의 개인 해방에 대비되는 독일 민족의 집단주의적 혁명이었다. 무질서와 폭력이 난무했던 프랑스 정신을 독일 가치와 정신으로 바꾸는 것이 독일 혁명의 핵심적인 정신이었다.[37] 이런 정신을 부활시킴으로써 즉각적인 승리에의 확신과 바이마르공화국의 배신에 대한 분노 그리고 히틀러의 역사적 사명에 대한 정당성 등을 강화하고자 하였다. 이미 19세기 초부터 '일반의지'의 구체적 표현인 의례와 축제, 신화와 상징을 통해 민족이라는 신비에 민중이 적극 참여하도록 이끄는 분위기가 조성되었다.

제1차 세계대전이 끝난 1918년에 출간된 책에서 서구의 몰락을 예견한 슈펭글러(Spengler)는 그 원인을 인간을 원자화시키고 종교를 상실케 만든 '개인주의'와 민족 간 차별을 부인한 '세계시민주의'에서 찾았다. 그는 민족이라고 하는 것은 언어적인 것도 정치적인 것도 동물적인 것도 아니고, 바로 정신적인(spiritual) 단위이기에 민족을 부흥시키려면 정신을 부흥시켜야 한다고 보았다. 따라서 돈이 지배하는 세상에서 나라의 명운은 '피와 정신'(blood and spirit)만이 바꿀 수 있다고 주장하였다.[38)]

나치즘에서는 국가주의가 개인주의에 우선하였으며, 민족정신의 부활이 독일인들의 '일반의지'였다. 히틀러 자신이 민족정신의 체화이고 상징이고 지주였다. 국가사회주의는 자유주의와 개인주의는 물론이고 민주주의와 인권도 부정하였다. 민족의 단결과 순수한 사회주의의 완성을 통해서 프롤레타리아(예: 러시아)나 자본가(예: 영국)가 지배하지 않는 진정으로 조화롭고 단결된 사회를 만들 것을 제창하였다. 집단주의의 우월성을 지적하였고, 무분별한 자유와 방종에 반대하였으며, 관료와 기술자가 지배하는 위계적 조직을 선호하였다. 이것이 바로 나치당이 추구한 국가사

37) Cf. Jeffrey Verhey, *The Spirit of 1914: Militarism, Myth and Mobilization in Germany,* Cambridge University Press, 2000.

38) Cf. Oswald Spengler, *The Decline of the West,* Oxford University Press, 1991.

회주의였다. 독일 민족, 세계정신, 히틀러가 삼위일체였고, 히틀러는 바로 독일 정신과 영혼을 부활시키는 지도자였다.[39] 국가사회주의는 보수적이었지만 과거로 돌아가기를 원했던 '반동적 보수주의'와 다르게 새로운 사회를 지향했다는 점에서 '혁명적 보수주의'로 부를 수 있다.

국가사회주의는 진정한 사회주의에 근거한 새로운 나라를 건설하는 것이 목표였다. 나치는 현실에서 사회주의자들이 자신들의 열등감과 박탈감에 휩싸인 본래의 모습을 감추기 위해서 사회주의를 차용하였고, 자신들의 권력 장악과 전제적 지배 의도를 감추기 위해서 '프롤레타리아 독재'를 명분으로 내세웠다고 비하하였다. 반면에 나치즘은 일부에 불과한 프롤레타리아가 아니라 전체 즉 국가가 전체를 위해서 통치하는 국가사회주의가 진정한 사회주의라고 주장하였다. 나치의 눈에는 공산주의는 분열적이고, 민주주의는 무능하고, 우파 보수주의자들은 용기가 없었다. 국가사회주의는 공동체 전체를 우선시하기 때문에 좌도 아니고 우도 아니며 총체적(holistic)이다. 이런 의미에서 히틀러는 사회주의란 말을 좋아하였다. 사회주의는 원래 독일 전통적인 개념이며, 동시에 독일에서 꽃 피운 낭만주의, 독일 관념론, 공동체주의와 사상적으로 맥이 닿아 있었다. 히틀러는 나치즘이 사이비 사회주의자들로부터 '진정한' 사회주의를 빼앗아 와야 한다고 믿었다.

국가사회주의는 또한 투쟁적인 공동체를 이상으로 그렸다. 인간의 삶을 경쟁과 투쟁의 역사로 보았으며, 이기기 위해서는 싸움에 최적화된 군대와 같은 공동체가 필요하였다. 수평적이지

39) Martin Broszat, *The Hitler State: The Foundation and Development of The Internal Structure of The Third Reich*, Longman, 1981, p.29.

않고 위계적이며, 서열과 계급에 따라 상명하복이 제대로 이행되는 사회였다. 모두가 공동의 목표를 위해서 함께 노력하고 희생하는 민족공동체였다. 이런 개념은 19세기 독일 민속학자들의 저술에서 많이 언급된 바 있다. 나치즘은 근세 독일 농촌사회를 자랑스러운 모델로 생각하였다. 땅에 뿌리를 내린 관습과 전통을 함께 엮인 조화로운 공동체가 나치가 지향하는 이상적인 공동체였다. 대외적으로는 역사적으로 독일 영토에 사는 모든 독일인을 하나로 통일시키는 것이 목표였다. 사회적 갈등과 격차는 인종적 순수성으로 극복할 수 있는 것이었다. 모두가 사익을 버리고 공공의 이익을 위해서 헌신해야만 달성이 가능한 목표였다.

그리스도교 또한 이런 목적에 부합하도록 개조되었다. 1933년 히틀러가 수상에 임명되던 시점을 전후하여 독일에서는 종교(개신교)가 하나의 사회 운동으로 전환되었다. 종교는 독일 국민의 정체성을 찾거나 정치의 구심점을 형성하기 위한 수단이 되었다. 종교는 나치 정권을 유지하고 국가사회주의 정책을 실행해 나가기 위해서 유용하였다. 1930년대 독일은 여전히 제1차 세계대전의 후유증을 안은 채 바이마르공화국의 혼란을 감내하고 있었다. 사회는 여러 정당이 난립하면서 질서를 찾지 못했고, 실업자는 날로 늘어가며 인플레이션이 심각했다. 이런 사회 불안 속에서 종교가 새로운 의미를 갖게 되었다. 이런 시대적 흐름에 발맞춰서 그리스도교 내부에서 애국적 민족주의 계열이 중심이 되어 나치 권력과 결탁해서 '제국교회'를 탄생시켰다. 제국교회를 지지하는 이들은 더 나아가서 독일 개신교를 국가종교로 재편성하려는 움직임도 보였다.

히틀러 정권은 그리스도교 문화를 자신들의 정치에 최대한 이용했다. 예를 들어 성탄절은 예수 그리스도의 탄생으로 축하하는 날이 아니라 나치 사상이 탄생한 날로 보았다. 히틀러를 통해 나치 사상이 응집되고 신격화된다면 히틀러가 곧 구원자라는 주장이다. 추수감사절은 독일 조상에게 감사하는 날이라고 했고, 히틀러에게 감사하는 변질된 추수감사절 행사들을 만드는 등 그리스도교를 왜곡하고 정치에 적극 이용했다. 그리스도교 외부에서는 기존의 종교인 그리스도교를 비판하면서 새로운 정신적 정체성을 찾으려는 움직임이 크게 일었다. 그 계열에는 신비주의, 낭만적 민족주의, 게르만 신화 계열로 분류할 수 있다. 신흥 종교운동은 종교적 영성을 찾아보자는 순수한 영적 각성 운동이 아니었다. 그들은 나치 이데올로기에 편승해서 그리스도교를 정치화하려고 하였다. 특히 게르만 신화를 활용한 신흥 종교운동은 반유대주의 정책을 가속화하는 데 지대한 역할을 하였다. 나치 시대는 이른바 '정치의 종교화'나 '종교의 정치화'라는 경향을 배태하고 있었다. 나치 정권은 그리스도교를 왜곡시켜 정권 유지에 활용하였으며, 그리스도교는 역으로 정권과 결탁해서 존립을 유지해 나가려는 경향을 보였다.[40)]

3.2. 반유대주의

독일 제국 내에서 유대인은 경제적으로 우위에 있었으며, 정치적으로도 상층부에 위치하고 있었다. 농촌에는 별로 존재감이 없었지만, 대부업자나 은행가로서 커다란 영향력을 행사하였다.

40) 추태화(2021), 818~820쪽.

또한 독일 경제의 상승으로 인한 최대의 수혜자였다. 그러나 1873년 주식시장 폭락과 뒤이은 경제 불황기에 유대인에 대한 공격이 본격화되었다. 이 무렵 독일 사람들의 유대인에 대한 반감이 커졌으며, 이것이 반유대 민족주의를 확산시켰다. 피히테는 독일에 거주하는 유대인들이 '국가 속의 국가'를 형성함으로써 독일의 단결성을 해쳤다고 비판하였다. 히틀러는 유대인 문제에 대해서 팔레스타인에 독립된 국가를 만들어 주든가 아니면 그들에 대해 무차별한 폭력을 가하는 양자택일 식 해법을 고려하였다. 그리고 먼저 유대인에 대한 탄압 및 말살 정책을 폈지만, 다음 단계로는 독립된 유대인 국가의 형성을 추진할 심산이었다.

유럽에 팽배해 있던 반유대주의는 1800년대 중엽에 이미 '하시디즘'(Hasidism)이라는 유대교 신비주의를 중심으로 동유럽 지역에 유대인 국가를 세우겠다는 움직임에서 시작되었다. 시오니즘(유대주의)은 볼셰비즘과 연결되기도 하였다. 세계를 비밀리에 장악하려는 유대인들의 음모가 있다는 주장은 러시아 제국 비밀정보국 소속 오크라나(Okhrana)가 쓴 『시온 장로 의정서』(*The Protocols of the Elders of Zion*, 1912)에 잘 기재되어 있다. 이것은 1897년 8월 29일부터 31일에 걸쳐 스위스의 바젤(Basel)에서 열린 제1차 시오니스트 회의에서 발표된 시온 14인의 장로들의 의결문의 형식을 취한 문서이다. 반유대주의를 조장하려는 목적으로 만들어진 자료로서, 1902년에 러시아 제국에서 출간되어 세상에 알려졌다. 내용은 전통 사회를 붕괴시키고 언론 매체와 금융시장을 장악해 사람들의 의식을 자신들의 입맛대로 개조시켜 노예로 만들고, 더 나아가 세계를 지배하는 유대인의 왕국을 건설하자는 것이었다. 24개 행동강령으로 구성되어 있었는데, 이 문서로 인해 유럽과 미국 사회 내 반유대주의가 급속도로 악화되었다. 여기에 따르면 유대주의와 마르크스주의가 직접 연결되어 있으며, 유대인과 볼셰비키가 동일한 종족으로 묘사된다.

나치당의 정치가이자 인종 이론가인 로젠베르크가 히틀러에게 이 책 내용을 소개했으며, 히틀러는 이런 주장이 사실이라고 믿었다. 이에 근거해서 인종적 순수성을 간직한 민족 공동사회 건설을 꿈꾸며 인종주의 정책을 도입하였다. 외국인을 공직에서 차별하고 장애인들에 대한 불임 수술과 격리 수용을 법제화하였다. 그리고 1935년 '뉘른베르크 인종법'의 제정으로 유대인과 독일인 사이의 결혼 및 신체적 접촉이 법으로 금지되었다. 이전부터 나치당원은 유대인과 사귀지도 못하게 금지되었다. 이 규칙을 어기면 엄하게 처벌받았으며, 몇몇 당원은 사형에 처해지기도 하였다. 제2차 세계대전이 개시되자 나치는 유대인을 추방하거나 집단 수용하는 정책을 도입하였다. 이로써 반유대주의와 반공주의 그리고 민주주의에 대한 경멸을 골자로 하는 나치 국가사회주의 정치철학이 바야흐로 완성되었다.

3.3. 전쟁과 파멸

나치 독일의 총통이 된 히틀러는 베르사유조약을 파기했으며, 군수산업과 중공업을 집중 육성하고 아우토반과 같은 인프라를 대대적으로 건설해 독일을 세계 3위의 경제 대국의 반열에 오르게 했고, 사회 각 영역에 군국주의적 색채를 강화하는 조치들을 실행했다. 이러한 정책은 경제적으로 힘든 상황에 처해 있고 패배주의에 찌들었던 독일 국민 대부분의 열광을 받기에 충분했다. 심지어 '히틀러=독일의 메시아'라는 나치 당국의 선전을 그대로 믿는 국민도 많이 나왔다.

전쟁을 기피하는 연합국의 소극적인 반응에 힘입어 자신의 고향이기도 한 오스트리아를 병합하고, 뮌헨협정으로 체코슬로바키아의 주데텐란트 지역을 무혈로 독일에 병합하는 등 외교적으로도 승승장구했다. 그러나 그의 사상과 미래 비전은 아리안의 세계 지배였기 때문에 거기서 만족할 수 없었다. 폴란드 침공은 제1차 세계대전으로 상실한 실지의 회복이라는 의미가 있으며, 동부전선을 안정화시켜서 서쪽에만 신경을 쓸 수 있도록 해 주는 방책이었다. 이에 영국과 프랑스가 연대해서 독일에 선전 포고를 하면서 제2차 세계대전이 일어났다.

히틀러는 이런 절호의 기회를 놓칠 수 없었다. 이제 남은 것은 전쟁뿐이었으며, 모든 독일인이 성스러운 조국을 위해서 목숨을 던지는 일만 남았다. 1938년까지는 신화가 주로 정치인으로서 히틀러에 대한 것이었지만, 전쟁이 시작된 1939년부터는 군사 영역까지 신화가 확장되었다. 그때부터 히틀러는 최고 전쟁 지도자요 천재적인 군사전략가가 되었다. 비록 많은 독일인이 전쟁에 대해 걱정하고 있었지만, 일단 전쟁이 시작되자 신화가 진화하기 시작하였다. 전쟁 초기의 승리는 독일 국민이 민족공동체와 민족의 위대함을 대표하는 히틀러와 깊은 정서적 일체감을 느끼도록 만들었고, 그가 독일을 세계적인 강대국으로 만들 것이란 믿음을 심어 주었다.

전쟁을 통해서 세계를 지배하는 것은 선택받은 '독일'이란 나라의 사명인 동시에 '독일 민족'의 사명이었다. 이로써 선택받은 민족이란 지위를 유대인으로부터 빼앗고자 하였다. 그러나 폭력과 증오를 통해서 새로운 세상이 올 수는 없었다. 전쟁을 통해서 인류를 구원하겠다는 것은 망상이었다. 전쟁 발발 이전에는 대중들이 자발적으로 모여서 열광했지만, 전쟁이 실제로 개시될 무렵에는 상대적으로 조용하였다. 1939년 무렵에는 대중 집회에 사람들을 강제로 동원해야만 했다. 히틀러조차도 대중 집회를 즐기기만 한 것은 아니었다. 때로는 귀찮아하거나 시큰둥하게 연설하였고, 때로는 대중 앞에 나서길 꺼리는 성향도 보였다. 전쟁이 의도대로 진행되지 않으면서 히틀러도 대중도 서로에게 인내심을 잃어 가기 시작하였다.

구세주를 자칭한 히틀러로서는 구세주임을 입증해 보여야 하는 유무형의 압박을 받았다. 손쉬운 해법이 바로 책임을 돌릴 수 있는 내부적인 '희생양'이나 '외부의 적'을 찾는 것이었다. 유대인 청소와 '고토회복주의'(irredentism)가 대안이었다. 전쟁 기간 중의 히틀러의 모습은 독일을 패배로부터 구원하려고 온갖 어려움을 무릅쓰는 메시아였다. 장성들이 판치던 정치판에서 상병 출신이라는 한계를 극복하고 독일이라는 막강한 나라의 수상이 되고 메시아를 사칭하였지만, 내면에 잠재하는 콤플렉스는 어찌할 수 없었다. 본인이 메시아가 아니란 점을 본인이 가장 잘 알고 있었기에, 메시아 노릇은 쉽지 않았을 것으로 짐작된다. 대중의 기대에 끊임없이 부응해야 하는 것은 커다란 부담이었을 것이다. 따라서 대중과 거리를 두거나 아니면 속죄양을 찾고 싶은 마음이 생겨났을 가능성이 있다. 마지막으로는 전쟁이라는 종말적인 상황을 스스로 만들어서 외롭게 순교의 길로 들어선 메시아의 모습을 연출하였다.

히틀러와 나치당은 하나의 종교였다.[41] 실제로 유대교의 흔적을 뺀 '긍정적 그리스도교'(positive christianity)의 관점을 적극적으로 수용한다고 당 강령에 명시하였다. 예수를 부패한 바리사이들과 유대교 물질주의의 권력과 위선에 맞서 싸운 '아리안 전사'로 묘사하면서, 히틀러의 사명을 예수의 투쟁을 계승하는 것으로 규정하였다. 이에 히틀러는 의롭지만 외로운 길을 가야 하는 예수와 같은 심정으로 전쟁에 임하였다. 주변이 온통 독일에 적대적인 나라들뿐이었지만, 패배와 파멸을 두려워하지 않는 용기와 신념을 갖고 전쟁에 나섰다. 능력 있고 신뢰할 만한 동맹국이 없었기 때문에 패배가 예고된 전쟁이었다. 그리고 예정된 수순 대로 히틀러는 막강한 연합군의 위력 앞에 굴복하였다. 이렇게 히틀러는 메시아로서 정해진 운명대로 순교하고 만 것이었다. 1945년 패전 직전에 자살하고 말았다.

4. 보편적 실천

커쇼(Kershaw)는 히틀러를 '근대 정치적 악마의 화신'(the embodiment of modern political evil)이라고 단언하였다.[42] 그의 영도와 인종차별적 이념 아래 나치 정권은 600만 명의 유대인과 수백만의 하류 인간(subhumans)들을 대량 학살하였다. 또한 1,930만 명 정도의 민간인과 전쟁 포로를 의도적으로 죽였다. 이에 더해서 유럽 무대에서의 전쟁을 통해서 2,870만 명의 병사와 민간인들이 죽었다. 제2차 세계대전 중에 사망한 민간인 숫자는 전례가 없는

41) Redles(2005), pp.126~127.

42) 커쇼(2010).

규모였으며, 인류 역사상 가장 사람이 많이 죽은 전쟁이었다. 히틀러의 자아도취적 메시아사상과 인종 차별주의가 초래한 참사였다. 적자생존이 민족 간 생존에 적용되는 법칙이었으며, 살아남기 위해서는 스스로 강해지고 투쟁에서 승리해야만 하였다. 이런 냉혹한 현실 인식과 보편적 사랑의 실천은 절대로 양립할 수 없었다.

히틀러가 건설한 새로운 공동체는 배타적이고 인종차별적이며 자기중심적인 공동체였다. 반유대적이었으며, 세계 정복이란 수단을 통해서 보편적 사랑을 실천하려고 하였다. 독일 사람들의 복고적인 정서를 대변하면서 과거에 대한 향수에 호소해서 지지를 확보하려고 하였다. 민족을 하나의 공동체로 치부하면서 공동생활을 지향하였으며, 낭만적인 집단주의적 공동체를 꿈꿨다. 이것은 자신의 고유한 전통과 문화에 기초한 특수한 공동체로서 새로운 보편세상을 지향한 것은 아니었다. 전쟁은 보편적 이념의 실현이 아니라 자신의 세력권을 확장시키는 것이 주된 목적이었다. 히틀러가 제2차 세계대전을 준비하면서 모델로 삼은 19세기 이래 독일이 채택한 '중부유럽 구상'(Mitteleuropa Plan)은 하나의 보편적인 문명권을 창조하는 것이 아니라, 자국 중심의 '허브앤스포크'(hub-and-spokes) 시스템을 구축하려는 시도였다. 모든 중부 유럽 국가들을 개별적으로 독일에 의존적으로 만들어서 지배권을 강화시키려고 하였다. 보편성이 없었고, 매력이나 감농을 불러일으키지 못했다. 강제력에만 의존할 수밖에 없었으며, 결국 성공할 수가 없었다.

독일 국가사회주의 혁명이 보편성을 결여하고 독일의 '특수한 길'을 걸어가게 된 것은 뒤늦은 독일 제국 통일 및 민족 형성

과정에서 부르주아 혁명이 불철저했고, 권위적이고 반자유주의적 전통을 그대로 유지했던 것과 관련이 있다. 나치 이념은 작위적이고 강요된 누미노제로서 성스러움과 감동이 떨어졌다. 자신들이 만든 굴레에 빠져서 헤어 나오지 못하고 말았다. 자신이 만든 이념과 신화 그리고 신으로부터 헤어 나오지 못하였다. 고인 물이 썩듯이 유대인에게 증오를 발산하고 이웃 나라를 침공하였다. 민족 구성원들의 개별적인 인격 변화가 없었기 때문에 공동체 차원의 근본적인 변화를 가져오지 못했다. 독일 전통에 배어 있던 배타적 집단주의가 온존되거나 오히려 강화된 것에 불과하였다.

국가사회주의 혁명 실패 이후 독일은 점진적인 '변형'의 길로 들어섰다. 연합국의 무력에 의한 강요한 측면이 있었지만, 스스로 새로운 각성을 경험한 측면이 더 크게 작용하였다. 나치 하에서 고양된 민족의식이 손쉽게 눈이 녹듯이 사라지는 것은 아닐 것이다. 그러나 민족적인 굴욕이나 수치로 받아들이지 않고, 국제사회와의 동화를 선택하였다. 제1차 세계대전 종전 시기와 마찬가지의 좌절을 겪었지만, 제2차 세계대전 이후에는 정치의 극단화가 벌어지지 않았다. 점진적인 변화 노선에 대다수가 동의한 것이었다. 이후 짧은 시간에 독일은 민주 국가로 변신하였다. 초대 서독 수상 아데나워(Adenauer)는 실용적이며 점진적인 노선을 채택하면서, 독일의 민주적인 변신과 국제사회로의 편입을 강조하였다. 뼈를 깎는 노력으로 국제사회의 신뢰를 얻고 급속한 경제 발전을 이룩하였다. 이 과정에서 독일 민족의 단결력과 강인함 그리고 검소함 등에 대한 찬사가 끊이지 않았다. 공동체 의식이 여전히 강력함을 보여 주는 증거였다.

독일이 민주주의로 순조롭게 이행할 수 있었던 배경에는 주목할 만한 의식 변화가 자리 잡고 있었다. 민족은 보편 속에서 빛을 발하고, 보편적 실천 속에서 더 영광스러워진다는 것을 새삼 깨닫게 되었다. 이로 인해 민족의 의미에 대해서 재발견이 이루어졌다. 민족적인 단결력을 바탕으로 경제부흥에 성공했고, 민족이 분단되어 서로 대치하고 있었음에도 불구하고 평화 지향성을 대외적으로 분명히 천명하였다. 패배의 굴욕을 참아 내면서 과거와 용기 있게 단절하였다. 1950년대 여론 조사의 결과를 보면 독일인들 사이에 군주정과 우익 정치에 대한 호감이 여전했고, 또한 이와 결부되어 정치적 무관심이 광범위하게 퍼져 있었다. 이것은 민주적 제도의 도입이나 인식 변화가 효과를 발휘하기 위해서는 많은 시간이 필요함을 보여 준다.

독일 국민이 과거에 대한 반성을 철저하게 하면서 새롭게 태어나려는 노력을 지속적으로 기울인 결과, 경제 대국 독일의 부상이나 재통일은 이웃이나 세계에 대한 위협으로 인식되지 않았다. 독일은 순조롭게 통일을 성취하였고, 이 과정에서 공산주의의 몰락을 촉진시켰으며, 유럽통합을 주도하면서 실질적인 유럽의 패권국으로 부상하였다. 히틀러가 지향했던 위대한 독일보다 더 위대한 독일이 탄생하였다. 이는 혁명보다 혁명 실패 이후의 '변형' 노력이 훨씬 더 중요함을 보여 주는 대표적인 사례이다.

5. 소결론

이번 장에서 살펴본 독일 국가사회주의 혁명 역시 누미노제가 변화의 공통 조건임을 보여 주었다. 히틀러와 나치는 종교가 갖는 힘을 잘 인식하고 효과적으로 활용하였다. 인간의 본능적인 종교성에 주목하면서, 교리나 의례 등 종교의 주요 요소들을 모방하고 대중들의 믿음을 일구어 내기 위해 잘 활용하였다. 유일신 신앙과 마찬가지로 일당 독재를 설계했으며, 지도자는 메시아요 신이었다. 무오류성, 절대성, 전지전능함이 주된 특징이었으며, 국민은 무조건적 충성과 절대적인 복종으로 화답하였다.

신과 독일 국민 사이의 만남은 잘 기획된 이벤트를 통해서 이루어졌다. 인위적으로 감동과 경외심을 조장하였다. 독재자들의 로망이 신처럼 받들어지는 것이라면, 히틀러는 꿈을 다 이루고 남은 셈이었다. 히틀러는 살아 있는 신으로 추앙받았다. 문제는 복종심과 충성심은 영원히 보장된 것이 아니라는 점이었다. 유일신마저도 자신이 약속한 바를 실현해 내지 못할 경우나 대중들로부터 불신을 받거나 버림받는다. 하물며 인위적으로 조작된 신의 경우는 말할 나위도 없을 것이다. 히틀러는 자신의 약속을 지킬 수 없을 것이란 두려움에 떨었으며, 무리하게 유대인을 청소하고 무력으로 주변 나라들을 정복하려고 시도하다가 몰락하고 말았다.

히틀러는 폭력과 전쟁이란 수단을 통해서 목적을 이루려고 했다는 점에서 독일농민전쟁의 지도자 뮌처(Müntzer)의 맥을 잇는다. 뮌처는 초기에 성경보다는 영성을 강조하면서 관료화되고 귀족화된 교회 및 종교개혁에 관심이 컸다. 점차 민중을 행동의 주체로 보았으며, 농노제를 부정하고 평등한 사회를 이루기 위한 농민봉기를 일으켰다. 똑같이 종교개혁을 주장했지만, 루터는 종교에 바탕을 둔 농민혁명을 '난동'으로 그리고 농민들을 '폭도'라고 평가절하를 하였다. 뮌처는 농민반란의 주모자로서 체포되어

목이 잘렸다. 후대에 사회주의 운동의 선구자로 칭송을 받았으며, 엥겔스는 그를 "최초의 영웅적인 공산주의자"로 불렀다.[43) 뮌처는 독일에서 무수히 발생한 많은 혁명적 천년왕국운동의 선구자였으며, 히틀러는 이런 전통의 완결판이었다.[44)

그러나 무력을 통한 권력 장악이 가져오는 사회변혁 효과는 별로 없었다. 변혁은 자발적인 학습을 통한 의식 변화가 있어야 가능하며, 지향하는 숭고한 대의명분을 실현하기 위해서는 정치 권력의 장악과 일정 정도의 거리두기가 필요함을 아울러 보여 준다. 히틀러와 나치는 후대에 정권욕에 눈이 먼 수많은 지도자나 정당을 만들어 냈다. 사술이나 강박을 통해서 특정인이나 이념을 신성시하거나 우상화하는 정치적 시도는 북한을 비롯해서 많은 사회주의 국가나 신생국의 민족해방운동 등에서 나타났다. 이런 방식은 자발적 참여를 통한 인격 변화를 가져올 수 없기 때문에 지속 가능한 변화는 물론이고 보편적 실천을 가져올 수 없었다. 독일 사례는 신을 참칭함으로써 단기적인 성과는 거둘 수 있었지만, 허구성에 바탕을 두고서는 지속 가능한 변화를 이루어 낼 수 없다는 점을 잘 보여 준다.

43) 카우츠키는 뮌처를 사회주의 운동의 선구자로서 받들었다. 콘(1993), 342쪽.
44) 콘(1993), 332~333쪽.

제 7 장

누미노제 정치와 대한민국

누미노제 정치와 대한민국

1. 누미노제 정치의 기원

1.1. 개관

앞선 혁명에 대한 사례 연구에 의하면 위대한 정치변혁 과정에서는 누미노제와 같은 경험이 반드시 있어야 한다. 대한민국의 경우 누미노제와 유사한 열정이 넘치는 사회변혁 운동이 끊이지 않았다.[1] 동학혁명이 3·1 운동으로 이어지고, 오랜 인고의 세월을 보낸 후 4·19 혁명과 6·10 민주항쟁으로 꽃을 피웠다. 최근에는 금모으기운동, 월드컵 응원, 촛불운동 등도 인간의 원초적인 종교성의 발현으로 볼 수 있을 정도로 감동적이고 성스러웠다. 동학혁명이 누미노제였다면, 신을 만나 새롭게 각성을 한 후 실천에 나섰고, 그 씨앗이 다시 뿌려져서 새로운 정치변혁으로 재탄생되는 과정이 반복된 것이었다. 이런 차원에서 '누미노제 정치'란 개념은 대한민국의 정치적 변혁 과정을 설명하는 데 유용성이 클 것으로 보인다.

대한민국 국민은 근대 역사 속에서 강렬한 현실 개혁에 대한

1) 참조: 조지 카치아피카스, 『한국의 민중봉기』, 원영수 옮김, 오월의 봄, 2015.

열망을 보여 주었다. 평등과 정의에 대한 염원에 있어서는 성스러움이 느껴질 정도로 결연하다. 동양적 신이나 서양적인 신을 만난 지는 오래됐지만, 세속 정치에서 신이나 종교가 수행한 역할은 제한적이었다. 조선의 국교라고 볼 수 있는 유교는 지극히 세속적이었으며, 여타 종교를 미신으로 취급하면서 적대시하였다. 개념적으로는 천명을 내리는 인격적 존재로서 '상제'를 상정했지만, 세속을 주관하는 전지전능한 존재가 아니라 만물의 근본 원리에 불과하였다. 본격적인 토속종교였던 동학에서도 신은 부차적이었으며, 인간과 새로운 세상이 더 중요하게 부각되었다. 일상사를 주관하는 전지전능한 신을 상정하지 않는 전통 종교들은 비록 수효는 많았지만 영향력이 약했고 교세도 제한적이었다. 모든 종교는 대체로 개인적 구복(求福)의 수단에 머물렀으며, 사회 변혁의 원동력은 아니었다.

종교에서 중요한 것은 전달하려는 메시지가 아니라 외형적으로 드러나는 교세나 신도 숫자였다. 주요 종교의 신도 수의 합계는 총인구를 쉽사리 뛰어넘는 수준이며, 신도 수 확대를 위해서 모든 종교가 전력을 경주하였다. 그러나 종교적 가치나 신념이 정치에 미치는 영향은 미미하였다. 정치와 종교는 대체로 상호 분리된 영역으로 지속적으로 존재하였다. 그렇지만 정치적 변혁의 주요 분기점마다 국민들 사이에 누미노제와 같은 커다란 공명이 일어나서 혁명적 에너지가 분출되었다. 이런 점에서 볼 때 매우 종교적이고 영성적인 민족임이 분명하다. 앞서 살펴본 혁명에 대한 사례 연구가 보여 주듯이, 신과 인간은 누미노제를 통해서 다양한 관계를 맺었다. 대한민국의 경우는 신은 만났지만 아직까지 사람들 마음속에 씨앗의 형태로 내재되어 있는 상태이다.

이런 '잠재태'(virtual)로서의 신성 혹은 영성이 현실 정치에서 어떻게 구체적으로 발현될 것인가 관심거리이다.

대한민국에서 가장 강력한 종교는 근대성(modernity)에 대한 믿음으로 볼 수 있다. 소수의 개화파를 중심으로 근대성 누미노제를 경험한 후, 근대화는 신처럼 쉽사리 거부할 수 없는 진리로서 받아들여졌다. 이 땅의 사람들은 근대화 누미노제를 통해서 근대적 인간으로 새롭게 태어난 셈이었다. 근대를 지향한 동학혁명 실패 이후 무력 투쟁을 통한 혁명보다는 점진적인 근대화를 지향하는 '변형'이 주류가 되었다. '문명개화' 혹은 '근대화'는 일본 식민지 역사나 군부 독재와 같은 우여곡절을 겪으면서도 지속적으로 진전을 보였다. 아울러 무장 혁명을 통해서 평등한 세상을 만들려는 꿈도 이어져 내려왔다.

문명개화파 혹은 근대화 세력은 무장항쟁파 혹은 민중혁명파와 달리 점진적이고 자발적인 변화를 중시한다. 학습과 경험 그리고 실천을 통해서 인격 변형을 이루면서 근대성을 상징하는 '국제 표준'(Global Standard)을 체화시켜 나갔다. 보수적이고 친일적이며 친미 사대주의적이란 비판을 받았지만, 근대화와 산업화의 성공이 그들이 내세우는 주된 업적이다. 세계는 규격에 맞춘 근대화를 넘어서 다양성을 인정하는 후기 근대성이나 탈근대성을 논하고 있지만, 대한민국의 문명개화파들은 아직도 근대성의 완성을 지향하고 있다.

대한민국의 또 다른 종교는 평등과 민족에 대한 믿음이다. 민중혁명을 통해 완전한 평등사회를 이루고, 민족해방을 통해서 완벽한 주권을 누리는 나라를 건설하는 것이 신봉자들의 목표이다. 현재 대한민국의 정치는 상호 타협이 불가능한 진영대결 내지는 종교 전쟁을 방불케 하는 양상이다. 대한민국의 종착역이 문명 세계의 중심이 될 것인지 아니면 자주적이고 평등하며 통일된 조국이 될 것인지 향배가 묘연한 상태이다.

1.2. 동학과 동학운동

동학은 조선 민족의 고난 속에서 태어난 종교인 동시에 누미노제의 원천이었다. 개항 이래 조선을 둘러싸고 전개된 열강의 정치·경제·군사적 경쟁은 갑신정변 후에 더욱 격화되었다. 청국과 일본 간의 침략적 대결은 물론이고 러시아와 영국까지도 조선 문제로 충돌을 하였다. 이렇게 엄정한 상황임에도 불구하고 조선의 관료 및 지배층은 외세의 침략에 적절한 대응책을 세우지 못한 채, 타협과 굴종을 반복하였다. 더욱이 개항 이후 국제 분쟁으로 인한 배상금 지불과 근대적 문물제도의 수용에 필요한 경비 지출 등으로 국가 재정은 더욱 궁핍해졌고, 농민층에 대한 압제와 수탈이 가중되었다.

동학 창시자 최제우는 조선 내부의 정치적 혼란과 열강의 침탈로 인한 위기를 서로 도저히 뗄 수 없는 '순망지탄'(脣亡之歎)으로 묘사하였다. 중국이 망하면 조선도 곧 망하게 될 운명에 처하게 될 것이라고 직감하였다. 이런 위기는 각자 노력해서 해결될 일이 아니고 조선 사회 구성원 모두가 하나로 합심해야 극복 가능할 것이었다. 이에 최제우는 조선 사회에 전통적으로 존재하던 모든 신을 불러들여 새로운 윤리적 공동체를 창설하고자 하였다.[2)]

최제우는 개인적으로 1860년에 '상제'(하늘의 황제, 신)를 만나는 체험을 하였다. 고열에 시달리다가 천상의 목소리를 들었는데, 하늘은 모든 인간 속에 살아 있다는 메시지였다. 아울러 인간을 하늘처럼 받드는 살기 좋은 지상낙원을 건설하라는 미래 사회에 대한 비전도 전수받았다. 그것은 바로 평등한 관계와 충만한 복지가 모두에게 보장된 이상사회였다. 동학은 또한 민족 구원의 사명을 띤 종교요 사상이었다. 광제창생(廣濟蒼生, 고통에 헤매는 중생을 널리 구제함), 보국안민(輔國安民, 나라를 바른 궤도에 오르게 하고 백성을 편하게 함), 제폭구민(濟暴救民, 폭정으로부터 백성을 구함)이 중요한 모토였다. 동학은 양반 중심의 사회가 끝나고 백성들이 바라는 새로운 세상이 열릴 것이며, 그때에는 억눌린 사람들이 참다운 자유와 평등을 얻게 될 것이라고 가르쳤다. 이런 목표를 실현하기 위해서 항상 마음을 닦고 기운을 바르게 할 것이며, 또한 맑은 기운을 키워 새롭고 참다운 자아의 자각을 위하여 부단히 노력할 것을 주문하였다. 하늘을 정성으로 모실 것을 강조하면서 사람이나 세상사가 하늘과 같다는 동학 교리를 완성하였다.[3]

동학은 종교였지만 학문적 성격이 강한 종교였다. 개벽 사상 혹은 '개벽학'이라고도 불리었는데, 개벽(開闢)은 "새로운 세상을 연다"라는 의미를 가졌다. 개벽학은 서구의 과학 문명과 동양의 도덕 문명의 병행 내지는 융합을 추구했으며, 이로써 문명과 세상에 대해 새로운 한국적인 이해가 태동한 것이었다. 이것이 근대의 시작이었으며, 조선과는 다른 새로운 삶이 출현한 것을 의미하였다.[4] 모든 인간이 동등하다는 최제우의 급진적 평등주의

2) 차남희, 「최제우의 하늘님과 귀신」, 『담론201』 11:1(2008), 43~68쪽.

3) 이현희, 『3·1혁명, 그 진실을 밝힌다』, 신인간사, 1999, 29~128쪽.

4) 조성환, 「'개벽'으로 다시 읽는 한국 근대: 「삼일독립선언서」에 나타난 개벽사상을 중심으로」, 『종교교육학연구』 50(2019), 2쪽.

는 기득권 세력과 유생들의 반발을 크게 샀으며, 이로 인해 극심한 박해를 받았다. 비록 많은 추종자가 생겨났지만, 포교를 시작한 지 얼마 되지 않아 '혹세무민'의 죄목으로 체포되었다. 그리고 모진 취조 끝에 41세가 되던 1864년 대구 경상감영에서 처형당하고 말았다. 그렇지만 최제우의 "전통에 근거해서 근대성을 이루려는 노력"은 계속 이어졌다.[5)]

최제우의 뒤를 이어 동학 교단을 이끈 해월 최시형은, 사람을 하늘처럼 받들라는 가르침을 앞세워 35년 이상 동안 동학을 두루 포교하였다. 그는 인간뿐만 아니라 만물도 '하늘님'처럼 고귀한 존재라고 가르쳤다. 개벽 사상을 후천개벽, 정신개벽, 물질개벽으로 세분화시켜 체계화하였으며, 물질개벽에 걸맞은 정신개벽을 성취하는 것이 후천개벽 사상의 요체라고 보았다. 그는 물질문명의 고도화가 가져오는 폐해를 정신 개혁을 통해서 해소함으로써 새로운 '도덕 문명'을 창제할 것을 주장하였다.

당시 동학의 교세가 급속하게 확장됨에 따라서 유교 질서에 대한 도전 또한 점차 위협적이 되었다. 그러나 조선의 유교 사회는 기득권을 지키기 위해서 동학을 무자비하게 탄압하였다. 그렇지만 지도부는 점진적인 의식개혁을 중시하면서 폭력을 사용한 저항에 대해서는 반대 입장이었다. 신분 질서 타파와 새로운 평등한 세상 건설을 주장한 동학은 자연스레 사회변혁 운동의 중심으로 떠올랐다.

1894년 1월 강경파 동학교도가 중심이 되어 삼례와 보은 등지에서 대중 집회를 열고, 최제우의 죄 없음을 밝히고 원을 풀어

5) 김호기, 「'시대정신과 지식인'⑧: 최제우와 경허스님」, 『신동아』 623(2011/08), 528~541쪽.

주려는 '교조신원운동'을 벌여서 동학을 공인받으려 하였다. 이 운동은 점차로 동학교도는 물론이고 일반 농민들이 참가한 대규모의 집회로 발전하였다. 1894년 4월 전봉준은 '무장동학포고문'을 공표하면서, 탐관오리의 숙청과 나라를 보위하고 백성들의 안위를 지키기 위해서 무력봉기에 나설 것을 촉구하였다. 이에 동학교도와 농민 사이의 결합이 이루어져서 순식간에 1만여 명이 동원되었다. 전봉준은 동학 농민군의 지도자로 봉기의 선봉에 서게 되었다. 동학 농민군은 고부와 태인에서 거병해서 일대를 전부 공략한 다음에 전주까지 점령하였다. 이에 위협을 느낀 조선 조정이 타협을 모색한 결과 '전주화약'이 맺어졌다.

그러나 조선 정부는 동학 농민군의 요구에 따라 개혁을 추진할 의사는 물론이고 동학 농민군을 무력으로 제압할 역량마저도 없어서 진퇴양난이었다. 궁여지책으로 조선 조정은 비밀리에 청 황제에게 파병을 요청하였다. 청이 이에 응하자 일본도 톈진 조약을 구실로 삼아 군대를 파견하였다. 동학군은 외국 군대에 조선에 주둔할 명분을 주지 않기 위해서 전주성에 대한 통제를 포기하고 정부와 협상에 들어갔다. 정부가 농민군의 요구를 시행하기를 주저하는 동안에 청일전쟁이 일어났다.

승기를 잡은 일본이 내정 간섭을 강화하자 대규모의 동학 농민군이 다시 거병하였다. 이번 봉기는 민족주의적이었고, 반일 및 반제국주의적 성격을 띠었다.[6] 논산에 집결한 동학 농민군은 공주의 우금치에서 관군과 일본군에 맞섰다. 그러나 근대식 병기로 무장한 일본군에게 역부족이었다. 일본은 동학군을 상대로 무

6) 조성환(2018), 128쪽.

차별적인 대량학살을 범하였다. 마지막에는 전봉준 등 지도자가 체포됨으로써 동학농민운동은 실패로 막을 내리고 말았다.

동학농민혁명은 동학 내부의 혁명파인 '남접'이 변형파인 '북접'의 반대를 무릅쓰고 결행한 것이었다. 북접은 중농 이상이 많아서 사회 개혁에는 무관심하였으며, 포교의 자유나 교주의 명예 회복 정도에 관심을 가졌다. 남접이 주도한 무력봉기는 무력의 열세로 인해 실패로 돌아갔다. 원래 동학은 정신운동이었으며, 최시형은 정신수행과 문명화에 관심이 컸다. 따라서 1871년 1차 교조신원운동 당시 대규모 거사를 일으키자는 이필제의 요청을 불허한 바 있었다.[7] 최시형은 자연스런 '변형'을 의미하는 '무위이화'(無爲而化)의 입장을 강조하면서, 동학교도들이 전봉준과 김계남이 주도한 2차 봉기에 가담하지 못하도록 단속하였다. 그러나 그의 교도들에 대한 통제력은 그다지 크지 않았다. 최시형은 전봉준에게도 '물위망동'(勿爲妄動, 망동하지 말라는 의미)이라 하여 봉기를 중지할 것을 권유하는 글을 써 보낸 바 있었지만 효과가 없었다.[8] 그러나 민족 간 대결 양상을 띤 3차 봉기 때는 최시형도 민족적 대의명분에 따라서 일본군과 맞서 싸울 것을 교도들에게 명하였다.

실패로 끝난 무장봉기 이후 동학교도들은 많은 탄압을 받았으며, 대한제국 시기에도 박해는 계속되었다. 동학 잔존 세력임이 밝혀지면 즉시 처벌되었다. 또한 농민혁명으로 위협받았던 지주 및 양반 세력은 사적인 차원에서 보복하거나 불이익을 가하였다. 갑오 정권과 대한제국 정권은 많은 차이에도 불구하고 동학

---

7) 이런 점은 훗날 최시형의 명령에 반해 많은 동학교도가 친일 단체에 가입하거나 친일활동을 벌인 사실에서도 드러났다. 이현희(1999), 64쪽.

8) 이현희(1999), 87쪽.

에 대한 탄압이란 측면에서는 일치하였다. 동학교도들은 자연스럽게 반정부세력이 되었으며 독립협회에도 적극 참여하였다. 세력은 독립신문과 독립협회의 주축을 형성했던 크리스천 개화파와 쌍벽을 이룰 정도로 컸다. 일부는 의병에 가담해서 무장 투쟁을 계속하였지만, 동학이 의병을 주도한 것은 아니었다.[9] 다수는 근대화를 위해서라면 일본과의 협력을 포함해서 어떤 수단도 가리지 않겠다는 입장이었다.

새로운 환경 변화에 동학 자체도 변신을 꾀하지 않을 수 없었다. 특히 농민봉기에 반대했던 동학의 상층부, 즉 손병희를 중심으로 한 '북접' 세력들이 중심이 되어 문화계몽 운동을 벌여나갔다. 유교의 폐해를 시정하고 새로운 도덕으로 백성들을 무장해서 새로운 세상을 열자는 것이 요지였다. 이를 위해서 백성들의 정치적 교화를 목적으로 하는 '민회' 활동을 적극적으로 펼쳤다. 독립협회 해산 이후에는 자체 세력을 강화한 후 일본을 활용해서 대한제국을 타도하려는 생각을 하기도 하였다. 새로운 세력화와 더불어 적극적이고 급진적인 문명화를 전면에 내세웠다. 일부는 일본 군부에 접근해서 정치적 재기를 모색하였으며, 군사쿠데타를 함께 모의하기도 하였다. 비록 실패로 끝났지만, 이를 계기로 일본과 동학이 한층 더 가까워지게 되었다.[10]

동학이 일본과의 동맹을 통해서 문명화를 추진하는 방향으로 전략을 수정한 본격적인 계기는 1903년 손병희가 주장한 '삼

9) 김헌주, 「근대전환기 사회운동사 연구의 현황과 제언 — 동학농민전쟁과 의병운동을 중심으로 —」, 『史叢(사총)』 107 (2022), 51~86쪽.

10) 동학 잔존 세력의 친일화 과정에 대해서는 참조: 이태훈, 『일제하 친일정치운동 연구: 자치·참정권 운동을 중심으로』, 박사학위논문, 연세대학교, 2010, 29~42쪽.

전론'(三戰論, 세 개의 전쟁론)이었다. 이것은 새로운 시대에 살아남기 위해 '도전'(道戰, 국민교화), '재전'(財戰, 식산흥업), '언전'(言戰, 대세에 맞는 외교)을 추진해야 한다는 주장이었다. 이를 위해서 적극적인 문명개화 사업을 추진하면서, 동시에 일본과 동맹을 맺어서 러시아를 치고, 친러 정권을 타도해서 근대적인 정치 개혁을 수행해야 한다고 제안하였다. 동학이 과거의 반제·반봉건 노선에서 벗어나 문명개화론을 수용하고 개화파 세력을 흡수하여 정치적 기반을 확장하려고 시도한 것이었다.[11] 1904년 러일전쟁이 일어나자 손병희는 보국안민의 방책으로 '갑진 개화혁신 운동'을 구상하였다. 이것은 그가 일본에 망명해서 거주하면서 일본 근대화를 직접 목격하고 자극을 받아서 마련한 것이었다.[12] 이 구상에 따라 동학 세력은 러일전쟁 때 일본 편을 들었으며, 일본이 승리하자 일본과 협력해서 문명화를 앞당기려는 움직임을 본격화하였다.

손병희는 무력 투쟁보다는 인재 육성과 의식 개혁을 강조했다. 손병희의 수제자 이용구는 동학교도를 중심으로 '진보회'를 전국적으로 조직해서 대대적인 개화 혁신 운동에 나섰으며, 단발령에 따라서 머리를 자르는 등 의식 개혁 및 생활 개혁 운동을 다양하게 벌였다. 그러나 이 운동은 부정적 파장을 두려워한 조정 및 유생들의 강력한 탄압을 받아 궤멸 위기에 처하고 말았다. 이에 송병준이 주도한 본격적인 친일 정치 운동 단체인 일진회에 통합되었고, 이용구는 일진회를 이끄는 지도자가 되었다. 그러나 손병희는 이 통합을 인정하지 않았다. 1905년 12월에 천도교를 창설하면서, 일진회에 가담한 간부들을 출교 조치하였다. 이후

11) 이태훈(2010), 29쪽.

12) 이현희(1999), 107~109쪽.

천도교는 일진회와 별도로 민족의식 고취와 개화 혁신 운동을 지속해 나갔다. 이런 차별화 노력에도 불구하고 일진회의 주축이 과거 동학교도였음은 부인하기 어렵다.

대한제국으로부터 심하게 탄압을 받을수록 동학교도들은 더욱 친일적으로 변했다. 대의명분은 백성을 살리기 위해서였지만, 일본을 등에 업고서 대한제국을 몰락시키려는 생각도 있었다. 일진회를 중심으로 일각에서 주장한 일본과의 합방 요구는 일본이 오히려 부담스러워할 정도였다. 더 나아가 일본, 조선, 만주를 포함하는 '대동국'을 건설할 것을 주장하기도 하였다. 동학은 문명주의적인 보편성을 지향한 종교였기 때문에 보편 문명으로서의 근대 문명이나 민족 단위를 넘어선 국가 형태를 수용하는 데 거부감이 크지 않았다.[13] 이런 주장에 대해서 국내 여론은 대체로 부정적이었다. 일본마저도 합방 이전부터 강경 친일파들과 거리를 두려고 했을 정도였다.

동학농민운동은 외세의 개입으로 실패하였다. 그렇지만 순식간에 강력한 혁명 에너지를 폭발시켰다는 점에서 집단적 누미노제와 유사한 측면이 있었다. 동학교도만의 거사가 아니었으며, 들불이 퍼지듯 순식간에 대규모의 농민운동으로 확산되었다. 국내적으로는 봉건적 체제에 반대하여 노비 문서의 소각, 토지의 평균 분작 등 개혁 정치를 요구하였다. 대외적으로는 외세의 침략을 물리치려는 반봉건·반외세의 근대 민족 운동의 성격을 띠었다.[14] 이런 혁명적 성격으로 인해 조정과 일본의 탄압을 동시에 받아 실패하고 말았다. 성급하게 무장 투쟁에 나선 의병에 대

13) 이태훈(2010), 79쪽.

14) 동학운동의 근대적 성격을 둘러싼 논의에 대해서는 참조: 김헌주(2022), 58~60쪽.

해 당시 여론은 우호적이지 않았다. 투쟁보다는 실력 양성이 우선이라는 논리였으며, 일본과의 명백한 군사력 차이와 사회진화론에 따른 일본의 선진성이 비판의 근거였다. 중국 의화단의 실패가 이런 주장을 뒷받침해 주었다.

비록 동학농민운동은 미완의 혁명이었지만, 명맥은 비폭력적 방식으로 근본적인 사회 개혁을 추진하는 세력 집단의 형성으로 이어졌다. 대한제국 시기에 벌어진 각종 근대화 운동은 동학운동에 맥이 닿아 있었다. 3·1 운동은 물론이고 일제하의 계몽운동 또한 동학의 개벽 사상과 맥이 닿는 것이었다. 이런 의미에서 동학은 단기적으로 실패했지만 장기적으로 한민족과 대한민국의 정체성을 확립하는 데 기여한 바가 크다.[15] 결론적으로 동학은 조선 백성에게 누미노제와 같았으며, 이후에 전개된 누미노제 정치는 의병이나 독립군과 같은 급진적인 '무장항쟁파'와 온건한 개혁을 내세우는 '문명개화파'로 갈라져 대립하고 경쟁하는 양상을 띠었다.

1.3. 3·1 운동

대한제국의 개혁 의지 없음에 실망한 많은 사람이 대한제국의 악정을 제거하고 문란해지고 비능률적인 제도를 개혁한다는 일본의 '문명화' 논리에 대해 열광적으로 반응하였다. 그들에게 문명화의 빛은 어둠 속의 희망과 같았다. '적자생존'과 '자연선택'과 같은 진화론을 사회에 적용한 사회진화론은 당시 일본 유학생

15) 이런 주장에 대해서는 참조: 조성환, 『한국 근대의 탄생: 개화에서 개벽으로』, 도서출판 모시는사람들, 2018.

을 중심으로 크게 유행하였으며, 이런 이론의 추종자들이 문명개화론 지지자 중에 상당히 많았다. 그들은 약한 조선이 강한 일본을 통해 문명화하는 것을 당연시하였다. 이런 기조 위에서 서양의 침략에 공동으로 대처하자는 '동양평화론'이나 일본의 도움을 받아 국정을 개선하자는 '시정개선론'이 제시되었다. 이들은 통감치하의 보호정치나 한일합방에 대해서도 찬성 입장이었다.

당시 개혁을 둘러싼 조선 내의 논의는 서양의 선진 기술만 받아들이자는 '양무파'와 서양식 개혁의 필요성을 주장하는 '변법파' 그리고 일본을 통해 서양식 근대화를 이루자는 '문명화파'로 나뉘어 있었다. 자주적인 개혁의 실패로 인해 좌절과 고통이 점차 커지면서 일본을 등에 업고서라도 문명화를 이루자는 열망이 점차 확산되었다. 특히 식자층에서는 일본에 대한 기대가 컸으며, 일본에 의한 신탁통치도 무방하다는 의견도 있었다. 일본이 제시한 조선 개혁에 대한 청사진 즉 '시정개혁안'에 대해서도 긍정적이었다. 심지어는 강대국 일본의 지배도 자치권이 주어진다면 수용 가능한 대안이었다. 결국에는 적지 않은 사람들이 한일합방을 숙명으로 받아들이게 되었다. 따라서 합방이 선언된 '경술국치일'에도 도읍 한양의 분위기는 별다른 동요 없이 이상하리만큼 차분하였다.[16)]

일제 치하 초기 10년은 조선 민중은 물론이고 친일 세력에게도 힘든 시기였다. 문명화를 목적으로 해서 어느 정도 공감대가 형성되었던 한일합방이었지만, 결과는 일본의 무력에 의한 강압적이고 자의적인 통치였다. 합방을 주도한 일본 육군은 자치가

---

16) 권태억, 『일제의 한국 식민지화와 문명화』, 서울대학교출판문화원, 2014, 150쪽.

비용이 많이 들고 대륙 진출의 전초기지로 조선을 활용하는 데 장애 요소가 될 것으로 판단하였다. 따라서 군대에 의한 강권 통치가 최선의 선택이었다. 그 결과 조선에서는 대화나 정치가 없는 일방적인 지배와 억압이 자행되었으며, 민족주의 세력에 대한 광범위한 탄압이 있었다. 합방 동조 세력들조차도 자치권이 주어지지 않는 현실에 대해서 불만과 좌절이 컸다.

당시 조선에서는 일본의 조선총독부의 시정 개혁 방향에 대해서 긍정적인 견해가 적지 않았다. 그러나 급진적이고 강압적인 개혁 방식에 대해서는 불만이 컸다. 특히 일본인에 비해 조선인을 차별한다는 인식이 널리 퍼져 있었다. 따라서 조선 민중에게는 자치권을 비롯한 정치적 권리의 확대가 초미의 관심사였다. 친일 세력들의 주도로 참정권이나 자치권 확대를 요구하는 운동이 활발하게 전개되었지만 성과가 없었다. 총독부가 조선 민중의 반발을 감안해서 친일파가 아닌 조선 구 귀족을 연대 파트너로 선택했지만, 이들은 무능하고 부패했으며 조선 사회에 대한 영향력도 거의 없었다. 오히려 친일파를 포함한 조선 민중들의 불만만 고조시켰을 뿐이었다. 일본의 무단통치 실패가 궁극적으로 3·1 운동을 촉발한 배경이 되었다.[17)]

미국 대통령 우드로 윌슨이 제안한 '14개조 평화 원칙' 중에 '각 민족의 운명은 그 민족이 스스로 결정하게 하자'라는 소위 민족자결주의가 알려지면서, 조선의 독립 운동가들 사이에 희망의 분위기가 일어났다. 일부 독립 운동가들은 1918년 말부터 치밀하게 사전 계획을 세우고 있었다. 김규식은 파리 강화회의에 우리

17) 이태훈(2010), 94쪽.

의 목소리를 알리기 위해서는 누군가 소요사태를 일으켜야 한다고 주장하기도 하였다. 1919년 초 갑작스럽게 사망한 고종 황제의 죽음을 둘러싼 논란도 일본에 대한 반감을 고조시켰다. 이런 저런 요인이 복합적으로 작용해서 일본에 공개적으로 저항할 수 있는 기회의 창이 열렸다. 민족종교인 천도교의 대표 손병희 등이 주도하고, 여기에 그리스도교도, 불교도 등 종교인들이 주로 참여하였다. 원래는 대한제국 고위관료나 친일파 이완용 등도 참여하는 거국적인 운동을 계획하였다. 이완용을 비롯해서 일부는 참가를 긍정적으로 검토하였지만, 최종적으로 참여하지 않기로 결정하였다. 그러나 그들마저도 시위 모의 사실을 일본에 누설하지는 않았을 정도로 민족적인 공감대가 형성되어 있었다.

'독립선언서'는 최남선의 초안에 춘원 이광수가 교정을 보고 만해 한용운이 '공약삼장'을 덧붙였다. 내용적으로 볼 때 세계 어느 저항운동에서도 전례를 찾을 수 없는 독특한 논조를 갖고 있었다. 주권을 빼앗긴 자들이 주권을 빼앗은 자들을 걱정해 주는 풍요로운 마음이 있었고, 통곡이 아니라 오히려 만세를 외치는 호연지기가 보였다. "일본의 신의 없음을 죄 주려 하지 않노라" 혹은 "일본의 의리 없음을 꾸짖으려 하지 않노라"라는 표현에서 보이듯이 힘없는 자들이 힘 있는 자들을 탓하지 않고 오히려 훈계한다는 발상에는 짙은 패러독스가 느껴진다. 더 나아가 자신을 핍박한 일본 민족을 미워하거나 배제하려기보다 공존과 화해를 모색하는 민족자결의 정치를 촉구하고 있다. 잘못을 저지른 집단을 응징하고 처단하기보다는 반성과 회개를 요구한다. 진정한 의미의 용서가 담겨 있었으며, 게다가 일본이 잘되라고 배려하고 축원까지 하였다.

'독립선언서'에는 "오늘 우리가 맡은 바는 다만 자기 건설만 있을 뿐이오, 결코 남을 파괴하는 데 있는 것이 아니도다"라는 구절이 들어 있다. 이것은 저항이 아니라 스스로 각성해서 새로운 세상을 만들어 가겠다는 다짐이었고 자기 수행의 실천 약속이었다. 자신들이 옳다고 생각하는 바를 세상에다 천명한 것이었지, 일본에 구체적인 양보나 시정 조치를 원한 것은 아니었다. 독립 없는 현실에 대한 좌절이 아니라, 오히려 다가올 미래 세상에 대한 희망이 담겨 있었다. 이런 내용은 "새로운 시대가 눈 앞에 펼쳐지도다. 위력의 시대가 가고 도의의 시대가 오도다"라는 구절에서 찾을 수 있다.[18]

이런 강한 자신감과 낙관에는 100년 후에 다가올 대한민국의 번영과 국제적 위상을 내다본 혜안이 깃들어 있었다. 최종 결론은 "세계의 변하는 흐름에 탄 우리는 아무 주저할 것이 없으며 아무 거리낄 것 없도다. 우리의 고유한 자유권을 보전하여 자유로운 삶을 누릴 것이며, 우리의 넘쳐나는 독창력을 발휘하여 봄기운 가득한 세상에 민족적 우수성을 맺어 나갈 지로다"라는 다짐이었다. 이것은 신성한 감동이었고 전율이었으며 커다란 깨우침이었다. 진정한 의미의 누미노제였으며, 수많은 사람을 동시에 일거에 만세 대열로 불러 모은 촉매이자 시대를 앞선 선구적인 지혜였다.

만세운동은 전국적으로 불길처럼 번졌다. 남녀노소 다 참여하였으며, 규모상으로 누가 동원해서 가능한 수준이 절대로 아니었다. 정확한 참여 인원을 파악하기란 용이하지 않지만, 조선총

---

18) 참조: 조성환(2019), 6~10쪽.

독부의 공식 기록에 따르면 처음 두 달 동안 212개 부와 군에서 1,214차례의 시위가 벌어져 총 110만여 명이 참가하였다.[19] 이는 당시 전체 인구의 6.3% 정도에 해당하는 기록적인 수치였다.

시위는 일본이 건설한 경의선과 경원선 철도망을 따라서 전국적으로 빠르게 확산되었다. 교통이 편리한 대도시에서 소도시, 읍면리, 그리고 산간 벽촌으로 순차적으로 전파되었다. 그리스도교와 천도교 네트워크도 시위 확산에 중요한 역할을 하였다. 또한 당시 거행된 고종 황제 국장에 참여한 많은 지방 인사들이 고향으로 귀가하고, 서울에 유학 중인 학생들이 동맹휴학으로 귀향하면서 만세 시위의 지방 확산이 촉진되었다. 이후에도 산발적으로 만세운동이 벌어졌다. 이런 현실을 반영해서 박은식은 『대한독립운동지혈사』에서 3개월 동안 1,542회의 시위에 200여만 명이 참가하였다고 기록하고 있다.[20] 그리스도교와 천도교와 같은 종교단체 주도가 압도적으로 많았다. 학생과 농민 그리고 노동자들이 주동한 시위도 다수 기록되어 있다.

손병희, 최린 등 천도교 지도자들은 동학농민혁명을 통해서 무력 봉기로 인한 피해를 잘 알고 있었기 때문에 비폭력, 무저항적인 온건론을 펼쳤다. '독립선언서' 공약삼장에서 밝힌 바대로 질서 유지에 만전을 기했으며, 수십만 군중이 모였던 서울에서 한 건의 폭행 사건도 발생하지 않았을 정도였다.[21] 비폭력을 기조로 했지만, 일본의 강압적인 진압 과정에서 조선인 553명이 사망하고 12,000명이 체포되었다. 시위 주도자와 참가자들의 결기

19) 총독부 자료에 근거한 시위 관련 자세한 수치에 대해서는 참조: 김진봉, 『3·1운동사 연구』, 국학연구원, 2000, 26~31쪽과 88~94쪽.

20) 이현상(1999), 236쪽에서 재인용.

21) 김진봉(2000), 24쪽.

또한 대단하였다. 죽음도 불사하는 자세로 만세운동에 참여하였다. 시위 지도부의 독립에 대한 의지와 확신은 일본 측도 인정할 정도였다. 시위를 탄압하던 일본군 기록에 의하면, 지도부는 "독립은 틀림없이 성공한다. 2천만 동포의 최후의 한 사람까지 분투하지 않으면 안 된다"라고 결연한 의지를 다졌다. "백 년 압제하에서 살기보다는 하루의 자유를 즐겨야 한다"라는 말로 거족적인 참여를 권유하였다. 이런 노력의 결과 3·1 운동은 민족의식이 확산되는 중요한 계기가 되었다.[22)]

3·1 운동의 가장 큰 성과는 일본의 통치방식의 변화였다. 조선총독부는 기존의 무단통치의 한계를 절감하고 '문화통치'를 실시하였다. 육군이 지배하던 총독부에 대해 일본 정부의 통제권을 강화하는 방향('내지연장주의')으로 변화가 있었다. 조선 민중을 배제하고 차별하는 강압적인 방식이 더 이상 통하지 않는다는 것을 재확인한 결과였다. 일본은 3·1 운동 이전부터 통치방식의 변화를 모색하였으며, 총독부 당국자들조차 통치방식에 문제가 있음을 인정하였다. 일본 내 여론도 각기 입장은 달라도 총체적인 지배정책의 실패를 비판하며 지배정책의 전환을 강력히 요구하였다. 조선에 대한 자치론을 비롯해서 유연한 통치방식 도입이나 지방자치 확대 등과 같이 다양한 방안이 논의되었다. 결론은 일본 국내의 제도나 법의 확대 적용을 통해서 점진적으로 조선을 동화시켜 나가는 '내지연장주의'였다.

그 결과 역사, 언어, 인종이 유사한 조선을 동화시키는 것이 총독부의 정책 목표가 되었다. 방식은 교육과 교화를 통해서 조

22) 이윤상(2009), 20쪽.

선을 문명화하고, 일본 수준으로 발전을 도모하는 것이었다. 무단통치 대신에 법치가 도입되었으며, 조선인에 대한 차별도 많이 사라졌다. 관료가 될 기회가 확대되었으며, 신문·잡지 등 문화 활동의 자유도 허용되었다. 그러나 정치적으로는 총독부 정책에 대한 자문 역할 확대와 같은 유명무실한 양보밖에 없었다. 대신에 산미 증산과 철도 부설 등을 통해 주로 경제적인 방면에서 문명화의 이득을 제공하려고 하였다. 그 결과 경제 발전이 점차 이루어졌으며, 문명화의 성과를 누리게 된 사람들을 중심으로 일본에 대한 지지가 확산되었다. 다른 한편에서는 3·1 운동의 결과 확장된 민족의식이 '문화통치'라는 유화국면 속에서 민족주의 운동의 활성화를 가져오기도 하였다.

3·1 운동 이후 국내에서는 온건한 민족주의가 뿌리를 내리기 시작하였다. "우리가 강해지는 법을 모르는 이상, 약자로 사는 법을 배워야 한다"라는 윤치호의 인식처럼 독립까지는 기대하지 않더라도,[23] 집단적인 노력을 통해서 일본의 식민지 지배정책 개선과 참정권을 획득하려는 개량주의적 태도가 나타났다. 그 결과 비록 주권을 쟁취하거나 자율적인 정치공동체를 형성하지 못했지만, 하나의 민족이라는 공동체 의식이 형성되는 계기가 마련되었다. 일본도 이런 변화를 어느 정도 인정하지 않을 수 없었다. 따라서 총독부나 일본 정부에 정면으로 도전하지 않는 선에서 조선인들에게 어느 정도 사상적인 사유가 허용되었다. 생활 속에서 의식 개혁이나 문화 활동을 벌이거나 경제 활동에 적극적으로 참여함으로써 스스로 강해지려는 '자강운동'이 본격화되었다. 무력

23) 윤치호, 『물 수 없다면 짖지도 마라』, 김상태 편역, 산처럼, 2013.

항쟁이 아닌 공생공존의 모색을 통해서 오히려 민족의식이 강화되었으며, 민족 독립의 꿈도 아울러 키워 나갈 수 있었다.

3·1 운동의 또 다른 특징은 보편성의 강조에 있었다. 포용과 공존의 정신이 바탕에 있었으며, 갈등보다는 조화가 그리고 분리보다는 통합이 중시되었다. 민족의 배타적인 이익보다는 보편에의 기여가 강조되었다. 민족적 평등이 실현되는 세상의 도래를 희망하였다. 동양의 평화를 넘어서 범세계적인 평화의 실현을 강조하였다. 이런 성격을 '독립선언서'는 도입부에 다음과 같이 담고 있다:

> 〔…〕 민족의 한결같은 자유 발전을 위하여 이것을 주장하는 것이며, 누구나 자유와 평등을 누려야 한다는 인류적 양심이 드러남으로 말미암아 온 세계가 올바르게 바뀌는 커다란 기회와 운수에 발맞추어 나아가기 위하여 이를 내세워 보이는 것이니, 이 독립 선언은 하늘의 밝은 명령이며, 민족자결주의로 옮아가는 시대의 큰 형세이며, 온 인류가 함께 살아갈 권리를 실현하려는 정당한 움직임이므로, 천하의 무엇이든지 우리의 이 독립 선언을 가로막고 억누르지 못할 것이다.[24)]

동학의 계보를 잇는 천도교는 새로운 문화통치 국면 속에서 '도의적 신문명'의 창제를 주장하였다. 1920년대 들어서 천도교 청년들은 광범위한 사회 개혁 운동을 추진하였다. 이것이 소위 말하는 '개벽운동'이었으며, 그들이 펴낸 잡지명도 '개벽'이었다. 민

24) "기미독립선언서", 『나무위키』(검색일: 2024.01.18.).

중을 일깨우는 계몽운동에 적극 나섰다. 그러나 그들의 꿈은 교육을 넘어서는 새로운 세상을 여는 것이었다. "자기 안에 있는 하늘을 발견함으로써 자아를 초월·해방하고, 우주적 기운과의 연대감 속에서 모든 생명을 받들고, 경쟁보다는 상호부조의 원리에 의해서 자본주의와 사회주의를 넘어 더 나은 사회를 꿈꾸었다."[25)]

그러나 이런 꿈은 당시 기준으로 수준이 지나칠 정도로 높았다. 기본적인 물질적 풍요나 자유를 누리지 못하던 사람들에게 초월을 주문한 셈이었다. 그들이 지향했던 자본주의와 사회주의를 초월하는 민주주의는 지금도 실현되지 못한 꿈이다. 이런 이상에 바탕을 두고 다양한 계몽운동, 실업운동, 종교운동 등을 벌였다. 그 결과 민족 정체성 확립에도 기여할 수 있었다. 이런 입장은 무력 투쟁에 대한 환상이나 신화를 가졌던 사람들은 도저히 이해할 수 없는 정신적 경지였다.

3·1 운동은 사실 일본에 대해 그다지 반역적인 항거는 아니었다. 독립의 부당함을 지적하고 독립에 대한 의지를 밝힌 것에 불과하였다. 33인 대표자들은 도망가지 않고 자발적으로 체포되어 연행되었다. 더구나 이 운동은 일본이 '다이쇼 민주주의'로 변화하는 와중에 일어났기 때문에 식민지 조선에 대한 통치 정책에 있어서도 의미 있는 변화가 생겨났다. 이후 조선 내에서 근대화가 빠르게 진행됨에 따라서 총독부에 대한 지지세력도 늘어났다. 일본의 패착은 1930년대 일본이 중국과의 전쟁을 염두에 두고서 식민지화를 무리하게 재촉한 것이었다. 이에 대한 역풍이 불어서 조선인들 사이에 민족 운동의 획기적인 확산을 가져왔다.

---

25) 김용휘, 「영성: 오로비도와 최제우의 인간 완성과 새로운 문명의 길」, 김용해 외, 『동학의 재해석과 신문명의 모색』, 모시는사람들, 2021, 261쪽.

이후 일본이 무모한 전쟁을 감행함으로 인해 조선 민중들에게 씻을 수 없는 상처를 가져다주었다. 그럼에도 불구하고 3·1 운동이 조선인에게 민족 근대화란 거대한 변혁의 시작이었음은 부인할 수 없다.

2. 대한민국과 누미노제 정치

2.1. 근대화 누미노제

일본이 미국에 패망함에 따라서 조선에 독립이 찾아왔지만, 조선에는 복원할 왕조가 없었다. 조선 왕조는 철저하게 정당성을 상실하였다. 따라서 여타 왕권 국가에서 발생한 왕조 복원 요구나 운동이 없었다. 일본이 패전한 후 새로운 헌법을 제정할 당시 관민이 일치단결해서 미 군정에 천황제 유지를 요청한 것과 대조적이었다. 과거로의 회귀보다는 미래지향적으로 새로운 나라를 건설하는 것이 모두에게 초미의 관심사였다. 새로운 나라 건설은 미 군정의 파트너로 등장한 문명개화 세력이 주도했다. 당시 사회주의에 대한 대중들의 관심이 컸지만, 자본주의와 민주주의가 최종 선택지였다. 미국이 일본을 대신해서 새롭게 문명 세계를 대표하는 나라가 되었으며, 미국이 주도하는 세상을 따르는 것이 문명개화 세력에게는 당위였다.

이와 대조적으로 평등한 세상의 건설을 꿈꾸던 남한의 무장혁명파는 미 군정의 조치에 반발해서 대규모 파업과 무장봉기 등 급진적인 정치 활동을 활발하게 전개하였다. 혁명파의 일부는 일제 강점기에 이미 사회주의 기치 아래 중국 공산당 및 소련과 연계해서 일본에 대해 무력 항쟁을 벌였다. 그리고 해방 후에는 소련의 조력을 받아서 북한에 사회주의 혁명을 위한 전진기지를 건설하였다. 히틀러가 독일 민족 신화를 만들어서 민족적 영웅으로 등장한 것과 비슷한 방식으로 항일투쟁의 영웅 김일성이 백마를 탄 초인이 되어 38도 이북지역에 등장하였다. 김일성의 북한지역 점령은 동구 유럽, 즉 폴란드, 루마니아, 불가리아, 헝가리 등 이른바 소련위성국들의 공산화 과정과 흡사하였다. 김일성은 소련 군대의 비호 아래 자신의 정치적 입지를 빠르게 구축해 갔다.

이후 남한의 동조 세력과 연계해서 한반도 전체에 평등한 천년왕국을 건설하기 위해서 무력혁명을 감행하였다. 이런 이유로 커밍스(Cumings)는 한국전쟁을 내전으로 성격을 규정한 바 있다.[26] 이것은 동시에 소련의 공산주의 세계화 전략의 일환이기도 하였다. "권력은 총구에서 나온다"라는 마오쩌둥의 가르침이 영감을 주었고, 전쟁을 통해 권력 장악에 성공한 러시아 혁명이 바로 승리로 가는 로드맵이었다. 초반에는 계획대로 순조롭게 진행되었지만, 미국이 주도한 국제사회의 조직적인 반격으로 실패로 돌아갔다. 이로써 한반도의 무장혁명파는 심대한 타격을 입었으며, 당시 생존한 남한의 동조자들은 모두 북한으로 재집결하였다. 그리고 무장혁명파의 한반도 공산화 꿈은 그 실현을 뒤로 미룰 수밖에 없었다.

전쟁으로 폐허가 된 남한에서는 나라의 생존과 안보가 시급한 현안이 되었다. 이승만 정권은 공산주의에 대한 대응과 민족

26) Cf. Bruce Cumings, *The Origins of the Korean War, Vol. I*, Princeton University Press, 1981.

주의 고양에는 뛰어난 능력을 보였다. 그러나 이 과정에서 민주주의는 훼손되었고 경제 발전은 지지부진하였다. 이에 대한 국민적 불만이 고조되면서 1960년 민주화 혁명이 일어났다. 민주주의는 독일 바이마르공화국과 비슷한 문제점을 노출하면서 권위주의 세력에게 권력을 내주고 말았다. 일 년 남짓 만에 안보와 산업화를 비전으로 내세운 군사쿠데타가 발생하였다. 이것은 민주화 이후 각종 사회적 요구가 폭발하는 상황 속에서 문명개화의 틀 속에서 흔들림 없이 근대화를 추진하려는 시도였다. 군사독재하에서 정책 우선순위는 산업화와 경제 발전에 주어졌다.

산업화 세력은 민주주의 결핍을 경제 발전으로 정당화시키려 하였다. 치욕을 무릅쓰고 과거의 적이었던 일본으로부터 배우기를 주저하지 않았다. "한강 물이 까맣게 되도록" 산업화에 매진하였으며, 농촌이나 도시 할 것 없이 모든 국민이 잘살기 위한 운동을 전개하였다. 이 과정에서 한국인들은 다른 개도국에서 찾아보기 어려운 근대화에 대한 열정과 에너지를 쏟아 내었다. 조선 말기에 형성된 문명개화에 대한 염원이 한강의 기적을 만들어 낸 것이었다. 이 과정에서 민주주의나 민족적 자존심보다 근대성의 진전이 더 중요한 가치였다. 경제적 번영은 바로 동학과 3·1 운동을 통해서 경험한 근대성(modernity) 누미노제의 산물이었다. 동학이 꿈꿨던 '개벽' 세상의 도래를 의미하였고, 일제 강점기 문명개화파로부터 이어져 내려온 근대화 꿈의 실현이었다. 국민 다수가 박정희에 대해 열광한 것은 근대화에 대한 공감 때문이었다. 문명개화 정신을 잇는 근대화 세력은 일제 및 독재 정권과 야합했다는 비판을 받았지만, 대한민국 근대화의 에너지원으로서 역할을 충실히 하였다.

경제 발전을 민주화보다 중시하였지만, 그렇다고 민주화에 대해 무조건적으로 반대한 것은 아니었다. 민주화는 여전히 문명개화의 필수적인 구성 요소로 받아들여졌다. 박정희도 '한국적 민주주의'란 이름으로 독재를 정당화할 수밖에 없었다. 박정희의 뒤를 이은 전두환도 독재를 하는 와중에서도 자유화와 개방을 위한 조치를 반복적으로 취할 수밖에 없었다. 이런 측면에서 문명개화파는 실용적이고 실천적이었다. 그리고 근대화를 위한 노력을 지속하면서 민주화를 이루기 위한 최적의 시기가 도래하자, 확실하게 민주화를 지지하고 나섰다. 이것이 1987년에 일어난 '6월 항쟁'이었다.

2.2. 민주화 누미노제

변수가 많은 정치학 연구에 있어서 과학적인 법칙처럼 받아들여지는 명제가 극소수 존재한다. 그중에 잘 알려진 것이 칸트에서 기원하는 민주주의 사이에 전쟁이 없다는 '민주평화론'과 민주화는 물결처럼 반복적이고 동시적으로 확산된다는 헌팅턴(Huntington)의 '민주화 물결이론'이다. 민주주의는 신을 만나는 누미노제와 같이 사람들의 인격을 통째로 바꿔 놓는다. 일단 접촉만 하면 민주화에 대한 열망이 수그러들지 않는다. 아무리 강압적 수단으로 억눌러도 틈새만 보이면 어김없이 되살아난다. 따라서 민주화 운동의 끝은 민주주의의 성공이다. 민주화 혁명이 설사 실패해도 언젠가는 기어코 다시 부활한다. 이런 반복된 과정을 거치면서 대한민국은 민주화에 성공하였다.

한국의 민주화가 특별한 이유는 이행과정에서 유혈사태 없이 순조롭게 진행되었다는 점이었다. 산업화 성공도 이례적이었지만, 민주화도 단계적으로 평화롭게 진행되었다. 내용적으로 절대적인 평등사회를 지향한 것이 아니라, "내 손으로 대통령을 뽑고 싶다"라는 단순한 열망의 실현이 목표였다. 사회적 불만을 품은 폭도들의 봉기가 아니라, 두터운 중산층의 수준 높은 시민적 소양의 발현이었다. 오랜 문명개화의 염원과 역사가 반영된 것으로서 '근대화론'(modernization theory)의 모범적인 성공 사례였다. 이후 민주주의는 국민적 합의와 지속적 노력에 의거해서 점차 공고하게 뿌리내릴 수 있었다.

동학 이래 한국의 사회변혁 운동은 급진적인 혁명파와 점진적인 변형파로 대별할 수 있다. 1980년대 남한에서는 양측이 일치단결해서 민주화의 과업을 이루어 냈다. 민주화란 대의명분에 대한 공감이 그만큼 컸기 때문이었다. 대한민국에서 민주주의는 복음이었고, 온갖 압제와 억압 속에서도 강한 생명력과 지속 가능성을 입증해 냈다. 4·19처럼 대학생들이 주도해서 독재정권을 물리치고 민주화를 이루어 낸 사례는 세계 어디에서도 찾아볼 수 없다. 민주주의에 대한 국민적 염원의 시작은 독립협회가 주도한 '자주 국권 운동'이었다. 이것을 통해 민중의 힘이 증대되고 민권의식이 고양된 결과 '자유 민권 운동'으로 발전하였다. 이후 민주주의는 누구도 반대하기 어려운 대의명분으로 자리를 잡았으며, 독재로부터 이익을 얻는 세력만이 명시적으로 반대할 정도였다.

이런 의미에서 '6월 민주항쟁'은 특정 세력의 전유물이 아니었다. 민주화 없는 문명개화는 어불성설이었다. 민주화 역사는 '혁명'이 아닌 '변형'의 형태로 진행되었다. 대체로 점진적이고 비폭력적인 방식으로, 자유와 민권에 대한 의식이 확산됨에 따라서, 민주적인 방향으로 공동체 개혁이 이어졌다. 민주화는 경제적 근대화의 자연스런 산물이었으며, 경제 발전에 일정 수준에 도달해서 두터운 중산층을 만들어 내면서 질서정연하게 이루어졌다. 이로써 대한민국에는 근대성의 양대 축인 물질적 풍요와 자유 및 인권에 대한 존중이 확고하게 뿌리를 내리게 되었다. 이런 의미에서 산업화 세력과 민주화 세력은 근대화라는 하나의 뿌리에서 파생되었다. 우선순위 문제로 다툼은 있었지만, 서양의 선진 국가들과 비교해서 손색이 없는 근대적인 나라를 만들겠다는 염원을 공유하고 있었다.

이런 정신적 공감대가 있었기 때문에 민주화에 성공할 수 있었다. 1987년 6월 항쟁은 사실상 수십 년에 걸친 권위주의 통치를 국민의 힘으로 청산시킨 사건이었다. 다른 민주 혁명과는 다르게 비교적 평화적인 시위로 군부 독재정권을 쫓아냈다는 점에서 세계적으로도 매우 높이 평가받는 시민 항쟁이기도 하다. 시민 항쟁이 일어나면 대개 공권력의 폭력 남용에 의한 내란, 쿠데타, 폭동 등의 유혈사태가 수반되는 경우가 많지만, 6월 항쟁은 경찰과 시위대가 충돌할지언정 폭력의 수준은 잘 절제되었고 치안 상태도 전반적으로 양호하였다. 당시 취재를 나선 외신 기자들도 이 점에 대해서는 칭찬을 아끼지 않았다.

민주화 과정에서 서로 협력관계에 있던 민주화 세력과 산업화 세력이 재차 갈라서게 된 주된 이유는 산업화 세력이 세계화로 인한 경쟁 격화를 핑계로 민주화 세력이 요구한 경제 부문의 민주화에 반대하고 나섰기 때문이었다. 경제 성장의 과실을 나누고 보다 평등한 세상을 만들자는 사회 개혁 요구가 거세지자, 근대화 세력도 단합해서 대응하려고 시도하였다. 대표적인 사례가

'3당 합당'을 통한 '민자당'의 탄생이었다. 이것은 김대중을 배제하려는 노태우, 김영삼, 김종필에 의한 정치적 야합이란 비판이 있었지만, 본질적으로는 뿌리를 공유하는 산업화 세력과 민주화 세력이 힘을 합쳐서 급진적 사회 개혁 세력의 등장을 견제하려는 시도였다. 민주화 운동의 한 축을 담당했던 김영삼의 가담으로 인해서 '민주 대(對) 반민주'라는 대결 구도가 희석된 반면에, '보수 대 진보'라는 새로운 전선이 형성되는 계기가 되었다. 그렇지만 저류에는 '무장혁명파'와 '문명개화파' 사이의 대결 구도가 현재까지 계속 유지되고 있는 양상이다.

한반도의 무장혁명파는 6·25 전쟁의 실패를 계기로 쇠락하였다. 남한에서는 잔존 세력이 거의 절멸되고 말았다. 그렇다고 평등한 세상에 대한 염원 자체가 사라진 것은 아니었다. 독재정권의 탄압과 '반공법'(1980년부터는 국가보안법)의 위세를 피해서 수면 아래 잠복하다가, 1980년대 반정부운동과 반체제운동을 통해서 부활하였다. 대규모 사업장의 남성 노동자들을 의식화시켜서 폭력 혁명을 일으키려는 세력이 등장해서 세를 확장시켜 나갔다. 그런 와중에 대학가를 중심으로 북한의 주체사상을 숭배하는 세력이 생겨나기 시작하였다. 그들은 기존의 민주화 운동과는 질적으로 다르게, 혁명을 통해서 민중이 주체인 자주적인 나라를 건설하는 것이 목표였다.

이들에 의해 당시 주류를 자처하던 근대화 세력에 대한 공격이 시작되었다. 일제와 독재에 야합했다는 비판과 조롱이 본격화되었으며, 사회주의 세력이 주도한 일제에 대한 무장 투쟁의 역사가 과도하게 미화되기 시작하였다. 김일성의 항일투쟁 신화를 비롯해서 역사적 근거가 모호한 무장 투쟁 신화가 다수 만들어졌다. 무장 항쟁의 전통을 잇는 북한에 역사의 정통성을 부여하는 흐름도 생겨났다. 분단의 아픔을 인위적으로 증폭시키면서 만사를 제치고 통일을 민족의 지상 과제로 격상시킨 '통일지상주의'가 사회운동 세력의 주류로 부상하게 되었다.

3. 한국적 천년왕국운동

3.1. 개도국형 천년왕국운동

한국의 천년왕국운동은 반제국주의 민중혁명을 목표로 내세우기 때문에 전형적인 개도국 형 천년왕국운동이다. 신흥산업국(NICs, newly industrializing countries)으로 경제적 성공 신화를 쓰고 있던 1980년대 중반에 '민족해방'을 모토로 하는 천년왕국운동이 태동했다는 사실은 아이러니하다. 중세 유럽의 천년왕국운동을 연구한 콘(Cohn)은 지주들에게 토지를 박탈당한 대다수 농민의 상실감과 불안이 주된 원인이라고 보았다.[27] 중세 유럽의 농민이 처했던 상황이나 식민지 혹은 개도국의 민중들이 처한 현실은 유사하였다. 경제적으로 풍요로운 환경 속에서도 소외와 고통 같은 내적인 박탈감이 생겨날 수 있다. 천년왕국은 대중 차원에서 보다 나은 삶에 대한 사회적 열망과 세상에 대한 적대감의 표현이다. 감내하기 어려운 현실은 세상의 종말을 기대하게 만들고, 구원에 대한 희망은 근본적인 혁명과 그 혁명을 이끌 지도자를 그

27) 참조: 콘(1993).

리게 만든다.

천년왕국운동에서의 구원은 정통 신앙에서 상정하는 개인적 차원이 아니라 헐벗고 가난한 자들에 대한 구원이라는 집단적인 성격을 띤다. 이 땅에서 실현된다는 의미에서 '현세적'이며, 머지 않은 시간에 갑자기 이루어진다는 의미에서 '긴박한' 것이다. 구원은 새로운 통치가 현세의 삶을 철저하게 최종적으로 변혁시킨다는 의미에서 종말론적이다. 마지막으로 어떤 탄압이나 어려움이 있더라도 인간적인 노력이나 초자연적 힘에 의탁한 노력을 통해서 반드시 이루어진다는 점에서 필연적이고 때론 기적적일 수 있다.[28] 천년왕국운동과 박탈당한 사람들 사이의 결합은 역사를 통하여 계속되어 왔고, 농민반란과 도시 폭동 등으로 수없이 표출되었다. 제국주의의 지배를 받던 식민지에서는 물론이고 신식민지주의 시대에 선진국에 의해 경제적 수탈을 받는 신생국 내에서도 사회주의적 천년왕국운동은 반복해서 일어났다.

인류 역사에서 거의 모든 혁명, 사회변혁, 천년왕국운동은 평등을 가장 소중한 가치로 내세웠다.[29] 평등에 대한 이상과 희망이 현실의 물질적 가난과 상대적 박탈감과 결합되면 구원에 대한 갈구를 만들어 낸다. 이것이 혁명의 원료라면, 폭발을 유도할 수 있는 촉매가 있어야 한다. 대체로 혁명은 대재앙이나 참사를 계기로 해서 폭발한다.[30] 재앙은 자연적으로 발생할 수 있으며, 테러나 봉기와 같이 인위적으로 만들어질 수 있다. 카리스마적 지도자가 있는 것이 일반적이다. 집단적인 에너지의 방출은 누미

28) 콘(1993), 13~15쪽.

29) 콘(1993), 159쪽.

30) Cf. Michael Barkun, *Disaster and the Millennium,* Yale University Press, 1974, pp.36~47.

노제와 유사하다. 광란, 축제, 폭력과 같은 광기가 운동을 압도하게 된다. 내부의 소수민족이나 민중의 적이 속죄양으로 제시된다. 제국주의 세력을 타도의 대상으로 혐오하게 만든다. 지도자는 구원이 임박했다고 선전하면서 자신이 신이나 메시아인 양 행세를 한다. 무오류성을 자랑하면서 무조건적 충성을 강요한다. 권력 장악에 성공한 이후에는 사회변혁의 완성보다는 권력 유지가 새로운 목표가 된다. 성공하면 기득권 세력이 되어서 새로운 변혁 운동을 탄압한다. 이런 과정을 반복하는 것이 천년왕국운동의 주된 특징이다.

3.2. 민중혁명과 민족해방의 꿈

민주화 운동과 차별되는 민중운동이 본격화된 계기는 광주민중봉기였다. 동학농민운동과 유사하게 광주민중봉기가 외세의 개입과 군부의 폭력적 진압으로 실패하고 말았다는 인식이 반외세 민중혁명을 태동시켰다. 민주화의 좌절이 민주화보다는 오히려 민주화를 넘어서는 근본적인 사회 개혁에 대한 열망을 키웠다. 본격적인 시작은 1980년대 중반에 '민중'이란 용어가 운동권 내부에서 보편적으로 수용되면서부터였다.[31] 중국어로 민중은 일반 국민을 의미하는 평범한 단어이다. 그러나 이것이 1980년대 중반에 정의롭고 평등한 새로운 세상의 마땅한 주인으로 부상하면서 신성한 의미를 부여받게 되었다.[32] 민주화가 새로운 민주적

31) 민중 개념의 발전에 대해서는 참조: 백욱인, 『한국사회운동론』, 한울, 2009, 72~101쪽.

32) 백욱인은 이런 경향을 '변혁적 민중론'으로 부르면서 지식인 중심의 '관념적 민중론' 혹은 '중산층적 민중론'과 대비시킨다. 백욱인(2012), 74쪽.

제도의 도입에 불과했다면, 민중해방은 새로운 세상을 여는 것을 의미하였다. 과거 '민주 대 반민주'는 독재자마저도 민주주의에 노골적으로 반대하지 않았기 때문에 대결 구도가 선명하지 않았다. 반면에 '민중 대 반민중' 구도는 천년왕국운동에서 등장하는 '선과 악' 그리고 '빛과 어둠' 같이 선명한 대립 구도를 부각시킬 수 있는 장점을 가졌다.

운동권 내에서 민중과 민족이 급부상하게 된 계기는 광주민중봉기 당시 주체가 일반적인 민주화 시위와 달리 기층 민중들의 참여가 두드러졌으며, 군부의 폭력적 제압 배후에 미국의 방조 내지 공모가 있었다는 주장이었다.[33] 미국의 패권적 지위를 감안하면 다른 나라의 내정에 어느 정도 영향력이 있을 것으로 어렵지 않게 추정할 수 있다. 그러나 미국이 한국의 내정에 직접 개입하거나 배후에서 조종하는 일은 흔하지 않을 뿐만 아니라 입증하기도 어려웠다. 그렇지만 의심은 확신이 되었고, 그런 확신이 확증편향으로 발전하면서 본격적인 반미운동이 태동하였다. 미군주둔은 주권 침해로 인식되었고, 한반도 평화와 통일에 대한 장애물로 여겨졌다. 미국 자본이 한국 민중을 경제적으로 착취하였을 뿐만 아니라, 한국을 경제적으로 미국에 종속시켰다고 비판하였다. 이렇게 미국을 악마로 만드는 것은 천년왕국운동의 선한 목적을 부각시키는 데 효과적이었다.

1980년대 중반에 이르면 한국 사회변혁 운동권 내부에는 민주보다 민중과 민족의 중요성이 확연하게 더 부각되었다. 이와 더불어 노선 투쟁이 활발해졌다. 급진 운동권은 민중이 주인이

33) 카치아피카스(2012), 388~396쪽.

되는 평등한 세상을 지향하는 '민중민주'(People's Democracy, PD)와 반미와 통일을 강조하는 '민족해방'(National Liberation, NL)이란 두 세력으로 나뉘어 치열하게 경쟁하였다. 이들은 운동권 내부의 주도권 쟁탈전을 벌이면서도, 독재나 보수 정권과의 대결에서는 서로 협력하는 관계를 형성하였다. 'PD파'에게 민중은 노동자, 농민, 도시 빈민을 핵심 요소로 하는 계급연합의 성격을 가졌다. 'NL파'에게 민중은 민족이란 개념에 가까웠으며, 미제와 한민족 간의 대립이 가장 중요한 모순이었다. 민족해방은 민족이 일치단결해서 반제투쟁을 치열하게 벌여야 달성할 수 있는 목표였다. 자연스럽게 북한은 협력의 대상이 되었고, 북한의 주체사상은 반제투쟁의 성공을 위한 지침으로 유용성을 인정받았다.

천년왕국운동은 극심한 고통과 어려움 속에서 생겨난다. 민주화와 세계화는 혁명적 사회변혁 운동에 불리한 환경을 조성하였다. 민주화는 정치 제도권 내에서 사회변혁 기회를 열어 주었으며, 세계화를 통한 자본주의의 지속적인 발전은 대한민국의 미래에 대한 낙관과 희망을 키워 주는 효과가 있었다. 더군다나 소련과 공산권의 붕괴는 자본주의에 대한 대안으로서 사회주의의 위상을 크게 약화시켰다. 민중혁명의 성공을 위한 객관적인 조건이 악화되는 상황 속에서 민중운동 세력은 민족종교에서 활로를 찾았다. 민족이 신성시되고, 미국의 속박에서 벗어나서 민족끼리 평화 속에서 공존하면서, 궁극적인 통일을 이루는 것이 새로운 꿈으로 제시되었다. 그들에게는 민족 분단이 가장 큰 고통이었으며, 남북한 군사 대치나 미제와 북한 사이의 전쟁 가능성이 종말의 표징이 되었다.

새로운 천년왕국을 기대하는 마음이 고조되면서 민족해방은 운동권의 블랙홀이 되었다. '우리 민족끼리' '미제 축출' '예속 파쇼 타도' '분단된 조국의 평화적 통일' 등과 같은 생경한 구호들이 판을 치게 되었다. 이렇게 해서 대한민국은 일제 식민지로부터 해방된 지 40여 년이 지난 후에, 더군다나 눈부신 경제 성장과 민주화마저 달성한 마당에, 다시 미 제국주의의 식민지로 전락한 셈이었다. 당시 운동권 내부에는 다양한 분파가 있었지만 궁극적으로 민족해방 논리에 동조하거나 아니면 이탈을 강요받아야 하는 양자택일적 상황이 벌어졌다. 종국에는 민중운동 세력 내에서 민족해방파가 절대다수를 점하게 되었다. 그러나 NL과 PD는 우선순위에 있어서만 차이가 있었을 뿐, 모두 민중혁명과 민족해방이란 대의명분을 공유하고 있었다.

민중 신화나 민족 신화가 종교적 색채를 강하게 띠는 이유는 실제로 그리스도교 세력이 깊숙하게 개입되어 있기 때문이었다. 민중이 주인이 되는 세상이 이 땅 위에 세워진 자유롭고 평등한 하느님의 나라와 동일시되는 것은 '민중신학'이나 '해방신학'의 영향이 크다. 대한민국의 민주화 과정에서 그리스도교는 중요한 역할을 하였다. 민중신학은 1980년대에 들어서 마르크스주의를 수용하고 민중혁명에 주목하게 되었다. 그리고 민족해방이 운동권의 대세로 자리를 잡게 되면서 민중신학도 크게 영향을 받았다.[34] 이 땅 위에 평등한 세상을 꿈꾸는 다양한 분파의 '그리스도교 좌파'(christian left)들이 급진적인 민중운동에 참가하였을 뿐만 아니라, 운동권 내부에서의 영향력도 커졌다. 이들에게 민중이

34) 민중운동의 시대적 변천 과정에 대해서는 참조: 김진호, 「운동의 신학에서 고통의 신학으로」, 이정희 외, 『민중신학, 고통의 시대를 읽다』, 분도출판사, 2018, 321~342쪽.

해방되고 민족이 통일되는 상태는 필연적으로 도래해야 할 '하느님의 나라'인 동시에, 현재의 고통과 고난을 극복할 수 있는 복음이고 희망의 원천이었다.

북한의 주체사상 또한 그리스도교를 모방해서 종교적 색채가 강하다. 원조는 히틀러의 민족종교와 나치즘이었다. 히틀러의 '나의 투쟁'과 김일성의 항일투쟁 사이는 물론이고 나치즘과 주체사상 사이에는 놀라울 정도의 유사성이 존재한다. 종교와 이념은 추구하는 가치의 신성함에 정도 차이가 있을 뿐이지 교리나 의식 그리고 조직화의 중요성에서는 동일하다. 이념이 추구하는 가치가 신성하게 포장될수록 양자 사이의 유사성은 커진다. 북한에서 수령에 대한 신격화와 지도자 개인에 대한 우상화가 진행되면서 북한 체제는 그리스도교를 더욱 닮아 갔다.[35)]

북한에는 성탄절을 본뜬 '태양절'이 있다. 교회에서 매주 드리는 예배는 '생활총화'이고, 예배에 가서 드리는 '회개기도'는 자아비판과 유사하다. 설교는 목사 역할의 당 비서가 주관하는 당 정책 등의 학습으로, 그리고 설교에 앞서 읽는 성경 구절은 당 비서가 회의에 앞서 인용하는 교시 말씀으로 탈바꿈했다. '김일성 장군의 노래' '친애하는 지도자 동지의 노래'와 같은 '찬송가'도 부른다. 선악으로 세상을 단순화해서 미국과 대한민국은 그리스도를 죽이려는 자들이고, 이 땅에 하느님의 나라를 만드는 것이 바로 조선 민중이 주인이 되는 세상이다. 수령은 하느님과 동일한 절대적인 지위를 확보하고 전지전능한 능력을 갖췄기 때문에 '무오류성'을 내세울 수 있었다. 이런 주체사상의 영향으로 인해

35) 김병로, 「북한사회의 종교성: 주체사상과 기독교의 종교양식 비교」, 『연구총서』 00-04(2000), 통일연구원, 2쪽.

한국의 민중운동 역시 천년왕국운동의 성격을 띠게 되었다.

한국의 민중해방 운동은 천년왕국을 하루속히 건설하겠다는 사명감으로 철저하게 무장되어 있다. 구원의 급박함과 절박함을 느끼면서, 임기응변적인 미봉책이 아니라 근본적이고 총제적인 변혁을 지향한다. 서구식 절차적 민주주의가 아니라 실질적인 민주주의, 즉 민중이 직접 자신을 스스로 다스리는 체제를 만드는 것이 목표이다. 중국이나 북한에서 실시되는 '인민민주주의'와 유사하다. 민중운동의 대부 격인 백낙청은 "민주주의는 근본적으로 민중의 자치이다. 민중 스스로 자신을 다스리는 게 민주주의다"라고 주장한다.[36] 그렇지만 '민중'이나 '자치'는 구체적으로 정의되거나 충분히 설명되지 않는다. 민중이 주인이 되는 세상에 대한 구체적인 청사진은 제시되지 못한 채 '착취'나 '미제의 압제'가 없는 어떤 소극적인 상태로 묘사된다. 자신들이 권력을 잡는 것 자체가 새로운 세상의 도래를 의미한다고 봐도 무리가 없다.

한국의 천년왕국운동은 수동적으로 세상의 종말을 기다리지 않고, 적극적인 노력을 통해서 종말을 앞당기려고 한다. 고통 속에서 구원에 대한 기대가 커지기 때문에 고통을 인위적으로 만들어 내려고 한다. 자연적인 재앙도 기득권 세력의 실패에서 기인한 인위적인 재앙으로 탈바꿈시켜 혁명적 에너지를 폭발시키는 계기로 활용한다. 대한민국의 위기가 민중이 주인인 세상이 실현될 수 있는 기회이다. 대한민국은 '지옥'으로 즐겨 묘사되고, 새로운 민중의 세상은 '천국'이다. 분단된 현실은 아무리 잘 살아도 지옥이고, 통일은 어떤 형태라도 천국으로 간주된다. 삶의 현실

36) 백낙청, 『2013년 체제 만들기』, 창비, 2012, 155쪽.

에 내재된 위험을 과장해서 경제적 위기와 정치적 혼란을 부추긴다. 자유 무역을 하면 농민이 죽고, 수입 소고기를 먹으면 광우병에 걸리고, 일본과의 협력은 나라를 파는 행위가 된다. 그들이 내세우는 천년왕국은 청년 실업 없는 세상, 비정규직 없는 세상, 가난한 자 없는 세상, 사회적 안전망이 완벽하고 보편적 복지가 넘쳐나는 세상, 모두에게 기본 소득이 보장된 세상이다. 이런 천년왕국은 실제 어디에도 없으며, 이를 실현하려는 진정한 의지나 능력조차 없다. 단지 권력 장악을 위한 수단으로 제시될 뿐이다.

한국판 천년왕국운동은 문제의식도 복고적이고 해법도 복고적이다. 사실 공산주의, 사회주의, 파시즘에는 자본주의와 근대성에 대한 혐오 및 전통 사회에 대한 낭만과 그리움이 내재되어 있다. 한국의 혁명 세력은 미래에 대한 청사진을 제시하기보다는 분단 이전에 민족이 함께 살던 시절을 그리워한다는 점에서 복고적이다. 물질적 풍요가 없어도 민족이 함께라면 지극한 행복을 느낄 수 있다고 믿는다. 북한을 처음 건립할 당시 김일성은 '흰쌀밥에 고깃국'으로 인민들의 욕구를 단순화하였다. 21세기 대한민국에서도 민중들의 세상은 "개천에서 붕어·개구리·가재로 살아도 행복한 세상"으로 단순화된다. 근대성에 대한 적대감도 흔하게 보인다. 김용옥은 서구 근대를 신랄하게 비판하면서 과감하게 폭파시켜야 한다는 주장을 한다. 그러나 근대성을 대표하는 미국에 도전해서 쟁취할 세상은 기껏해야 순진할 정도로 낭만적인 "참다운 평등과 조화의 세상"이다.[37] 기본적으로 그들은 세계

37) 참조: 김용옥, 『동경대전 1, 2』, 통나무, 2021. 이 책에서 저자는 서구가 추구해온 근대라는 이념을 추종해야 할 하등의 이유가 없다고 선언한다. 서구의 근대가 낳은 터무니없는 인간의 교만, 서양의 우월성, 환경의 파괴, 불평등 구조의 확대, 자유의 방종, 과학의 자본주의로의 예속 같은 서구적 패턴을 우리가 반복

화된 현실과 제4차 산업혁명으로 그려지는 미래를 마주하거나 초월할 수 있는 능력이 없다.

대한민국의 민중운동은 목표가 정당하면 수단을 정당화할 수 있다고 믿는다. 동학교도 중 무장봉기파의 뿌리를 자랑스럽게 계승하고 있다. 독립 운동가 중에도 의병과 독립군 등 무력 저항을 선택한 사람들만 선별적으로 존경한다. 그러나 1907년과 1911년 사이에 약 14만 명의 의병이 저항운동을 전개하여 1만 7천여 명 정도가 사망했지만, 일본군은 단 100명 내외만 사망했던 사실에는 주목하지 않는다.[38] 대대급도 제대로 구성하지 못할 소규모 전투 인력만을 보유했던 상해임시정부를 교전세력으로나 외교적으로 인정한 나라가 한 군데도 없었다는 사실은 애써 외면한다. 북한은 민중해방과 민족 통일이란 대의명분을 공유하는 우호적인 세력이다. 혁명의 전진기지인 동시에 중요한 무력의 원천이다. 일각에서 북한 핵이 민족의 공동 자산이라고 주장해도 이상하지 않을 정도이다. 민중에게 적대적인 대한민국이 보유하는 군대나 경찰 같은 강제력은 무력화시키는 것이 합리적이다.

무력 투쟁에 대한 선호는 세계 최강의 군사력을 자랑하는 패권국 미국에 무력으로 저항하려는 북한에 대한 호의적인 평가로 이어진다. 북한은 동학농민혁명 이래 계승되어 온 외세에 대한 무력 항쟁의 적통을 잇는 있는 정권으로 인식된다. 그러나 군사력이 떨어지는 북한이 무력을 통해 생존을 모색하는 방식은 무모할 정도이다. 더구나 북한이 많은 돈을 들여서 애써 만든 핵무기는 국제사회의 규범 때문에 사용조차 어렵다. 설사 생존을 위한

해야 할 의무는 없다. 따라서 서구 문명과 과감하게 단절할 것을 요구한다.

38) 김헌주(2022), 52쪽.

보험용이라 치더라도 비용 대비 효율성이 크게 떨어진다.

근대 국제사회 속에서 자기 의사에 반해서 사라진 주권 국가가 거의 없다는 사실에 대해서 외면한다. 주권이 훼손된 나라는 설사 생존을 부지한다고 해도 진정한 나라가 아니라는 논리이다. 그러나 친구가 많을수록 주권 손상이 불가피해지는 국제사회 현실은 인정하지 않는다. 북한이 친구가 없기 때문에 자주적이라는 사실은 감안하지 않은 채 북한의 자주성과 주체성을 찬양한다. 북한에게 가장 효율적인 생존 방안은 핵 개발이 아니라, 국제사회로의 적극적인 참여나 공존이었을 것이다. 그러나 북한은 독자 생존을 내세우면서 핵 개발과 고립을 선택하였다.

북한은 여타 무력을 신봉했던 강경 세력들과 마찬가지도 기본적으로 사회성이 떨어진다. 기질이 강하고 공감 능력이 떨어지며 이웃과 평화롭게 공존하는 데에 어려움이 많다. 거친 말을 항상 쏟아 내고 공격적인 행동으로 인해 이웃들을 불안하고 불편하게 만든다. 사람은 목적이 아니고 필요할 때 쓰고 버리는 소모품이다. 주체사상을 외치지만 주체적인 행동은 지도자만이 할 수 있다. 국가 간 약속을 함부로 깨고, 국제사회의 신용은 헌신짝처럼 버린다. 언제나 자기중심적 사고를 하고 주변 사람들에 대한 배려는 없다. 가장 큰 문제는 국력에 비해서 인내심이 떨어지고 성정이 충동적이란 점이다. 고대 로마제국의 위협에 직면해서 강경한 무력 대응만 고집했던 이스라엘 '열혈당'의 모습이 북한에 투영되어 나타난다.

민중혁명파가 무력의 유용성을 절대적으로 신봉할 경우 열혈당과 같은 비극적 운명에 처할 가능성이 크다. 이런 사태를 예방하기 위해서는 폭력을 내려놓고 평화롭게 이웃 및 세계와 공존하는 법을 배워야 한다. 중세 역사에서 발생한 수많은 혁명적 천년왕국운동은 예외 없이 자신의 정의로움에 취해 무력으로 꿈을 이루려다가 기성 제도권의 월등한 무력에 의해 제압당했다. 근대에 등장한 혁명적 천년왕국운동 또한 예외가 아니었음을 두 차례 세계대전의 결과가 잘 보여 준다.

3.3. 촛불혁명과 천년왕국

천년왕국의 꿈은 현실의 고통이 클수록 강렬해진다. 양극화의 심화는 평등과 정의에 대한 열망을 키웠고, 대통령 박근혜의 민중 세력에 대한 적대적 공세와 '세월호' 침몰이란 참사가 촛불혁명이란 형태의 대중적 저항을 촉발시켰다. 촛불시위 자체는 잘 조직화되고 평화롭게 진행되었다. 대중들이 광란으로 흐르지 않고, 폭력은 자제되었으며, 참가자들의 행동에서는 엄숙함과 성스러움마저 느껴질 수 있었다.

촛불집회의 누멘적 성격은 '신명' '축제' '한풀이' '공감의 장' 등의 표현 속에서 드러난다. 참가자들은 모두가 하나라는 사실을 서로 느끼고 확인할 수 있었다. 이런 의미에서 역사의 고통스러운 업을 치유하는 국민의 '집단적 자기 치유 과정'으로 보기도 하였다. 겉으로는 민주주의를 회복하는 정치적 성격의 집회였지만, 내면적으로는 양극화되고 불안하며 외로운 한국 사회가 국민에게 입힌 마음의 상처들을 어루만져 주는 거대한 '치유의 장'이었다. 참여한 촛불 시민들은 순진할 정도로 높은 의식 수준을 보여 주었다.

촛불운동은 정의, 자유, 평등과 같은 추상적인 가치를 명분으로 내세웠지만, 분명하게 이 땅에 천년왕국을 실현시키기 위해서 낡은 정권을 타도하고 새로운 권력을 창출하려는 목표를 갖고 있었다. 세월호 참사와 국정 실패를 근거로 탄핵에 대한 명분을 축적한 후에 집권 세력 내부의 대거 이탈을 이끌어 냈다. 치밀하게 계획하고 거부할 수 없는 명분을 내세워 민중세력의 정권 장악을 위한 기회의 창을 열었다. 엄밀하게 말해서 촛불혁명은 비폭력운동이 아니라, 폭력을 사용할 필요조차 없을 정도로 순조롭게 진행되었다. 반미나 민중해방 같은 과격한 구호는 의도적으로 뒤로 밀렸고, 거부할 수 없는 명분과 용서하기 어려운 집권 세력의 비리가 전면에 등장하였다. 승리를 예견했기 때문에 철저한 질서 유지를 구호로 내세웠다.

촛불운동은 기본적으로 자본주의 발전과 민주화 성공에 실망한 세력들이 근본적인 체제변화를 추진한 대중적 봉기였다. 평등하고 민중이 주인이 되는 세상을 지향한 평화적 천년왕국운동이었다. 축제와 같은 감동을 통해서 대중의 혁명적 에너지를 폭발시킴으로써 권력 장악이란 목적을 달성하였다. 백낙청은 촛불혁명을 "민중 주도 민주적 변화의 거대한 사건"으로 보면서, 한국과 한반도가 근대에 대한 적응력을 높임과 동시에 "근대를 극복하고 개벽 세상을 열어 가는 세계사적 작업을 선도할 기회를 잡은 것"으로 의미를 부여하였다.[39)]

촛불혁명은 정권 장악에 성공했지만, 국민의 마음을 한데 모아서 새로운 공동체를 건설하고 인류에 기여하는 나라를 만드는 방향으로 나아가지 못하였다. 세상을 흑백과 선악의 관점에서

---

39) 백낙청, 『근대의 이중과제와 한반도식 나라 만들기』, 창비, 2011, 책머리에.

이분법적으로 접근하면서, 나라를 분열시키고 과거에 행해진 불의를 청산하는 일에만 매진하였다. 국민 일반을 이롭게 하는 정책보다는 지지 세력에게만 어필할 수 있는 정책만 추진하였다. 정부 지출을 통해서 일자리와 소득을 창출하고, 지지 세력에게 현금을 나눠 주면서, 기업을 옥죄어 노동에 대해 양보를 강요할 뿐이었다. 여타 천년왕국운동과 마찬가지로 지도부의 국가 운영 능력의 부족, 파당적 이익 추구, 그리고 부패와 타락으로 점철되었다. 자신들이 추구했던 정의롭고 평등한 세상에 대한 헌신 대신에 정권 유지와 지지율 향상을 위한 대중인기 영합적 포퓰리즘 정책만 추진하다가, 천문학적인 나랏빚만 남기고 실패하고 말았다.

촛불 주도 세력의 구상은 남쪽에서의 민중해방에 기초해서 남북한 민중 세력의 협력을 강화하고, 연후에 미 제국주의로부터 민족을 해방시키고 분단된 조국의 통일을 가져오겠다는 것이었다.[40] 그러나 이런 원대한 구상은 단기적으로 성과를 내기 어려웠다. 그 결과 국민적 기대와 환상만 키우면서 자신들의 무능함만 노출시키고 말았다. 기득권 타파를 내세웠지만 새로운 이권 카르텔로 대체한 것에 불과하였다. 자기편끼리 배타적인 이익 나누기와 부정부패 그리고 정경유착이 다양하게 드러났다. 이례적으로 높았던 국민적 지지가 급락하면서 불안과 초조에 시달렸다. 민중 세상보다는 단기적인 인기 제고와 정권 유지가 더 중요한 목표가 되었다. 또한 반일 캠페인에서 드러난 배타적 민족주의는 세계의 보편적 가치 규범과 거리가 멀었다. 국제사회와의 공감대

40) 이런 구상은 참조: 백낙청, 「'촛불'의 새세상 만들기와 남북관계」, 『창비』 45:1 (2017), 17~34쪽.

형성 없이 추진한 한반도 평화는 당사자인 김정은의 동의마저 얻을 수 없어 실패하고 말았다.

4. 의식공동체의 형성

세계의 변방에서 식민지를 경험하였고 이로 인해 피해의식과 콤플렉스로 오랫동안 고통을 받았던 대한민국은 개방적 사고나 글로벌 시각이 여타 나라와 비교해서 상대적으로 부족하였다. 최근까지 국제적 공헌보다는 국익만을 염두에 두면서 자기중심적 사고를 하였다. 국내적으로도 나와 남, 우리와 그들, 남과 북, 흑과 백, 선과 악과 같이 분열적인 사고를 즐겼다. 단결을 위해서 쉽사리 외부에서 적을 찾거나 내부에서 희생양을 찾았다. 그 결과 산업화와 민주화는 이뤘지만 공동체는 분열되었고, 소모적인 진영대결로 인해서 성숙한 공동체로 도약할 수 없었다.

그렇지만 일련의 누미노제를 통해서 공동체 의식이 새롭게 생성되기도 하였다. 특히 민주화 이후에 시민사회의 발달은 공동체적 관점에서 현실을 바라보고, 공동체를 개인처럼 중시하는 시민 의식의 강화를 가져왔다. 세상을 흑백으로 보지 않고, 남을 배려하며, 가능하면 총체적으로 현실을 바라보는 흐름도 확연하게 생겨났다. 민주주의와 인권에 대한 의식은 세계 어느 나라와 비교해서 빠지지 않으며, 문화적 다양성을 용인하는 다민족 공동체로 순조롭게 나아가고 있다. 개발 원조와 국제 환경 협력에 대해서도 호의적인 입장이 확산되고 있으며, 글로벌 공헌을 자부심의 원천으로 느끼는 국민이 증가하고 있다. 이런 의식 수준의 고양은 정치권을 제외한 사회 모든 영역에서 점증적으로 나타나고 있다.

의식공동체로서 대한민국은 민주화 단계, 국가 개혁 단계, 사회변혁 단계를 거치면서 발전하였다. 국면마다 누미노제와 유사한 경험이 의식 수준을 높여 주는 중요한 계기로서 작용하였다. 민주화 단계에서는 독재의 고통을 민주화로 치유하고 승화시켰다. 민주적 절차가 공고해졌고, 참여 확대가 있었으며, 억압받던 노동이 주요 행위자로 인정받았다. 올림픽 개최가 누미노제로 작용해서 공동체 의식의 강화와 의식 수준의 고양을 가져왔다. 이를 통해서 노태우 정부는 공동체 통합을 위한 다양한 민주화 조처를 하였으며, 북방 외교를 통해서 글로벌 공동체의 일원이 되는 길을 열었다. 김영삼 정부 또한 군사 독재의 흔적을 털어내고 시민들의 정치 참여를 확대하였다. 그가 추진한 '세계화'는 문명 발전의 고도화를 위해 국민 의식을 전환하는 계기로 작용하였다. 아울러 국가 전략에서도 획기적인 방향 전환이 있었다. 노동과 금융 분야에서 글로벌 표준의 도입에 적극적으로 나섰고, OECD 가입을 통해서 국제사회와 호흡을 같이 하는 동시에 글로벌 기여를 위한 기틀을 다졌다.

IMF 위기는 공동체의 분열이 아니라 온 국민이 마음을 모을 수 있는 계기로서 작용하였다. 진보적인 김대중이 대통령이 되어서 국민통합에 기여하였으며, 개인적인 민중주의적 신념을 초월해서 신자유주의적 개혁을 유연하게 추진함으로써 공동체의 단결과 통합에 크게 기여하였다. 이렇게 강화된 공동체적 단결력이 역사상 유례없는 국민적 '금모으기운동'으로 표출되었다. 2년 정도라는 기록적으로 빠른 시간 내에 IMF 위기를 극복할 수 있었으며, 근본적인 국가 개혁을 통해서 새로운 경제 도약의 발판을 구축하였다. 이렇게 고양된 공동체 의식은 월드컵 길거리 응원으로 발산되었다. 그것은 국민적 축제였던 동시에 세계인들에게 경이로운 즐거움을 제공하였다. 외교적으로 김대중 정부는 일본과의 전통적인 갈등 관계를 해소하고, 화해와 협력의 방향으로 근본적인 전환을 이루어 냈다. 뒤이어 추진한 동아시아 공동체 구상은 보편적 실천을 위한 대한민국의 의지를 역내는 물론이고 세계적으로 천명한 위업이었다.

이후 진보와 보수로 정권 교체가 이루어지면서 갈등이 증폭되고 공동체가 분열되었으며 국가는 혼란 속으로 빠져들어 갔다. 그럼에도 불구하고 신자유주의가 모든 정부의 공통적인 정책 기조였으며, 글로벌 표준에 부합하는 국가 건설이라는 공통적인 목표를 달성하기 위해서 노력을 경주하였다. 그 결과 국가 경제는 고도화되고 풍요로워졌지만, 동시에 양극화가 심화되고 상대적 박탈감이 커졌다. 당연히 복지와 노동이 중요한 사회적 관심사가 되었고, 정치는 '보편적 복지'를 둘러싼 소모적인 논쟁과 대결을 거듭해야만 하였다. 이로 인해 공동체는 분열되었고, 정치권에 대한 사회적 불신과 불만이 고조되었다. 정부와 국민 사이의 정서적 괴리 또한 증폭되었다.

근대화 세력을 대표하는 박근혜가 민중 세력의 단골 메뉴인 보편 복지를 선점해서 정권을 잡은 것은 공동체 통합의 계기로서 작용할 수 있는 절호의 기회였다. 민주화 세력에 대해 진정어린 사과를 하면서 동시에 새로운 미래를 함께 만들어 나가자고 마음을 열었더라면, 공동체의 성숙과 단결을 가져올 수 있었을 것이었다. 그러나 박근혜 정부는 박정희에 대한 '교조신원운동'을 벌이듯이 역사와의 전쟁을 선포하였다. '증세 없는 복지'를 고집하면서 보편 복지에 대한 약속을 파기함으로써 정치적 갈등을 증폭시켰다. '통합진보당'(전신은 민주노동당) 해산이나 역사 교과서 다시 쓰기와 같이 민중 세력에 대한 공세를 강화함으로써 이념 대결의 소용돌이에 휘말리고 말았다. 촛불혁명은 수세에 몰린 민중 세력의 조직적인 저항이었다.

외양으로 드러난 촛불시위는 국민적 축제였고 하나의 성스러운 누미노제였다. 공동체 의식의 고양과 보편적 실천의 방향으로 나아갈 절호의 기회였다. 그러나 집권 세력의 권력에 대한 집착과 자기들만의 배타적인 이익 추구로 인해서 지극히 평범한 천년왕국운동으로 전락하고 말았다. 과거 분열적 역사를 교훈 삼아서 통합의 방향으로 나아가야 했지만, 적폐청산과 역사 다시 쓰기에 집착하면서 퇴행의 길로 들어서고 말았다. 이 과정에서 공동체를 분열시키고 진영대결만 고착화시켰다. 대외적으로도 북한만 바라보면서 세계와의 단절이 생겨났고, 국제 규범과 보편 가

〈표 2〉 누미노제 정치와 대한민국

	고통/위기	누미노제	공동체 의식	보편적 실천
제1단계 민주화	독재/전두환	1987 6·10 항쟁 1988 올림픽	민주화 참여 확대	북방외교 세계화
제2단계 국가개혁	IMF 사태	금반지 모으기 2002 월드컵	위기 극복 단결력 강화	동아시아공동체 일본과 화해
제3단계 사회변혁	신자유주의 박근혜 정부의 불통과 무능	촛불과 탄핵	적폐 청산 진영 고착화	북한 바라기 보편 가치 무시
제4단계 세계로 도약	코로나-19 문재인 정권의 오만과 무능	윤석열 승리 (?)	좌우통합 (?)	글로벌 중추 국가 (?)

치를 무시함으로써 국제사회로부터 고립되는 결과를 가져왔다. 세계와의 공조를 통해서 북한을 변화시키려 하지 않고, 북한과의 관계 개선을 통해서 지역 안정과 세계 평화에 기여하겠다는 비논리적인 주장을 끝까지 고집하였다. 북한에만 초점을 맞춘 외교정책은 아이러니하게도 북한의 마음을 얻지 못해서 결정적으로 실패하고 말았다.

대한민국 역사에서 문명화 혹은 근대화 세력에 대한 평가는 기여에 비해 인색하다. 근대성이 대세인 세상에서 산업화에 기여한 바는 두드러지지 않는 반면에 문명 세계의 보편적 규범에 어긋나는 비민주성이란 흠집이 지나치게 부각된다. 더구나 근대성으로 상징되는 세계가 근대를 넘어서 '탈근대'로 접어들면서 근대화는 오히려 구시대의 상징처럼 비판받는다. 그러나 근대성에 대한 반성과 초월은 근대성을 충분히 경험한 이후에나 가능하다. 근대적 가치와 규범을 체화하지 못한 세력은 쉽사리 근대성 자체를 부정한다. 그러나 근대적 가치에 대한 존중 없는 탈근대는 전근대로의 퇴행을 가져올 뿐이다. 더구나 탈근대에 능숙하지 못하다고 근대화 세력이 이룩한 산업화와 민주화란 성과를 부정할 수는 없다.

촛불정권은 탈근대화가 아니라 근대성 자체를 부인하는 행태를 보였다. 자신의 존재를 부인당하는 위기 상황 속에서 근대화 세력이 제동을 걸고 나섰다. 문명개화파는 일제에 대항해서 무기를 들거나 목숨을 던지지 않았지만, 개벽을 알리고 근대화에 앞장서고 민족문화 창달을 위해 헌신하였다. 민주화 운동기에도 감옥을 선택하지 않았지만 민주주의에 대한 확신을 갖고 필요할 때는 단호하게 자기 의사를 표현하고 행동에 나섰다. 촛불정권에 의해 기본적인 민주적 절차와 정의가 훼손되었을 때 그들은 적극적인 행동으로 제동을 걸고 나섰다. 그렇지만 촛불정권은 근대화 세력에게 패배한 것이 아니라 스스로 자멸하고 말았다. 자기들이 만든 신화와 우상의 노예가 되어서 국민을 적과 동지로 나눠 분열적 정치에 몰입하고, 윤리와 법적 잣대를 '내로남불' 식으로 적용하다가 사달이 났다. 이런 행태에 대해서 내부에서도 반발이 컸으며, 내부 이탈자가 근대화 세력과 연대해서 대안적 정권을 창출하였다.

향후 대한민국이 당면한 가장 중요한 과제는 분열된 공동체를 복원하는 일이다. 여기에는 누미노제와 같은 국민적 차원의 새로운 깨달음과 감동이 있어야 한다. 윤석열 정권은 국민적 감동 없이 촛불에 대한 실망으로 인해 권좌에 올랐다. 그렇지만 감동을 만들어 낼 기회는 있었다. 청와대 개방은 역사상 처음으로 베일에 싸였던 '권부'를 개방하는 쾌거로 작용할 수 있었다. 지금까지 누가 권력을 잡더라도 권력자는 군림하기만 한 것이 이 땅의 역사였다. 민주화 이후에도 마찬가지였다. 모든 대통령은 불통의 상징이었다. 좌와 우 할 것 없이 소통을 거부하고 국민을 가르치려고만 들었다. 따라서 제왕적 대통령제에 대한 비판이 고조되었다. 이런 상황에서 청와대를 개방해서 벽을 허물고 소통을 강화할 경우, 새로운 '동료 시민'의 시대를 열 수 있었다. 권력자의 대한민국이 아니라 진정한 민주적 공동체로 대한민국을 승화시킬 수 있는 절호의 기회였다. 국민적 합의를 통해서, 적절한 의미를 부여한 후, 철저한 준비를 한 연후에 시민의 공간으로 개방했더라면 모두가 새로운 누미노제를 경험할 수 있는 기회가 될 수 있었다. 그러나 이해하기 어려운 조급함과 일방통행식 추진으로 인해 절호의 기회를 날려 버리고 말았다.

그럼에도 불구하고 대한민국 역사상 전 인류를 대상으로 해서 보편적 실천에 나선 것은 윤석열 정부가 처음이다. 글로벌 중추 국가는 글로벌 평화의 구현과 보편적 사랑의 실천에 있어서 핵심적인 기여를 하는 나라로서 대외 전략의 방향성 자체에 대해서는 의문을 제기하기 어렵다. 그러나 이런 목표는 공동체 차원의 에너지 결집 없이는 달성하기 어렵다. 현재 국민적 공감대의 형성이나 감동 없이 대통령 혼자서 보편적 실천에 나서고 있는 양상이다. 선악적인 대결 구도가 바뀔 조짐은 보이지 않고, 오히려 악화되고 있는 상황이다. 최악의 시나리오는 극단주의가 발호해서 근대화 세력을 분리시켜 각각 흡수하는 경우이다. '천년왕국파 + 민주화 세력' 대 '태극기부대 + 산업화 세력'이란 형태의 극단적인 대결 구도가 펼쳐지게 될 수 있다. 양 진영 사이의 대결은 내전을 방불케 할 것이며, 폭력성과 파괴성으로 인해 나라의 존립마저 위협을 받게 될 공산이 크다.

민주화와 산업화란 근대화의 양 축을 형성하는 세력이 서로 화해하고 손을 잡아서 탄탄한 중도 세력을 형성하고, 이것을 기반으로 극단적인 천년왕국파와 태극기 부대를 견제하는 것이 미래를 위해 바람직한 시나리오이다. 이런 근대화 세력의 통합 없이는 글로벌 중추 국가의 완성이나 인류에의 보편적인 기여는 불가능하다. 미래 시대는 국익과 민족주의를 넘어서 인류가 공동으로 평화와 번영을 이루어 내는 세상이 될 것이다. 이런 목표를 주도적으로 달성해 나갈 수 있는 공동체적인 에너지를 창출하는 것이 대한민국에 부여된 향후 과제이다. 이것은 공동체 의식의 강화가 국민 통합과 자신감 그리고 신바람을 불러올 수 있을 때 가능한 일이다.

공동체의 대통합에는 상호 포용이 필수적이다. 이를 위해서는 적절한 자기 초월이 있어야 한다. 이 대목에서 영화 「우리가 꿈꾸는 기적: 인빅터스」에 나오는 만델라(Mandela)의 역할에 주목해 볼 필요가 있다. 이것은 백인에게 박해를 받은 흑인 대통령이 백인으로만 구성된 럭비팀의 우승을 함께 염원하고, 우승을 계기로 흑백이 하나가 되는 감동을 보여 주는 영화이다. 통합에는 고정관념을 뛰어넘고, 자기중심적이고 분열적인 시각을 통합적이고 공동체적인 시각으로 전환시키는 노력이 필요하다. 자기 입장만 고집할 경우 포용이 생겨날 수 없고, 공감이나 단합도 생겨날 수 없다. 상대로부터 존중받기 원하면서 상대를 존중하지 않는 것이 대한민국 정치의 현주소이다. 존경과 위대함에 굶주린 나라지만, 존경받는 영적 지도자 없는 것이 현실이다. 보편적 이성을 두텁게 장착하고 조용히 보편적 실천을 하는 존경할 만한 시민들이 많아져야 공동체의 대통합이 이루어질 것이다.

종교는 분열보다 통합의 촉매가 되어야 한다. 그러나 현재 종교가 앞장서서 좌우 대결은 부추기고 있는 형국이다. 종단마다 좌우로 나뉘어서 이념 대결을 펼친다. 주말 시내에서 벌어지는 대규모 집회는 반공주의 보수신학과 민중주의적 해방신학이 서로 충돌하는 양상이다. 공통적으로 신의 이름으로 상대방을 비난하고 협박하고 저주한다. 한편에서는 사악한 공산주의자로부터 이 나라를 지키고 구원하겠다고 주장한다. 다른 한편에서는 신의 이름으로 세상을 저주하고, 종말을 선동하고 재촉한다. 종교가 사람들의 마음을 이어 주는 것이 아니라, 오히려 벽을 치고 단절시키는 역할을 한다. 상대편이 없는 세상을 꿈꾸지만, 상대편과 마음을 합쳐서 멋진 세상을 함께 만들어 갈 궁리는 하지 않는다.

세계의 주요 민족들은 모두 누미노제를 통해서 공동체의 변혁을 시도하였다. 이 과정에서 신과 인간이 맺은 관계는 실로 다양하다. 대한민국 또한 동서양의 다양한 신을 만나면서 국민적 차원의 새로운 각성이 이루어졌다. 비록 신이 정치의 전면에 등장하지 않았지만, 수면 아래에 잠복해서 인간 내면의 움직임에 커다란 영향을 미쳤다. 신을 너무 높일 경우, 믿는 자와 믿지 않는 자 사이의 봉합이 불가능한 진영대결이 펼쳐진다. 합리성이 무시되고 세속적인 가치가 존중받지 않게 된다. 신을 무시하면 인간의 오만함을 견제할 수단이 없어진다. 가짜 신들이 판치는 상황은 마땅히 경계해야 한다. 정치의 종교화와 신성화 경향이 강화되고 있는 현실 속에서 대한민국은 신과 더불어 살아가는 현명한 지혜를 체화시켜 나아가야 한다.

5. 소결론

대한민국의 공동체 변혁의 역사는 신이 잠재된 누미노제가 원동력이었다. 정치는 정교분리의 확고한 원칙 위에서 전개되었다. 그렇지만 사회는 신과 더불어 살았다. 주요 종교의 신도 수 합계가 전체 인구를 초월할 정도로 종교적이다. 무속신앙은 국민들 생활 속의 필수 불가결한 일부로 자리를 잡았다. 동학과 3·1 운동 그리고 산업화와 민주화 모두 종교적인 믿음과 실천이란 속성을 강하게 띠었다. 문명화와 근대화는 성취될 때까지 포기하지 않는 국민적 염원이었다. 이상사회에 대한 염원은 좌우 할 것 없이 여전히 강하다. 정치에 대한 불신이 하늘을 찌르면서도, 자기 편에 의한 정권 장악을 통해 일거에 구원을 받으려는 요행 심리가 팽배해 있다.

하느님의 나라를 만들기 위해서 공산주의 좌파를 척결해야 한다는 주장이 있고, 반대편에는 하느님의 나라를 이 땅에 만들기 위해서 대한민국을 해체시켜야 한다는 주장이 존재한다. 자기들이 미워하는 세력이 사라지는 것을 천국이라고 부른다. 그러나 저주와 미움에 바탕을 둔 대결을 통해서는 하느님의 나라가 올 수 없다. 의식공동체 형성은 자기의 수양을 통해서 좋은 세상이 점진적으로 완성되어 가는 과정이다. 자아로부터 어느 정도 자유롭고, 물질로부터도 어느 정도 자유로운 영혼들이 자아실현과 자기완성을 위해서 함께 노력해야 가능할 수 있다.

누미노제 정치가 지향하는 바는 신과 더불어 살면서, 신을 영광스럽게 하고, 궁극적으로 자신이 신이 되어가는 과정이다. 우리 모두가 서로를 신으로 존중하는 세상이다. 종교가 정당성을 독점하려고 하면, 극단적 이념과 마찬가지로 분열적이고 대립적이 된다. 반면에 신에 대한 믿음이나 영성에 대한 존중은 인간에게 내재된 본성으로서 공동체의 통합과 조화에 기여할 수 있다. 천년왕국은 분열적이지만 누미노제는 인격 변화를 통해서 의식이 하나가 되는 공동체를 만들어 낼 수 있다. 대한민국이 필요로 하는 것은 분열적인 민족종교가 아니라 세계와 공감할 수 있는 보편 의식이다. 이것이 있어야만 대한민국이 글로벌 공동체의 중심으로서 도약하고, 'K-Culture'가 '세계 문화'와 '세계 문명'으로 승화될 수 있을 것이다.

책을 나가며

1. 요약

혁명은 의식 변화의 산물이다. 새로운 의식의 원천으로서 가장 강력한 것은 신을 만나는 누미노제이다. 지금까지 사례 연구에서 살펴본 바와 같이 주요한 모든 혁명에는 어떤 형태이든지 누미노제가 있었다. 신을 만나는 것과 유사한 누미노제 경험은 새로운 사상, 이념, 가치 등과 조우할 때도 느낄 수 있었다. 신을 만나서 새로운 각성이 생겨나고, 그 결과 공동체가 변하고, 궁극적으로 공동체의 행태가 변한다는 것이 누미노제 정치의 모델이었다. 이것은 동시에 의식공동체의 형성 및 발전 과정이기도 하였다. 이 모든 과정의 중심은 바로 누미노제였다. 그리고 나라마다 누미노제의 내용이나 성격이 달랐다. 진정한 누미노제가 있었던 나라도 있는 반면에, 러시아는 누미노제의 중요성을 인정하지 않았고, 독일 히틀러는 누미노제를 인위적으로 조작하였다. 그 결과 소련 공산주의와 독일 국가사회주의는 종교와 유사했지만, 매우 비효율적인 종교 체제였음이 판명되었다. 괄목할 만한 인격 변화는 물론이고 좋은 추억이나 소중한 유산을 남긴 바도 없었다. 정권 탈취가 목적이었던 그저 평범한 천년왕국운동에 지나지 않았다.

신과의 만남은 정치공동체에 장기적인 영향을 미친다. 비록 신과의 교신 내용은 확인할 수 없지만, 신을 만난 이후에 형성된 신과 인간 사이의 관계는 파악할 수 있다. 신을 만나고 나서, 신을 떠받들고 살 수 있고, 친구처럼 더불어 살 수도 있고, 신을 무시할 수도 있고, 신을 부정하거나 모욕할 수도 있다. 그리고 신의 위세를 활용하기 위해서 가짜 신이 만들어지거나 가짜 신을 섬기는 민족도 생겨날 수 있다. 본 연구는 이런 누미노제 이후의 신과 인간 내지 민족 사이의 관계에 있어서 차이가 공동체에 미치는 정치적 효과를 밝혀내려는 시도였다. 인류는 신한테서 떨어져 살 수 없다. 역사를 통해서 신과 인간 그리고 종교와 정치는 긴밀하게 상호 작용을 하였다. 최근에는 정치의 신성화 경향이 강화되고 있는 추세이다.

신과 인간 사이의 관계가 다양한 이유는 인간의 욕망이 반영된 결과이기 때문이다. 신을 활용해서 정치적 이익을 얻으려는 인간들이 신을 자신이 원하는 이미지대로 만들고 활용하였다. 그렇기 때문에 신과 인간 사이의 관계가 혁명 자체는 물론이고 이후 공동체 발전에도 심대한 영향을 미쳤다. 신의 권위를 지나치게 높이거나, 낮추거나, 무시하거나, 부정하거나, 참칭하거나 모두 정치적 이해득실이 반영될 수밖에 없었다. 공통적으로 신의 권위는 공동체 변혁의 방식이나 속도 그리고 내용에 미치는 영향이 컸다. 신의 권위를 내세워 정권을 장악하거나 변화를 강제하려고 시도할 경우는 부작용이 오히려 컸다. 신을 권력 장악 목적에서 활용할 경우 공통적으로 혁명이 타락하는 결과를 가져왔다. 인간 사회가 수용하기 어려운 급진적인 혁명을 강요할 경우 성공 가능성이 떨어졌다. 진정한 변화에는 인간 의식이나 인격의 변화가 필요하며, 여기에는 많은 시간이 소요된다. 이런 이유로 혁명보다 이후의 점진적인 변형이 더 의미 있는 변화를 가져오는 경우가 많았다.

결론적으로 본 연구가 제시한 의식공동체 발전 모델은 대체로 유용성이 있음을 알 수 있었다. 개별 혁명 사례에 관한 연구 결과를 요약하면 <표 3>과 같다.

이스라엘 혁명은 신이 주도한 누미노제의 결과였다. 누미노제를 경험하고 공동체를 형성해서 '신을 떠받들고'(under God) 살았다. 정치적 목적에서 신의 이미지를 무섭게 만들었고, 너무도 무서운 나머지 받들어 복종할 수밖에 없었다. 신의 위력을 독점적으로 활용하려는 자들의 의도가 반영된 결과였다. 신의 의도는 객관

〈표 3〉 요약: 누미노제 정치와 공동체 변혁

	고통	누미노제	공동체 의식	보편적 실천
이스라엘 혁명	이집트 유배 생활	모세/십계명 수직적 누미노제	엑소더스 유다 공동체 형성	없음 그리스도교 출현
미국 혁명	대표 없는 과세	열정적 프로테스탄티즘 수평적 누미노제	독립 전쟁 승리 연방국가 형성 권력 분립	자유와 인권 민주주의 확산
프랑스 혁명	앙시앵 레짐	계몽주의 세속적 누미노제	공화주의 코뮌주의	공화주의 확산
러시아 혁명	차르의 억압	공산주의 누미노제 없는 혁명	소비에트 공산사회	공산주의 확산
독일 혁명	민족적 굴욕	나치즘 사이비 누미노제	배타적 민족공동체	세계 지배를 통한 인류 공헌
대한민국 혁명	식민지 지배	문명개화 신이 잠재된 누미노제	민족공동체 산업화와 민주화	글로벌 공헌 세계 문명 창달

적으로 입증 불가능하다. 따라서 한편에서는 신으로부터 선택을 받았음을 보여 주기 위한 신앙심 경쟁이 치열하게 벌어졌다. 정치 세력들마다 모두 신이 자기편이라고 주장하기에 이르렀다. 다른 한편에서는 믿는 자와 불신자 사이의 극단적인 대립이 있었다. 신에 의해 선택받았다는 선민의식은 배타성과 도덕적 해이를 불러일으켜서, 이스라엘의 멸망 원인으로 작용하였다. 집단주의 의식에 젖어서 자기들의 특수한 이익만을 추구하면서 보편적 실천에 나서지 못했다. 공동체가 국가로 변하면서, 세속 권력의 영향력이 점차 커졌다. 아울러 왕과 선지자, 율법 학자, 그리고 일반 백성 사이의 갈등도 생겨났다. 이스라엘 사례는 강경한 무력 항쟁의 무모함과 유대교 문화나 유대교가 갖는 우월한 변형 효과를 잘 보여 준다.

미국은 청교도주의라는 강경파 개신교들이 건설한 나라이다. 그렇지만 누미노제를 통해서 신을 떠받드는 것이 아니라 '신과 함께'(with God) 더불어 사는 지혜를 얻었다. 종교와 세속적 가치의 조화가 두드러졌으며, 양자가 결합되어 시민종교로 재탄생되었다. 미국 혁명은 영국으로부터 독립과 새로운 미국 건설을 가져왔다. 세속적 혁명 중에서 가장 성스러웠고 또한 변형적 효과가 컸다. 그렇지만 사회 구조의 급격한 변혁을 시도한 혁명이 아니었다. 따라서 급격한 권력 장악과 사회변혁에 따른 부작용이 적었다. 권력 장악이 목표가 아니었고 시민 의식의 함양을 통한 점진적인 사회 변혁을 추진하였다. 합리적·이성적·시민적인 방향으로의 인격 변형이 점차 일어났다. 그 결과 새로운 시민이 등장했으며, 합리적이면서 성스러운 새로운 공동체가 만들어졌다. 권력 분립에 근거해서 만들어진 공화제적 분권 체제는 지금까지 세계적으로 민주주의의 모델로서 인정받고 있다.

프랑스는 신 대신(in place of God) 인간의 이성에 대한 누미노제를 경험하였다. 신을 부정하지 않는 대신에 세속 정치와 종교를 분리시켰다. 인간들만의 노력으로 새로운 세상을 만들려고 시도한 사례였다. 프랑스 혁명은 신이 배제된 세속화를 향한 커다란 발걸음이었다. 인권선언이 나왔고, 새로운 세상이 열렸다. 종교로부터의 자유, 가치의 세속화, 인간의 해방 등이 있었다. 그러나 이성에 대한 과신은 통제 불가능한 인간의 욕망과 오만을 가져왔다. 열정과 폭력이 넘쳐났다. 이후 정치적 변혁의 열정을 불러일으켰지만, 폭력으로 인해 근본적인 사회변혁 시도가 실패로 돌아갔다. 프랑스의 지성, 종교, 문화, 열정, 국민성 등과 같은 프랑스적 특징이 혁명에 영향을 미쳤다. 그리고 프랑스 혁명이 지향한 자유·평등·우애란 가치는 보편적이었으며 모든 나라에 영향을 미쳤다. 부작용으로는 인간들이 신의 지위에 올라서 인간을 수단으로 부리고 지배하려는 사태가 이후 세계적으로 만연하게 되었다.

러시아 혁명은 신을 부정하였으며(without God), 누미노제 없는 혁명을 일으켰다. 공산주의는 러시아정교회의 대체물이었으며, 레닌은 신을 대신한 구세주였다. 인민은 메시아를 받아들일 준비가 되어 있었지만, 지도자가 인민을 믿지 않았다. 인간의 자발성을 무시하고 강제로 혁명을 완수하려고 하였다. 소련은 신을 부정하면서 암흑 속에서 한 세기를 헤맸다. 그리고 출구 전략도 없이 포기를 선언하면서, 아무런 성과 없이 혁명 이전으로 되돌아가고 말았다. 공산주의 경험 속에서 배운 것도 없고 남길 만한 유산도 없었다. 인격 변형이나 공동체의 근본적인 변화가 없이 다시 차르를 받아들이고, 러시아정교회의 품 안에서 새로운 천년왕국을 고대하며 살고 있다.

히틀러는 신의 위력을 잘 알고 신을 '참칭'(pretending God)하고 나선 사례였다. 독일 민족의 굴욕과 좌절을 이용해서 새로운 민족 종교를 만들어 내서 자신이 직접 구세주요 신적 존재로서 등장하였다. 구세주를 갈망하던 사람들은 진짜 신을 만난 듯 열광적으로 추종하였다. 나치즘은 종교화되었고, 히틀러는 신이 되고 우상처럼 떠받들어졌다. 그러나 그도 인간이었으며, 능력의 한계로 인해 구원 약속을 지킬 수 없었다. 조작된 누미노제였으며, 사람들은 한바탕 꿈을 꾼 셈이었다. 내면적인 인격 변화가 없는 작위적이고 강제적인 혁명이었다. 증오심과 정복욕이 충만한 배타적인 공동체가 만들어졌다. 무력으로 세계를 정복하려고 시도하다가 힘이 달려서 실패하고 말았다. 이후 신을 참칭하고 사이비 누미노제를 조작해 대는 많은 독재자의 전범이 되었다.

대한민국은 신이 전면에 드러나지 않았지만 잠재적으로 커다란 영향을 미친 사례이다. 조선 말기에 추상적인 '하늘'이 아닌 구체적인 '신'이 역사의 무대에 등장하였다. 외부로부터 전래되기도 하였고, 내부에서 전통 종교에 의해 발견되기도 하였다. 공히 신은 인간 위에 군림하는 존재가 아니라 선진 문물과 평등 세상을 전달해 주는 사랑의 조력자였다. 문명개화란 꿈을 신처럼 마음속에 품고 인고의 세월을 견뎌 냈다. 근대화를 이루고, 민주화를 이루어 냈으며, 지속적으로 공동체 차원의 누멘적 경험이 반복되고 있다. 4·19 혁명과 6·10 항쟁에서 정치적으로 경험했고, 금모으기 운동과 월드컵 응원으로 사회적 차원으로 확산되었다. 그리고 공동체 차원의 에너지가 촛불혁명으로 표출되기도 하였다. 그러나 대한민국의 누미노제 정치는 성스러움이 결여되었고, 감정적이었으며, 권력 누리기를 지나치게 즐겼다. 그 결과 종교 및 이념에 근거한 공동체 차원의 분열이 심각한 상태이다. 종교 간 분열적 대립보다는 영성에 기초한 새로운 의식공동체 형성이 남겨진 과제이다.

2. 글로벌 공동체에의 함의

국제정치적으로도 전쟁이나 무력은 비록 승자는 만들어 냈지만 국제사회의 근본적인 변화를 가져오지는 못했다. 현실주의는 강대국의 흥망성쇠를 보여 주는 주기적 순환 모델이다. 국제체제는 정부가 없는 상태(anarchy)가 불변이고, 국가 간 세력 배분의 상태에 따라서 안정성 여부가 변할 뿐이다. 새로운 사고나 의식의 변화에 부여된 역할은 없다. 그러나 전쟁, 평화, 핵무기, 환경, 개발 등 모든 이슈는 장기적으로 국제사회에서의 의식 변화를 반영해서 변화해 왔다. 새로운 의식은 누미노제와 같은 경험을 통해서 인류에게 전달되었다. 그러나 의식의 변화를 반영한 국제정치 현실의 변화는 항상 점진적이었다.

본 연구에서 제시한 의식공동체 발전 모델은 글로벌 공동체 형성 과정에도 적용 가능하다. 현실 속의 국제 체제는 국제적 차원의 누미노제를 통해서 비약적인 발전을 거듭하였다. 이미 제2차 세계대전 이전부터 인류는 항구적인 평화와 세계가 하나가 되는 꿈을 꾸었다. 민주주의가 주요 국가에서 자리를 잡으면서, 민주적 정부가 수행하는 긍정적 역할에 눈길이 갔다. 그 결과 국가를 구성원으로 하는 민주적인 국제 정부를 만들자는 생각이 태동하였다.

이것은 국제정치에서 새로운 각성이고 누미노제였다. 이것이 현실로 구체화된 것이 국제연맹(League of Nations)이었다. 이것은 제2차 세계대전의 발발을 막지 못했다는 비판을 받아서 잠정적인 침체를 겪었다. 전후 다시 국제연합(United Nations)으로 보다 강력하게 업그레이드되어 복원되었다. 여전히 많은 한계에도 불구하고 유엔은 글로벌 거버넌스 체제의 핵심으로서 역할을 수행하고 있다.

제2차 세계대전의 승자는 자유, 민주주의, 그리고 미국이었다. 미국의 구상대로 자유와 민주주의가 기본이 되는 '자유주의 국제질서'가 형성되었다. 자유는 누미노제였으며, 민주주의는 종교처럼 믿음과 추종의 대상이었다. 많은 나라에 독립을 부여하였으며, 자유와 자발적 동의에 기초한 국제질서가 사상 최초로 수립되었다. 주권 존중이 기본이었으며, 어느 나라나 노력만 하면 풍요와 번영의 사다리를 오를 수 있는 기회가 부여되었다. 패권국 미국에 대한 도전 세력은 이전과 마찬가지로 응징을 받았지만, 미국과 조화로운 공존을 선택한 나라에는 사상 최초로 자유와 번영을 이룩할 수 있는 기회가 부여되었다. 자유주의 국제질서 속에서 서방이 주도한 세계는 전례 없는 평화와 번영을 누릴 수 있었다.

냉전 종식 이후에 세계는 또다시 새로운 도약의 기회를 맞이하게 되었다. 공산주의와의 체제 대결, 이념 대결에서 자유주의의 승리로 끝난 것이었다. 베를린 장벽이 무너지면서 세계는 새로운 통합과 개방의 시대가 맞이하게 되었다. 이 과정에서 자유에 대한 각성은 누미노제 효과를 가졌다. 동독 사람들은 자유의 소중함을 공유하고 국가의 해산 명령을 거부하였다. 7만 명 이상이 '우리가 인민이다!'(We are the people; Wir sind das Volk!)라는 구호를 외쳤다. 그들은 '인민의 공화국'을 표방하지만 정작 인민의 목소리를 묵살해

온 정치 체제에 대해 주체적으로 저항하였다. 베를린 장벽이 무너지고, 이것은 전 동유럽으로 확산되었다. 동독 사람들은 자신들만의 독자적인 정부보다는 통일된 공동체를 선택하였다. 그 결과 확대된 민주 국가의 일원으로서 동유럽 전역으로 민주주의를 확산시키는 데 크게 기여하였다. 현재 대다수의 동유럽은 유럽연합의 일원으로서 보편적 인권과 가치를 실현해 나가고 있다. 이것은 누미노제 정치의 현대적인 모범 사례이다.

새로운 세계질서는 이념이 아닌 보편적인 규범과 규칙에 근거해서 분쟁을 해결하고 질서를 유지하면 될 것이었다. 이런 희망과 낙관은 세계화의 급속한 진전이란 형태로 구체화되었다. 지구촌(global village)이나 글로벌 공동체(global community)란 말이 인구에 회자될 정도였다. 그러나 세계화가 물질세계의 번영과 통합에 버금가는 의식세계의 통합을 가져오는 데 실패하면서, 세계는 여전히 많은 심각한 분열과 대립을 경험하고 있다. 문명의 충돌과 종교적 갈등이 확산되었다. 선진국과 개도국 사이는 물론이고 모든 국가에서 빈부 격차가 심해졌다. 아울러 환경오염과 인종 갈등 그리고 전쟁도 끊임없이 벌어졌다. 현재는 선진국이 인권과 민주주의의 보편성을 강요하면서, 권위주의 국가들이 집단적으로 반발하고 있는 양상이다.

코로나 사태를 계기로 자국 우선주의가 발흥하면서 세계화의 위기가 본격화되었다. 국가의 중요성이 새롭게 부각되면서 나라마다 국익을 앞세우고, 마음에 맞는 나라들끼리 연대하면서, 국제적 협력 분위기가 약화되고 있다. 나라마다 집단주의와 국가주의 경향이 강화되고 있으며, 권위주의 국가들이 국제적으로 약진하면서 서로 단결하는 움직임도 나타나고 있다. 자유로운 국제 체제를 악용하는 권위주의 국가들이 변화를 거부하고, 국제질서에 도전하고 있다. 분열적인 체제 경쟁과 대량살상의 전쟁이 벌어지고 있다. 이런 글로벌 위기의 심화는 글로벌 공동체가 발전할 수 있는 기회가 될 수 있다. 자유와 인권의 소중함이 재인식되고 보편성이 두루 인정받을 경우 누멘적 효과를 가질 수 있다.

민주주의와 마찬가지로 자유와 인권은 부정하려고 해도 부정할 수가 없다. 일단 접촉하게 되면 근본적인 인격 변화를 가져오기 때문에 강제로 억누른다고 잊히는 것이 아니다. 장기적으로 국가공동체는 물론이고 글로벌 공동체의 변화를 가져올 수 있다. 칸

〈표 4〉 누미노제 정치와 글로벌 의식공동체

	고통	누미노제	공동체 의식 확산	보편적 실천
자유주의 국제질서	경제공황 제2차 세계대전	자유와 민주주의 승리	유엔(UN) 자유주의 질서 유럽통합	경제적 번영 대외 원조 민주주의 확산
새로운 세계질서	냉전 핵전쟁 위협	베를린 장벽 붕괴 역사의 종언 자유주의 승리	세계화 지구촌 규범에 근거한 글로벌 질서	개발 협력 기후변화 협력 인권 및 민주주의 확산
자국 중심주의	코로나-19 패권 경쟁 세계화 쇠퇴	국가의 소중함 재인식	진영대결 격화	동맹 및 우방 사이의 협력 강화
글로벌 의식공동체의 길	글로벌 위기의 심화	보편적 가치 및 규범 공유 항구적 평화의 소중함 인식	민주주의 공동체 세계시민의식	세계 평화 공동 번영 보편적 사랑

트에 따르면, 민주주의 확산으로 인해 평화지대가 형성되고 궁극적으로는 국제 정부(international government)가 신의 역할을 대신해서 갈등을 중재하고 국가에 책임을 물을 수 있게 된다. 이런 현실이 매우 가깝게 다가왔다. 교통 통신 기술의 발달로 인해 직접민주주의도 가능한 상황이다. 본 연구의 분석틀에 의하면 민주주의의 소중함에 대한 인식과 세계 시민 의식의 누멘적 확산이 새로운 글로벌 공동체의 실현을 촉진할 것으로 예상할 수 있다.

글로벌 공동체는 상위의 정부가 국가들을 강압적으로 통치하는 위계적인 형태가 될 수 없다. 함께 공통의 규범과 규칙 내지 표준을 만들어서 자발적으로 따르도록 하는 것이 바람직할 것이다. 현재 유엔 중심의 글로벌 거버넌스 체제는 미래형 공동체의 원형으로서 가치가 있다. 실천이 문제이고 완성에 더 시간이 필요할 뿐이다. 사람들의 생각과 행동이 글로벌 기준에 부합되도록 점진적인 변화 노력이 필요하다. 이기심으로 가득 찬 강대국과 자국우선주의자들이 글로벌 의식공동체의 완성을 막고 있다. 국제연맹은 글로벌 지성의 집단적 노력이 맺은 결실이었으며, 유엔은 훨씬 더 진화된 모습이다. 유엔을 무력화시키는 제도를 양산할 것이 아니라, 유엔을 보다 효과적으로 만들 수 있는 방안을 모색하는 것이 더 현명할 것이다. 유엔이 진정한 협의체로 재탄생하려면 안보리 확대가 아니라 안보리 폐지를 통해서 유엔 총회 중심으로 가야 할 것이다. 그래야 인류의 마음과 생각을 하나로 모으는 일이 훨씬 원활해질 것이다.

3. 결어

이 책의 주제는 누미노제를 통한 공동체 변혁이었다. 공동체주의는 개인주의와 국가주의를 극복하는 유용한 대안으로서 제시되었다. 본 연구가 새롭게 제시하는 공동체주의의 핵심은 공동체 의식이었다. 관점의 공동체적 전환을 통해서 공동체 형성을 촉진하고 보편적 실천을 증진시키는 것이 목표였다. 이런 선순환적인 변화를 촉발할 수 있는 강력한 계기로서 누미노제란 개념에 주목하였다. 혁명을 의식 변화란 관점에서 접근하면서, 인류가 경험한 주요 혁명에서 누미노제가 있었으며, 신을 만난 이후 신과 인간 사이에 형성된 관계의 성격이 공동체 변혁 과정에 영향을 미친다는 점을 밝혀냈다.

인위적으로 제도를 바꾸는 혁명이 갖는 한계는 분명하다. 그러나 강압적인 변화에 대해서는 저항이 심하고, 문제를 해결하는 것이 아니라 새로운 문제를 더 만들어 낸다. 사회라는 오밀조밀하게 짜인 천을 훼손하기 때문에 혼란만 가중될 수가 있다. 정치 권력의 장악이 주된 목적이 되고, 각자 자신에게 유리한 방향으로 개혁을 추진하면서, 설사 성공한다고 해도 이해관계 충돌이 필연적으로 벌어진다. 이런 이유로 개별 국가 차원에서 급격한 제도 변혁을 통해서 근대성을 완성시켜 나가는 '세속적 혁명의 시대'가 저물고 있다. 이제 의식 변혁을 통해서 개별 국가는 물론이고 글로벌 차원에서 의식을 공유하는 새로운 공동체 시대를 열어야 할 시점이다. 보편 의식을 공유하고 보편적 실천을 배우고 행하는 의식공동체를 글로벌 차원에서 완성시켜 나가야 하는 시대에 들어섰다.

우리 모두가 의식을 갖는다. 의식은 인터넷망, 전기망, 네트워크망 등과 마찬가지로 하나의 의식세계를 형성한다. 의식이 넓게 공유될수록 의식세계의 유용성이 크다. 의식은 누미노제를 통해서 확산되고, 인격 변화를 가져오며 새로운 실천을 가능하게 한다. 지금까지 세속적 혁명들은 너무 조급하게 세상의 변화만을 추구하였다. 향후 필요한 것은 인간 내면의 변화이다. 인격이나 의식의 변화는 혁명보다는 점진적인 변형에 더 어울린다. 결국은 누미노제, 자발성, 의식 변화, 보편적 실천, 의식공동체로 가는 길이 해답이다.

근대에 들어서 혁명은 매우 기술적으로 혁명을 접근했다. 계급 투쟁이고, 경제적 이익을 위해서 투쟁하는 것으로 이해했다. 그러나 혁명은 새로운 각성이다. 신을 만나는 것과 같은 감동이고 두려움이고 깨달음이다. 집단적으로 인격의 근본적 변화를 경험한다. 용기와 감동이 생겨난다. 서로의 소중함을 깨닫고, 사랑하는 마음이 충만해진다. 폭력이나 증오의 발산이 아니다. 혁명은 축제나 카타르시스이다. 개인주의적 민주사회에서 공동체적 혁명은 누미노제와 보편적 실천을 통해서만 이루어질 수 있다. 비밀주의, 관료주의, 엘리트주의, 분노와 증오, 정권 탈취 등이 바람직한 결과로 이어지기는 어렵다.

글로벌 공동체도 마찬가지이다. 미국 혁명, 프랑스 혁명 이후에는 숭고한 가치를 내세우기보다는 권력 탈취, 신분 상승과 같은 세속적인 이득이나 특정인이나 계급이 없는 사회와 같은 소극적인 배제가 주된 목표로 되었다. 목표가 수단을 정당화하였고, 배제와 청산이 목표가 되었다. 따라서 감동이 없고, 강제와 동원이 기본이 되었다. 희망은 영원한 고문이 되고 말았다. 이런 방식으로는 개인주의, 집단주의, 전체주의가 공동체주의로 재탄생될 수 없다. 누미노제 없는 혁명은 과거 지향적이고 폭력적이고 강제적이 될 수밖에 없다.

정변, 쿠데타, 혁명 등 현실에 불만에 터트리면서 폭동을 일으키는 일은 동서고금을 통해서 비일비재하였다. 그러나 새로운 깨우침과 실천으로 이어지는 누미노제 정치는 매우 드문 현상이었다. 인간이 영성적이었기 때문에 가능할 수 있었다. 급작스런 깨우침이 세상과 공동체의 발전을 위한 보편적 실천으로 이어지기 위해서는 끊임없는 점진적 수양이 필요하다. 목표는 바로 자기중심적인 생각을 세계시민의식으로 고양시키는 것이다.

누미노제 정치는 사회변혁 이론으로서 유용성이 크다. 민주주의 사회가 의식공동체로 변화하는 과정을 설명하는 모델이다. 개인이 개체성을 유지하면서 의식만 공동체적 관점으로 전환시키는 것이다. 누미노제를 통해서 의식 변환이 생겨나며, 이것을 보통 깨달음이라고 이야기한다. 불교에서는 제행무상(諸行無常)과 제법무아(諸法無我)를 의식 차원에서 깨닫는 것이다. 다시 말하면 "나=너=부처=우주=하나"라는 단순한 이치를 깨닫는 것이다. 그리스도교에서는 "나=너=예수=하느님"이라는 진리를 아는 것이다. 공동체 의식은 모든 경계가 사라진 의식 상태이다. 이것이 바로 세계시민의식이고 글로벌 의식공동체이다. 이런 점에서 사람이 곧 하늘이라는 동학의 인내천 사상이 공동체 의식의 핵심을 잘 보여 준다.

참 고 문 헌

■ 논문

- 권형기, 「민주주의관과 민주주의 붕괴: 바이마르 공화국의 붕괴에 대한 재고찰」, 『국제 · 지역연구』 31:2(2022), 서울대학교 국제대학원 국제학연구소.
- 김경근, 「로베스피에르의 도덕과 종교관」, 『서양사론』 115(2012), 한국서양사학회.
- 김병로, 「북한사회의 종교성: 주체사상과 기독교의 종교양식 비교」, 『연구총서』 00-04(2000), 통일연구원.
- 김상현, 「19세기 러시아 제국의 형성과 러시아성 담론: Russianness 신화와 민족기행을 중심으로」, 『슬라브연구』 27:4(2011), 한국외국어대학교 러시아연구소.
- 김영한, 「서양의 종말론적 예언과 현실 정치」, 『한국사론36: 역사상 정치적 예언의 종합적 검토』, 국사편찬위원회, 2002.
- 김용휘, 「영성: 오로비도와 최세우의 인간 완성과 새로운 문명의 길」, 김용해 외, 『동학의 재해석과 신문명의 모색』, 모시는사람들, 2021.
- 김인중, 「공화주의, 자유주의, 1848혁명」, 이용재 · 박단 외, 『프랑스의 열정: 공화국과 공화주의』, 아카넷, 2011.

• 김정훈, 「러시아 정교와 메시아니즘의 성격」, 『한국시베리아연구』 9:1(2006), 배재대학교 한국시베리아센터.
• 김진호, 「운동의 신학에서 고통의 신학으로」, 이정희 외, 『민중신학, 고통의 시대를 읽다』, 분도출판사, 2018.
• 김진환, 「프랑스혁명 이전의 프랑스 사회상: 신분과 사회적 관계」, 『열린정신 인문학연구』 4(2003/02), 원광대학교 인문학연구소.
• 김태연, 「루돌프 오토의 초기 사상에서 바라본 '성스러움' 개념의 발전과 형성에 관한 소고」, 『인문학연구』 48(2019), 경희대학교 인문학연구원.
• 김헌주, 「근대전환기 사회운동사 연구의 현황과 제언 — 동학농민전쟁과 의병운동을 중심으로 —」, 『史叢(사총)』 107(2022), 고려대학교 역사연구소.
• 김형곤, 「미국 독립전쟁기 아메리카인들의 심리적 갈등: 조지 3세에서 조지 워싱턴으로」, 『역사와 실학』 60(2016), 역사실학회.
• 김호기, 「'시대정신과 지식인'⑧: 최제우와 경허스님」, 『신동아』 623(2011/08), 동아일보사.
• 김홍종, 「계몽사상과 프랑스혁명: 루소를 중심으로」, 『역사와 담론』 88(2008), 호서사학회.
• 백낙청, 「'촛불'의 새세상 만들기와 남북관계」, 『창비』 45:1(2017), 창작과비평사.
• 신은희, 「감정과 공감의 누미노제: '한국적 공감신학'을 향하여」, 『신학사상』 173(2016), 한신대학교 신학사상연구소.
• 윤치호, 『물 수 없다면 짖지도 마라』, 김상태 편역, 산처럼, 2013.
• 은은기, 「프랑스 혁명에 대한 이해」, 『계명사학』 22(2011), 계명사학회.

- 이병한, 「러시아정교회가 스탈린을 높이 평가하는 까닭?」, 『프레시안』(2017.12.03.).
- 이종성, 「천년왕국 신앙과 그리스도교 역사관」, 『기독교사상』 386(1991/02), 대한기독교서회.
- 이태훈, 『일제하 친일정치운동 연구: 자치·참정권 운동을 중심으로』, 박사학위논문, 연세대학교 2010.
- 이형대, 「알렉산더 해밀턴·제임스 매디슨·존 제이, 페더럴리스트」, 『서양사론』 96(2008), 한국서양사학회.
- 조성환, 「'개벽'으로 다시 읽는 한국 근대: 「삼일독립선언서」에 나타난 개벽사상을 중심으로」, 『종교교육학연구』 50(2019), 한국종교교육학회.
- 조현진, 「프랑스 혁명과 종교의 관계, 그 새로운 이해를 위하여」, 『가톨릭평론』 24(2019), 우리신학연구소.
- 차남희, 「최제우의 하늘님과 귀신」, 『담론201』 11:1(2008), 한국사회역사학회.
- 최정화, 「루돌프오토와 종교인류연맹: 일차 세계대전 이후의 종교교류와 종교연구」, 『종교와 문화』 21(2011), 서울대학교 종교문제연구소.
- 추태화, 「민족주의와 신흥종교운동」, 『신학과 실천』 32(2012), 한국실천신학회.
- 황영삼, 「공산주의 시기 러시아 정교회의 존속과 변화: 1917-1991」, 『러시아 지역연구』 1(1997), 한국외국어대학교 외국학종합연구센터 러시아연구소.

- Ammerman, David L., "The Tea Crisis and Its Consequences",

Jack P. Greene / J.R. Pole(eds.), *A Companion to the American Revolution* (2010).

- Bloch, Ruth, "Religion and Ideological Change in the American Revolution", Mark Noll(ed.), *Religion and American Politics from the Colonial Period to the 1980s*, New York: Oxford University Press, 1990.
- Calhoon, Robert M., "The Religious Consequences of the Revolution", Jack P. Greene / J.R. Pole(eds.), *A Companion to the American Revolution* (2010).
- Chaffin, Robert J., "The Townsend Act Crisis, 1767-1770", Jack P. Greene / J.R. Pole(eds.), *A Companion to the American Revolution* (2010).
- Chamberlain, Houston Stewart, *The Foundations of the 19th Century*, London: John Lane, 1912.
- Como, David R., "Radical Puritanism, c. 1558-1660", John Coffey/ Paul C.H. Lim(eds.), *The Cambridge Companion to Puritanism*, Cambridge: Cambridge University Press, 2008.
- Comsa, Maria Teodora / Melanie Conroy / Dan Edelstein / Chloe Summers Edmondson / Claude Willan, "The French Enlightenment Network", *The Journal of Modern History* 88:3(2016).
- Davis, Philip R., "Judaism and Hebrew Scriptures", Jacob Neusner/ Alan J. Avery-Peck, *The Blackwell Companion to Judaism* (2003).
- Dupuy, Pascal, "The Revolution in History, Commemoration, and Memory", Peter McPhee(ed.), *A Companion to French Revolution* (2013).

- Fatovic, Clement, "Reason and Experience in Alexander Hamilton's Science of Politics", *American Political Thought* 2:1(2013).
- Frith, Chris D. / Geraint Rees, "A Brief History of the Scientific Approach to the Study of Consciousness", *Schneider & Velmans* (2017).
- Garrett, Clarke, "Popular Piety in the French Revolution: Catherine Théot", *The Catholic Historical Review* 60:2(1974).
- Geggus, David P., "The Effects of American Revolution on France and Its Empires", Jack P. Greene / J.R. Pole(eds.), *A Companion to the American Revolution* (2010).
- Gentile, Emilio, "Political Religion: A Concept and Its Critics-A Critical Survey", *Totalitarian Movements and Political Religions* 6:1(2005).
- Godbey, John Charles, "Unitarianism and Universalism", *Encyclopedia Britannica* (31 Oct. 2022), https://www.britannica.com/topic/Unitarianism(Accessed 23 January 2024).
- Goodrick-Clarke, Nicholas, *The Occult Roots of Nazism: Secret Aryan Cults and Their Influence on Nazi Ideology: The Ariosophists of Austria and Germany, 1890-1935,* Wellingborough, UK: The Aquarian Press, 1985.
- Green, Joel B., "Cruxification", Markus Bockmuehl(ed.), *The Cambridge Companion to Jesus,* Cambridge: Cambridge University Press, 2001.
- Greenspoon, Leonard J., "The Biblical Period: Society, Culture, Demographics", Dean Philip Bell(ed.), *The Routledge Companion*

to Jewish History and Historiography, London & New York: Routledge, 2019.

- Haggard, Robert F., "The Nicola Affair: Lewis Nicola, George Washington, and American Military Discontent during the Revolutionary War", *Proceedings of The American Philosophical Society* 146:2(June 2002).
- Hellie, Richard, "Slavery and Serfdom in Russian", Abbott Gleason (ed.), *A Companion to Russian History*(2009).
- Kenworthy, Scott M., "Rethinking the Russian Orthodox Church and the Bolshevik Revolution", *Revolutionary Russia* 31:1(2018).
- Kizenko, Nadieszda, "The Church Schism and Old Belief", Abbott Gleason, *A Companion to Russian History*(2009).
- Kley, Dale Van, "The Ancian Regime, Catholic Europe, and Revolution's Religious Schism", Peter McPhee(ed.), *A Companion to French Revolution*(2013).
- Koopmans, Ruud, "Protest in Time and Space", David A. Snow / Sarah A. Soule / Hanspeter Kriesi, *The Blackwell Companion to Social Movements,* Hoboken, NJ: Blackwell Publishing, 2004.
- Levintova, Ekaterina, "Does History Repeat Itself? Public Discourse of the Contemporary Russian Old Believer Elite", *The Slavonic and East European Review* 85:4(2007).
- Morrice, David, "The liberal-communitarian debate in contemporary political philosophy and its significance for international relations", *Review of International Studies* 26:2(2000).
- Noll, Mark A., "Revolution and Evangelicalism", *Journal of*

Interdisciplinary History 23:3(Winter 1993).

- Python, Monty, "Violence and Enlightenment: The Paradox of the French Revolution", Harold Behr, *The French Revolution: A Tale of Terror and Hope for Our Times,* Eastbourne, UK: Sussex Academic Press, 2015.
- Régent, Frédéric, "Revolution in France, and revolutions in Caribbean", Alan Forrest / Matthias Middell(eds.), *The Routledge Companion to the French Revolution in World History,* London: Routledge, 2016.
- Rosenberg, Aubrey, "The Role of Providence in Rousseau's Revelation on the Road to Vincennes", *Man and Nature* 6(1987).
- Smith, John Howard, "The Promised Day of the Lord: American Millennialism and Apocalypticism, 1735-1783", Richard Connors / Andrew Colin(eds.), *Anglo-American Millennialism, from Milton to the Millerites,* Leiden, Netherlands: Brill, 2004.
- Stockdale, Melissa, "The Russian Experience of the First World War", Abbott Gleason, *A Companion to Russian History*(2009).
- Sweeny, Marvin A., "The Religious World of Ancient Israel to 586 BCE", Jacob Neusner / Alan J. Avery-Peck, *The Blackwell Companion to Judaism*(2003).
- Taylor, Robert S., "Kant's Political Religion: The Transparency of Perpetual Peace and the Highest Good", *The Review of Politics* 72:1(2010).
- Wallenfeldt, Jeff, "Salutary Neglect: British-United States History", *Encyclopedia Britannica,* Retrieved 2024-02-14.

■ 책

• A. 토크빌, 『앙시앵 레짐과 프랑스 혁명』, 이용재 옮김, 박영률출판사, 2006.
• M. 엘리아데, 『성과 속』, 이은봉 옮김, 한길사, 1998.
• 고병권·이진경 외, 『코뮨주의 선언: 우정과 기쁨의 정치학』, 교양인, 2007.
• 교황 베네딕토 16세, 회칙 『희망으로 구원된 우리』, 한국천주교주교회의, 2008.
• 권태억, 『일제의 한국 식민지화와 문명화』, 서울대학교출판문화원, 2014.
• 귀스타브 르봉, 『군중심리』, 김성균 옮김, 이레미디어, 2008.
• 김용옥, 『동경대전 1, 2』, 통나무, 2021.
• 김진봉, 『3·1운동사 연구』, 국학연구원, 2000.
• 김형곤, 『조지 워싱턴: 미국의 기틀을 만든 불멸의 리더십』, 살림출판사, 2009.
• 노만 콘, 『천년왕국운동사』, 김승환 옮김, 한국신학연구소, 1993.
• 라파엘 젤리히만, 『집단애국의 탄생 히틀러』, 박정희·정지인 옮김, 생각의 나무, 2008.
• 랄프 게오르크 로이트, 『괴벨스, 대중선동의 심리학』, 김태희 옮김, 교양인, 2006.
• 로제 샤르띠에, 『프랑스혁명의 문화적 기원』, 백인호 옮김, 일월서각, 1998.
• 루돌프 오토, 『성스러움의 의미』, 길희성 옮김, 분도출판사, 1987.
• 배철현, 『신의 위대한 질문: 신이 원하는 것은 무엇인가』, 21세기

북스, 2015.
- 백낙청, 『2013년 체제 만들기』, 창비, 2012.
- 백낙청, 『근대의 이중과제와 한반도식 나라 만들기』, 창비, 2011.
- 백욱인, 『한국사회운동론』, 한울, 2009.
- 슈테판 마르크스, 『나치즘, 열광과 도취의 심리학』, 신종훈 옮김, 책세상, 2009.
- 스티브 스미스, 『러시아 혁명: 1917년에서 네프까지』, 류한수 옮김, 박종철 출판사, 2007.
- 신은희, 『신의 그림자 — 무의식의 신학』, 경희대학교출판문화원, 2019.
- 아돌프 히틀러, 『나의 투쟁』, 황성모 옮김, 동서문화사, 2014.
- 알베르 소불, 『프랑스혁명사』, 최갑수 옮김, 교양인, 2018.
- 에드먼드 버크, 『프랑스 혁명에 관한 성찰』, 이태숙 옮김, 한길사, 2008.
- 에른스트 캇시러, 『국가의 신화』, 최명관 옮김, 서광사, 1988.
- 오인석, 『바이마르 공화국의 역사』, 한울 아카데미, 1997.
- 이언 커쇼, 『히틀러 I 의지: 1889-1936』, 이희재 옮김, 교양인, 2010.
- 이현희, 『3·1혁명, 그 진실을 밝힌다』, 신인간사, 1999.
- 장 자크 루소, 『고독한 산책자의 몽상 말제르브에게 보내는 편지 외』, 신인혜 옮김, 책세상, 2013.
- 장 자크 루소, 『에밀 또는 교육론 I』, 이용철·문경자 옮김, 한길사, 2007.
- 조지 카치아피카스, 『한국의 민중봉기』, 원영수 옮김, 오월의 봄, 2015.

- 존 M. 톰슨, 『20세기 러시아 현대사』, 김남섭 옮김, 사회평론, 2004.
- 주명철, 『프랑스혁명사 10부작』, 여문책, 2001.
- 최영종, 『혼돈의 글로벌시대, 공동체주의를 말하다』, 가톨릭대학교출판부, 2022.
- 후랜시스 후쿠야마, 『정치 질서의 기원』, 함규진 옮김, 웅진지식하우스, 2012.
- Alberta, Tim, *The Kingdom, the Power, and the Glory: American Evangelicanism in an Age of Extremism,* New York: Harper Collins, 2023.
- Allison, Robert J. *The American Revolution: A Short Introduction,* New York: Oxford University Press, 2015.
- Andress, Dave(ed.), *The Oxford Handbook of the French Revolution,* Oxford: Oxford University Press, 2015.
- Bailyn, Bernard, *The Ideological Origins of the American Revolution,* Cambridge: Harvard University Press, 1992.
- Bailyn, Bernard, *To Begin the World Anew: The Genius and Ambiguities of the American Founders,* New York: Alfred A. Knopf, 2003.
- Barkun, Michael, *Disaster and the Millennium,* New Heaven: Yale University Press, 1974.
- Baumgartner, Frederic J., *Longing for the End: A History of Millennialism in Western Civilization,* New York: Palgrave, 1999.
- Behr, Harold, *The French Revolution: A Tale of Terror and Hope for Our Times,* Eastbourne, UK: Sussex Academic Press, 2015.

- Boer, Roland, *Lenin, Religion, Theology,* London: Palgrave Macmillan, 2013.
- Bremer, Francis J., *Puritanism: A Very Short Introduction,* Oxford: Oxford University Press, 2009.
- Bright, John, *A History of Israel, 4th edition,* Louisville: Westminster John Knox Press, 2000.
- Broszat, Martin, *The Hitler State: The Foundation and Development of The Internal Structure of The Third Reich,* London: Longman, 1981.
- Brueggemann, Walter, *The Prophetic Imagination, 40th Anniversary Edition,* Minneapolis, MN: Fortress Press 2018.
- Carr, E.H., *A History of Soviet Russia, Bolshevik Revolution 1917-1923, Volume I,* New York: W.W. Norton & Company, 1985.
- Chamberlain, Houston Stewart, *The Foundations of the 19th Century,* London: John Lane, 1912.
- Cumings, Bruce, *The Origins of the Korean War, Volume I,* Princeton: Princeton University Press, 1981.
- Dawson, Christopher, *The Gods of Revolution,* Washington, D.C.: The Catholic University of America Press, 1972.
- Dent, Nicholas, *Rousseau,* London: Routledge, 2005.
- Dickinson, H.T.(ed.), *Britain and the American Revolution,* London: Routledge, 1998.
- Drachewych, Oleksa / Ian Mckay(eds.), *Left Transnationalism: The Communist International and the National, Colonial, and Racial Questions, Vol. 4,* Montreal: McGill-Queen's University

Press, 2019.

- Edwards, Jonathan, *The History of the Work of Redemption*, New Haven: Yale University Press, 1989.
- Eliade, Mircea, *The Sacred and the Profane: The Nature of Religion*, San Diego: Harcourt Brace Jovanovich, 1987.
- Gleason, Abbott, *A Companion to Russian History*, Hoboken, NJ: Blackwell Publishing, 2009.
- Goetzmann, William H., *Beyond the Revolution: A History of American Thought from Paine to Pragmatism*, New York: Basic Books, 2009.
- Goodrick-Clarke, Nicholas, *The Occult Roots of Nazism: Secret Aryan Cults and Their Influence on Nazi Ideology: The Ariosophists of Austria and Germany, 1890-1935*, Wellingborough, UK: The Aquarian Press, 1985.
- Greene, Jack P. / J.R. Pole(eds.), *A Companion to the American Revolution*, Hoboken, NJ: Blackwell, 2010.
- Hanegraaff, Wouter J., *Esotericism and the Academy*, Cambridge: Cambridge University Press, 2012.
- Hanegraaff, Wouter, *New Age Religion and Western Culture: Esoterism in the Mirror of Secular Thought*, Leiden, Netherlands: Brill, 1996.
- Hardy, Sir A., *The Spiritual Nature of Man*, Oxford: Oxford University Press, 1979.
- Hawkins, David R., *Reality, Spirituality, and Modern Man*, West Sedona, AZ: Veritas Publishing, 2008.

- Heimert, Alan, *Religion and the American Mind: From the Great Awakening to the Revolution,* Cambridge: Harvard University Press, 1967.
- Holmes, Larry, *The Kremlin and the Schoolhouse: Reforming Education in Soviet Russia, 1917-1931,* Bloomington: Indiana University Press, 1991.
- Horton, Michael S., *Made In America: The Shaping of Modern American Evangelicalism,* Eugene: Wipf & Stock, 1998.
- Israel, Jonathan I., *Radical Enlightenment: Philosophy and the Making of Modernity 1650-1750,* Oxford: Oxford University Press, 2005.
- Kidd, Thomas S., *The Great Awakening: The Roots of Evangelical Christianity in Colonial America,* New Haven: Yale University Press, 2007.
- Kolb, Eberhard, *The Weimar Republic,* New York: Routledge, 2005.
- Landes, Richard A., *Heaven on Earth: The Varieties of the Millennial Experience,* New York: Oxford University Press, 2011.
- Laszlo, Ervin, *Science and the Akashic-Field: An Integral Theory of Everything,* Rochester, Vermon: Inner Traditions, 2004.
- McPhee, Peter(ed.), *A Companion to French Revolution,* Hoboken, NJ: Blackwell Publishing, 2013.
- Mendel, Arthur, *Vision and Violence,* Ann Arbor: University of Michigan Press, 1999.
- Middlekauf, Robert, *The Glorious Cause: The American Revolu-*

tion, 1763-1789, New York: Oxford University Press, 1982.
- Muravcsik, Joshua, *Heaven on Earth: The Rise and Fall of Socialism*, San Francisco: Encounter Books, 2002.
- Neusner, Jacob / Alan J. Avery-Peck, *The Blackwell Companion to Judaism*, Hoboken, NJ: Blackwell Publishing, 2003.
- Noll, Mark A., *America's God: From Jonathan Edwards to Abraham Lincoln*, Oxford: Oxford University Press, 2002.
- North, Gary, *Millennium and Social Theory*, Tyler, Texas: Institute for Christian Economics, 1991.
- North, Gary, *Sanai Strategy: Economics and Ten Commandments*, Tyler, Texas: Institute for Christian Economics, 1987.
- Otto, Rudolf, *The Idea of the Holy: An Inquiry into the Non-Rational Factor in the Idea of the Divine and its Relation to the Rational*, Oxford: Oxford University Press, 1923.
- Paine, Thomas, *The Writings of Thomas Paine, Volume 1*, New York: G.P. Putnam's Sons, 1894.
- Peukert, Detlev, *The Weimar Republic*, New York: Macmillan, 1993.
- Polanyi, Karl, *The Great Transformation: the Political and Economic Origin of Our Time*, Boston: Beacon Press, 1957.
- Pocock, J.G.A., *The Machiavellian Moment: Florentine Political Thought and the Atlantic Republican Tradition*, Princeton: Princeton University Press, 1975.
- Pospielovsky, Dimitry V., *A History of Soviet Atheism in Theory, and Practice, and the Believer*, New York: St Martin's Press,

1987.

• Raines, John, *Marx on Religion*, Philadelphia: Temple University Press, 2002.

• Redford, Donald B., *Egypt, Canaan, and Israel in Ancient Times*, Princeton: Princeton University Press, 1992.

• Redles, David, *Hitler's Millennial Reich*, New York: New York University Press, 2005.

• Rees, Laurence, *The Dark Charisma of Adolf Hitler*, London: Ebury Publishing, 2012.

• Riedl, Mattias, *A Companion to Joachim Fiore*, Leiden: Koninklijke Brill, 2018.

• Rosenberg, Alfred, *The Myth of the Twentieth Century: An Evaluation of the Spiritual-Intellectual Confrontations of Our Age*, Torrance, California: Noontide Press, 1982.

• Sameroff, Arnold J. / Marshall M. Haith(eds.), *The Five to Seven Year Shift: The Age of Reason and Responsibility*, Chicago: University of Chicago Press, 1996.

• Sand, Shlomo, *The Invention of the Jewish People*, New York: Verso Press, 2009.

• Schama, Simon, *Citizens: A Chronicle of the French Revolution*, New York: Random House, 1988.

• Schneider, Susan / Max Velmans(eds.), *The Blackwell Companion to Consciousness, Second Edition*, Hoboken, NJ: Wiley Blackwell, 2017.

• Silver, Morris, *Prophets and Markets*, Boston: Kluwer-Nijhoff

Publishing, 1983.

• Simon, Gehard, *Church, State, and Opposition in USSR,* Berkeley: University of California Press, 1974.

• Smolkin, Victoria, *A Sacred Space is Never Empty: A History of Soviet Atheism,* Princeton: Princeton University Press, 2018.

• Smyth, Jonathan, *Robespierre and the Festival of the Supreme Being : The Search for a Republican Morality,* Manchester: Manchester University Press, 2016.

• Snow, David A. / Sarah A. Soule / Hanspeter Kriesi, *The Blackwell Companion to Social Movements,* Hoboken, NJ: Blackwell Publishing, 2004.

• Spengler, Oswald, *The Decline of the West,* New York: Oxford University Press, 1991.

• Steigmann-Gall, Richard, *The Holy Reich: Nazi Conceptions of Christianity, 1919–1945,* Cambridge: Cambridge University Press, 2003.

• Tackett, Timothy, *The Coming of Terror in French Revolution,* Cambridge: Belknap Press, 2015.

• Taylor, A.J.P., *The Origin of the Second World War,* London: Hamish Hamilton, 1961.

• Taylor, Stan, *Social Science and Revolutions,* New York: Macmillan, 1984.

• Triandis, Harry C., *Individualism and Collectivism,* New York: Routledge, 1995.

• Trotsky, Leon, *Literature and Revolution,* New York: Russell &

Russell, 1957.

- van den Berg, Axel, *The Immanent Utopia: From Marxism on the State to the State of Marxism*, London: Routledge, 2003.
- Verhey, Jeffrey, *The Spirit of 1914: Militarism, Myth and Mobilization in Germany*, New York: Cambridge University Press, 2000.
- Verheyen, Dirk, *The German Question: A Cultural, Historical, and Geopolitical Exploration*, Boulder: Westview Press, 1999.
- Voegelin, Eric, *Order and History Volume 1: Israel and Revelation,* Columbia: University of Missouri Press, 2001.
- Volkogonov, Dmitri, *Lenin: Life and Legacy*, London: Harper Collins, 1994.
- Wendt, Alexander E., *Social Theory of International Politics*, Cambridge: Cambridge University Press, 1999.
- Wessinger, Catherine(ed.), *The Oxford Handbook of Millennialism*, New York: Oxford University Press, 2011.
- Wessinger, Catherine, *Millennialism, Persecution, and Violence: Historical Cases*, Syracuse: Syracuse University Press, 2000.
- Wood, Gordon S., *The Creation of the American Republic 1776-1787*, Chapel Hill: University of North Carolina Press, 1960.

인 명 색 인

【ㄱ】

고리키(Gorky) 273

괴벨스(Goebbels) 333, 334

기드온(Gideon) 105

김규식 372

김대중 386, 402, 403

김영삼 386, 402

김일성 381, 386, 393, 395

김정은 401

【ㄴ】

나폴레옹(Napoleon) 180, 196, 204, 235, 237, 238, 242, 243, 258

노긴(Nogin) 278

노스(North) 88

노태우 386, 402

니고데모(Nicodemus) 59

니체(Nietzsche) 319, 326, 329

【ㄷ】

다니엘(Daniel) 109

다윗(David) 80, 106, 107

달랑베르(D'Alembert) 191, 213

당통(Danton) 208

데리다(Derrida) 64

데카르트(Descartes) 215

도슨(Dawson) 209

듀이(Dewey) 295

드 뢰네(de Launay) 198, 229

디드로(Diderot) 191, 213

【ㄹ】

레닌(Lenin) 180, 264, 266, 267, 268, 269, 270, 271, 272, 273, 274, 275, 276, 277, 278, 279, 280, 284, 285, 291, 292, 293, 297, 298, 299, 300, 319, 322, 415

레비스트로스(Lévi-Strauss) 215

로베스피에르(Robespierre) 193, 203, 208, 210, 218, 219, 220, 221, 222, 223, 224, 225, 226, 233, 244
로자 룩셈부르크(Rosa Luxemburg) 293
로젠베르크(Rosenberg) 328, 347
로크(Locke) 172, 175
룀(Röhm) 316, 317
루나차르스키(Lunacharsky) 273
루소(Rousseau) 191, 193, 210, 211, 212, 213, 214, 215, 216, 217, 218, 222, 223, 226, 233, 244
루이 16세(Louis XVI) 197, 200, 206
뤼버(Lubbe) 315
르봉(Le Bon) 41, 226
리펜슈탈(Riefenstahl) 334

【ㅁ】

마르크스(Marx) 26, 251, 252, 253, 254, 268, 272, 277, 289, 290, 295, 299, 319
마오쩌둥(毛澤東) 180, 381
만델라(Mandela) 408
말제르브(Malesherbes) 214
모세(Moses) 32, 80, 81, 82, 84, 85, 86, 90, 91, 100, 116, 142, 207, 413
몽테스키외(Montesquieu) 191
무솔리니(Mussolini) 333
뮌처(Müntzer) 354
미라보(Mirabeau) 193, 218
미헬스(Michaels) 72

【ㅂ】

바그너(Wagner) 324, 326
바로우(Barlow) 174
바뵈프(Babeuf) 251
바쿠닌(Bakunin) 275
박근혜 398, 403, 404
박은식 375
박정희 382, 383, 403
버크(Burke) 230
베르댜예프(Berdyaev) 277
베일린(Bailyn) 166
벨스(Wels) 316
볼테르(Voltaire) 175, 191, 212, 213, 218
브레즈네프(Brezhnev) 288
브리소(Brissot) 200
비스마르크(Bismark) 308
빌헬름 2세(Wilhelm II) 309, 311

【ㅅ】

사무엘(Samuel) 106
사울(Saul) 106
생쥐스트(Saint-Just) 233

샤마(Schama) 231
샤이데만(Scheidemann) 310
손병희 367, 368, 373, 375
솔로몬(Solomon) 80, 98, 107, 108, 110
쇼메트(Chaumette, Pierre) 208, 209
슈펭글러(Spengler) 342
스탈린(Stalin) 233, 268, 286, 287, 298
시에예스(Sièyes) 193

【ㅇ】
아데나워(Adenauer) 352
알렉산더 대왕(Alexander the Great) 103, 114
애덤스(Adams, Samuel) 152, 154
애덤스(Adams, John) 145, 154
에드워드(Edwards) 144
에베르(Hébert, Jacques) 221, 222
에제키엘(Ezekiel) 109
엘리아데(Eliade) 32
여호수아(Joshua) 80, 100
예레미야(Jeremiah) 109
예수 32, 55, 59, 60, 61, 66, 71, 81, 118, 121, 122, 123, 143, 144, 146, 147, 148, 160, 205, 214, 276, 282, 327, 330, 335, 345, 350, 424
오웰(Orwell) 52, 53
오크라나(Okhrana) 346
오토(Otto, Rudolf) 30, 31, 32, 34
요아킴(Joachim de Fiore) 66
워싱턴(Washington, George) 145, 156, 159, 170, 171, 172, 176, 180
웨슬리(Wesley) 148
윈스럽(Winthrop) 142, 143
윤석열 404, 406, 407
윤치호 377
이광수 373
이냐시오(Ignatius of Loyola) 215
이사야(Isaiah) 109
이승만 381
이완용 373
이용구 368

【ㅈ】
전봉준 365, 366
제퍼슨(Jefferson, Thomas) 145, 151, 160, 172

【ㅊ】
채닝(Channing) 145
체임벌린(Chamberlain) 327
최남선 373
최시형 366
최제우 362, 363, 364

【ㅋ】
카스트로(Castro) 180
카시러(Cassirer) 331
카우츠키(Kautsky) 292, 300
카트린 테오(Catherine Théot) 225
칸트(Kant) 63, 64, 71, 280, 383, 421
커밍스(Cumings) 381
커쇼(Kershaw) 350
콘(Cohn) 387
크로포트킨(Kropotkin) 293
크롬웰(Cromwell) 141, 154, 180
키루스(Cyrus) 113
키케로(Cicero) 175

【ㅌ】
토크빌(Tocqueville) 155, 163, 235
톨스토이(Tolstoy) 273
트로츠키(Trotsky) 262, 264, 271, 285, 294

【ㅍ】
파스칼(Pascal) 215
페인(Paine) 145, 153, 160, 191
표트르 대제(Peter the Great) 255, 256
프랭클린(Franklin, Benjamin) 145, 151, 191, 193
프뢰베(Fröbe) 34
피히테(Fichte) 307, 346

【ㅎ】
한용운 373
해밀턴(Hamilton, Alexander) 145, 168, 169, 172
헌팅턴(Huntington) 35, 383
헨리(Henry) 153
홍수전(洪秀全) 40
휫필드(Whitfield) 148
흐루쇼프(Khrushchev) 287
히틀러(Hitler) 75, 233, 307, 313, 314, 316, 317, 318, 319, 320, 322, 323, 324, 326, 327, 328, 329, 330, 331, 332, 333, 334, 336, 337, 338, 339, 340, 341, 342, 343, 344, 345, 346, 347, 348, 349, 350, 351, 353, 354, 381, 393, 411, 416
힌덴부르크(Hindenburg) 313, 314, 315, 317

사 항 색 인

2월 혁명(1848) 239
2월 혁명(1917) 260, 261, 267
3·1 운동 76, 359, 370, 372, 376, 377, 378, 379, 380, 382, 409

【ㄱ】

가톨릭 중도당(Catholic Centre Party) 309, 312
가톨릭교회 140, 190, 202, 205, 207, 208, 232, 236, 244
개벽(開闢) 363, 364, 370, 378, 382, 399, 405
개인주의 11, 23, 27, 28, 29, 46, 49, 50, 52, 53, 54, 232, 234, 313, 342, 422, 424
계몽주의 34, 50, 71, 74, 75, 144, 145, 151, 152, 162, 163, 164, 178, 179, 183, 188, 189, 190, 193, 204, 205, 208, 210, 211, 212, 213, 226, 227, 228, 244, 291, 413
고의식파(古儀式派, Old Ritualists) 276, 277, 278, 283
고토회복주의(irredentism) 349
공동체주의 11, 17, 19, 27, 28, 29, 46, 47, 50, 51, 52, 53, 301, 343, 422, 424
공산주의 24, 38, 39, 52, 179, 251, 252, 277, 280, 284, 289, 290, 291, 294, 296, 299, 300, 301, 303, 307, 321, 324, 343, 353, 381, 395, 410, 411, 413, 415, 418
공포정치 196, 203, 208, 219, 229, 233, 263, 279
공화주의 89, 149, 152, 155, 159, 160, 163, 165, 166, 175, 176, 199, 238, 246, 413
교조신원운동 365, 366, 403
국가사회주의 71, 73, 75, 307, 324,

340, 341, 342, 343, 344, 347, 351, 352, 353, 411
국민공회(National Convention) 196, 201, 203, 204, 223, 235
국민의회(National Assembly) 194, 197, 198, 199, 206, 207, 235, 240, 241
국제사회 28, 42, 43, 50, 51, 311, 352, 381, 396, 397, 400, 402, 405, 417
국제연맹(League of Nations) 34, 311, 418, 421
국제연합(United Nations) 418
군중심리 41, 42
그리스도교 24, 26, 31, 32, 35, 39, 55, 56, 66, 80, 81, 116, 118, 119, 120, 121, 123, 124, 147, 148, 179, 191, 204, 208, 218, 221, 223, 224, 253, 254, 255, 273, 280, 282, 301, 302, 321, 329, 330, 339, 344, 345, 375, 393, 413, 424
근대성(modernity) 27, 228, 231, 324, 361, 364, 382, 385, 395, 405, 422
글로벌 공동체(global community) 28, 29, 43, 44, 46, 50, 51, 76, 121, 402, 410, 417, 419, 420, 421, 423
금모으기운동 11, 359, 402, 416
긍정적 그리스도교(positive christianity) 350

【ㄴ】

나치즘 52, 76, 301, 317, 319, 324, 327, 328, 329, 330, 341, 342, 343, 344, 393, 413, 416
남 유다 79, 109, 110
낭만주의 259, 324, 343
내지연장주의 374, 376
노아의 방주 86, 125
누미노제(Numinose) 11, 13, 14, 17, 18, 19, 23, 29, 30, 31, 32, 33, 34, 36, 37, 38, 39, 40, 41, 42, 49, 54, 56, 57, 58, 59, 60, 61, 62, 65, 67, 68, 72, 73, 74, 75, 76, 86, 89, 91, 125, 126, 140, 141, 147, 148, 149, 158, 162, 164, 165, 179, 184, 190, 204, 206, 207, 210, 212, 213, 215, 217, 227, 228, 244, 265, 266, 270, 273, 275, 280, 281, 296, 303, 318, 332, 337, 340, 352, 353, 359, 360, 361, 362, 369, 370, 374, 380, 382, 383, 388, 401, 402, 404, 406, 409, 410, 411, 412, 413, 414, 415, 416, 417, 418, 420, 422, 423,

424
누미노제 정치 29, 30, 34, 37, 65, 67, 68, 69, 71, 72, 73, 74, 75, 76, 79, 173, 359, 370, 380, 404, 410, 411, 413, 416, 419, 420, 424
뉘른베르크 인종법(Nuremberg Race Laws) 338, 347
뉴에이지(New Age) 49

【ㄷ】
다윗 왕국(Kingdom of David) 79, 107, 108, 109, 112, 113
대각성 운동(Great Awakening) 146, 148, 149, 150
독립선언서 373, 375, 378
돌격대(Sturmabteilung, SA) 316, 317
동방정교회 255, 276, 282, 283
동학 56, 360, 362, 363, 364, 365, 366, 367, 368, 369, 370, 378, 382, 384, 409, 424
동학혁명 76, 359, 361
두마(Duma) 258, 259, 260
디아스포라 113, 114, 117, 118, 121

【ㄹ】
러시아 혁명 38, 58, 73, 75, 251, 263, 264, 265, 268, 272, 273, 277, 281, 289, 290, 293, 299, 303, 381, 415
러시아 사회민주노동당 262, 277, 289
러시아정교회 272, 274, 276, 278, 282, 283, 284, 286, 287, 289, 296, 297, 415
로마노프 왕조 255, 258, 259
로마제국 80, 103, 117, 118, 122, 123, 124, 165, 301, 397
로카르노조약(Locarno Treaties) 311
르네상스 26, 71, 124, 175, 232

【ㅁ】
마르크스주의 26, 208, 216, 252, 253, 254, 258, 269, 270, 275, 277, 278, 298, 301, 302, 321, 347, 392
마카베오 반란(Maccabean Revolt) 114
맥주홀 반란 사건(Beer Hall Putsch) 333
메시아 정치 72
메타노니아(metanoia) 60
멘셰비키 261, 263, 269, 270, 271, 279, 289
모세오경 87, 88, 115
문명개화 361, 380, 382, 383, 384,

413, 416
문화통치 376, 377, 378
미국 독립선언서 160, 173, 174
미국 혁명 73, 131, 140, 146, 152, 154, 155, 160, 162, 165, 166, 168, 173, 174, 175, 176, 177, 179, 180, 191, 192, 193, 246, 414, 423
민족종교 75, 118, 326, 331, 373, 391, 393, 410, 416
민족주의 12, 33, 52, 115, 116, 120, 172, 232, 233, 244, 259, 264, 276, 297, 298, 301, 307, 308, 319, 321, 339, 341, 344, 345, 346, 372, 377, 382, 400, 407
민족해방(National Liberation, NL) 355, 387, 389, 391, 392
민주주의 23, 34, 36, 38, 49, 50, 53, 54, 57, 59, 64, 74, 98, 141, 149, 152, 154, 163, 165, 168, 169, 171, 172, 174, 179, 195, 207, 212, 218, 234, 238, 239, 247, 265, 266, 289, 292, 293, 302, 307, 310, 311, 312, 316, 343, 347, 352, 379, 382, 383, 384, 394, 398, 401, 405, 413, 415, 417, 418, 419, 420, 424
민중민주(People's Democracy, PD) 391
민중신학 392

【ㅂ】
바스티유 감옥 196, 197, 198, 227
바이마르공화국 34, 307, 309, 310, 311, 312, 315, 321, 334, 336, 342, 344, 382
베르사유조약(Versailles Treaty) 310, 311, 317, 321, 339, 347
베스트팔렌조약(Peace of Westfalen) 28, 43, 51
변형(transformation) 18, 52, 69, 70, 71, 74, 126, 162, 176, 179, 206, 231, 238, 239, 246, 275, 295, 302, 352, 353, 361, 366, 384, 413, 414, 415, 423
병영법(Quartering Act) 134
보나파르트 왕조 237
보수주의 24, 26, 27, 50, 52, 230, 259, 308, 327, 343
보스턴 차 사건(Boston Tea Party) 137, 153
보편적 복지 395, 403
보편적 실천 54, 62, 65, 67, 115, 124, 126, 174, 177, 215, 237, 239, 242, 246, 297, 299, 300, 350, 353, 355, 403, 404, 407, 408, 413, 414, 420, 422, 423, 424

복음주의(Evangelicalism) 147, 148, 149, 159, 177
볼셰비즘 38, 346
볼셰비키 261, 262, 263, 270, 271, 277, 280, 284, 289, 291, 292, 294, 347
북 이스라엘 79, 108, 109, 110, 112
북 치는 사람(drummer) 332
불가지론(agnosticism) 65
브레스트-리토프스크 조약(Treaty of Brest-Litovsk) 263
비그리스도교화(dechristianization) 운동 208, 222, 223

【ㅅ】

사두가이파(Sadducees) 120
사회계약론 175, 176, 190, 193, 211, 214, 215, 217, 218
사회주의 24, 27, 50, 52, 53, 71, 75, 88, 180, 208, 212, 233, 239, 240, 246, 251, 252, 253, 254, 263, 264, 266, 268, 272, 279, 280, 284, 285, 288, 289, 290, 292, 293, 295, 296, 298, 299, 300, 301, 302, 309, 321, 327, 341, 342, 343, 355, 379, 380, 381, 386, 391, 395
사회주의 인터내셔널 300
사회진화론 319, 370
살롱 189, 191
삼부회 196, 197, 206
삼위일체론 66, 124
삼전론(三戰論) 368
상퀼로트(Sans-culotte) 201, 230, 234, 236
생도맹그(Saint-Domingue) 242
선지자 74, 79, 81, 90, 99, 101, 103, 106, 109, 110, 111, 112, 113, 118, 122, 126, 414
설탕법(Sugar Act) 133
성서의 시대 114
세계시민주의(cosmopolitanism) 64, 174, 342
세일럼 마녀재판(Salem witch trials) 143
소비에트 260, 261, 263, 271, 278, 282, 284, 285, 287, 288, 289, 290, 291, 292, 295, 297, 298, 299, 300, 301, 413
소외 24, 26, 35, 251, 387
수권법(Enabling Act of 1933) 315
시민적 휴머니즘(civic humanism) 149
시민종교(civic religion) 179, 208, 209, 217, 218, 219, 222, 223, 244, 414
시오니즘 120, 346
시정개선론 371

신비주의 324, 328, 339, 345, 346
신사회운동 58
신성(divinity, deity) 33, 146, 205, 220, 222, 291, 361
신성화(sacralization) 30, 39, 90, 283, 409, 412
신정정치(theocracy) 74, 79, 88, 89, 90, 92, 103, 160, 172
실용주의(pragmatism) 151, 174, 179, 234
십계명 80, 85, 86, 87, 88, 91, 97, 98, 99, 105, 126, 207, 413

【ㅇ】

아리안족 321, 327, 328, 330, 341
아리오소피(Ariosophy) 328
아시리아 80, 103, 112, 113
아카데미 189, 191
앙시앵 레짐(Ancien régime) 183, 184, 185, 198, 205, 208, 217, 232, 236, 413
야훼 32, 81, 84, 85, 86, 91, 92, 93, 94, 96, 97, 98, 99, 100, 101, 102, 104, 105, 106, 109, 110, 111, 112, 113, 114, 116, 117, 122, 125, 126, 281
양자역학 48
에라노스(Eranos) 회의 34
에밀(Emile or On Education) 211, 214, 215, 222
엑소더스(The Exodus) 73, 74, 79, 80, 81, 82, 83, 100, 125, 126, 413
역사의 시대 114
열정적 프로테스탄티즘(passionate protestantism) 144, 149, 158, 413
열혈당(Zealots) 115, 397
영국 국교회(Church of England) 140, 141, 142, 151
예루살렘 성전 108, 113, 114, 115, 117, 123
예리코 80, 81
요한 묵시록 66, 328
유대교 71, 80, 88, 113, 114, 115, 116, 117, 118, 119, 120, 121, 123, 124, 172, 349
유엔(UN) 43, 418, 420, 421
유익한 방치(salutary neglect) 132
의식공동체 34, 44, 46, 53, 54, 61, 63, 65, 72, 76, 401, 402, 410, 411, 413, 417, 420, 421, 422, 423, 424
의식세계 26, 48, 49, 63, 419, 423
이데올로기 12, 29, 73, 155, 209, 220, 233, 275, 284, 287, 288, 302, 336, 345
이스크라(Iskra) 277

이슬람교 118, 119
이신론(deism) 26, 144, 145
이해충돌(conflict of interests) 72
인지세법(Stamp Act) 133, 135
인텔리겐치아 255, 256, 258
일반의지 212, 216, 217, 227, 342
일진회 368, 369

【ㅈ】
자국중심주의 23, 46, 51
자본주의 26, 34, 52, 96, 97, 98, 172, 200, 212, 239, 251, 252, 253, 254, 263, 290, 294, 295, 300, 303, 307, 312, 324, 330, 379, 380, 391, 395, 399
자아의식 45, 46, 47, 50, 52, 53, 63, 70, 318, 320
자유주의 26, 27, 39, 152, 165, 166, 199, 202, 212, 232, 258, 263, 265, 327, 342, 418, 420
자유주의적 공동체주의 88
자코뱅파(Jacobin) 199, 200, 201, 202, 204, 219, 233
장검의 밤(Night of the Long Knives) 317
적그리스도(Anti-Christ) 160, 205, 277
전주화약 365
전체의식 48
전체주의 29, 38, 39, 50, 51, 52, 53, 294, 315, 317, 424
정교분리 35, 167, 208, 409
정치종교(political religion) 40
제1차 세계대전 31, 38, 259, 291, 299, 309, 334, 341, 342, 344, 348, 352
제2차 세계대전 39, 58, 347, 348, 350, 351, 352, 417, 418, 420
제3제국(Drittes Reich) 329, 331
제국교회 344
조선총독부 372, 375, 376
종교개혁 26, 67, 71, 119, 190, 232, 354
종교인류연맹(Interreligious League) 34
종말론 66, 275, 277, 329
종족적 민족주의 307, 308, 328
주데텐란트(Sudetenland) 339, 348
주체사상 386, 391, 393, 397
중부유럽 구상(Mitteleuropa Plan) 351
지롱드파(Gironde) 200, 201, 202
집단주의 27, 28, 29, 41, 46, 47, 50, 51, 52, 53, 121, 126, 234, 313, 342, 352, 414, 419, 424
집합 행동 57, 58, 169

【ㅊ】
차르 256, 258, 259, 260, 264, 265, 266, 267, 269, 270, 276, 277, 279, 282, 283, 294, 295, 296, 297, 413, 415
천년왕국운동 56, 65, 66, 67, 68, 69, 70, 71, 72, 115, 158, 159, 162, 209, 225, 330, 337, 355, 387, 388, 389, 390, 391, 394, 395, 398, 399, 400, 404, 411
천도교 368, 373, 375, 378
청교도주의 140, 141, 144, 146, 148, 149, 151, 154, 159, 160, 162, 163, 164, 166, 172, 174, 178, 179, 414
체카(cheka) 263, 279
초월주의(transcendentalism) 174
촛불혁명 398, 399, 404, 416
총체적 접근법(holistic approach) 46
최고 존재(Supreme Being) 220, 223, 224, 225

【ㅋ】
카이로스(kairos) 57, 275
칼뱅주의(Calvinism) 140, 151, 172, 175, 176
코뮤니즘(commune-ism) 289, 290
코민테른 300, 315
쿨락(kulaks) 279
퀘벡법(Quebec Act) 138, 161
크리스천 공화주의(Christian republicanism) 159
키예프 공국 255

【ㅌ】
타운센드법(Townshend Acts) 135, 136
타이유세(taille tax) 186
탈무드(Talmud) 88, 121
탈출기 79, 80, 81, 82, 115
태평천국의 난 40, 41
테니스코트의 서약 197
테르미도르의 반동(Convention thermidorienne) 196, 203, 219, 251
토라(Torah) 86, 88, 116
툴레 소사이어티(Thule Society) 328

【ㅍ】
파리코뮌(Paris Commune) 202, 235, 239
파시즘 38, 39, 52, 301, 309, 395
판관(judges) 79, 87, 102, 104, 105, 106
팡테옹(Pantheon) 신전 218
포퓰리즘 23, 400

프라우다(Pravda) 277
프랑스 인권선언 207, 240
프랑스 혁명 41, 58, 73, 74, 131, 168, 175, 177, 183, 188, 189, 192, 194, 196, 201, 203, 205, 207, 208, 209, 210, 211, 217, 218, 219, 226, 227, 228, 229, 230, 231, 232, 233, 234, 236, 237, 238, 239, 240, 241, 242, 243, 244, 245, 246, 251, 263, 271, 341, 413, 415, 423
프로테스탄티즘 74, 131, 139, 145, 146, 148, 149, 150, 151, 152, 178, 179
프롤레타리아 251, 253, 267, 277, 279, 280, 286, 294, 342, 343
프리메이슨(Freemason) 177
피와 땅(blood and soil) 307
필그림 파더스(Pilgrim Fathers) 142

【ㅎ】

하스몬 왕조(Hasmonean Dynasty) 115
하시디즘(Hasidism) 346
합리주의 36, 146, 151, 159, 164, 167, 179, 243, 256
헬레니즘 80, 81, 87, 103, 114, 115, 117, 120, 121, 124
혁명(revolution) 13, 14, 17, 18, 24, 25, 26, 27, 29, 33, 35, 37, 41, 50, 52, 54, 56, 58, 61, 62, 68, 69, 70, 71, 72, 73, 74, 75, 76, 97, 125, 131, 138, 152, 166, 172, 177, 179, 183, 186, 189, 192, 195, 196, 198, 201, 203, 204, 205, 206, 207, 209, 211, 212, 217, 219, 220, 221, 222, 223, 224, 227, 229, 230, 231, 233, 235, 236, 239, 240, 243, 245, 247, 254, 260, 261, 262, 265, 266, 267, 268, 269, 270, 271, 272, 273, 274, 275, 277, 279, 280, 281, 284, 285, 291, 293, 294, 296, 299, 300, 301, 303, 307, 340, 341, 353, 360, 361, 369, 370, 384, 387, 388, 396, 411, 412, 414, 415, 416, 422, 423, 424
홍차법(Tea Act) 136, 137
환대(hospitality) 63, 64
후천년설 143
후천년왕국주의자 (postmillennialists) 71
힉소스(Hyksos) 82, 83